21世纪高等学校规划教材 | 电子商务

电子商务实验教程

张春霁 主编 张璇璇 副主编
单芳 权金娟 易娟 编著

清华大学出版社
北京

内容简介

本书主要介绍电子商务的相关理论知识以及 C To C、B To C、B To B 等几种电子商务模式的应用。本书共分为 13 章。第 1 章介绍 HTML 语言的基本实验；第 2 章主要介绍互联网技术的应用，这是电子商务的技术基础，内容有互联网接入方式，IIS 服务器的安装和配置等；第 3 章介绍各种搜索信息，包括百度搜索、快搜和比价搜索；第 4 章介绍电子商务支付认证，主要有网上银行的申请应用、网上购物与支付、CA 认证；第 5 章介绍以淘宝网为例的 C To C 电子商务网站网上购物和销售的主要流程；第 6 章介绍以奥派电子商务应用软件为实验平台的 B To C 实践的交易流程；第 7 章介绍以阿里巴巴为例的 B To B 电子商务网站网上购物和销售的主要流程；第 8 章介绍以南京奥派电子商务模拟软件为实验平台的仓储和运输实践；第 9 章介绍利用各种软件进行加密解密实验；第 10 章介绍网络营销的各种方法；第 11 章介绍网络广告的相关知识；第 12 章介绍移动电子商务的应用；第 13 章介绍电子商务综合案例。全书提供了大量应用实例，每章后均附有习题。

本书结合天津财经大学商学院管信系电子商务专业部分教学内容进行编写。面向电子商务课程的实验课程，适合作为高等及高职院校电子商务相关专业的实验教材，也可作为电子商务初学者的参考资料。

图书在版编目(CIP)数据

电子商务实验教程/张春霁主编. --北京：清华大学出版社，2016（2021.1重印）
21 世纪高等学校规划教材·电子商务
ISBN 978-7-302-41036-2

Ⅰ. ①电… Ⅱ. ①张… Ⅲ. ①电子商务－实验－高等学校－教材 Ⅳ. ①F713.36

中国版本图书馆 CIP 数据核字(2015)第 169217 号

责任编辑：刘向威　薛　阳
封面设计：傅瑞学
责任校对：李建庄
责任印制：沈　露

出版发行：清华大学出版社
网　　址：http://www.tup.com.cn，http://www.wqbook.com
地　　址：北京清华大学学研大厦 A 座　　**邮　　编**：100084
社 总 机：010-62770175　　**邮　　购**：010-83470235
投稿与读者服务：010-62776969，c-service@tup.tsinghua.edu.cn
质量反馈：010-62772015，zhiliang@tup.tsinghua.edu.cn
课件下载：http://www.tup.com.cn，010-83470236
印 装 者：三河市宏图印务有限公司
经　　销：全国新华书店
开　　本：185mm×260mm　　**印　张**：25.75　　**字　　数**：640 千字
版　　次：2016 年 4 月第 1 版　　**印　　次**：2021 年 1 月第 2 次印刷
印　　数：2001～2500
定　　价：49.00 元

产品编号：063016-01

出版说明

随着我国改革开放的进一步深化，高等教育也得到了快速发展，各地高校紧密结合地方经济建设发展需要，科学运用市场调节机制，加大了使用信息科学等现代科学技术提升、改造传统学科专业的投入力度，通过教育改革合理调整和配置了教育资源，优化了传统学科专业，积极为地方经济建设输送人才，为我国经济社会的快速、健康和可持续发展以及高等教育自身的改革发展做出了巨大贡献。但是，高等教育质量还需要进一步提高以适应经济社会发展的需要，不少高校的专业设置和结构不尽合理，教师队伍整体素质亟待提高，人才培养模式、教学内容和方法需要进一步转变，学生的实践能力和创新精神亟待加强。

教育部一直十分重视高等教育质量工作。2007 年 1 月，教育部下发了《关于实施高等学校本科教学质量与教学改革工程的意见》，计划实施“高等学校本科教学质量与教学改革工程”(简称“质量工程”)，通过专业结构调整、课程教材建设、实践教学改革、教学团队建设等多项内容，进一步深化高等学校教学改革，提高人才培养的能力和水平，更好地满足经济社会发展对高素质人才的需要。在贯彻和落实教育部“质量工程”的过程中，各地高校发挥师资力量强、办学经验丰富、教学资源充裕等优势，对其特色专业及特色课程(群)加以规划、整理和总结，更新教学内容、改革课程体系，建设了一大批内容新、体系新、方法新、手段新的特色课程。在此基础上，经教育部相关教学指导委员会专家的指导和建议，清华大学出版社在多个领域精选各高校的特色课程，分别规划出版系列教材，以配合“质量工程”的实施，满足各高校教学质量和教学改革的需要。

为了深入贯彻落实教育部《关于加强高等学校本科教学工作，提高教学质量的若干意见》精神，紧密配合教育部已经启动的“高等学校教学质量与教学改革工程精品课程建设工作”，在有关专家、教授的倡议和有关部门的大力支持下，我们组织并成立了“清华大学出版社教材编审委员会”(以下简称“编委会”)，旨在配合教育部制定精品课程教材的出版规划，讨论并实施精品课程教材的编写与出版工作。“编委会”成员皆来自全国各类高等学校教学与科研第一线的骨干教师，其中许多教师为各校相关院、系主管教学的院长或系主任。

按照教育部的要求，“编委会”一致认为，精品课程的建设工作从开始就要坚持高标准、严要求，处于一个比较高的起点上。精品课程教材应该能够反映各高校教学改革与课程建设的需要，要有特色风格、有创新性(新体系、新内容、新手段、新思路，教材的内容体系有较高的科学创新、技术创新和理念创新的含量)、先进性(对原有的学科体系有实质性的改革和发展，顺应并符合 21 世纪教学发展的规律，代表并引领课程发展的趋势和方向)、示范性(教材所体现的课程体系具有较广泛的辐射性和示范性)和一定的前瞻性。教材由个人申报或各校推荐(通过所在高校的“编委会”成员推荐)，经“编委会”认真评审，最后由清华大学出版社审定出版。

目前，针对计算机类和电子信息类相关专业成立了两个"编委会"，即"清华大学出版社计算机教材编审委员会"和"清华大学出版社电子信息教材编审委员会"。推出的特色精品教材包括：

（1）21世纪高等学校规划教材·计算机应用——高等学校各类专业，特别是非计算机专业的计算机应用类教材。

（2）21世纪高等学校规划教材·计算机科学与技术——高等学校计算机相关专业的教材。

（3）21世纪高等学校规划教材·电子信息——高等学校电子信息相关专业的教材。

（4）21世纪高等学校规划教材·软件工程——高等学校软件工程相关专业的教材。

（5）21世纪高等学校规划教材·信息管理与信息系统。

（6）21世纪高等学校规划教材·财经管理与应用。

（7）21世纪高等学校规划教材·电子商务。

（8）21世纪高等学校规划教材·物联网。

清华大学出版社经过三十多年的努力，在教材尤其是计算机和电子信息类专业教材出版方面树立了权威品牌，为我国的高等教育事业做出了重要贡献。清华版教材形成了技术准确、内容严谨的独特风格，这种风格将延续并反映在特色精品教材的建设中。

清华大学出版社教材编审委员会
联系人：魏江江
E-mail：weijj@tup.tsinghua.edu.cn

随着全球电子商务的迅猛发展，日益加剧的市场竞争使电子商务成为企业赢得竞争的重要途径。在此背景下，对电子商务人才的需求迅速加大。据 IDC 估算，如果全球电子商务营业额达到几万亿的规模，电子商务职业岗位人才需求将增加到 2000 万人，这个数字比全世界现有的信息专业人员总数还要大，人才瓶颈将是阻碍电子商务发展的重要因素。因此，各个国家在制订电子商务发展政策和规划时，都高度重视人才的培养和培训工作。

电子商务通常是指在全球各地广泛的商业贸易活动中，在因特网开放的网络环境下，基于浏览器/服务器应用方式，买卖双方不谋面地进行各种商贸活动，实现消费者的网上购物、商户之间的网上交易和在线电子支付以及各种商务活动、交易活动、金融活动和相关的综合服务活动的一种新型的商业运营模式。

现代社会，电子商务方兴未艾。从整个社会的经济运行这个角度来讲，电子商务最具长远价值和意义。一是人类不断追求生活质量的提高，而电子商务改造了传统生活方式，方便了人们购物、销售、结算和生意人之间的经济往来，使得我们获得各种产品及服务的速度大大加快，丰富性也大大增强，这样，对提高生活质量非常明显。二是电子商务主要基于计算机互联网技术，没有这个技术支撑，就实现不了完善的电子商务，反过来讲，要实现完美电子商务，达到至高的境界，就必须发展和完善相关的工程技术，这样，就带动了科技进步，大大提高了整个社会的科技集成度和完善度。科技、工程是社会前进的主要推动力，由电子商务带动的科技和工程发展对人类的贡献是极大的。在经济上，开发各种相关产品，引导社会大众应用这些产品，是新兴的经济增长点，利于社会经济持续发展。三是电子商务使得人与人之间的联系很紧密、很顺畅，这样无形中提升了整个社会的凝聚力，在电子商务这个大平台上，人们的思想、创造力、互相支持、关爱的情感都可以得到较充分的表达和发挥，人的素质依托该平台得到较大提高。四是学习和利用电子商务的人数量巨大，要使用、掌握电子商务，就不得不学会各种技术系统、技术产品的运用或开发，这样，整个社会人群特别是年轻人的技能素质、技术水平得到了明显提升，有利于社会的长远发展和文明进步。五是企业充分利用电子商务，可以使传统管理、经营方式实现信息化、现代化改造，使企业跟上信息化潮流，避免被淘汰的命运，为社会创造更大的价值。

我国政府对电子商务人才的培养和培训工作极为重视，从 1999 年开始，我国陆续开办了电子商务职高、电子商务中职、电子商务高职高专、电子商务本科、电子商务硕士和博士研究方向等各种层次的人才教育，社会上出现了各种短期培训班。

电子商务是一种由互联网等计算机网络技术推动的新的商务形式，对人才的培养也提出了新的挑战，电子商务人才被公认为复合型人才，不仅需要掌握相关的商务管理知识、计算机网络信息技术知识，同时需要具有综合利用这些知识开展商务活动的能力。借鉴自然科学学科的经验，通过各种实验来训练学生的实际操作技能是一种重要的途径。

电子商务课是理论与实践相结合的课程，编者在电子商务课程教学中，深刻体会到实验对电子商务课程教学的重要性，如果没有一本合适的实验指导书，就难以取得好的实验效果。编者结合从事电子商务的实践经验和教学实验经验，参考了我国电子商务师资格认证标准，围绕企业的各项主要业务设计应用技能实验项目，以期培养学生满足企业需求开展电子商务工作的主要技能。

本书共分为13章。第1章介绍HTML语言的基本实验；第2章主要介绍互联网技术的应用，这是电子商务的技术基础，内容有互联网接入方式，IIS服务器的安装和配置等；第3章介绍各种搜索信息，包括百度搜索、快搜和比价搜索；第4章介绍电子商务支付认证，主要有网上银行的申请应用、网上购物与支付、CA认证；第5章介绍以淘宝网为例的C To C电子商务网站网上购物和销售的主要流程；第6章介绍以奥派电子商务应用软件为实验平台的B To C实践的交易流程；第7章介绍以阿里巴巴为例的B To B电子商务网站网上购物和销售的主要流程；第8章介绍以南京奥派电子商务模拟软件为实验平台的仓储和运输实践；第9章介绍利用各种软件进行加密解密实验；第10章介绍网络营销的各种方法；第11章介绍网络广告的相关知识；第12章介绍移动电子商务的应用；第13章介绍电子商务综合案例。

本书面向电子商务课程的实验课程，在内容上充分考虑初学者的实际需要，通过大量实验和代表性的实例操作，使学生可以直观迅速地了解电子商务的基本操作。另外，学生可以通过实验来巩固教材所学的知识。

参与本书编写的有天津财经大学张春霁、单芳、易娟、权金娟和天津工业大学张璇璇。其中张春霁负责前言、第1章、第2章、第3章、第4章的内容；易娟负责撰写第5章、第7章、第12章、第13章；单芳负责撰写第6章、第8章、第9章；权金娟负责撰写第10章、第11章。

张璇璇负责网页代码的编辑等工作。

由于作者水平有限，书中不足之处在所难免，希望广大师生批评指正。

目录

第1章 网页基础与网页编辑

本章学习目的

- 了解和利用 HTML 语言进行网页的基本编辑。
- 学会用 HTML 语言编写简单程序。
- 了解和利用 HTML 语言进行网页的表单编辑。
- 了解和使用网页的布局进行基本编辑。
- 利用<div>和 CSS 样式的基本标记应用。

实验 1.1 HTML 的基础标记应用

【实验目的】

- 了解和利用 HTML 语言进行网页的基本编辑。
- 利用 HTML 语言的基本标记应用。

【实验条件】

- 个人计算机一台，基本配置：CPU Core2 以上，内存 2GB 以上，硬盘空间 20GB 以上，100 兆网卡。
- 个人计算机预装 Windows XP 操作系统和浏览器，记事本。
- 具有网络连接，可以连接 Internet 网络。

【实验内容和步骤】

1. 编辑记事本

首先选择进入记事本程序输入如下代码。

```
<html>
<body>
这是我的第一个网页。
</body>
</html>
```

记事本是一个纯文本编辑器，如图 1.1 所示。

图 1.1　记事本编辑

2. 保存文件为网页格式

执行“文件”→“保存”命令。一定注意要修改“保存类型”选项为所有文件，否则默认就存成.txt 类型的文件，其次保存文件名为 exam1.html，如图 1.2 所示。

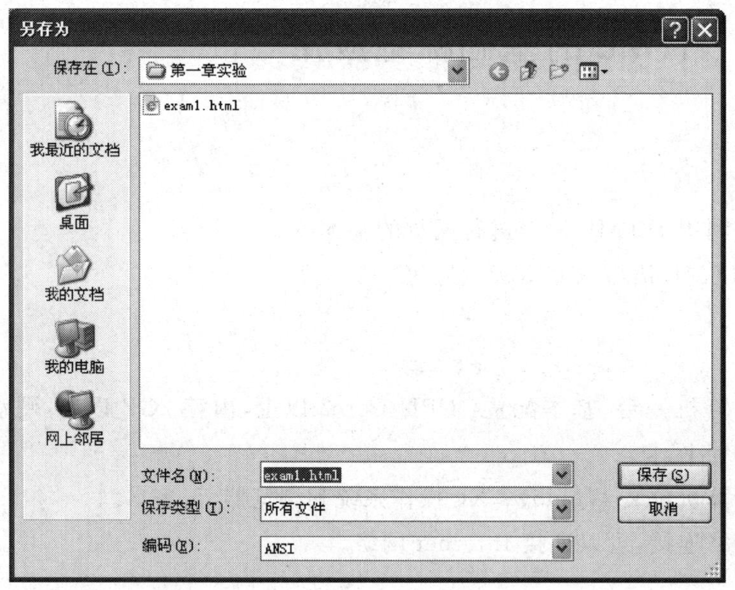

图 1.2　记事本保存 html 文件图

3. 打开 IE 浏览器

执行“文件”→“打开”命令，选择刚保存的 exam1.html 文件打开该网页文件，结果如图 1.3 所示。

4. 加入标题

用记事本再次建立 exam2.html 文件将文件修改为以下代码程序。

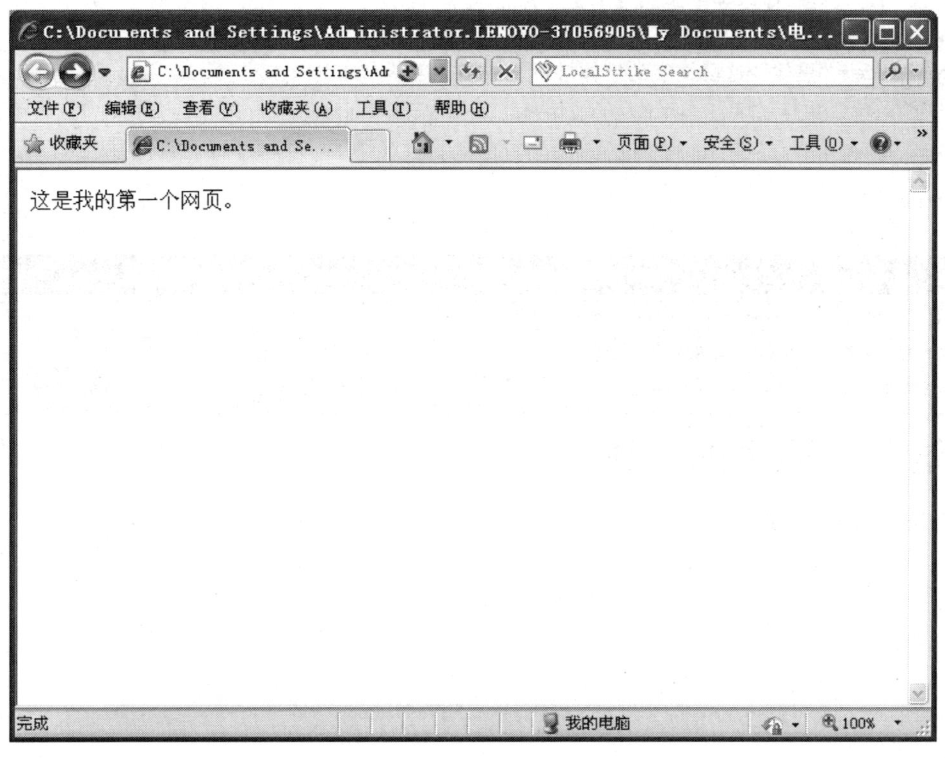

图 1.3 用 IE 打开例子程序页面

```
<html>
<body>

<h1>这里是网页的标题</h1>

<p>这是我的第一个网页.</p>

</body>
</html>
```

然后执行“文件”→“保存”命令，保存文件为 exam2.html。用 IE 浏览器打开 exam2.html 文件，如图 1.4 所示。

然后试试修改<h1>……</h1>为 h2、h3，看看标题文字由大变小的效果。

5. 设置字体

通过使用 Font color 设置文本颜色为红色＃FF0000，Font size 设置文本文字大小尺寸，Font face 设置文本字体。以下就是设置文字颜色、大小、字体的代码。

```
<html>
<body>

<font color = "#FF0000">这段文字显示为红色.</font>
</br>
```

```
<font size = "6">这段文字改变了大小.</font>
</br>
<font face = "黑体">这段文字的字体被设置成黑体字.</font>
</br>

</body>
</html>
```

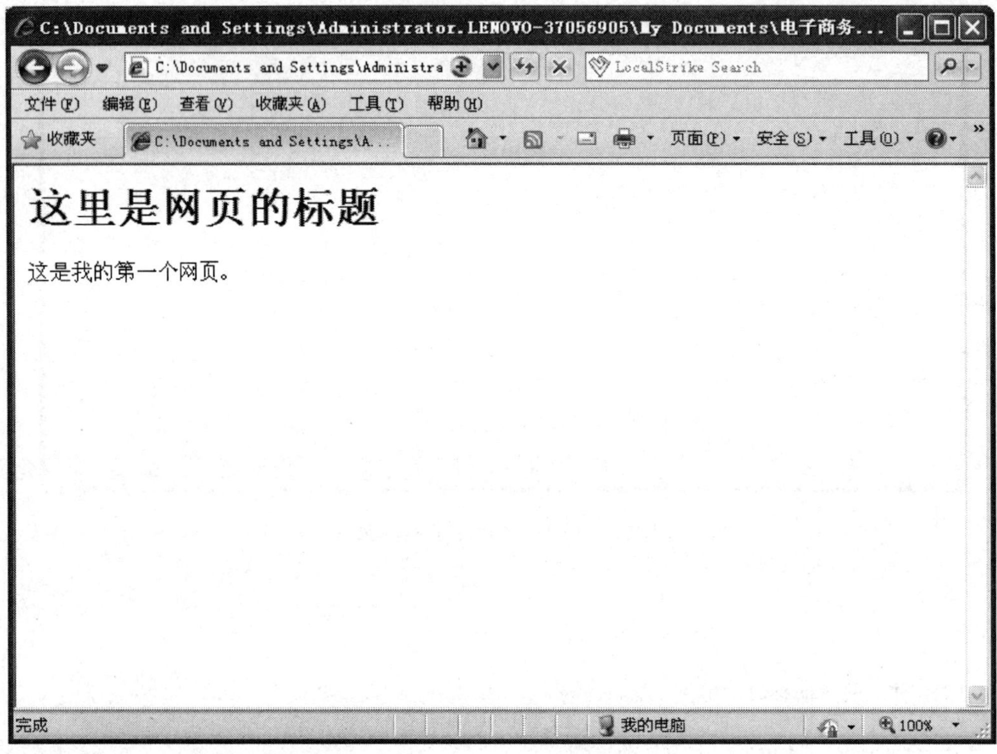

图 1.4 加入标题格式的网页页面

然后执行"文件"→"保存"命令,保存文件为 exam3.html。用 IE 浏览器打开 exam3.html 文件,如图 1.5 所示。这时第一行文字显示为红色,第二行文字字体变大,第三行文字设置成黑体字。

6. 创建网络连接

用记事本再次建立网络链接 exam4.html 文件,以下为该文件的代码程序。

```
<html>
<body>

<a href = "http://www.baidu.cn">
这是一个网络链接.</a>

</body>
</html>
```

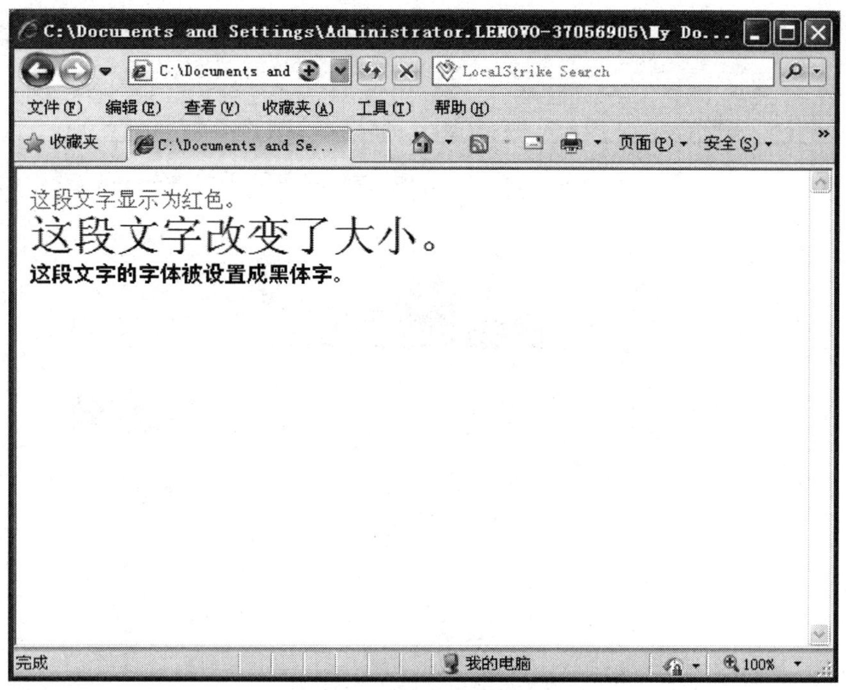

图 1.5　改变文本属性页面

然后执行“文件”→“保存”命令，保存文件为 exam4. html。用 IE 浏览器打开 exam4 . html 文件，如图 1.6 所示。这时“这是一个网络链接”这一段文字变成蓝色加下划线成为一个网络超级链接，单击该文字则打开百度网站的主页，如图 1.7 所示。

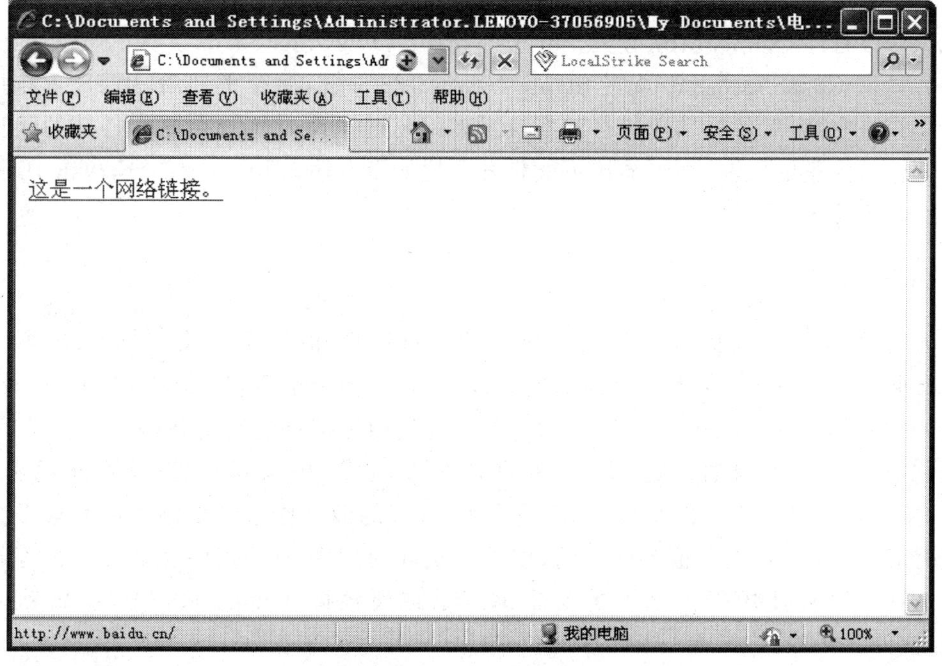

图 1.6　网络链接页面

图 1.7　单击文字链接后打开的页面

试试修改程序 exam3. html 里<a href="http://www. baidu. cn">中引号里面的内容为 http://www. sina. com. cn/或者 http://www. 163. com，保存文件后，用 IE 重新打开该文件，然后单击文字后就会发现将打开新浪或者网易的主页。注意在输入打开的网页域名时一定要输入完整的域名，否则链接不能打开。比如没有输入 http://部分，单击 IE 提示错误，显示 IE 无法显示该网页。

【相关知识】

(1) HTML 是用来描述网页的一种语言。HTML 指的是超文本标记语言(Hyper Text Markup Language)它不是一种编程语言，而是一种标记语言(markup language)。标记语言是一套标记标签(markup tag)。HTML 是使用标记标签来描述网页的。HTML 被用来结构化信息——例如标题、段落和列表等等，也可用来描述文档的外观和语义。HTML 文件最常用的扩展名为 html，但是在 DOS 等的旧操作系统限制扩展名最多为 3 个文字符号，所以 htm 扩展名也允许使用，现在在实际使用中 htm 扩展名的使用已经越来越少了。程序员可以使用任何基本的文本编辑器或所见即所得的 HTML 编辑器来编辑 HTML 文件。

早期的 HTML 语法规则定义比较松散，这样有利于不熟悉网络出版的人使用或修改，网页浏览器显示这些文件，使他们可以显示语法不严格的网页。但是现在随着互联网不断的发展，官方标准渐渐趋于使用严格的语法进行编辑，浏览器仍然可以继续显示一些不合乎标准的HTML的网页。虽然很多人认为现在XHTML已经成为当前的HTML标准，但是它实际上是一个独立的、和HTML平行发展的标准。

(2) HTML标记标签通常被称为HTML标签(HTML tag)。HTML标签是由尖括号包围的关键词，比如<html>。HTML标签通常是成对出现的，比如<b>和</b>标签对中的第一个标签是开始标签，第二个标签是结束标签。开始和结束标签也称为开放标签和闭合标签。

(3) 通常<html>与</html>之间的文本描述网页，<body>与</body>之间的文本是可见的页面内容，<h1>与</h1>之间的文本被显示为标题，<p>与</p>之间的文本被显示为段落。也有单独呈现的标签，如：<img src="exam.jpg" />等。一般成对出现的标签，其内容在两个标签中间。单独呈现的标签，则在标签属性中赋值。如<h1>标题</h1>和<input type="text" value="按钮" />。

网页的内容需在<html>标签中，标题、字符格式、语言、兼容性、关键字、描述等信息显示在<head>标签中，而网页展示的内容要嵌套在<body>标签中。某些时候不按标准书写代码虽然可以正常显示，但是现在通常要求程序员应该养成正规的编写习惯。比如HTML标题(Heading)是通过<h1> - <h6>等标签进行定义的、HTML链接是通过<a>标签进行定义的、HTML链接是通过<a>标签进行定义的、在href属性中指定链接的地址等等。

实验1.2　网站表单应用

【实验目的】

- 了解和利用HTML语言进行网页的表单编辑。
- 使用表单中的基本元素。

【实验条件】

- 个人计算机一台，基本配置：CPU Core2以上，内存2GB以上，硬盘空间20GB以上，100兆网卡。
- 个人计算机预装Windows XP操作系统和浏览器，记事本。
- 具有网络连接，可以连接Internet网络。

【实验内容和步骤】

(1) 通过html代码实现文本域(Text Fields)，input输入和按钮命令。在记事本中输入如下。

```
<html>
<body>
<form>
```

```
姓名:
<input type="text" name="user" />
<br />
密码:
<input type="password" name="password" />
</form>
</body>
</html>
```

保存文件为 exam2-1.html 用浏览器打开该文件，如图 1.8 所示。

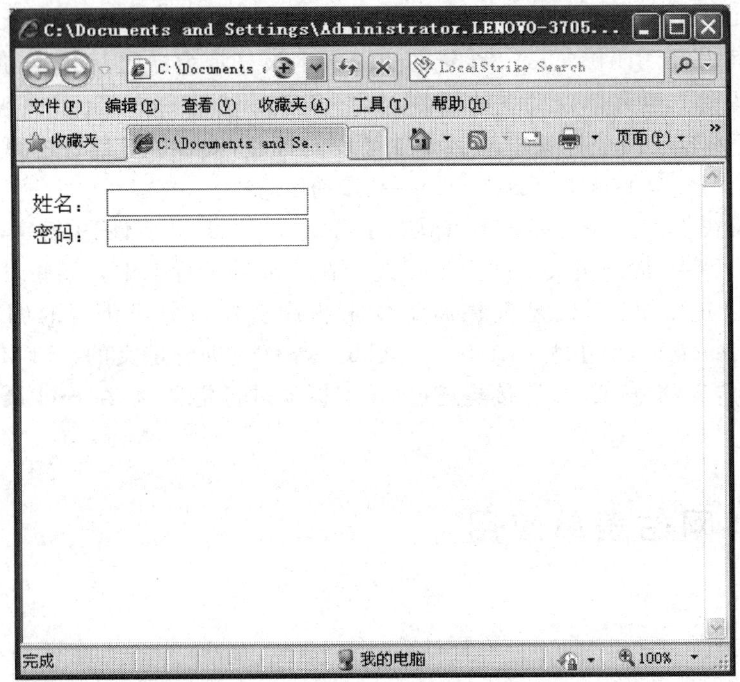

图 1.8 input 输入表单页面

注意由于该实验设置的姓名后面的输入框为 text 类型，输入的文字正常显示，也因为密码后面的输入框类型为 password 所以输入的内容没有显示出来。请比较这两个的不同。

(2) 当用户从若干给定的选择中选取任意一个选项时，就会用到单选框。下面就是实现一个单选按钮(Radio Buttons)的程序。

```
<html>
<body>

  <form>
  <input type="radio" name="sex" value="male" /> 男
  <br />
  <input type="radio" name="sex" value="female" /> 女
  </form>

</body>
</html>
```

保存文件为 exam2-2.html 用浏览器打开该文件,如图 1.9 所示。

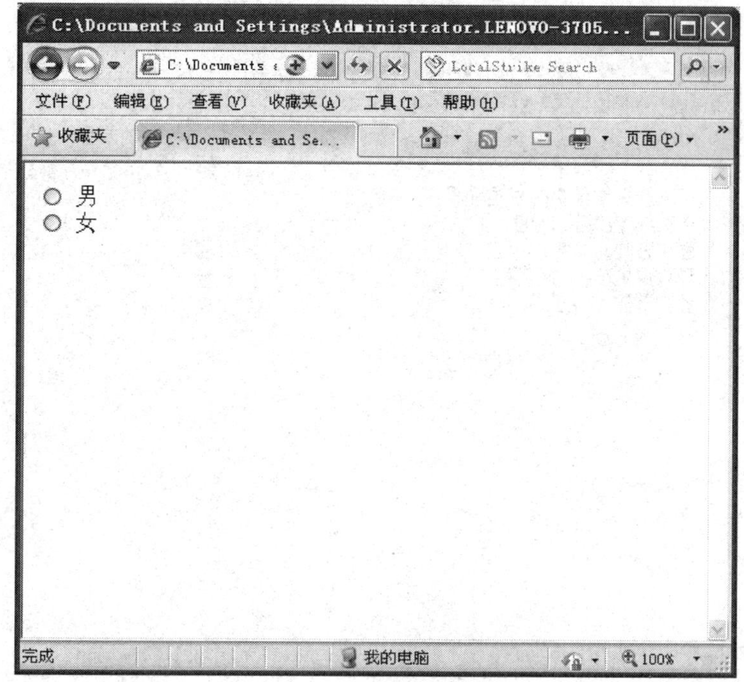

图 1.9 单选输入表单页面

在打开该网页时,只能选择选项中的一个,注意与下面复选框的网页的区别。

(3) 当用户从若干给定的的选择中选取任意选项时,就会用到复选框。下面就是实现一个复选框(Checkboxes)的程序。

```
<html>
<body>
<form>
你可以选择你喜欢的兴趣和爱好
<br />
我喜欢环球旅游:
<input type = "checkbox" name = "tour">
<br />
我喜欢各国的美食:
<input type = "checkbox" name = "eat">
<br />
我喜欢踢足球:
<input type = "checkbox" name = "football">
<br />
我喜欢游泳:
<input type = "checkbox" name = "swim">
</form>

</body>
</html>
```

保存文件为 exam2-3.html 用浏览器打开该文件，如图 1.10 所示。

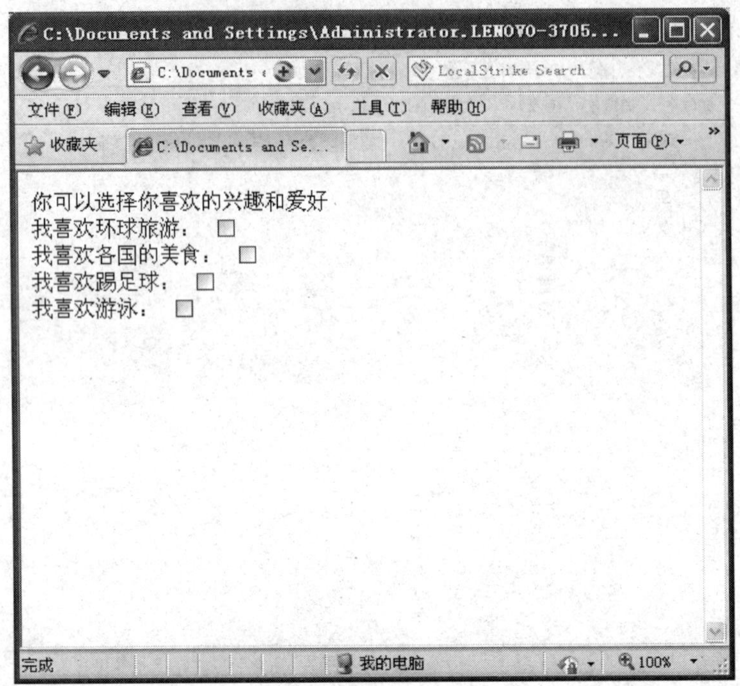

图 1.10 复选框输入表单页面

(4) 单击表单的动作属性(Action)和确认按钮，表单会把电子邮件发送到 tj7328@eyou.com 邮箱。程序代码如下。

```
<html>
<body>
<form action="MAILTO:tj7328@eyou.com " method="post" enctype="text/plain">
<h3>这个表单会把电子邮件发送到指定的邮箱.</h3>
姓名:<br />
<input type="text" name="name" value="您的姓名" size="20">
<br />
邮箱地址:<br />
<input type="text" name="mail" value="您的电子邮件地址" size="20">
<br />
邮件内容:<br />
<input type="text" name="comment" value="您的邮件内容" size="40">
<br /><br />
<input type="submit" value="发送">
<input type="reset" value="重置">
</form>
</body>
</html>
```

保存文件为 exam2-4.html 用浏览器打开该文件，如图 1.11 所示。在姓名框输入姓名，邮箱地址输入电子邮件地址，在邮件内容输入电子邮件需要发送的文字信息。单击发送按钮弹出窗口，如图 1.12 所示，单击“确定”按钮弹出电子邮件发送提示信息，如图 1.13 所示，单击“允许”电子邮件发送成功。单击“重置”按钮页面恢复成初始状态。

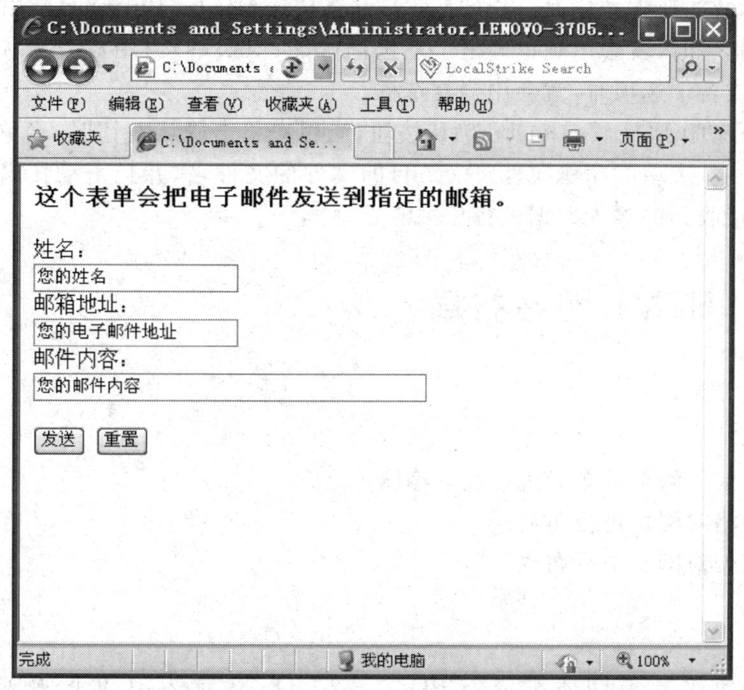

图 1.11　动作属性(Action)和确认按钮页面

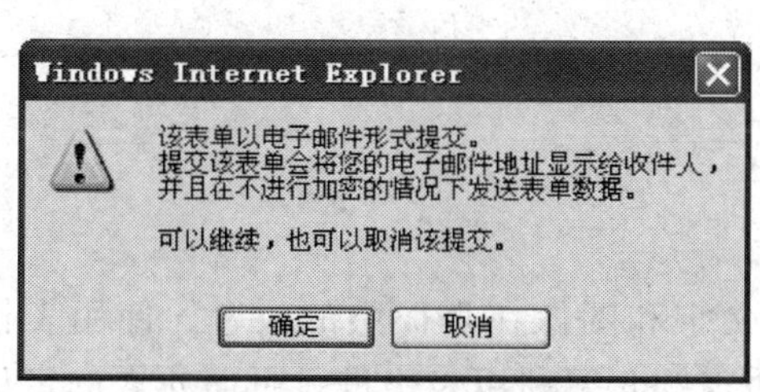

图 1.12　发送提示信息

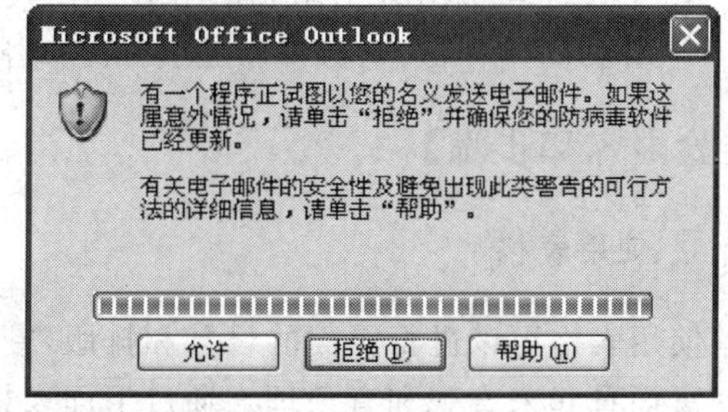

图 1.13　电子邮件发送提示信息

指定的邮箱可以填同学们自己的邮箱地址，只需要修改程序中“MAILTO：”后面的邮箱地址即可。

【相关知识】

(1) 表单网页是一个网站和访问者开展互动的窗口，表单可以用来在网页中发送数据，特别是经常被用在联系表单——用户输入信息然后发送到 E-mail 中。表单本身是不能运行的，必须编写一个程序来处理输入表单中的数据。表单本身就是一个包含表单元素的区域。表单元素是允许用户在表单中(比如文本域、下拉列表、单选框、复选框等)输入信息的元素。表单是使用表单标签(＜form＞)来定义的。

(2) 输入多数情况下被用到的表单标签是输入标签(＜input＞)。输入类型是由类型属性(type)定义的。大多数经常被用到的输入类型如下：文本域(Text Fields)当用户要在表单中键入字母、数字等内容时，就会用到文本域。需要注意的是，表单本身在网页中并不可见，通常文本域的缺省宽度是20个字符。单选按钮（Radio Buttons）当用户从若干给定的选择中选取其一时，就会用到单选框。复选框（Checkboxes）当用户需要从若干给定的选择中选取一个或若干选项时，就会用到复选框。

（3）表单的动作属性（Action）和确认按钮，当用户单击确认按钮时，表单的内容会被传送到另一个文件。表单的动作属性定义了目的文件的文件名，并且由动作属性定义的这个文件通常会对接收到的输入数据进行相关的处理。

实验1.3 HTML网站布局

【实验目的】

- 了解和使用网页的布局进行基本编辑。
- 利用表格对网页进行布局。
- 使用框架对网页进行布局。

【实验条件】

- 个人计算机一台，基本配置：CPU Core2以上，内存2GB以上，硬盘空间20GB以上，100兆网卡。
- 个人计算机预装Windows XP操作系统和浏览器，记事本。
- 具有网络连接，可以连接Internet网络。

【实验内容和步骤】

1. 使用表格

使用表格可以进行页面的设计和排版，控制文字和图像在页面中的位置。使用表格可以使页面看起来直观和有条理。通过下面表格的实例介绍利用表格进行页面元素的定位和排版。建立exam1-3-1.html文件。

```
<html>
<body>
<p>每个表格由 table 标签开始.</p>
<p>每个表格行由 tr 标签开始.</p>
<p>每个表格数据由 td 标签开始.</p>
<h4>一列: </h4>
<table border="1">
<tr>
  <td>100</td>
</tr>
</table>
<h4>一行三列: </h4>
<table border="1">
<tr>
```

```
  <td>111</td>
  <td>222</td>
  <td>333</td>
</tr>
</table>
<h4>两行三列：</h4>
<table border="1">
<tr>
  <td>aaa</td>
  <td>bbb</td>
  <td>ccc</td>
</tr>
<tr>
  <td>ddd</td>
  <td>eee</td>
  <td>fff</td>
</tr>
</table>
</body>
</html>
```

将上述代码保存为 exam1-3-1.html 文件。用 IE 打开就可以看到整个页面被<table>分成了表格，表格中的每个单元格分别进行不同的格式设定，如图 1.14 所示。

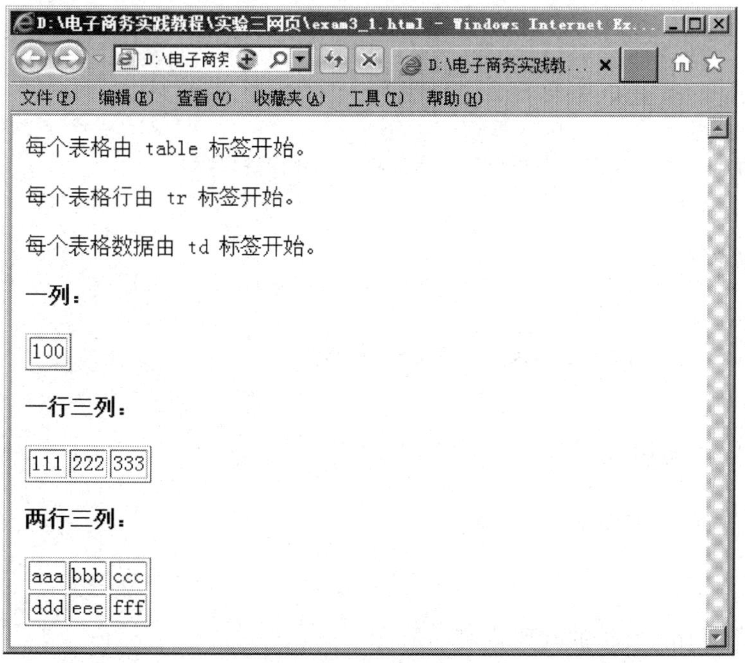

图 1.14　使用表格布局页面

2. 使用框架

通过使用框架，你可以在同一个浏览器窗口中显示不止一个页面。每份 HTML 文档称为一个框架，并且每个框架都独立于其他的框架。现在建立文件 exam1.2.html 文件，该文件是建立框架的结构。代码如下。

```
<head>
<title></title>
</head>
<frameset rows="157,*" cols="*" frameborder="no" border="0" framespacing="0">
  <frame src="top.html" name="topFrame" scrolling="No" noresize="noresize" id=
"topFrame" title="topFrame" />
  <frameset rows="*" cols="227,*" framespacing="0" frameborder="no" border="0">
    <frame src="left.html" name="leftFrame" scrolling="No" noresize="noresize" id=
"leftFrame" title="leftFrame" />
    <frame src="main.html" name="mainFrame" id="mainFrame" title="mainFrame" />
  </frameset>
</frameset>
<noframes><body>
</body>
</noframes></html>
```

实际上将整个网页分成了三部分，每一部分都是一个独立的网页文件。分别为 main.html、left.html、top.html。

以下是 main.html 文件的内容。

```
<html>
<head>
</head>
<body>
<table width="99%">
  <tr>
    <td bgcolor="#CCCCCC">可以根据需要填写主要内容</td>
  </tr>
  <tr>
    <td>内容 1</td>
  </tr>
  <tr>
    <td bgcolor="#CCCCCC">内容 2</td>
  </tr>
  <tr>
    <td>内容 3</td>
  </tr>
</table>
</body>
</html>
```

以下是 left.html 文件的代码内容。

```
<html>
<head>
</head>
<body>
<table width="99%">
  <tr>
```

```
    <td bgcolor = "#CCCCCC">这里是左侧的框架</td>
  </tr>
  <tr>
    <td>可以列出左侧的栏目</td>
  </tr>
  <tr>
    <td bgcolor = "#CCCCCC">栏目 1 </td>
  </tr>
  <tr>
    <td>栏目 2 </td>
  </tr>
  <tr>
    <td bgcolor = "#CCCCCC">栏目 3 </td>
  </tr>
</table>
</body>
</html>
```

以下是 top.html 文件代码的内容。

```
<html>
<head>
</head>
<body>
<table width = "99%">
  <tr>
    <td bgcolor = "#CCCCCC">这是标题框架</td>
  </tr>
  <tr>
    <td>可以根据需要填写有关内容</td>
  </tr>
</table>
</body>
</html>
```

用浏览器打开 exam1-3-2.html 文件，可打开 main.html、left.html、top.html 这三个文件，如图 1.15 所示。

【相关知识】

1. 表格

表格由<table>标签来定义。每个表格均有若干行(由<tr>标签定义)，每行被分割为若干单元格(由<td>标签定义)。字母 td 指表格数据(table data)，即数据单元格的内容。数据单元格可以包含文本、图片、列表、段落、表单、水平线、表格等。如果不定义边框属性，表格将不显示边框。

2. 框架

框架是设计网页时非常有用的工具，它能把浏览器窗口分为若干个区域，每个区域可以

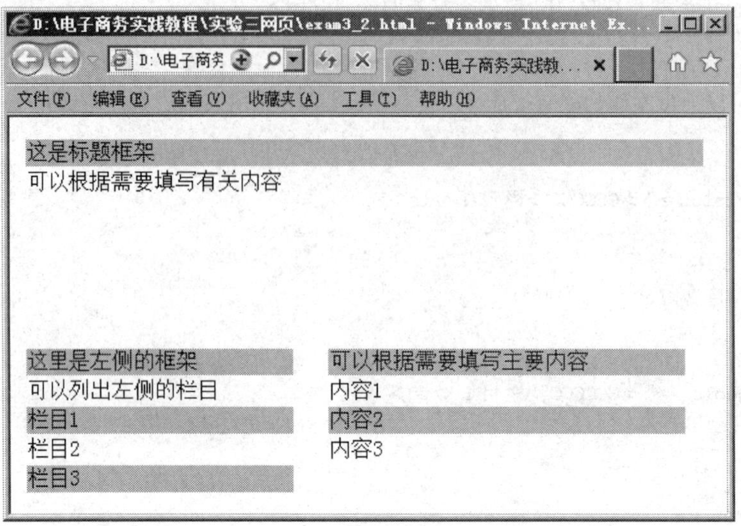

图 1.15 框架结构网页示例

分别显示不同的网页。通过使用框架,可以在同一个浏览器窗口中显示不止一个页面。在浏览网页时,可以单击左侧的某个链接,则对应的内容显示在右侧,而上面和左面的内容仍然保留在页面里。

实验 1.4 div+css 样式应用

【实验目的】

- 了解和使用网页的布局进行基本编辑。
- 利用<div>和 css 样式的基本标记应用。

【实验条件】

- 个人计算机一台,基本配置:CPU Core2 以上,内存 2GB 以上,硬盘空间 20GB 以上,100 兆网卡。
- 个人计算机预装 Windows XP 操作系统和浏览器,记事本。
- 具有网络连接,可以连接 Internet 网络。

【实验内容和步骤】

1. div 定义分区或节

<div>标签可以把文档分割为独立的、不同的部分。它可以用作严格的组织工具,并且不使用任何格式与其关联。如果用 id 或 class 来标记<div>,那么该标签的作用会变得更加有效。

下面就是使用<div>定义的一个简单的网页,运行结果是将后半部分文字变成绿色。

网页程序如下。

```
<html>
<body>

<h3>这是开头.</h3>
<p>这是一段文字.</p>
<div style="color:#00FF00">
  <h3>这是开头.</h3>
  <p>这是一段文字.</p>

</div>
</body>
</html>
```

将网页文件存为 exam1-4-1.html,用 IE 打开,结果如图 1.16 所示。

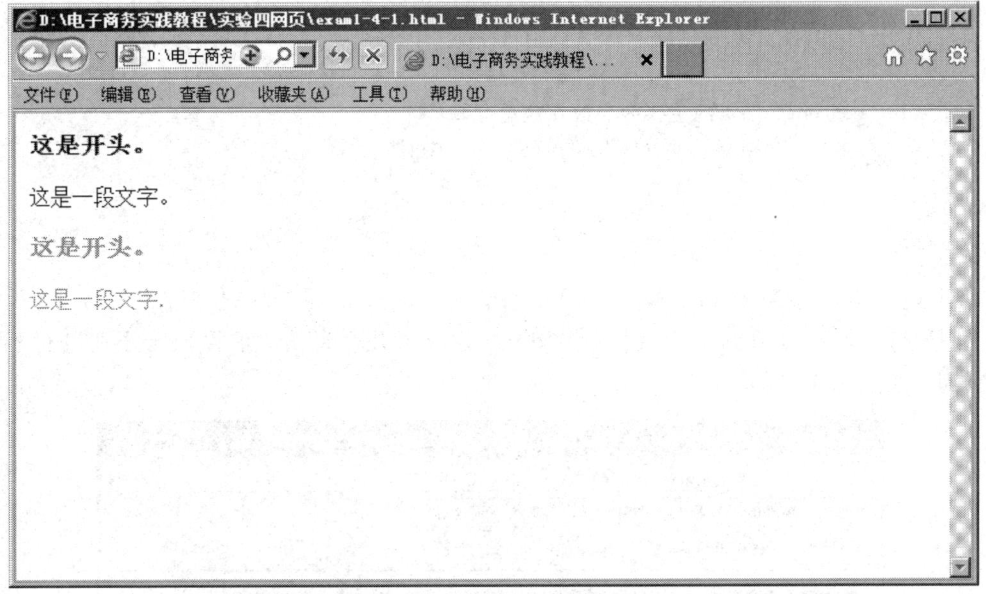

图 1.16　初步定义<div>页面

2. div 进行分组

下面的例子使用几个 div 元素来创建多列布局。
该程序代码如下。

```
<html>
<head>
<style type="text/css">
div#container{width:500px}
div#header {background-color:#99bbbb;}
div#menu {background-color:#ffff99; height:200px; width:100px; float:left;}
div#content {background-color:#EEEEEE; height:200px; width:400px; float:left;}
div#footer {background-color:#99bbbb; clear:both; text-align:center;}
```

```
h1 {margin - bottom:0;}
h2 {margin - bottom:0; font - size:14px;}
ul {margin:0;}
li {list - style:none;}
</style>
</head>
<body>
<div id = "container">
<div id = "header">
<h1>网页的主标题内容</h1>
</div>
<div id = "menu">
<h2>菜单选项</h2>
<ul>
<li>HTML 语言</li>
<li>网页表单</li>
<li>网页的布局</li>
</ul>
</div>
<div id = "content">网页的主要内容放在这里</div>
<div id = "footer"> Copyright www.tjufe.edu.cn </div>
</div>
</body>
</html>
```

将上述代码保存为 exam1-4-2.html 文件。

用 IE 打开就可以看到整个页面被<div>分成了几个部分，每个部分分别进行不同的格式设定，如图 1.17 所示。

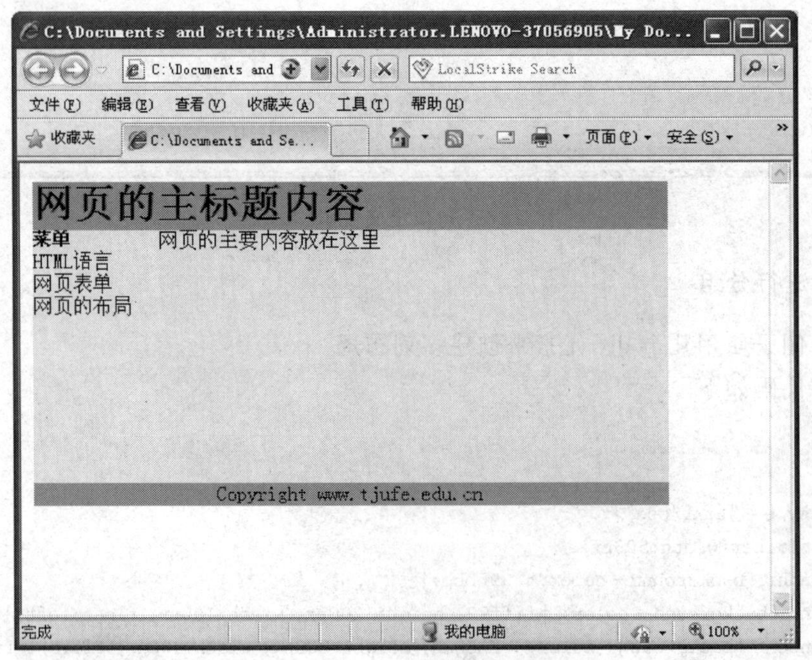

图 1.17 <div>布局页面

<div>可定义文档中的分区或节(division/section)。<div>标签可以把文档分割为独立的、不同的部分。它可以用作严格的组织工具,并且不使用任何格式与其关联。如果用id或class来标记<div>,那么该标签的作用会变得更加有效。

<div>是一个块级元素。这意味着它的内容自动地开始一个新行。实际上,换行是<div>固有的唯一格式表现。可以通过<div>的class或id应用额外的样式。不必为每一个<div>都加上类或id,虽然这样做也有一定的好处。可以对同一个<div>元素应用class或id属性,但是更常见的情况是只应用其中一种。这两者的主要差异是,class用于元素组(类似的元素,或者可以理解为某一类元素),而id用于标识单独的唯一的元素。

使用CSS最大的好处是,如果把CSS代码存放到外部样式表中,那么站点会更易于维护。通过编辑单一的文件,就可以改变所有页面的布局。提示:由于创建高级的布局非常耗时,使用模板是一个快速的选项。通过搜索引擎可以找到很多免费的网站模板,可以使用这些预先构建好的网站布局,并优化它们。

3. CSS

应用CSS样式对网页布局有许多优点,它是能够真正做到网页表现与内容分离的一种样式设计语言。相对于传统HTML的表现而言,CSS能够对网页中的对象的位置排版进行像素级的精确控制,支持几乎所有的字体字号样式,拥有对网页对象和模型样式编辑的能力,并能够进行初步交互设计,是目前基于文本展示最优秀的表现设计语言。CSS能够根据不同使用者的理解能力,简化或者优化写法,针对各类人群,有较强的易读性。

【相关知识】

1. 样式解决了一个普遍的问题

HTML标签原本被设计为用于定义文档内容。通过使用<h1>、<p>、<table>这样的标签,HTML的初衷是表达"这是标题"、"这是段落"、"这是表格"之类的信息。同时文档布局由浏览器来完成,而不使用任何的格式化标签。

由于两种主要的浏览器(Netscape和Internet Explorer)不断地将新的HTML标签和属性(比如字体标签和颜色属性)添加到HTML规范中,创建文档内容清晰地独立于文档表现层的站点变得越来越困难。

为了解决这个问题,万维网联盟(W3C),这个非营利的标准化联盟,肩负起了HTML标准化的使命,并在HTML 4.0之外创造出样式(Style)。

所有的主流浏览器均支持层叠样式表。

2. 样式表极大地提高了工作效率

样式表定义如何显示HTML元素,就像HTML 3.2的字体标签和颜色属性所起的作用那样。样式通常保存在外部的.css文件中。通过仅仅编辑一个简单的CSS文档,外部样式表使你有能力同时改变站点中所有页面的布局和外观。

由于允许同时控制多重页面的样式和布局,CSS可以称得上WEB设计领域的一个突破。作为网站开发者,你能够为每个HTML元素定义样式,并将之应用于你希望的任意多的页面中。如需进行全局的更新，只需简单地改变样式，然后网站中的所有元素均会自动地更新。

3. 样式表允许以多种方式规定样式信息

样式可以规定在单个的 HTML 元素中，在 HTML 页的头元素中，或在一个外部的 CSS 文件中，甚至可以在同一个 HTML 文档内部引用多个外部样式表。

4. 层叠次序

当同一个 HTML 元素被不止一个样式定义时，会使用哪个样式呢?

一般而言，所有的样式会根据下面的规则层叠于一个新的虚拟样式表中，其中数字 4 拥有最高的优先权。浏览器默认设置，外部样式表，内部样式表(位于<head>标签内部)，内联样式(在 HTML 元素内部)，其中，内联样式(在 HTML 元素内部)拥有最高的优先权，这意味着它将优先于以下的样式声明：<head>标签中的样式声明，外部样式表中的样式声明，或者浏览器中的样式声明(默认值)。

习题

1. 利用文本编辑器建立 HTML 标记建立一个简单网页代码如下。

```
<html>
<body>
    <font size="6">下面是一个网络链接.</font>
    </br>
<a href="http://www.taobao.com">
单击该链接打开淘宝网站.</a>
</body>
</html>
```

2. 编辑一个有表单功能的 HTML 网页文件要求输入、命令按钮、单选、多选。
3. 建立一个网页，里面插入简单 3 行 3 列的表格。
4. 建立一个框架结构，要求框架分成上下两个网页。

第2章 电子商务网站配置与管理

本章学习目的

- 掌握网络空间和域名申请的方法。
- 学会使用FTP软件传送网页文件。
- 掌握安装和配置IIS方法。
- 利用IIS进行网站的发布与测试。
- 学会注册百度统计。
- 了解和利用百度监控对网站进行基本统计。

实验2.1 网络空间与域名的申请

【实验目的】

- 了解网络空间和域名申请的过程。
- 掌握网络空间和域名申请的方法。
- 使用FTP软件传送网页文件。

【实验条件】

- 个人计算机一台,基本配置:CPU Core2以上,内存2GB以上,硬盘空间20GB以上,100兆网卡。
- 个人计算机预装Windows XP操作系统和浏览器,Cuteftp。
- 具有网络连接,可以连接Internet网络。

【实验内容和步骤】

本实验以http://www.3v.cm/网站注册免费域名为例进行。

(1) 首先打开注册网页http://www.3v.cm/reg.asp,如图2.1所示,单击"我同意"按钮进入第二步,输入用户名,用户名必须使用3~12位小写英文字母或数字可任意组合,比如输入dzswsy。然后选择空间类型选择"免费美国空间—100M"选项,选择模板使用默认初始页,如图2.2所示。然后单击"下一步"按钮,如图2.3所示,填写相关注册信息。

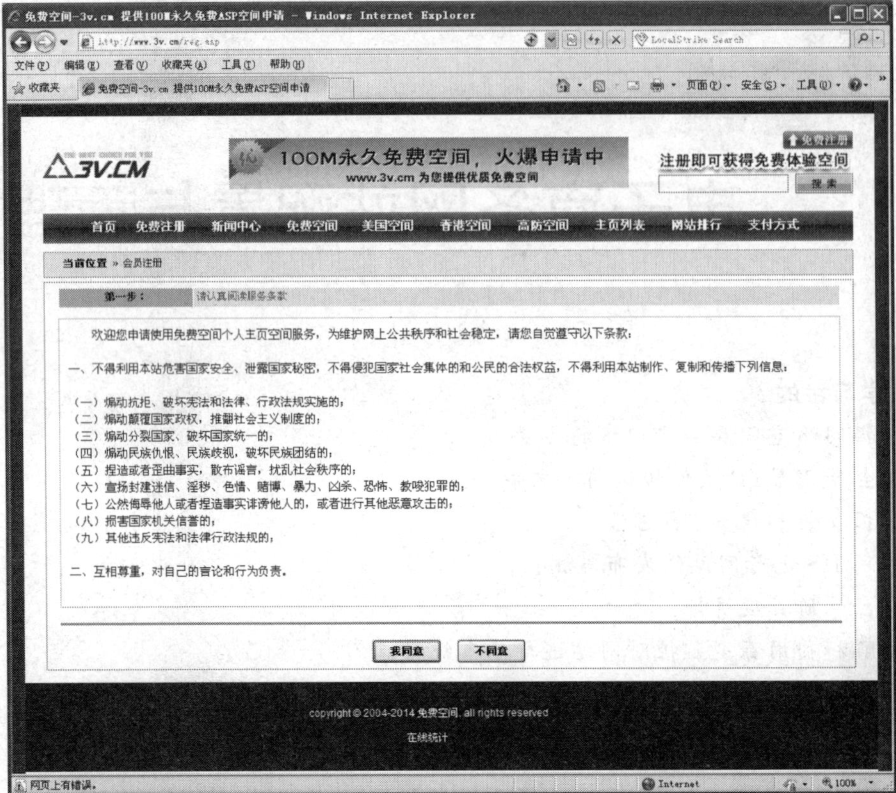

图 2.1　域名申请首页

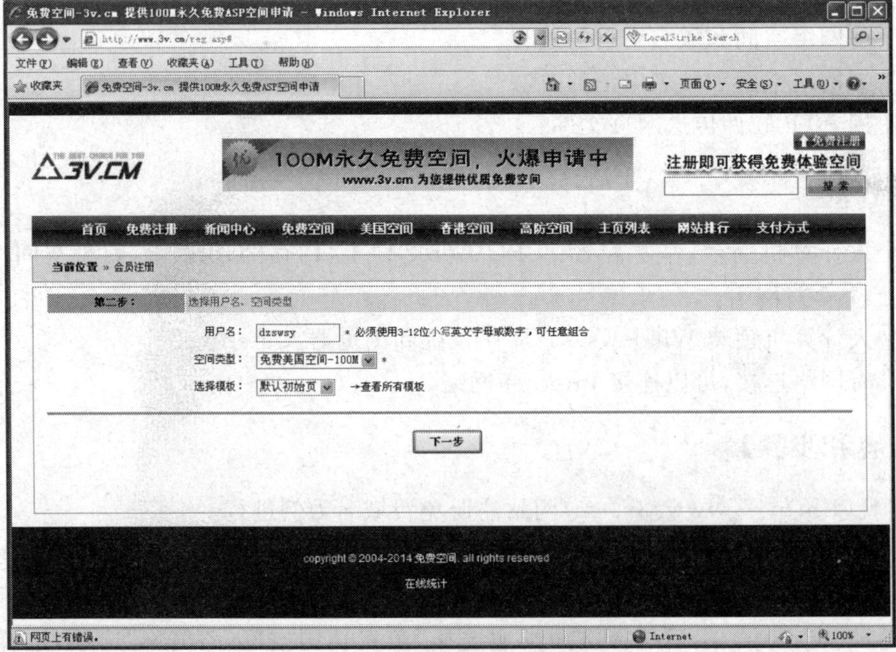

图 2.2　选择用户名、空间类型

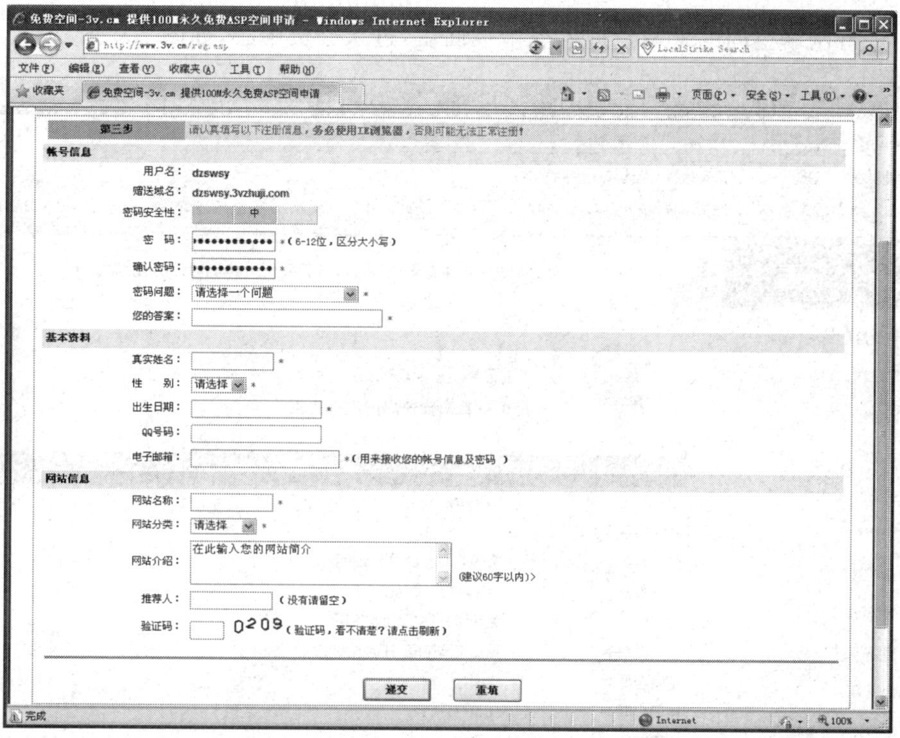

图 2.3　填写注册信息

填写信息，单击"递交"按钮，注册成功，如图 2.4 所示。

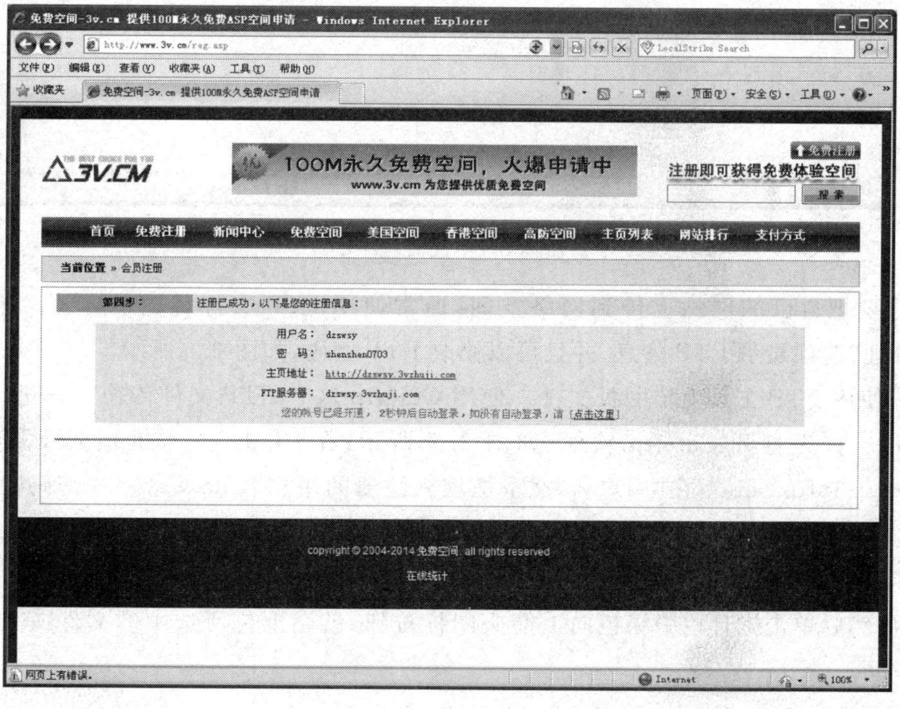

图 2.4　注册成功页面

(2) 进行网络空间的管理。进入登录页面后，进入会员中心，如图 2.5 所示。

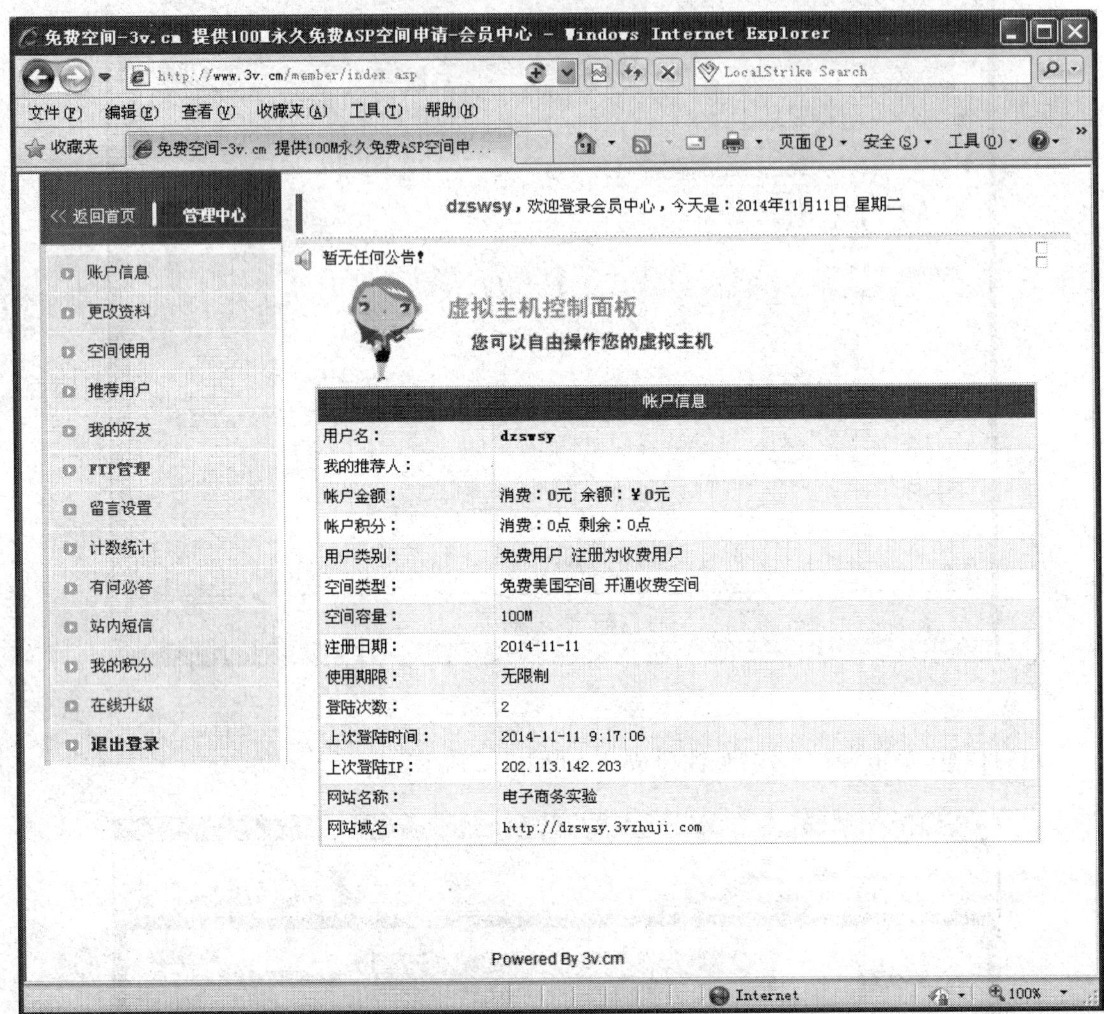

图 2.5 空间管理中心

如果要把自己的网站上传到网络空间，通常使用 FTP 文件传输的方式。单击左侧“FTP 管理”选项显示 FTP 信息，并且可以修改 FTP 密码，如图 2.6 所示。

(3) 使用 FTP 工具上传网页文件。使用 Cuteftp 这个 FTP 文件传输工具进行网页文件的上传。首先打开 Cuteftp 软件，如图 2.7 所示，在“主机”文本框填入 FTP 的地址“ftp://001.3vftp.com”，在“用户名”文本框填入注册的用户名 dzswsy，在“密码”文本框填入密码内容，然后回车，Cuteftp 就会连接 FTP 服务器，如图 2.8 所示。

连接 FTP 服务器后在左侧的“本地驱动器”中选择本地做好的网站的文件，如 Index.asp 文件然后单击工具栏中绿色向上箭头图标按钮，就会上传所选中的文件或文件夹，如图 2.9 所示。

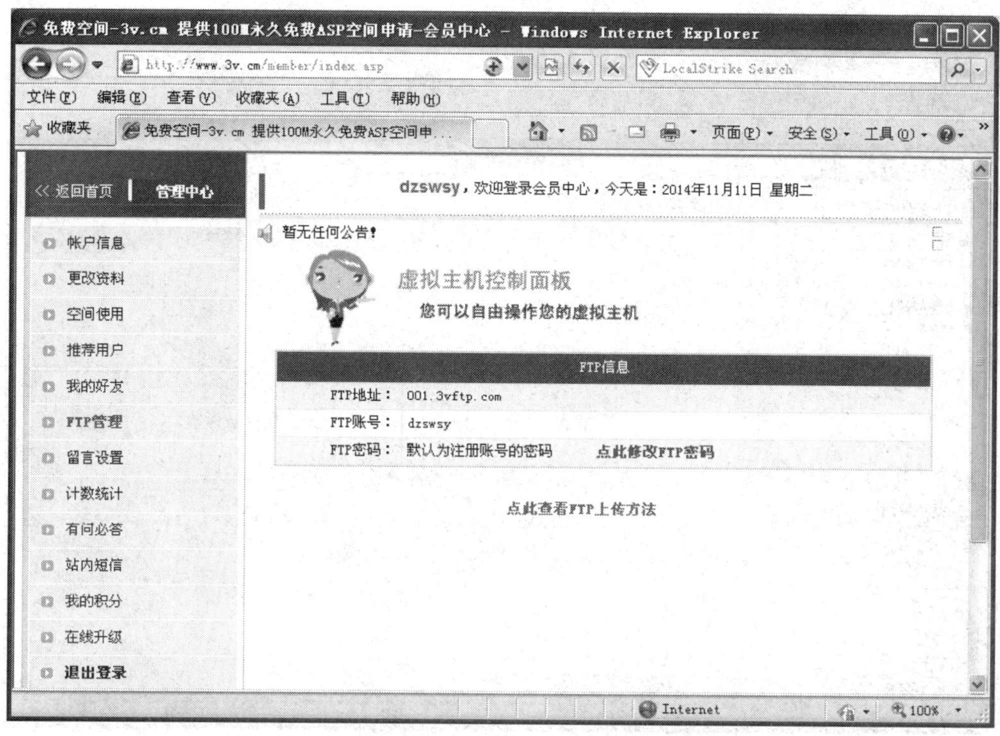

图 2.6　FTP 信息

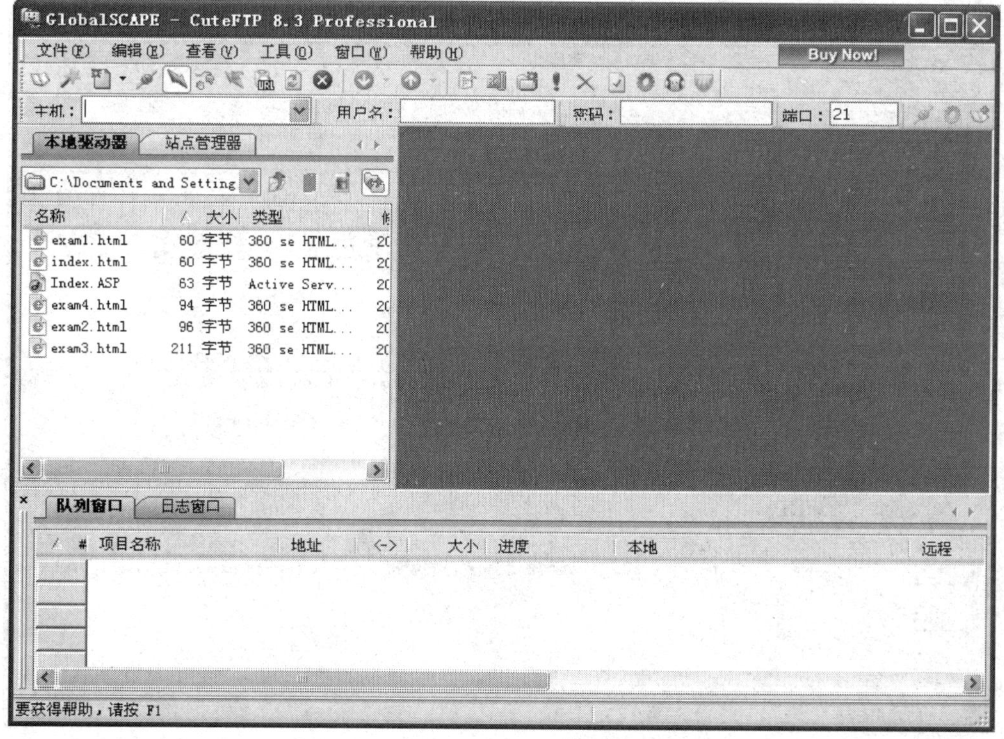

图 2.7　Cuteftp 界面

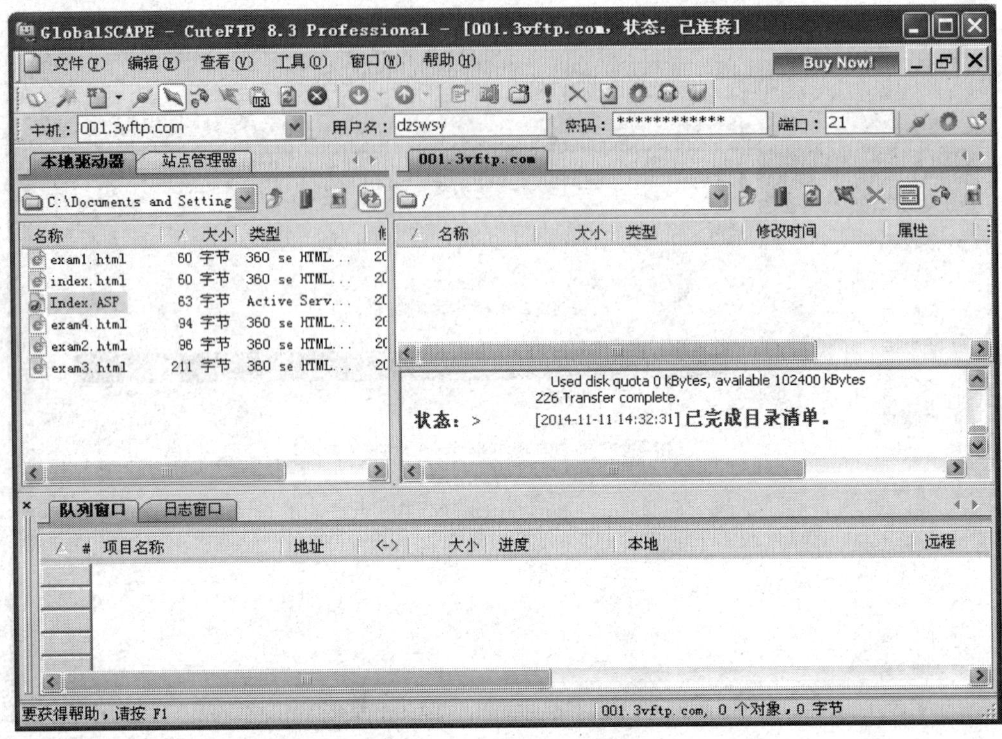

图 2.8　连接 FTP 服务器界面

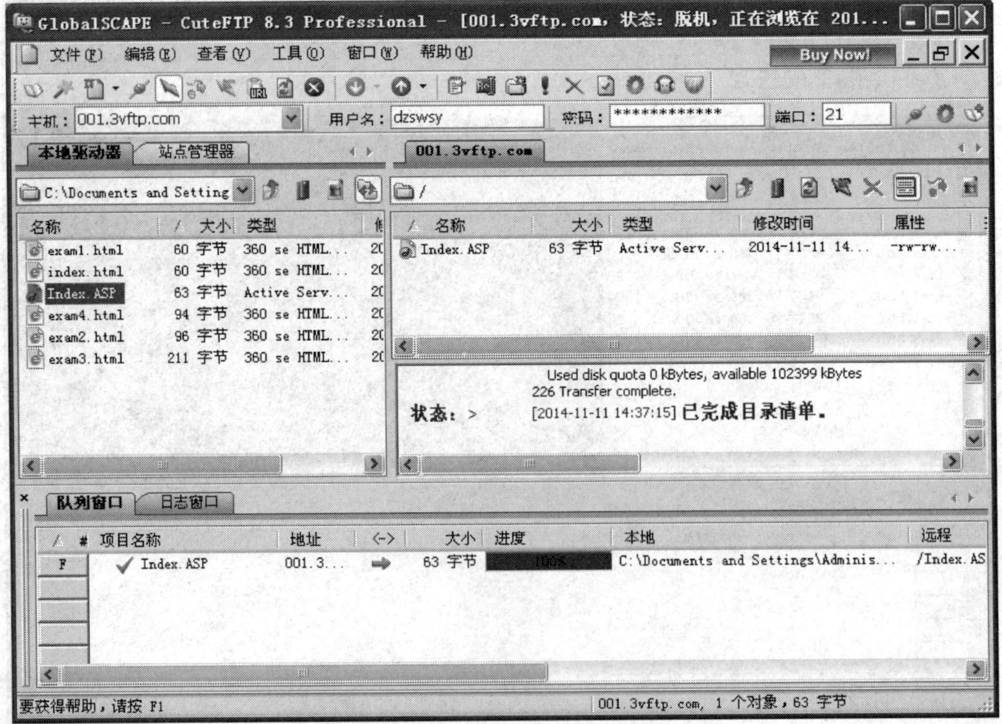

图 2.9　Cuteftp 文件上传界面

【相关知识】

1. 域名

域名(Domain Name),是由一串用点分隔的名字组成的 Internet 上某一台计算机或计算机组的名称,用于在数据传输时标识计算机的电子方位(有时也指地理位置,地理上的域名,指代有行政自主权的一个地方区域)。一个域名的目的是便于记忆和沟通的一组服务器的地址(网站,电子邮件,FTP 等)。域名是一种容易使用户记忆的名称,如电脑,网络和服务。世界上第一个域名是在 1985 年 1 月注册的。域名类似于互联网上的门牌号码,是用于识别和定位互联网上计算机的层次结构式字符标识,与该计算机的互联网协议(IP)地址相对应。但相对于 IP 地址而言,更便于使用者理解和记忆。域名服务属于互联网上的基础服务,基于域名可以提供 WWW、E-mail、FTP 等应用服务。

域名服务器的工作是,域名服务软件一般包含两个部分:实际的域名服务器和一个解析器。域名服务器(Domain Name Server,DNS)通过提供主机到地址的转换来响应浏览器的请求。

当输入一个网页地址时,浏览器就向指定的域名服务器发出一个请求。域名服务器如果找到了相同的主机名,就在缓冲区里调出信息返回给浏览器。如果这个域名服务器找不到该域名时,DNS 服务器就会试图通过询问树的上一级的一个域名服务器来解决这个问题。如果还不行,第二个服务器会继续找上一层服务器,直到找到根服务器为止。如果还没有查出来时,DNS 服务器会返回错误信息。如果一个域名服务器无须询问别的服务器就能得到结果,它就被称为授权服务器。

域名由两个或两个以上的词构成,中间由点号分隔开。最右边的那个词称为顶级域名。下面是几个常见的顶级域名及其用法。

. COM——用于商业机构。它是最常见的顶级域名。任何人都可以注册. COM 形式的域名。

. NET——最初是用于网络组织,例如因特网服务商和维修商。任何人都可以注册以. NET 结尾的域名。

Internet 上连有几亿台的计算机,这些计算机不管它们是什么机型、运行什么操作系统、使用什么软件,都可以归结为两大类:客户机和服务器。

服务器提供信息让别人访问的机器,通常又称为主机。由于人们任何时候都可能访问到它,因此作为主机必须每时每刻都连接在 Internet 上,拥有自己永久的 IP 地址。为此不仅得设置专用的电脑硬件,还得租用昂贵的数据专线,再加上各种维护费用如房租、人工、电费等等,绝不是好承受的。为此,人们开发了虚拟主机技术。

利用虚拟主机技术,可以把一台真正的主机分成许多的“虚拟”的主机,每一台虚拟主机都具有独立的域名和 IP 地址,具有完整的 Internet 服务器功能。虚拟主机之间完全独立,在外界看来,每一台虚拟主机和一台独立的主机完全一样。效果一样,但费用却大不一样了。由于多台虚拟主机共享一台真实主机的资源,每个虚拟主机用户承受的硬件费用、网络维护费用、通信线路的费用均大幅度降低,Internet 真正成为人人用得起的网络!

很多公司及制作网站的朋友,往往对网站空间的性能有一定的要求,而虚拟主机方式,尽管单价较低,但对于性能有较高要求的客户而言,往往无法满足。另外,对于一些需要较大空间存放数据的客户而言,服务器合租因为有大空间、低价格的优势,从而也是一个不错的选择,服务器合租行业彻底摒弃了传统虚拟主机按照容量销售空间的方式,采用了对服务器资源进行全面划分的方式,按服务器上所在的网站数进行销售,其开创性地提出了软性监控的方式,对空间的资源最大化使用,率先对服务器合租进行了全面的规划,并通过自主研发的监控软件对所有的服务器 24 小时监控,每周提供用户报表的方式定义网站和空间的关系,为用户了解自己的网站资源使用提供了量化的可能,因此也获得了业内众多网络用户的青睐。

2. 网站空间

网站空间英文名: WebSite host,就是存放网站内容的空间。网站空间也称为虚拟主机空间,通常企业做网站都不会自己架服务器,而是选择以虚拟主机空间作为放置网站内容的网站空间。网站空间指能存放网站文件和资料,包括文字、文档、数据库、网站的页面、图片等文件的容量。无论是对于中小企业还是个人用户来说,拥有自己的网站已不再是一件难事,投资几百元你就可以很容易地通过向网站托管服务商租用虚拟主机,用这种方式来建立网站。

网站建成之后,要购买一个网站空间才能发布网站内容,选择网站空间时,主要应考虑的因素包括网站空间的大小、操作系统、对一些特殊功能如数据库的支持,网站空间的稳定性和速度,网站空间服务商的专业水平等。

网站空间按空间形式可以分为:虚拟空间、合租空间、独立主机。虚拟空间:90%以上的企业网站都采取这种形式,主要是空间提供商提供专业的技术支持和空间维护,且成本低廉。合租空间:中型网站可以采用这种形式,一般是几个或者几十个人合作一台服务器。独立主机:安全性能要求极高以及网站访问速度要求极高的企业网站可以采用,一般成本较高。

随着国内电子商务的热潮持续升温,尤其是国民经济发展中的主力军中小企业,更是意识到加快其网络营销应用的重要性。

而建站则是网络营销基础的第一步,在选择一个适合企业网站的虚拟主机,会让网站保持良好的运行状态,不会因空间访问速度、网站风格不符潮流等问题而失去潜在客户。

如何选择适合自己网站的虚拟主机?在这里为中小企业提供选购指引。

如果访客的主要群体是国外欧美用户,最好选择国外的虚拟主机——尤其适合外贸型企业的网站空间。如他们针对外向型企业推出的美国空间,因为中国的国家出口带宽不够,在国内打开国外的网站很慢,同样在国外打开国内的网站也特别的慢,而海外空间则很好地解决面向其他国家访客速度慢的问题。如果访客的主要群体是亚太地区或海外华侨,那最好选择香港虚拟主机,香港的海外网络总出口虽然也不算大,但是他们的服务器少,带宽足够,并且在欧美访问起来的速度比访问大陆快很多。访客的主要群体是国内用户,那最好选择国内的虚拟主机。下面说说看网站语言:如果您的网站是中英文语言版本或其他语言版本的,为了方便海外客户的浏览,那最好将中英文(或其他语言)的网站分开,英文版本或其他语言的网站选择存放在国外或香港的虚拟空间,中文网站则存放在国内的虚拟空间。

选择合适的网络空间包括网站的语言脚本、预计每天访问量、域名绑定的支持(支持多域名绑定的好处是如果其中一个域名的解析出现问题,还可以用另一个域名访问)、数据库的支持及大小等配置功能,并了解服务商的空间限制、数据安全情况。如果企业对于空间容量及功能性选择等方面不是很清楚,大家可以通过以下方式:通过与服务商的专业客服人员沟通，让其为您作指导性选择，这也是考验服务商是否诚信的一项标准。信誉良好的服务商，其客服专业的导购会为您的企业节省网站开发与维护成本。提醒电子商务客户，企业的特点是小而精，这些特点决定了电子商务企业不可能也没有必要花过多的心思在建站等方面的事务，但建站与其空间的选择对于企业又格外重要。因此，在此建议电子商务企业可以适当选择有规模的行内专业服务商。

实验 2.2 网站发布 IIS 配置

【实验目的】

- 安装和配置 IIS 进行网站的发布。
- 利用 IIS 进行网站的发布与测试应用。

【实验条件】

- 个人计算机一台，基本配置：CPU Core2 以上，内存 2GB 以上，硬盘空间 20GB 以上，100 兆网卡。
- 个人计算机预装 Windows XP 操作系统和浏览器，Cuteftp。
- 具有网络连接，可以连接 Internet 网络。

【实验内容和步骤】

1. 安装 IIS

Windows XP 在安装时需要 Windows 的安装光盘。选择"开始"菜单选择"控制面板"，在打开的"控制面板"窗口中双击"添加/删除程序"图标，打开"添加/删除程序"窗口，如图 2.10 所示。

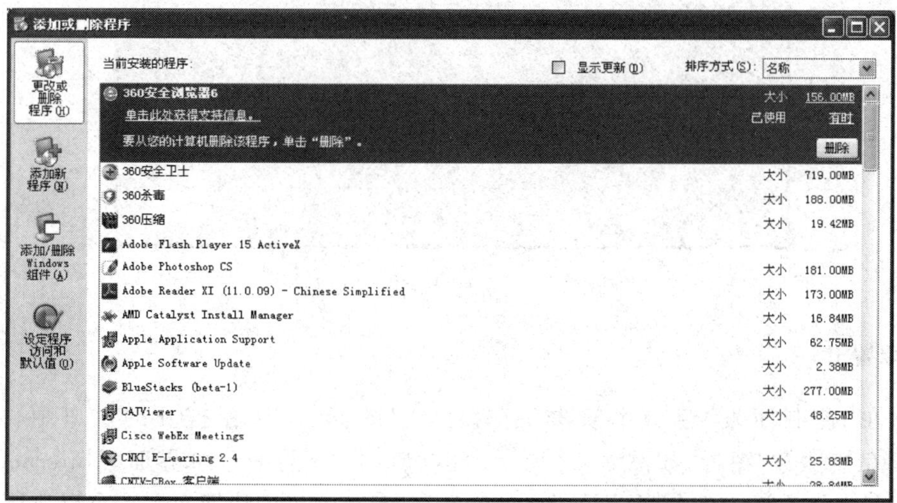

图 2.10 控制面板

单击“添加/删除 Windows 组件”按钮，打开“Windows 组件向导”对话框。在“Windows 组件向导”对话框的“组件”列表框中选择“Internet 信息服务”选项，如图 2.11 所示。然后单击“下一步”按钮，并在光盘驱动器中放入 Windows XP 安装光盘，即可开始安装文件和配置系统参数，如图 2.12 所示。完成 IIS 组件的安装后，重新启动系统。

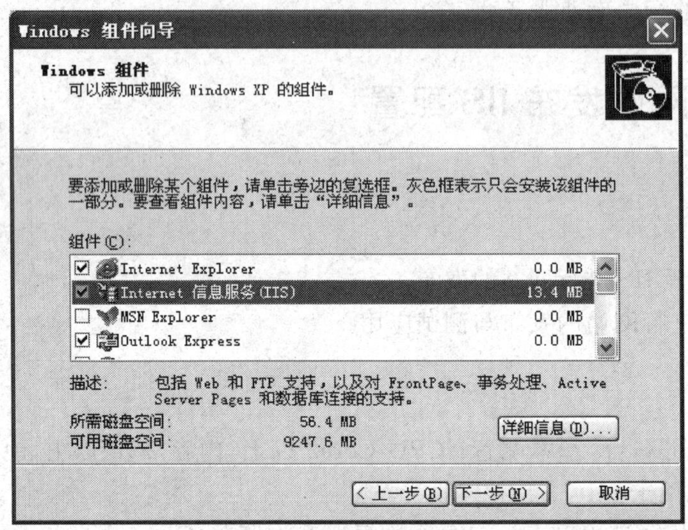

图 2.11 添加/删除 Windows 组件

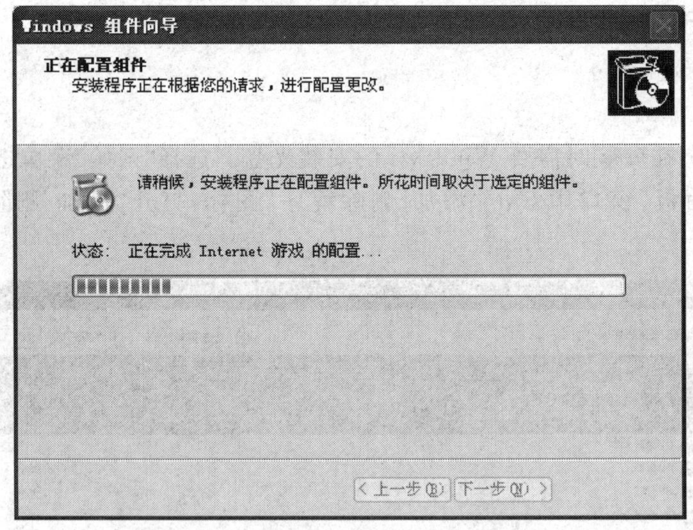

图 2.12 安装 Windows 组件

2. 配置 IIS

通过在“控制面板”窗口中双击“管理工具”图标，然后在打开的窗口中再次双击“Internet 信息服务”图标，如图 2.13 所示，可以启动 IIS 的配置主界面(“Internet 信息服务”窗口)。在该界面中选“默认网站”选项单击右键，在弹出的快捷菜单中可以执行“暂停”、“停止”或“启动”命令，来控制默认的 Web 站点的运行状态，也可以选择“新建”下的“虚拟目录”命令，发布一个新的 Web 站点，还可以对某个 Web 站点进行“服务器扩展检查”来提高 IIS 的安全性，如图 2.13 所示。

图 2.13　Windows 管理工具

在图 2.14 所示的“Internet 信息服务”窗口中选择“默认网站”选项然后单击右键，在弹出的快捷菜单中执行“属性”命令，打开“默认网站属性”对话框。

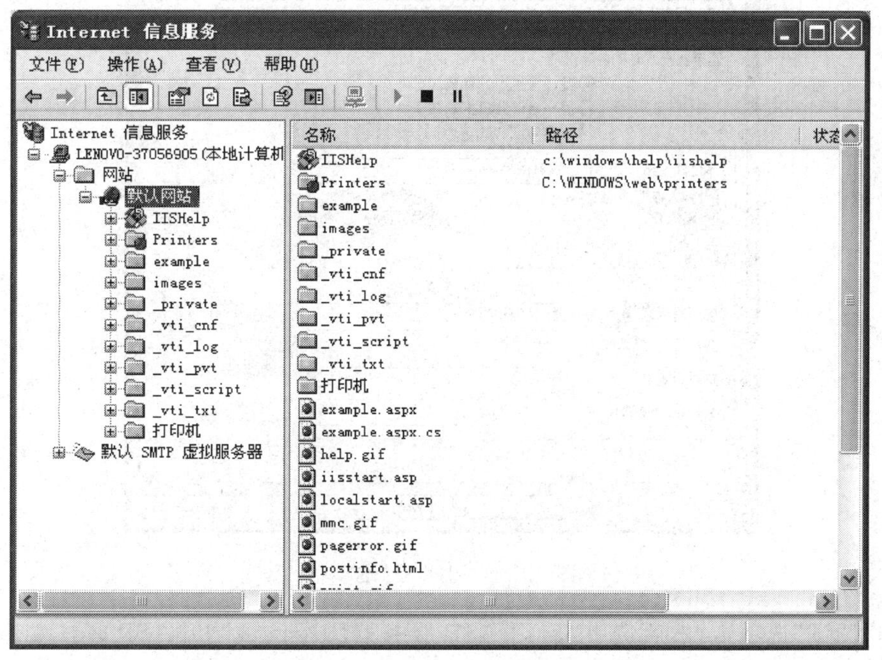

图 2.14　“Internet 信息服务”窗口

选择"网站"选项卡，可以设置该站点的描述、服务器的 IP 地址和 Web 服务所使用的 TCP 端口等参数，还可以设置连接超时和日志记录等项目，如图 2.15 所示。

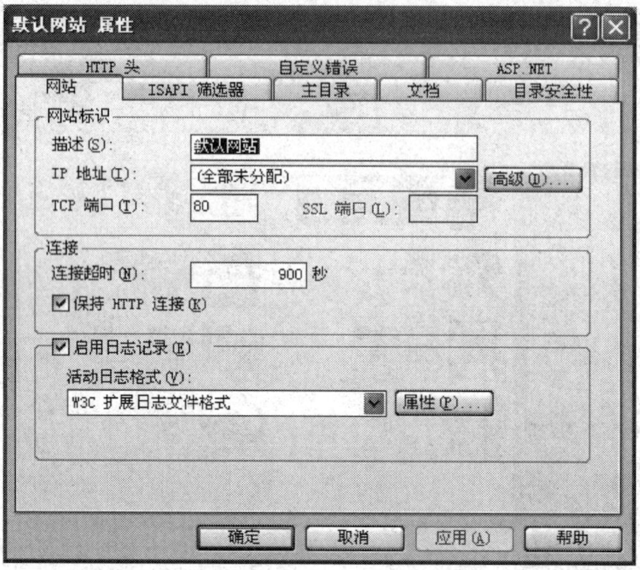

图 2.15 "网站"选项卡

选择"主目录"选项卡，可以设置 Web 站点在服务器上的物理路径，并且可以进行访问权限的设置，如"读取"、"写入"、"目录浏览"、"记录访问"、"脚本资源访问"和"索引资源"属性，如图 2.16 所示。

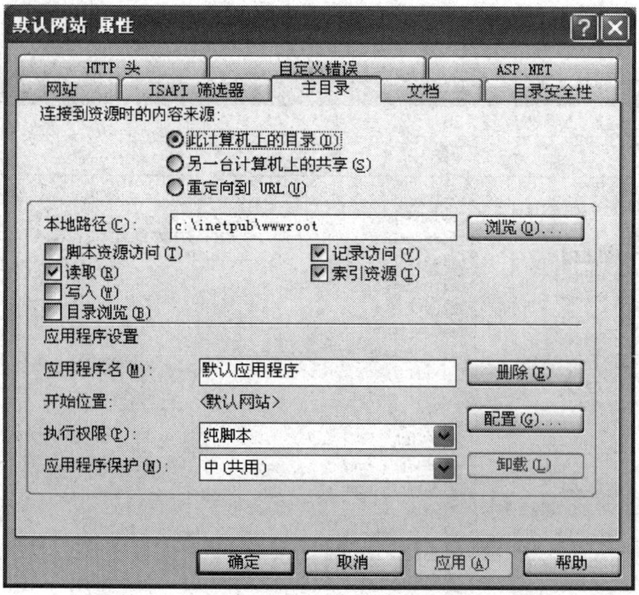

图 2.16 "主目录"选项卡

选择"调试"选项卡，然后选中"启用 ASP 服务器脚本调试"和"ASP 客户端脚本调试"复选框，可以在对 ASP 应用程序进行调试的过程中让系统提供调式帮助，如图 2.17 所示。

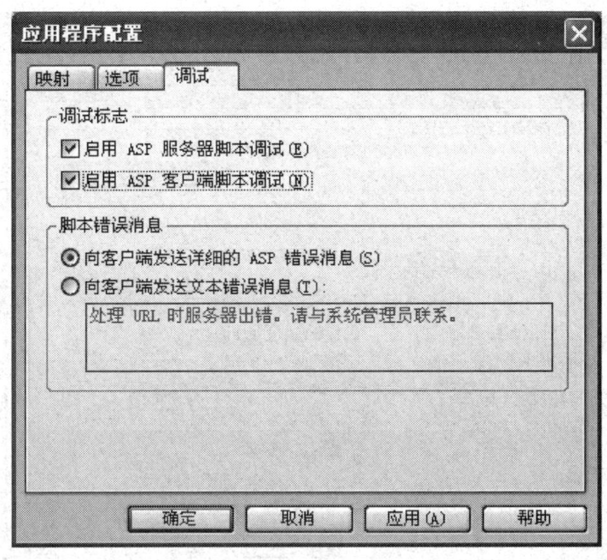

图 2.17 “应用程序配置”选项卡

在“默认网站属性”对话框中选择“文档”选项卡，如图 2.18 所示，可以设置当客户端对该 Web 站点请求连接时默认启动的 HTML 页面或 ASP 应用程序。选择“目录安全性”选项卡可以设置“匿名访问和身份验证控制”和“安全证书”，以确保管理信息系统运行的安全性，如图 2.19 所示。

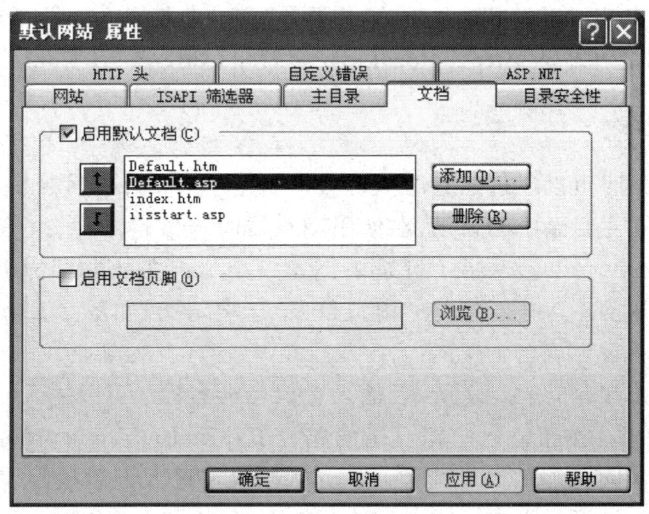

图 2.18 “文档”选项卡

完成设置后，在“默认网站属性”对话框中单击“确定”按钮。

3. 测试 IIS

在完成 IIS 的安装与设置后，在浏览器中输入 http://localhost 时，IIS 将自动获取本地计算机上“默认网站”目录下存放的网页文件(Default.asp)，然后将其解析后传送至浏览器

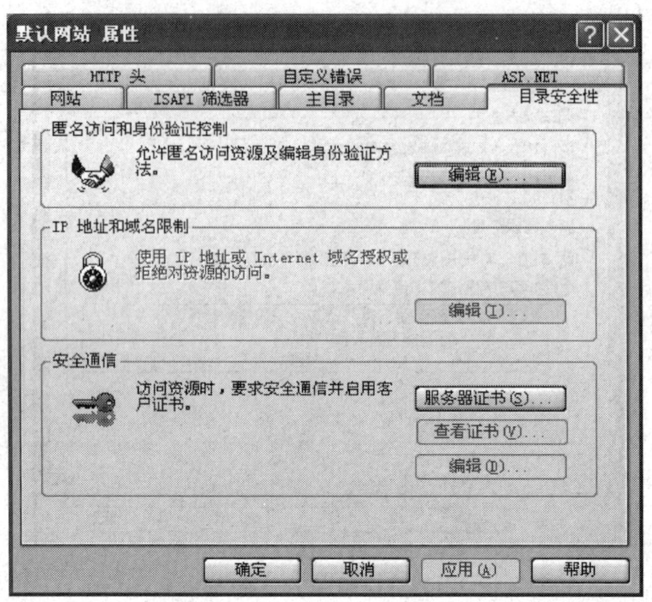

图 2.19 “目录安全性”选项卡

显示。用户可以利用 IIS 的这一特点来测试 IIS 服务器工作是否正常。

IIS 默认网站的文件目录列表和与其对应的目录 C:\inetpub\wwwroot 中的内容大致是相互对应的关系。也就是说，在 C:\inetpub\wwwroot 目录中创建的任何.asp 文件和包含.asp 文件的文件夹都可以在“Internet 信息服务”窗口中找到。如果要在浏览器中显示这些文件，只需在地址栏中输入 http://localhost 字符串，如图 2.20 所示。

4. 创建虚拟目录

在发布网页网站时可以通过建立虚拟目录来创建主目录外的目录发布网页。虚拟目录是指物理上未包含在主目录中的目录，在使用浏览器时与该目录包含在主目录的使用方法是一样的。在 C:\inetpub\wwwroot 目录中创建一个 test 的虚拟目录。在“Internet 信息服务”窗口选择“默认网站”→“新建”→“虚拟目录”选项，打开如图 2.21 所示的虚拟目录创建向导。

单击“下一步”按钮，如图 2.22 所示，输入虚拟目录名称。可以输入 test 的名称。

然后单击“下一步”按钮输入虚拟目录的路径 C:\inetpub\wwwroot，以后就可以选择该虚拟目录来进行访问，如图 2.23 所示。单击“下一步”进入设置权限步骤，一般为保证网站的安全选择“读取”、“运行脚本”、“执行”选项就可以了，如图 2.24 所示。

单击“下一步”按钮，出现“已成功完成虚拟目录创建向导”，单击“完成”按钮就完成虚拟目录的创建。

注意：IIS 服务提供各种 Internet 服务，例如 FTP 文件传输、发送电子邮件的 SMTP 和网页浏览的网站服务等。当用户使用 IIS 支持 ASP 网站开发时，所有的网页都必须放在 IIS 配置界面的“网站”服务功能下的目录中。通过浏览器浏览特定网页时，IIS 会根据其指定的网址取出对应的文件，并在解析后由 Internet 传送至用户计算机的浏览器中。

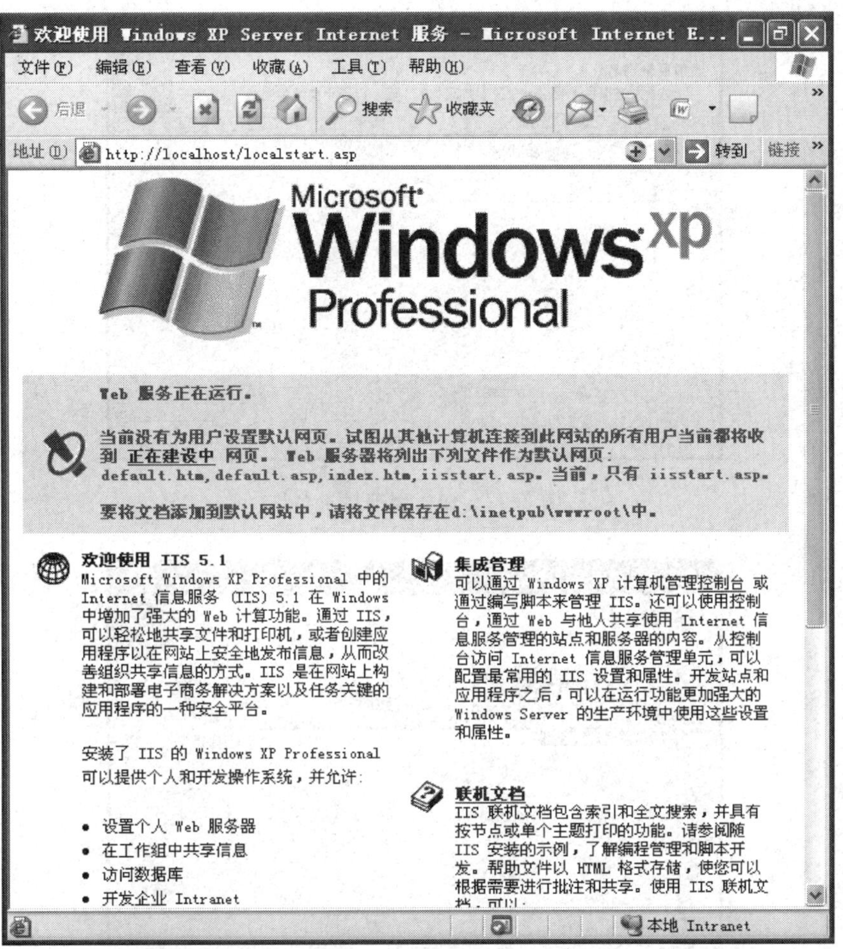

图 2.20　IIS 发布测试页面

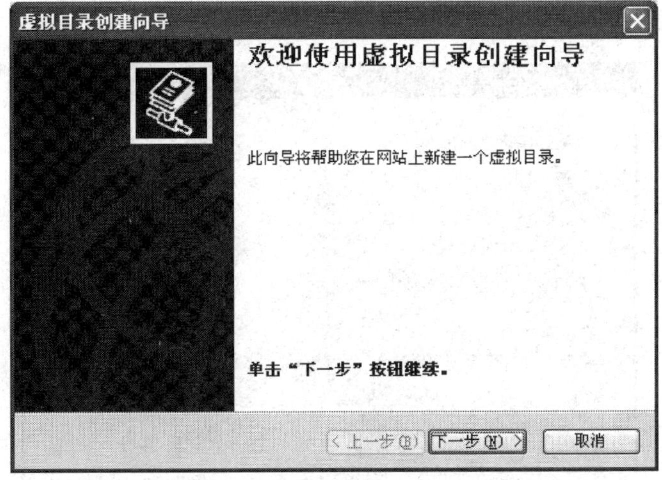

图 2.21　“虚拟目录向导”对话框

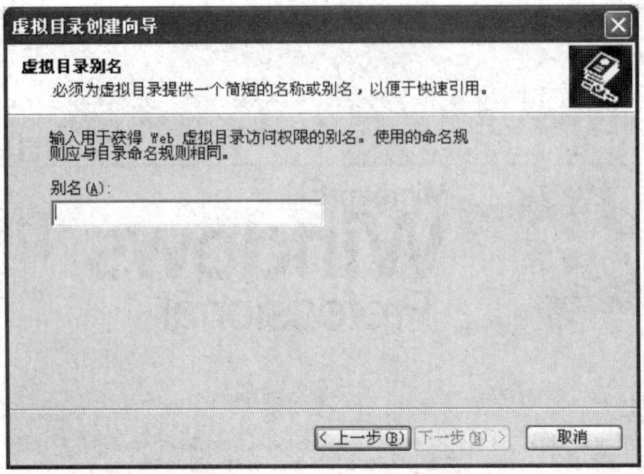

虚拟目录创建向导
虚拟目录别名
必须为虚拟目录提供一个简短的名称或别名，以便于快速引用。
输入用于获得 Web 虚拟目录访问权限的别名。使用的命名规则应与目录命名规则相同。
别名(A):
< 上一步(B)
下一步(N) >
取消

图 2.22　输入虚拟目录名称

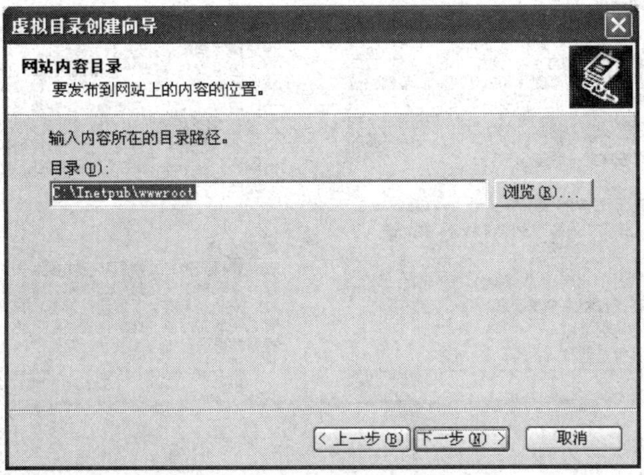

虚拟目录创建向导
网站内容目录
要发布到网站上的内容的位置。
输入内容所在的目录路径。
目录(D):
C:\Inetpub\wwwroot
浏览(R)...
< 上一步(B)
下一步(N) >
取消

图 2.23　输入虚拟目录路径

虚拟目录创建向导
访问权限
设置虚拟目录的访问权限。
允许下列权限:
读取(R)
运行脚本(如 ASP)(S)
执行(如 ISAPI 应用程序或 CGI)(E)
写入(W)
浏览(O)
单击"下一步"按钮完成向导。
< 上一步(B)
下一步(N) >
取消

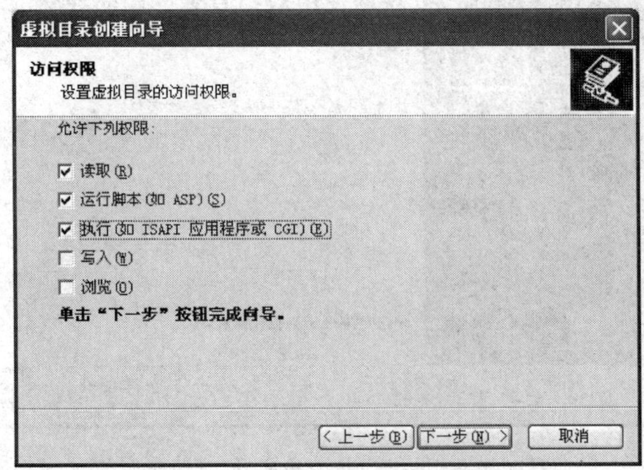

图 2.24　设置虚拟目录权限

实验 2.3 网站统计与管理

【实验目的】

- 注册百度统计的流程。
- 了解和利用百度监控对网站进行基本统计。

【实验条件】

- 个人计算机一台，基本配置：CPU Core2 以上，内存 2GB 以上，硬盘空间 20GB 以上，100 兆网卡。
- 个人计算机预装 Windows XP 操作系统和浏览器，Cuteftp。
- 具有网络连接，可以连接 Internet 网络以及一个有后台管理权限的网站。

【实验内容和步骤】

1. 注册百度统计

首先打开 http://tongji.baidu.com/网站，如图 2.25 所示。

图 2.25 百度统计首页

单击页面右上角的注册按钮在弹出对话框中选择“注册百度统计站长版”进行注册，如图 2.26 所示。输入用户名、密码、邮箱、需要进行统计的网站域名、行业、验证码等注册信息，并且同意百度注册条款，单击页面下部的“同意以下协议并注册”按钮。百度统计注册成功，进入代码获取网页，如图 2.27 所示。

图 2.26　百度统计注册页面

单击“复制代码”按钮将这段统计代码添加至网站全部页面的</body>标签前，也可以在 footer.html 类似的页尾模板页面中安装，以达到一处安装，全站皆有的效果。如需在 JS 文件中调用统计分析代码，请直接去掉以下代码首尾的<script type="text/javascript">与</script>后，放入 JS 文件中即可。如果网站是框架式网站，请在框架集页面和子框架页面都安装统计代码，框架集页面中，请安装在</head>标签前。如果代码安装正确，一般 20 分钟后，可以查看网站分析数据。百度统计的注册就结束了，通常需要等待一段时间才能够采集到访问该网站的统计数据和数据分析结果(以下为需要粘贴的统计代码)。

```
<script type="text/javascript">
var _bdhmProtocol = (("https:" == document.location.protocol) ? " https://" : " http://");
document.write(unescape("%3Cscript src='" + _bdhmProtocol + " hm.baidu.com/h.js%3F10cd3728ef32ef711956799f69cebfb6' type='text/javascript'%3E%3C/script%3E"));
</script>
```

图 2.27 百度统计代码获取网页

需要注意的是生成的代码中"hm. baidu. com/h. js%3F10cd3728ef32ef711956799f69cebfb6'这一行代码的内容每一个注册用户是不相同的。

2. 百度网站统计结果

首先进入百度统计页面，单击右上角“登录”按钮进入百度统计页面，如图 2.28 所示。

单击左侧“实时访客”按钮，如图 2.29 所示。在该页面可以查看哪些用户访问了我的网站，分析用户来自于哪里，访问我的网站的时间和该用户访问网站的 IP 地址。

选择左侧的“来源分析”下的“全部来源”可以查看该网站访问的来源是通过外部链接、搜索引擎或者直接访问中哪种方式进行访问的，如图 2.30 所示。也可以单击“搜索引擎”选项查询用户访问该网站是通过什么搜索引擎搜索到我的网站的，如图 2.31 所示。比如可以查询用户使用百度、Google、360 搜索或其他搜索引擎查找到我的网站。

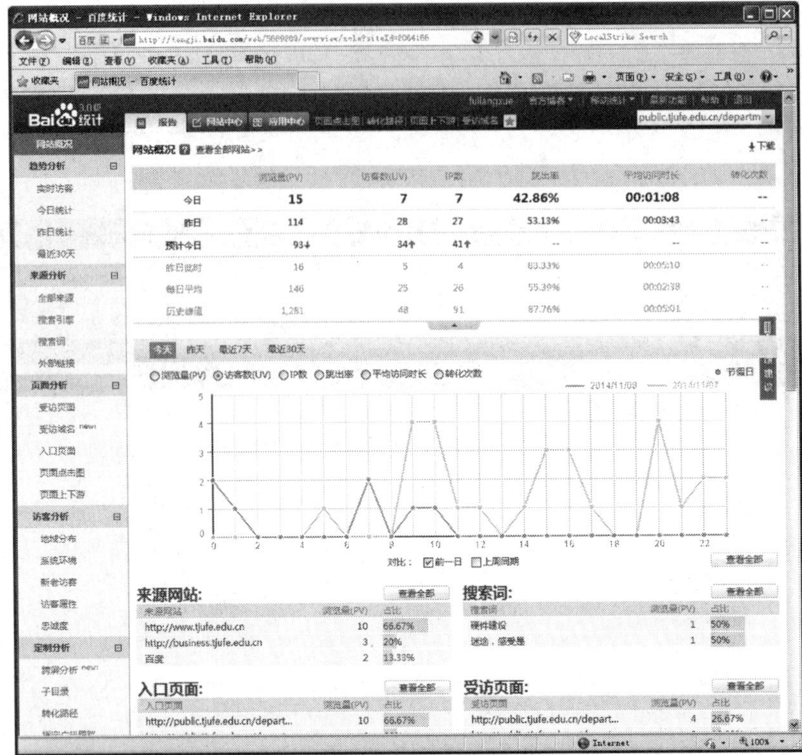

图 2.28　百度统计页面

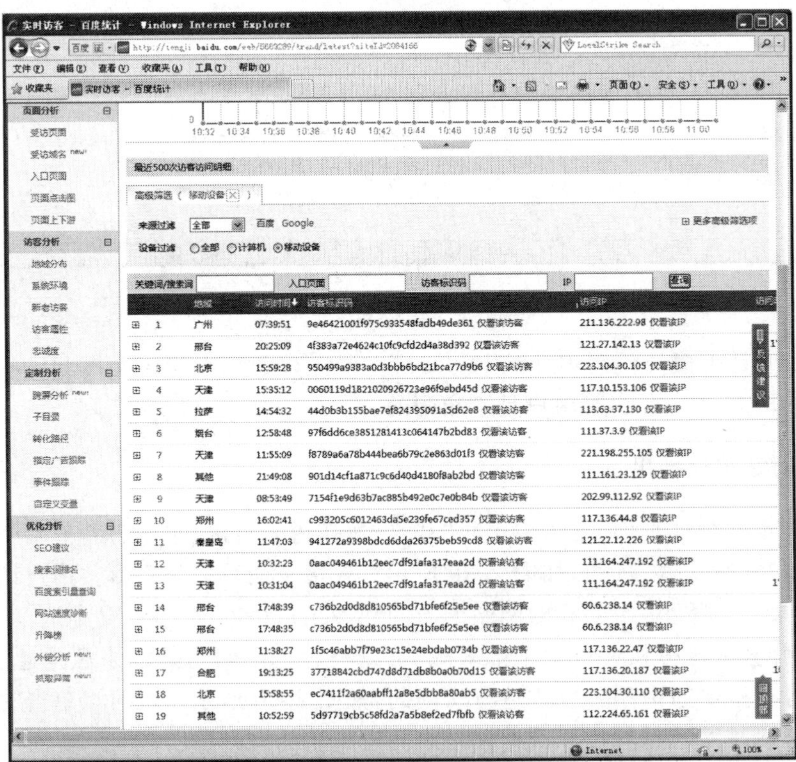

图 2.29　网站访问明细

图 2.30　百度统计-全部来源

图 2.31　百度统计-搜索引擎

通过百度统计功能还可以实现访问网站那个页面的分析，以及访问用户的分析，如图 2.32 和图 2.33 所示，包括访问用户地理位置的分析、访问用户系统环境的分析、新老访问用户的访问、用户访问属性和对该网站的忠诚度等。

图 2.32 百度统计受访页面

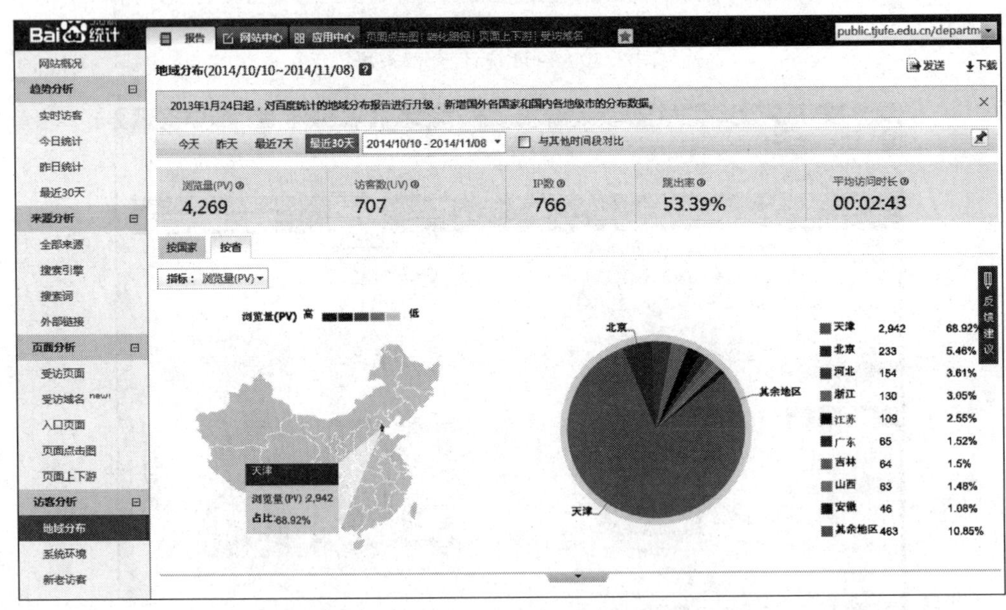

图 2.33 百度统计访问客户地域分布

该统计功能比传统问卷方式有巨大的优势，可以做到快捷和实时数据统计，数据准确，针对不同的需要还可以定制相关的服务。统计分析还可以对网站进行定制分析和优化分析。例如通过搜索引擎搜索词排名进行分析，确定用户在电子商务中一般搜索的关键词频率的高低和相关性，可以改进网站的内容和商品的分类的依据。通过统计信息的具体分析电子商务网站可以更加明确目标客户，开拓新的客户，合理进行推介，优化商品的分类等工作。

3. 百度统计电商分析功能

通过百度统计电商分析接口,在电商网站的购物完成页面将电商数据通过接口传递到百度统计,即可关联流量数据和订单数据效果。开通后在百度推广报告和全部来源报告即可查询相关订单数据效果,如订单数、订单金额、订单转化率(订单数/访问次数)和订单投资回报率(订单金额/消费)。百度统计电商分析还有全部流量渠道的订单数据效果评估和电商商品和品类数据报告,如图 2.34 和图 2.35 所示。

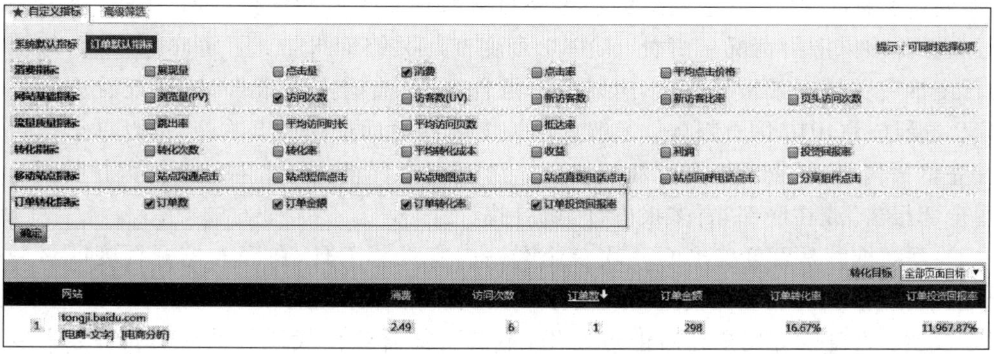
自定义指标
高级筛选
系统默认指标
订单默认指标
提示：可同时选择6项
消费指标:
展现量
点击量
消费
点击率
平均点击价格
网站基础指标:
浏览量(PV)
访问次数
访客数(UV)
新访客数
新访客比率
页头访问次数
流量质量指标:
跳出率
平均访问时长
平均访问页数
抵达率
转化指标:
转化次数
转化率
平均转化成本
收益
利润
投资回报率
移动站点指标:
站点沟通点击
站点短信点击
站点地图点击
站点直拨电话点击
站点回呼电话点击
分享组件点击
订单转化指标:
订单数
订单金额
订单转化率
订单投资回报率
确定
转化目标
全部页面目标
网站
消费
访问次数
订单数
订单金额
订单转化率
订单投资回报率
1
tongji.baidu.com
[电商-文字] [电商分析]
2.49
6
1
298
16.67%
11,967.87%

图 2.34 电子商务订单分析

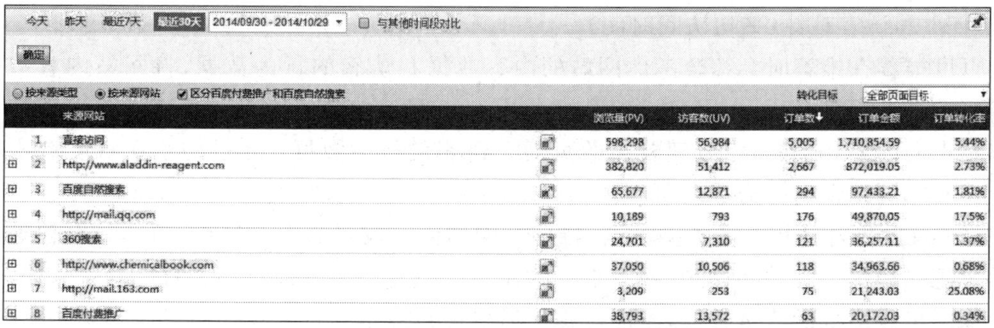
今天
昨天
最近7天
最近30天
2014/09/30 - 2014/10/29
与其他时间段对比
确定
按来源类型
按来源网站
区分百度付费推广和百度自然搜索
转化目标
全部页面目标
来源网站
浏览量(PV)
访客数(UV)
订单数
订单金额
订单转化率
1 直接访问 598,298 56,984 5,005 1,710,854.59 5.44%
2 http://www.aladdin-reagent.com 382,820 51,412 2,667 872,019.05 2.73%
3 百度自然搜索 65,677 12,871 294 97,433.21 1.81%
4 http://mail.qq.com 10,189 793 176 49,870.05 17.5%
5 360搜索 24,701 7,310 121 36,257.11 1.37%
6 http://www.chemicalbook.com 37,050 10,506 118 34,963.66 0.68%
7 http://mail.163.com 3,209 253 75 21,243.03 25.08%
8 百度付费推广 38,793 13,572 63 20,172.03 0.34%

图 2.35 访问网站与订单数、订单金额分析

【相关知识】

(1) 百度推荐是百度推出的一款专业网站内容推荐工具。通过对海量内容数据与访客行为数据的挖掘,真正做到对网站的每一个访客都推荐个性化的内容,大幅提升网站的流量(PV)和用户粘性(平均访问时长)。百度统计是百度推出的一款专业网站流量分析工具,能够告诉用户是如何找到并浏览您的网站,以及如何改善访客在您网站上的使用体验,帮助您让更多的访客成为客户,不断提升网站的投资回报率。

百度统计提供了几十种图形化报告,全程跟踪访客的行为路径,并且帮助监控各种网络的媒介推广效果,让您及时了解哪些关键词、哪些创意的效果最好。同时,百度统计集成百度推广数据,帮助您及时了解百度推广效果并优化推广方案。

基于百度强大的技术实力，百度统计提供了丰富的数据指标，系统稳定，功能强大但操作简易。登录系统后按照系统说明完成代码添加，百度统计便可马上收集数据，为您提高投资回报率提供决策依据。代码正确添加后，进入百度统计，您即可看到含有丰富数据的概况页，为您提供您网站最重要的流量报告，方便您从全局了解网站流量情况。

其中，通过趋势分析，您可以知道网站的流量趋势。上方表格显示流量概况，下方趋势图显示指标趋势（通过左上角的指标选择），通过时间标签可以快速切换不同的时间段，趋势图中还标出周六、周日，方便您分析周末流量的差异。访客来自哪些地区：了解昨天一天，您网站的访客来自哪些地域，单击“查看完整报告”按钮可查看更多地域的情况。访客来自哪些网站：了解昨天一天，您网站的访客来自哪些搜索引擎和推介网站，单击“查看完整报告”可查看更多来源的情况。消费 TOP10 百度推广关键词报告：了解昨天一天，您消费最多的百度推广关键词带来的流量，可以单击报告下方“查看完整报告”按钮查看更多关键词的情况。受访 TOP10 网页报告：了解您网站上哪些页面最受访客欢迎，可以单击报告下方“查看完整报告”按钮查看更多页面的情况。访问更多百度统计的报告，请单击页面上方的“查看全部报告”或在底部“更多报告”区域寻找。

(2) 百度推荐是百度推出的一款专业网站内容推荐工具，在深入挖掘百度海量数据的基础上，以推荐的方式，帮助每个访客找到最适合自己的内容。立即使用，专享如下好处。使用零成本：百度统计用户开启即可使用，不需要部署任何代码。效果看得见：百度推荐提供专业的流量报告，每天带来了多少流量一目了然。效果不断提升：百度会持续优化算法，推荐的内容质量会越来越高，通过对不同访客推荐个性化内容，促进用户单击，提升站点流量(PV)和访客粘性(平均访问时间)。

百度推荐在推荐时会综合考虑网站的内容数据和访客的行为数据，将网站内容数据和访客兴趣结合起来，对每个用户推荐个性化内容。网站的内容数据：通过语意识别技术识别出站点的内容，关联出相似度较高的页面。访客的行为数据：通过访客在百度域上的行为数据和在网站上的行为数据。

(3) 百度推荐适用于各类型站点，特别是网站内容较多的大型站点，帮助访客快速发现网站上感兴趣的内容，同时提升网站本身的流量。只有在正确地添加了百度统计代码后，才能获取尽可能准确的流量数据，添加过程中需要注意以下几点。

百度统计默认只提供了一段访问分析代码。将其安装在</body>标签前即可。

百度推广和网盟用户也可以选择开通并安装页头分析代码(可选)以获得推广页面打开时长。

如果用户选择同时安装两段代码，需要注意：两段代码的安装顺序不要颠倒：页头访问分析代码安装在页面顶部，访问分析代码安装在页面底部。两段代码的安装位置要正确：为不影响页面加载速度，请将页头访问分析代码安装在标签</head>标记前，访问分析代码安装在标签</body>标签前。两段代码均不要重复安装：重复安装相同代码会导致数据重复统计，请删除多余的安装代码。不要对代码有任何编辑操作：随意编辑代码会导致代码无法成功执行，且可能影响到网站页面的显示。在所有推广目标 URL 页面添加代码：为准确跟踪百度推广单击，必须在所有参与百度推广的目标 URL 页面均安装上两段代码。

另外，请注意对于框架式网站，建议按以下方式安装。

Frame 式框架：在框架集页面(最外层页面)的</head>标记前安装页头访问分析代

码和访问分析代码；在子框架页面的</head>标记前安装页头访问分析代码，</body>标记前安装访问分析代码。注意：如需要尽量准确地跟踪百度推广单击，请务必在框架集页面安装百度统计代码。

IFframe 式框架：在框架集页面和子框架页面的</head>标记前安装页头访问分析代码，</body>标记前安装访问分析代码。

如果使用模板的网站，建议将百度统计代码封装在模板中，在合适的位置调用此模板便可获取流量数据。百度统计暂时无法跟踪纯 FLASH 页面。

习题

1. 在 Windows 下安装 IIS 服务，并发布一个网页。
2. 申请一个网络空间与域名。

第3章 商务信息检索与利用

本章学习目的

- 掌握百度搜索引擎的高级使用方法。
- 掌握360搜索引擎的高级使用方法。
- 掌握综合搜索引擎的高级使用方法。

实验3.1 百度搜索引擎的使用

【实验目的】

- 了解百度搜索引擎过程。
- 掌握百度搜索引擎的高级使用方法。

【实验条件】

- 个人计算机一台,基本配置:CPU Core2以上,内存2GB以上,硬盘空间20GB以上,100兆网卡。
- 个人计算机预装Windows XP操作系统和浏览器。
- 具有网络连接,可以连接Internet网络。

【实验内容和步骤】

打开IE浏览器,在地址栏输入"http://www.baidu.com"百度的域名,打开百度的首页,如图3.1所示。

在百度搜索栏中输入需要搜索的关键词,比如GDP,查询结果如图3.2所示。可以同时输入多个关键词进行检索,"中国人均GDP",如图3.3所示。搜索引擎希望了解的是GDP数字是"中国"的,而且是"人均"的,所以结果网页中一定会有"中国"、"人均"两个关键词。需要运用尝试法,可以先试试你"人均GDP"或"中国GDP"试试。实际上,在搜索精确信息的时候,必须考虑的一点就是要找到能够涵盖这一信息的关键词,同时还要考虑可能替换的关键词,这样才能很快搜索到目标。

在查询结果中寻找并单击"中国赶超之后,美国何去何从?"一文,结果如图3.4所示。

图 3.1 百度网站的首页

图 3.2 百度搜索“GDP”页面

图 3.3 百度搜索“中国 人均 GDP”页面

图 3.4 打开搜索结果页面

尝试使用“中国 各省 GDP”检索，得到相关检索结果，如图 3.5 所示。

在搜索页面中单击“中国大陆各城市 GDP 排名？”一文，浏览器打开新的窗口，结果如图 3.6 所示。

图 3.5　百度搜索“中国 各省 GDP”页面

图 3.6　“中国大陆各城市 GDP 排名”页面

【相关知识】

1. 搜索技巧

最基本同时也是最有效的，就是选择合适的查询词。选择查询词是一种经验积累，同时也是有规律的。查询词需要表述准确。百度会严格按照您提交的查询词去搜索，因此，查询词表述准确是获得良好搜索结果的必要前提。通常表述不准确的情况是，脑袋里想着一回事，搜索框里输入的是另一回事。例如，要查找 2004 年国内十大新闻，查询词可以是“2004 年国内十大新闻”；但如果把查询词换成“2004 年国内十大事件”，搜索结果就没有能满足需求的了。另一类典型的表述不准确，是查询词中包含错别字。例如，要查找林心如的图片，用“林心如”，当然是没什么问题；但如果写错了字，变成“林心茹”，搜索结果质量就差得远了。不过好在，百度对于用户常见的错别字输入，有纠错提示。您若输入“林心茹”，在搜索结果上方，会提示“您要找的是不是：林心如”。

查询词的主题关联与简练。目前的搜索引擎并不能很好地处理自然语言。因此，在提交搜索请求时，您最好把自己的想法，提炼成简单的，而且与希望找到的信息内容主题关联的查询词。还是用实际例子说明。某三年级小学生，想查一些关于时间的名人名言，他的查询词是“小学三年级关于时间的名人名言”。这个查询词很完整地体现了搜索者的搜索意图，但效果并不好。绝大多数名人名言，并不规定是针对几年级的，因此，“小学三年级”事实上和主题无关，会使得搜索引擎丢掉大量不含“小学三年级”，但非常有价值的信息；“关于”也是一个与名人名言本身没有关系的词，多一个这样的词，又会减少很多有价值信息；“时间的名人名言”，其中的“的”也不是一个必要的词，会对搜索结果产生干扰；“名人名言”，名言通常就是名人留下来的，在名言前加上名人，是一种不必要的重复。因此，最好的查询词，应该是“时间名言”。

根据网页特征选择查询词。很多类型的网页都有某种相似的特征。例如，小说网页，通常都有一个目录页，小说名称一般出现在网页标题中，而页面上通常有“目录”两个字，单击页面上的链接，就进入具体的章节页，章节页的标题是小说章节名称；软件下载页，通常软件名称在网页标题中，网页正文有下载链接，并且会出现“下载”这个词。等等。经常的搜索，并且总结各类网页的特征现象，并应用于查询词的选择中，就会使得搜索变得准确而高效。例如，找明星的个人资料页。一般来说，明星资料页的标题，通常是明星的名字，而在页面上，会有“姓名”、“身高”等词语出现。比如找林青霞的个人资料，就可以用“林青霞姓名 身高”来查询。而由于明星的名字一般在网页标题中出现，因此，更精确的查询方式，可以是“姓名 身高 intitle：林青霞”。intitle，表示后接的词限制在网页标题范围内。这类主题词加上特征词的查询构造方法，适用于搜索具有某种共性的网页。前提是，您必须了解这种共性（或者通过试验性搜索预先发现共性）。

我们在工作和生活中，会遇到各种各样的疑难问题，比如电脑中毒了，被开水烫伤了等等。很多问题其实都可以在网上找到解决办法。因为某类问题发生的几率是稳定的，而网络用户有好几千万，于是几千万人中遇到同样问题的人就会很多，其中一部分人会把问题贴在网络上求助，而另一部分人，可能就会把问题解决办法发布在网络上。有了搜索引擎，我们就可以把这些信息找出来。

找这类信息，核心问题是如何构建查询关键词。一个基本原则是，在构建关键词时，我们尽量不要用自然语言（所谓自然语言，就是我们平时说话的语言和口气），而要从自然语言中提炼关键词。这个提炼过程并不容易，但可以用一种将心比心的方式思考：如果我知道问题的解决办法，我会怎样对此作出回答。也就是说，猜测信息的表达方式，然后根据这种表达方式，取其中的特征关键词，从而达到搜索目的。

例如，上网时经常会遇到陷阱，浏览器默认主页被修改并锁定。这样一个问题的解决办法，应该怎样搜索呢？首先要确定的是，不要用自然语言。比如，有的人可能会这样搜索"我的浏览器主页被修改了，谁能帮帮我呀"。这是典型的自然语言。口语化的搜索词也可以给出适当的答案，但是这样的搜索常常得不到最想要的结果。我们来看这个问题中的核心词汇。对象：浏览器（或者 IE）的主页。事件：被修改（锁定）。"浏览器"、"主页"和"被修改"，在这类信息中出现的概率会最大，IE 可能会出现，至于锁定，用词比较专业化，不见得能出现。于是关键词中，至少应该出现"浏览器"、"主页"和"被修改"，这是问题现象描述。一般情况下，只要对问题作出适当的描述，在网上基本上就可以找到解决对策。

2. 使用多个词语搜索

输入多个词语搜索（不同字词之间用一个空格隔开），可以获得更精确的搜索结果。例如：想了解上海人民公园的相关信息，在搜索框中输入[上海 人民公园]获得的搜索效果会比输入[人民公园]得到的结果更好。

(1) 百度的高级搜索和个性设置。

http://help.baidu.com/question?prod_en=webmaster&class=123&id=1375

(2) 提高效率的高级搜索语法。把搜索范围限定在网页标题——intitle 中。网页标题通常是对网页内容提纲挈领式的归纳。把查询内容范围限定在网页标题中，有时能获得良好的效果。使用的方式，是把查询内容中，特别关键的部分，用"intitle:"领起来。

例如，找林青霞的写真，就可以这样查询："写真 intitle:林青霞"注意，intitle:和后面的关键词之间，不要有空格。

把搜索范围限定在特定站点——site 中。有时候，您如果知道某个站点中有自己需要找的东西，就可以把搜索范围限定在这个站点中，提高查询效率。使用的方式，是在查询内容的后面，加上"site:站点域名"。

例如，天空网下载软件不错，就可以这样查询："msn site:skycn.com"注意，"site:"后面跟的站点域名，不要带"http://"；另外，site:和站点名之间，不要带空格。

把搜索范围限定在 url 链接——inurl 中。网页 url 中的某些信息，常常有某种有价值的含义。于是，您如果对搜索结果的 url 做某种限定，就可以获得良好的效果。实现的方式，是用"inurl:"，后跟需要在 url 中出现的关键词。

例如，找关于 photoshop 的使用技巧，可以这样查询"photoshop inurl:jiqiao"上面这个查询串中的"photoshop"，是可以出现在网页的任何位置，而"jiqiao"则必须出现在网页 url 中。注意，inurl:语法和后面所跟的关键词，不要有空格。

精确匹配——双引号和书名号如果输入的查询词很长，百度在经过分析后，给出的搜索结果中的查询词，可能是拆分的。如果您对这种情况不满意，可以尝试让百度不拆分查询词。给查询词加上双引号，就可以达到这种效果。

例如，搜索 上海科技大学，如果不加双引号，搜索结果被拆分，效果不是很好，但加上双引号后，"上海科技大学"，获得的结果就全是符合要求的了。书名号是百度独有的一个特殊查询语法。在其他搜索引擎中，书名号会被忽略，而在百度，中文书名号是可被查询的。加上书名号的查询词，有两层特殊功能，一是书名号会出现在搜索结果中；二是被书名号扩起来的内容，不会被拆分。书名号在某些情况下特别有效果，例如，查名字很通俗和常用的那些电影或者小说。比如，查电影"手机"，如果不加书名号，很多情况下出来的是通信工具——手机，而加上书名号后，《手机》结果就都是关于电影方面的了。

要求搜索结果中不含特定查询词如果您发现搜索结果中，有某一类网页是您不希望看见的，而且，这些网页都包含特定的关键词，那么用减号语法，就可以去除所有这些含有特定关键词的网页。

例如，搜神雕侠侣，希望是关于电视剧的，却发现很多关于游戏方面的网页。那么就可以这样查询："神雕侠侣—游戏"注意，前一个关键词，和减号之间必须有空格，否则，减号会被当成连字符处理，而失去减号语法功能。减号和后一个关键词之间，有无空格均可。

3. 搜索引擎的工作原理

搜索引擎，通常指的是收集了因特网上几千万到几十亿个网页并对网页中的每一个词（即关键词）进行索引，建立索引数据库的全文搜索引擎。当用户查找某个关键词的时候，所有在页面内容中包含了该关键词的网页都将作为搜索结果被搜出来。在经过复杂的算法进行排序后，这些结果将按照与搜索关键词的相关度高低，依次排列。搜索引擎派出一个能够在网上发现新网页并抓文件的程序，这个程序通常称之为蜘蛛（Spider）。搜索引擎从已知的数据库出发，就像正常用户的浏览器一样访问这些网页并抓取文件。搜索引擎通过这些爬虫去爬互联网上的外链，从这个网站爬到另一个网站，去跟踪网页中的链接，访问更多的网页，这个过程就叫爬行。这些新的网址会被存入数据库等待搜索。所以跟踪网页链接是搜索引擎蜘蛛（Spider）发现新网址的最基本的方法，所以反向链接成为搜索引擎优化的最基本因素之一。搜索引擎抓取的页面文件与用户浏览器得到的完全一样，抓取的文件存入数据库。

蜘蛛抓取的页面文件被分解、分析，并以巨大表格的形式存入数据库，这个过程即是索引（index）。在索引数据库中，网页文字内容，关键词出现的位置、字体、颜色、加粗、斜体等相关信息都有相应记录。用户在搜索引擎界面输入关键词，单击"搜索"按钮后，搜索引擎程序即对搜索词进行处理，如中文特有的分词处理，去除停止词，判断是否需要启动整合搜索，判断是否有拼写错误或错别字等情况。搜索词的查询非常快速，对搜索词处理后，搜索引擎程序便开始工作，从索引数据库中找出所有包含搜索词的网页，并且根据排名算法计算出哪些网页应该排在前面，然后按照一定格式返回到"搜索"页面。再好的搜索引擎也无法与人相比，这就是网站要进行搜索引擎优化的原因。

实验 3.2　360 搜索引擎的使用

【实验目的】

- 了解 360 搜索引擎过程。
- 掌握 360 搜索引擎的高级使用方法。

【实验条件】

- 个人计算机一台,基本配置:CPU Core2 以上,内存 2GB 以上,硬盘空间 20GB 以上,100 兆网卡。
- 个人计算机预装 Windows XP 操作系统和浏览器。
- 具有网络连接,可以连接 Internet 网络。

【实验内容和步骤】

打开浏览器输入"http://www.so.com",打开 360 搜索网页页面,如图 3.7 所示。

图 3.7 360 搜索主页

1. 在指定站点内进行搜索

如果想知道某个站点内是否有您想要的内容,可以将搜索的范围限定在这个站点中。例如,如果想在 360 论坛搜索有关"360 杀毒"的信息,可以在搜索框输入"360 杀毒 site:bbs.360safe.com",如图 3.8 所示。

图 3.8 指定站点搜索

2. 精确匹配搜索

1) 双引号""

如果您的查询词很长,360 搜索可能会根据拆分后的查询词给出搜索结果,如果您不想输入的查询词被拆分,可以给您的查询词加上双引号。例如,如果您只想搜索北京大学的相关信息,而不是北京所有大学的信息,您可以在搜索框中输入"北京大学",如图 3.9 所示。

“北京大学” 搜索

图 3.9 双引号匹配搜索

2）书名号《》

在 360 搜索中，中文书名号是可以被查询的，加上书名号的查询词会有两个功能：一是可以在搜索结果中显示带书名号的关键词；二是保证这个词不会被拆分。例如，如果您想搜索书籍“《西游记》”，就可以加上书名号以便精确查找书籍相关的内容，如图 3.10 所示。

《西游记》 搜索

图 3.10 书名号匹配搜索

实验 3.3 综合搜索网站的使用

【实验目的】

- 了解综合搜索引擎过程。
- 掌握综合搜索引擎的高级使用方法。

【实验条件】

- 个人计算机一台，基本配置：CPU Core2 以上，内存 2GB 以上，硬盘空间 20GB 以上，100 兆网卡。
- 个人计算机预装 Windows XP 操作系统和浏览器。
- 具有网络连接，可以连接 Internet 网络。

【实验内容和步骤】

用浏览器打开 http://www.manmanbuy.com/慢慢买网站，如图 3.11 所示。慢慢买是一个专业的网购比价平台，为用户提供最实用的比价功能及各类省钱方法。

1. 比价搜索

比价是慢慢买的核心功能，让用户轻松对比同一商品在各个商城的不同报价，了解该商品最低价。使用比价方式，打开网站的任何页面，顶部的搜索框内直接输入商品名称或型号进行比价，如图 3.12 所示。

比如在搜索栏中搜索电视“TCL L48A71”就会显示该型号电视在不同商家的报价，在网页最上方给出这个商品报价最便宜的商家，下面列出各个商城这台电视的最新报价。为了保障商品的网购安全和售后保障，网站只收录 B2C 行业商城的报价，如图 3.13 所示。

图 3.11　慢慢买网站首页

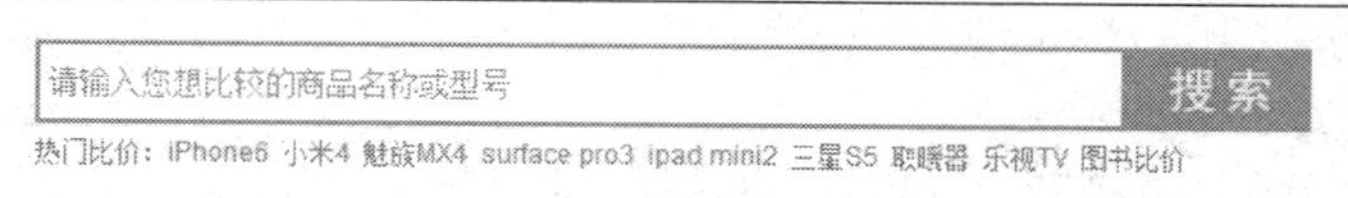

图 3.12　比价搜索(a)

图 3.13　比价搜索(b)

2. 查历史最低价

打开网页的右上部分有该商品的历史价格走势和最低价。通常在网购过程中不良商家的各类活动欺骗手段，比如有的不良商家通常先提高商品的销售价格，然后打着打折促销的名义进行宣传。所以比价网站打开每个商品页面的同时，都会有历史最低价的走势图显示，如图 3.14 所示。

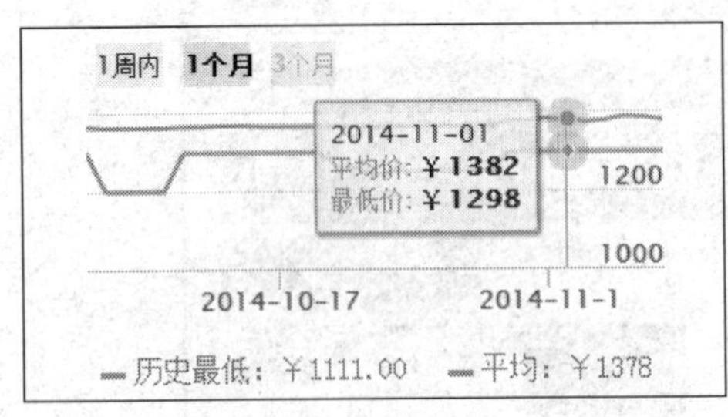

图 3.14 商品价格走势

通过查询最近一周、一个月、三个月这个商品的走势图，可以查看这个商品在近期的平均价格和历史最低价格，为消费者提供购买商品很好的参考。

3. 设置降价提醒

对某个商品设置降价提醒后，当该商品有降价时，第一时间邮件通知。使用方式：打开单个商品页，找到“降价提醒”按钮，单击后在弹出窗口填写接收邮件地址即可，如图 3.15 所示。

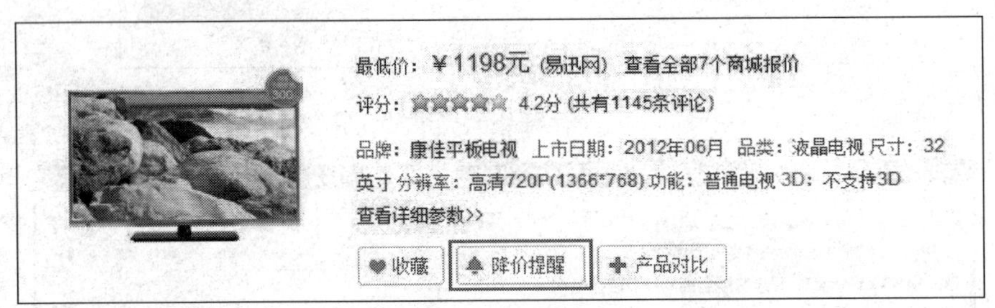

图 3.15 设置降价提醒

4. 白菜价

所谓白菜价就是特价商品，比如天猫店铺为了一个款式商品，前期会亏本冲销量，表现形式一般是限时特卖，所以网站每天为用户整理高品质的限时特卖商品。这样对于用户来说便宜一样有好货。输入 http://baicai.manmanbuy.com/进入慢慢买白菜价，如图 3.16 所示。

5. 监控降价信息

清楚了解以上功能后，相信用户在网购过程中再也不会吃亏，感觉买贵了。将慢慢买介绍给其他用户。接下来你可以开始跟大家分享信息了，慢慢买提供了监控各商城降价信息的功能，如果你有时间时刻关注，有可能第一时间发现优质商品的降价信息，bug 价等，并通过省钱控的“我要爆料”进行分享。打开“省钱控”下的“降价监控”就可以打开降价监控页面，如图 3.17 所示。

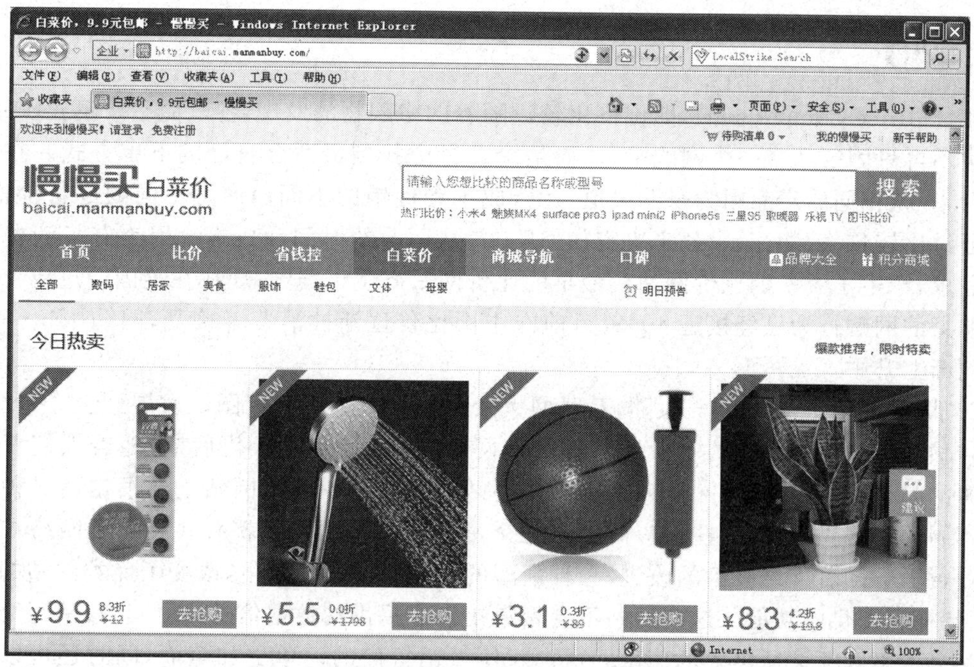

图 3.16　慢慢买白菜价栏目页面

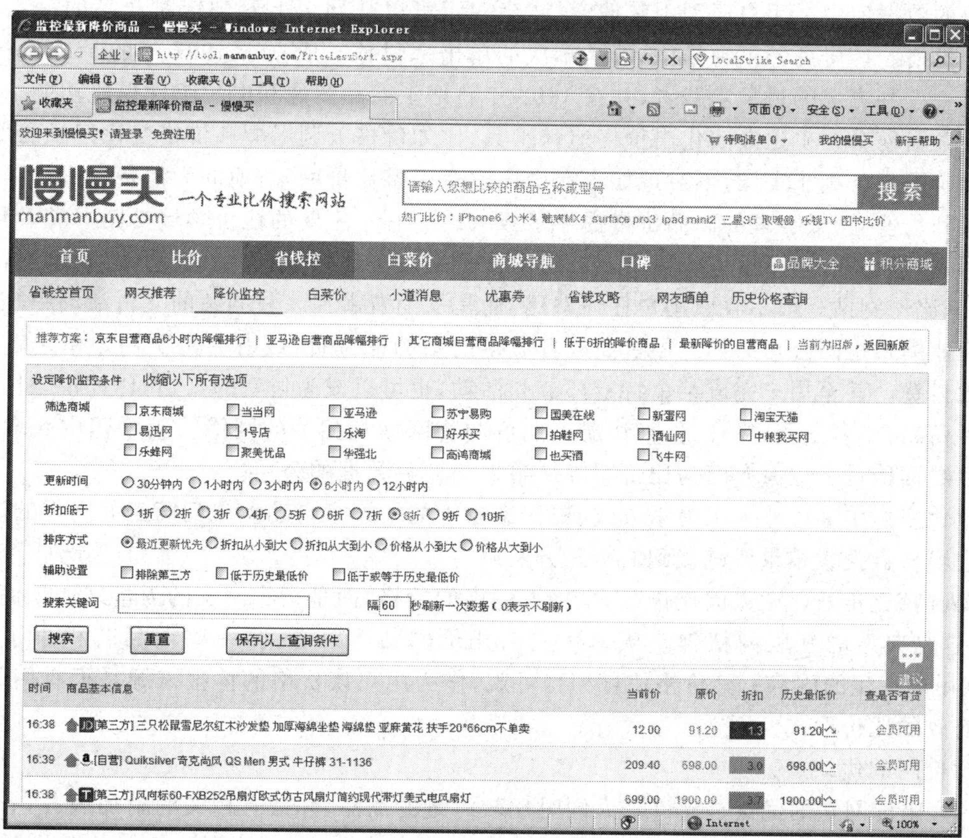

图 3.17　降价监控页面

【相关知识】

比价(Price Comparison),即价格比较。随着网络购物的发展,各电商平台迅猛扩张,消费者也不再只固定选择一个网购平台,而是综合考虑找到最适合自己的下单方式。在各电商平台,一款相同的产品因为采购渠道、运营成本和促销的不同而产生不同的零售价格,您可以通过比较价格、物流、服务来决定如何购买,从而节约时间和成本。因为有了消费者比价的需求,产生了大量的比价网站。最早的比价网站产生于美国,现在在美国通过比价后再进行购买的网购行为已经接近40%,目前在中国比价逐渐被消费者接受,网购中这一数量也在逐渐上升中。

20世纪90年代末的欧美大陆,互联网繁荣让比价服务有利可图。发展到至今,比价服务已转移至提供比价信息的专业网站和门户网站。20世纪90年代后期,随着人们获取网络资源的渠道越来越便捷,一系列购物门户网站开始兴起。这类网站主要根据商品种类来罗列不同的销售供应商,这些供应商也为此交付一定的费用。这就有些类似于网络在线版的企业黄页。随着网络技术的改进,一种新型的门户网站逐渐诞生,改变了此类网站的盈利模式、特征和提供的功能。这些网站不会聚集销售商提供的数据信息,它们直接从每个商家的网站上搜索和抓取所需要的信息。这也就使得销售商的清单更加全面,同时还可以随时更新数据。在1998年和1999年之间,大量公司研发出类似的价格信息搜索技术,并将之存于企业的数据库中。用户便利用其搜索特定商品,可以从网页上看到针对产品的一系列零售商和价格。广告商并不为排位,而是每次的单击率付钱。成立于1997年的streetprices,就是这一盈利方式的最早实践者,并在1998年新增了商品图像和电子邮件提醒功能。其他价格搜索引擎公司也逐渐演化出价格追踪工具,比如价格下调提醒和价格变化记录的保持。

比价网站产生于美国,不过现如今在中国也有很多比价网站,他们为消费者进行网上购物时找到最便宜、最合理的商品价格提供了极大的便利。主要的比价领域是图书类,即图书比价网(如买书吗?),不过也有提供全方位的比价网站出现(如比价网,安图搜,爱购网,三脉网等)。比价网站一般不收取用户任何费用,而是从消费者在入驻网站的支付活动中赚取利润。商业模式也因公司而异。零售商或者缴纳网站的摊位费,或者为每次用户单击零售商网站而付费。甚至用户完成某个特定环节和活动,也可以成为付费的渠道,比如说当用户购买某件商品,或者是用电子邮件来注册。比价购物网站从相关的网络营销联盟中获取大量的商品数据传送。也有专门为比价服务从事搜集商品数据的公司。

比价搜索引擎以非人工检索方式、根据您输入的关键字自动生成到第三方网页的链接,相关内容来自搜索结果所链接到的第三方网站。

“人肉”比价,这个“人肉比价”不是指人的肉的价格,而是指靠网友的力量来比较商品的价格,这是典型的互联网精神。从一些人肉比价网站可以看到,一些商品若积累了一定UGC(用户产生的内容),其价格信息相当可观,作为用户谈价格的情报来源是很有用的,是一种有效的比价形式。

比价网的优缺点:

(1) 比价网站的优点是允许个人同时比较海量的商品,并带有相关的附加服务,省时省力。比价网站一般都可以保证展示商城和产品的合法性与安全性,因为这是比价网站存在的最基本原则与底线。比价网站可以为使用者尽量节省花销,特别是对于产品质量和规格一致，耐用型的品牌电子数码产品，比价网站提供的最低价格无疑是节省不必要支出的利器。比价网站对用户都是免费的，用户也没有义务去从中购买任何商品。

(2) 比价网站也会造成一些不利的因素。比如会给消费者一种误解，认为比价网站上的最低价就是市场的最低价，实际意义上的市场广阔复杂，不是比价网站可以包括的，并且部分商家并未参与到比价网站的营销方式中，但也有可能提供更低的价格。消费者在消费过程中会逐渐造成对比价网的依赖感。

(3) 比价网站是网络购物体系的健全和网上商城兴起后的产物。随着国内电子商务近些年发展的逐步升温，又由于生活成本不断上升所导致的压力，人们利用比价网站作为消费指南和参考，将不仅仅成为潮流，更将成为一种生活必需。

习题

1. 在百度上搜索“红楼梦书籍”的有关资料。
2. 使用好搜良医搜索“高血压”病的相关注意事项。
3. 使用比价网搜索长虹电视的某一个型号的比价。

第4章 电子商务支付认证

本章学习目的

- 了解和掌握申请网上银行的方法。
- 掌握网上购物的流程。
- 掌握根证书的下载和使用方法。

实验 4.1 网上银行申请与应用

【实验目的】

- 了解网上银行的申请。
- 掌握申请网上银行使用方法。

【实验条件】

- 个人计算机一台,基本配置:CPU Core2 以上,内存 2GB 以上,硬盘空间 20GB 以上,100 兆网卡。
- 个人计算机预装 Windows XP 操作系统和浏览器。
- 具有网络连接,可以连接 Internet 网络。

【实验内容和步骤】

1. 网上银行的申请

本实验以招商银行网上银行申请为例进行网上银行申请实验。首先打开招行信用卡主页(http://cc.cmbchina.com/)网站,如图 4.1 所示。

找到网页右下角的网上银行,单击“开卡”(新卡激活)按钮打开信用卡开卡、新卡激活网页,如图 4.2 所示。

单击网页最下面的“单击这里继续网上开卡”的文字链接,打开招商银行“一卡通”信用卡支付系统使用协议,选择下面的本人同意以上合约选项,然后单击“确定”按钮网站提示安装“招商银行网上银行登录软件”,单击“安装”来安装招商银行网上银行登录软件,如图 4.3 所示。

图 4.1　招商银行信用卡网站首页

图 4.2　信用卡开卡、新卡激活网页

图 4.3 安装招商网上银行登录软件提示

安装后打开开卡并设密码网页,如图 4.4 所示。选择证件类型,可以选择身份证、护照和其他选项,一般选择身份证。填写证件号码、信用卡卡号信息,填写卡片背面签名栏末三位数字。开卡方式可以选择短信验证码或住宅电话。下面以短信验证码为例进行验证的方式。

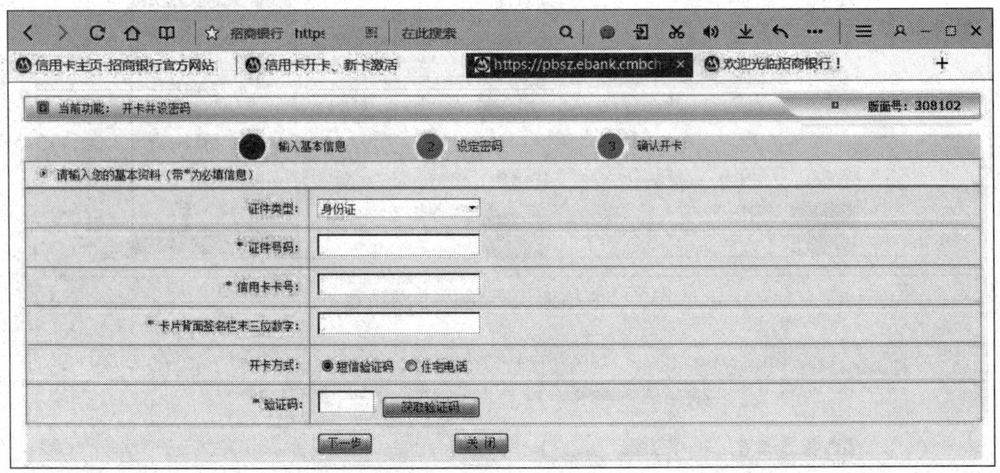

图 4.4 输入基本信息网页

填写好信息后单击获取验证码按钮弹出对话框,请检查您的证件号码、信用卡卡号,确定无误请单击确定按钮。打开获取短信验证码网页,如图 4.5 所示。填写办卡时预留的手机号,单击“发送短信验证码”按钮。提示验证码发送成功网页,如图 4.6 所示。

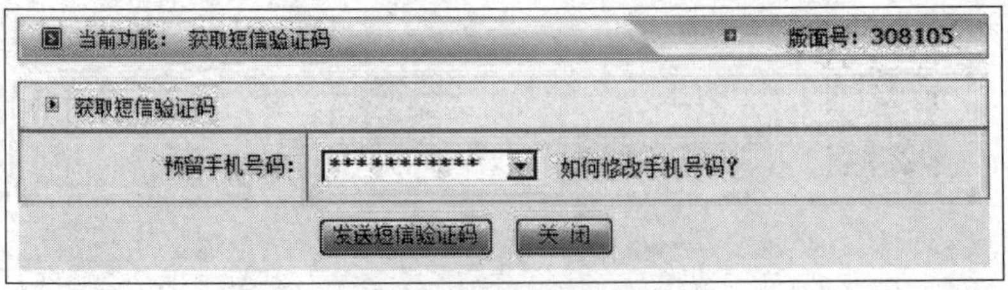

当前功能: 获取短信验证码　　版面号: 308105
获取短信验证码
预留手机号码: ************ 如何修改手机号码?
发送短信验证码　关 闭

图 4.5 获取短信验证码网页

手机收到验证码短信,把验证码填入图 4.4 验证码一栏,然后单击“下一步”按钮,进入设置密码后单击确认开卡,到此网银一卡通申请完成。

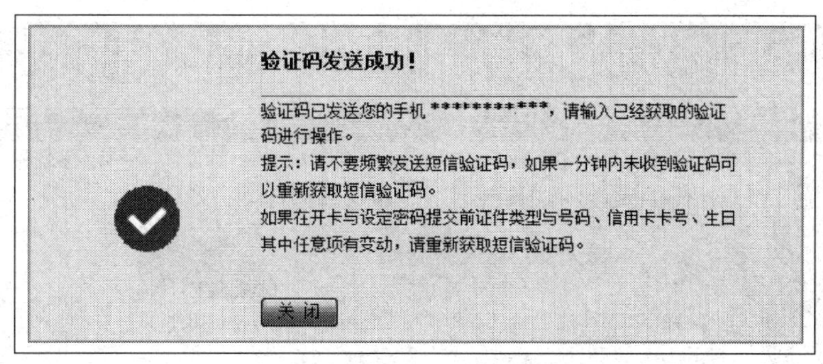

图 4.6　短信验证码发送成功网页

2. 网上银行的使用

这个例子以前面注册的招商银行网银为例介绍网上银行的基本功能。首先登录网上银行，如图 4.7 所示。

图 4.7　招商银行个人银行登录页面

选择注册的时候注册的证件类别，填入证件号码，输入密码，按照附加码右边的附加码内容填写附加码，单击“登录”按钮进行网银登录。如果以前安装过网银的安全登录控件，前面注册时已经安装过就不用安装，否则需要安装控件。单击下面的“下载安全控件”按钮即可。

打开招商银行网银的主页面，如图 4.8 所示，里面有客户管理、账户管理、分期理财、还款管理、自动缴费、网上支付、卡片管理、积分管理、财务分析等内容。我们浏览一下常用的项目，比如账户管理下的账户查询，如图 4.9 所示。

打开“账户管理”页面可以进行账户查询、已出账单查询、未出账单查询功能。账户查询可以查询当前账户的账户信息和还款信息。如果申请信用卡时候有银联和 VISA 卡就可以同时进行人民币和外币的账户查询，一般外币换算成美元结算。

通常可以查询信用额度、可用额度、还款日期、电子账单，也可以单击“查看详细”来查看详细的账单进行核实。“还款信息”一般有还款金额、到期还款日期、账单金额等，由于申请的是信用卡可以透支，一定注意要按时还款，否则会造成利息损失(一般按天计算比较高)。

图 4.8 网银主界面

币种	人民币		美元
信用额度	¥20,000.00		$3,262.00
可用额度	¥17,023.03		$2,777.00
未出账分期本金	¥0.00	查看详细	
预借现金可用额度	¥10,000.00	预借现金 现金分期	$1,631.32
每月账单日	17日		
账单类型	电子账单	修改账单类型	
账务提醒时间	账单日后三天内	修改账务提醒时间	

还款信息 快速还款

币种	人民币		美元	
自动还款	************9356 全额	修改协议	************9356 全额 [现汇]	修改协议
本期到期还款日	2015-03-05			
本期账单金额	¥7,136.90	查看账单 申请分期	$0.00	查看账单 申请分期
本期剩余应还金额	¥0.00		$0.00	
本期剩余最低还款金额	¥0.00		$0.00	

图 4.9 "账户管理"页面

如果使用外币结算按照当天的汇率进行自动结算。

打开客户管理下的客户综合管理页面可以查询账户下的多张信用卡的相关信息，如图4.10所示。

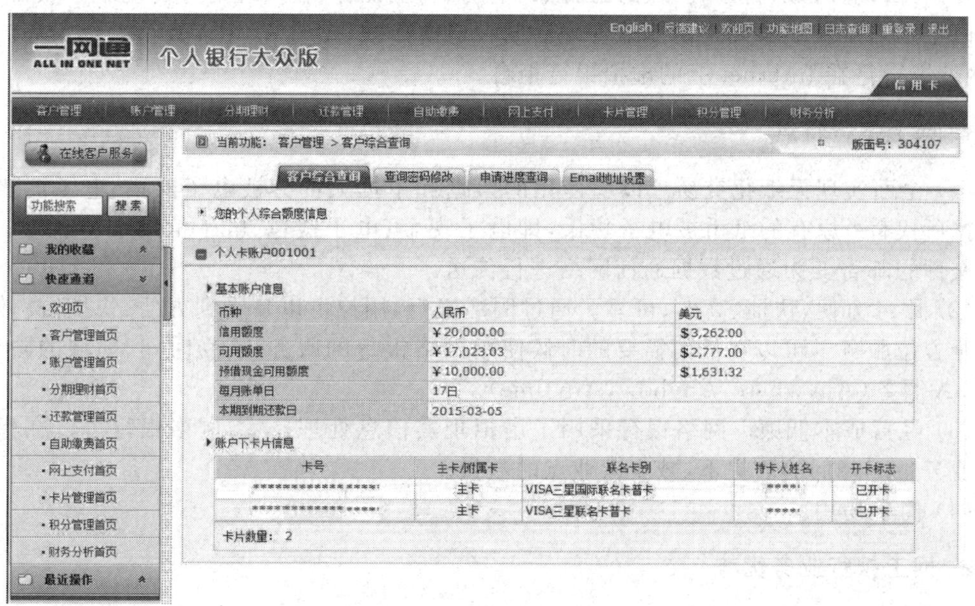

图4.10 “客户综合查询”页面

同时网站还提供了很多详细的说明，办理相关手续的时候需要仔细的阅读，如图4.11所示，就是信用卡还款设置介绍，设置介绍和还款查询介绍。

图4.11 还款功能介绍页面

【相关知识】

网上银行又称网络银行、在线银行，是指银行利用 Internet 技术，通过 Internet 向客户提供开户、查询、对账、行内转账、跨行转账、信贷、网上证券、投资理财等传统服务项目，使客户可以足不出户就能够安全便捷地管理活期和定期存款、支票、信用卡及个人投资等。可以说，网上银行是在 Internet 上的虚拟银行柜台。

1. 网上银行特点

(1) 全面实现无纸化交易。以前使用的票据和单据大部分被电子支票、电子汇票和电子收据所代替；原有的纸币被电子货币，即电子现金、电子钱包、电子信用卡所代替；原有纸质文件的邮寄变为通过数据通信网络进行传送。

(2) 服务方便、快捷、高效、可靠。通过网络银行，用户可以享受到方便、快捷、高效和可靠的全方位服务。可以在任何需要的时候使用网络银行的服务，不受时间、地域的限制，即实现 3A 服务(Anywhere，Anyhow，Anytime)。

(3) 经营成本低廉。网络银行采用了虚拟现实信息处理技术，网络银行可以在保证原有的业务量不降低的前提下，减少营业点的数量。

(4) 简单易用。

2. 网上银行业务优势

1) 大幅降低银行经营成本，有效提高银行盈利能力

开办网上银行业务，主要利用公共网络资源，不需设置物理的分支机构或营业网点，减少了人员费用，提高了银行后台系统的效率。

2) 无时空限制，有利于扩大客户群体

网银用户统计网上银行业务打破了传统银行业务的地域、时间限制，具有 3A 特点，即能在任何时候(Anytime)、任何地方(Anywhere)、以任何方式(Anyhow)为客户提供金融服务，这既有利于吸引和保留优质客户，又能主动扩大客户群，开辟新的利润来源。

3) 有利于服务创新，向客户提供多种类、个性化服务

通过银行营业网点销售保险、证券和基金等金融产品，往往受到很大限制，主要是由于一般的营业网点难以为客户提供详细的、低成本的信息咨询服务。利用互联网和银行支付系统，容易满足客户咨询、购买和交易多种金融产品的需求，客户除办理银行业务外，还可以很方便地进行网上买卖股票债券等，网上银行能够为客户提供更加合适的个性化金融服务。

实验 4.2 网上购物与支付

【实验目的】

- 了解网上购物的一般流程。
- 掌握申请网上购物使用的一般方法。

【实验条件】

- 个人计算机一台，基本配置：CPU Core2 以上，内存 2GB 以上，硬盘空间 20GB 以

上，100 兆网卡。

- 个人计算机预装 Windows XP 操作系统和浏览器。
- 具有网络连接，可以连接 Internet 网络。

【实验内容和步骤】

以京东网购物为例介绍网上购物的简单流程。

打开京东购物网站首页(http://www.jd.com/)，如图 4.12 所示。

图 4.12　京东购物网站首页

购物网站需要进行注册，由于每个网站注册内容基本一致，这里就不一一个个详细介绍。注册后用该网站注册的用户名密码登录网站。京东网站首页的左侧有全部商品分类，可以按照分类进行选择商品。也可以通过搜索栏输入需要查找的商品名称等进行商品搜索查找。比如，输入“宇宙大百科”搜索到结果如图 4.13 所示。

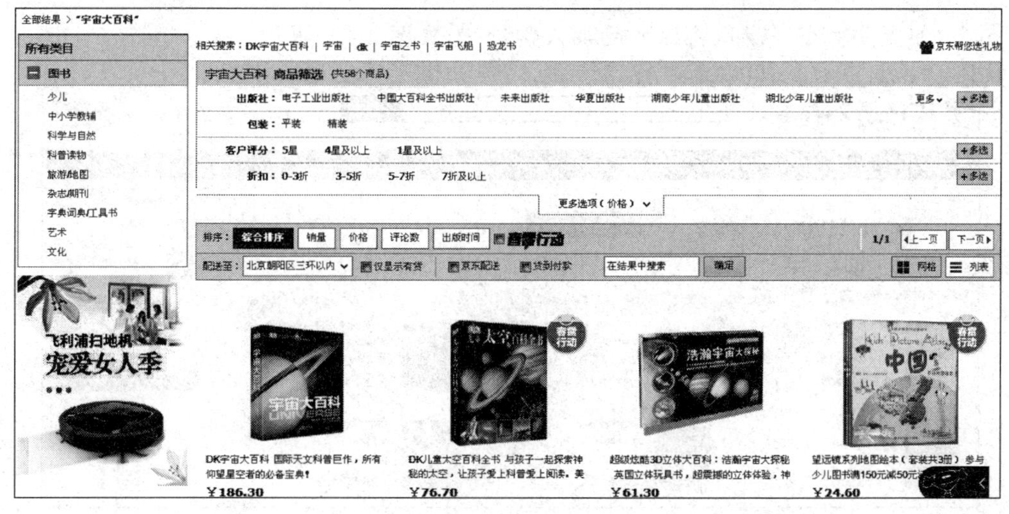

图 4.13　京东商品搜索页面

网站搜索到“宇宙大百科”相关的所有条目，然后选择需要浏览的具体商品，单击进入该商品的详细介绍页面，如图 4.14 所示。

图 4.14　宇宙大百科商品页面

单击“加入购物车”按钮，将该商品加入购物车，如图 4.15 所示。

图 4.15　商品加入购物车页面

如果商品选购结束，单击“去购物车结算”按钮进入结算界面，如图 4.16 所示。

图 4.16　购物车页面

确定购买的商品无误后，单击“去结算”选项进行商品结算。进入填写并核对订单信息页面，如图 4.17 所示。

填写并核实订单信息，包括填写收货人信息、支付及配送方式选择、开具发票信息等。收货人信息需要填写收货人的真实姓名，联系电话，具体收货地址等信息。支付方式可以选择在线支付、货到付款等方式。物流配送公司，以及预计收货时间。如果需要填写开具发票，单击“修改”设置开具发票的类型、开具发票的名称、商品明细等。

在京东购物还可以使用优惠券等，可以在商品清单下面进行选择。如果所有信息都确定无误，则单击右下角提交订单，进入收银台页面，如图 4.18 所示。

在收银台页面中可以选择支付的方式，比如使用注册时绑定的银行卡进行支付，也可以用京东自己的支付方式。核对商品价格无误，单击“立即支付”完成所有购买过程。

图 4.17 填写并核对订单信息页面

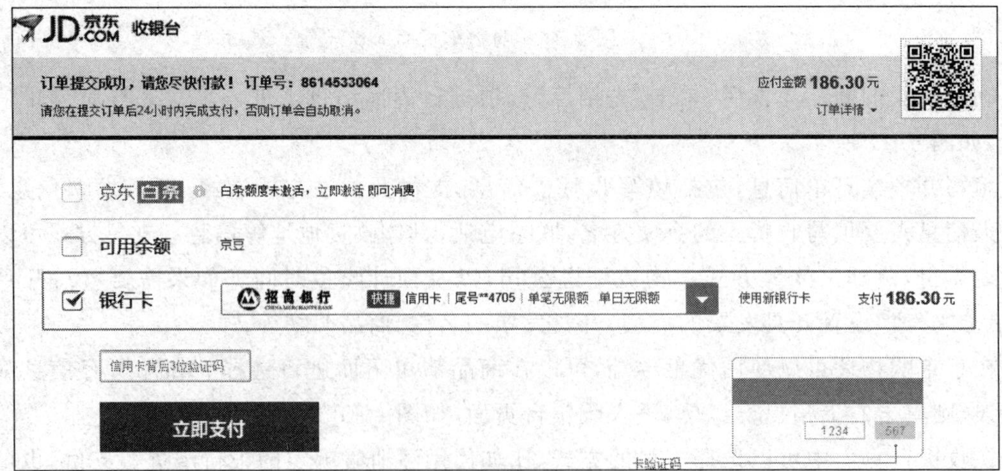

图 4.18 收银台页面

【相关知识】

网上购物：就是通过互联网检索商品信息，并通过电子订购单发出购物请求，然后填上私人支票账号或信用卡的号码，厂商通过邮购的方式发货，或是通过快递公司送货上门。国内的网上购物，一般付款方式是款到发货（直接银行转账，在线汇款）和货到付款的担保交易等。

1. 网上购物优点

(1) 对于消费者来说，可以在家"逛商店"，订货不受时间、地点的限制；获得较大量的商品信息，可以买到当地没有的商品；网上支付较传统拿现金支付更加安全，可避免现金丢失或遭到抢劫；从订货、买货到货物上门无须亲临现场既省时，又省力；由于网上商品省去租店面、招雇员及储存保管等一系列费用，总的来说其较一般商场的同类商品更物美价廉；可以保护个人隐私，很多人喜欢在网上购买成人用品，去实体店购买显得尴尬难堪。

(2) 对于商家来说，由于网上销售库存压力较小、经营成本低、经营规模不受场地限制等。在将来会有更多的企业选择网上销售，通过互联网对市场信息的及时反馈适时调整经营战略，以此提高企业的经济效益和参与国际竞争的能力。再者，对于整个市场经济来说，这种新型的购物模式可在更大的范围内、更广的层面上以更高的效率实现资源配置。综上可以看出，网上购物突破了传统商务的障碍，无论对消费者、企业还是市场都有着巨大的吸引力和影响力，在新经济时期无疑是达到"多赢"效果的理想模式。

2. 网上购物的缺点和隐患

由于当前中国国内法律和产业结构不平衡，大量的假冒伪劣产品充斥着网购市场。网购时衣服鞋帽不能试穿，网络支付有时不安全，可能被偷窥，密码被盗，网上商家诚信缺失，物流配送的速度有时得不到保障，从网上购物退货不方便。

实验 4.3 CA 认证

【实验目的】

- 了解根证书的作用。
- 掌握根证书的下载和使用方法方法。

【实验条件】

- 个人计算机一台，基本配置：CPU Core2 以上，内存 2GB 以上，硬盘空间 20GB 以上，100 兆网卡。
- 个人计算机预装 Windows XP 操作系统和浏览器。
- 具有网络连接，可以连接 Internet 网络。

【实验内容和步骤】

本实验以从上海数字认证中心下载安装 CA 认证为例进行本实验基本操作。

(1) 首先，打开上海数字证书认证中心网站(http://www.sheca.com/)，如图 4.19 所示。

图 4.19 上海数字认证中心首页

然后选择左侧“根证书下载”，进入根证书下载页面，如图 4.20 所示。

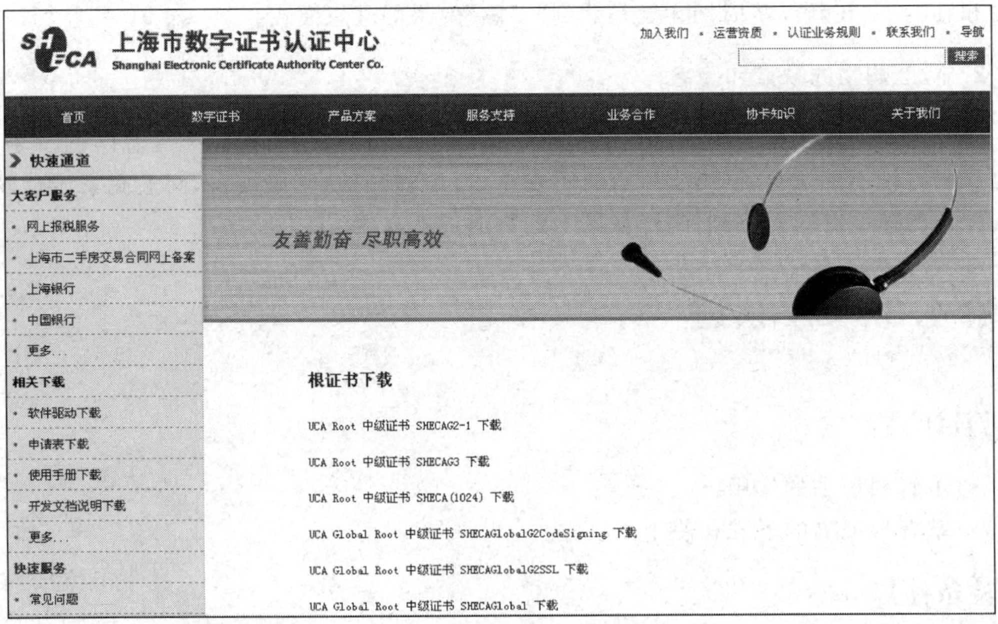

图 4.20 根证书下载页面

选择需要下载的文件，单击开始下载，如图 4.21 所示。

单击“保存”选项，将该文件保存在硬盘中，单击确定开始下载。

(2) 文件下载完成后用解压缩文件打开该文件，并解压缩。用鼠标双击该文件开始安装根证书，如图 4.22 所示。

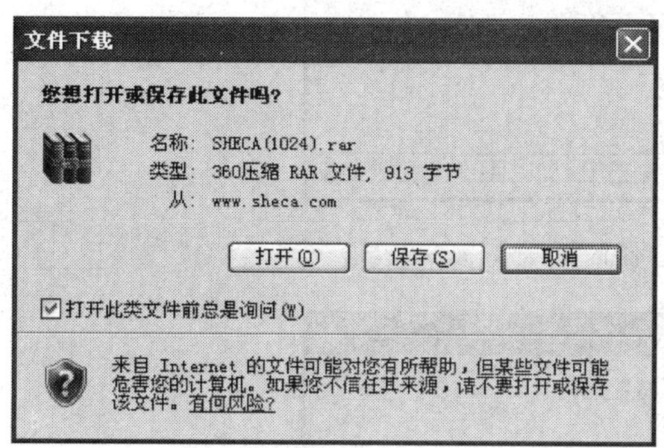

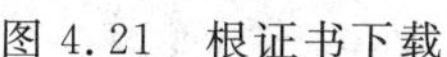
图 4.21　根证书下载

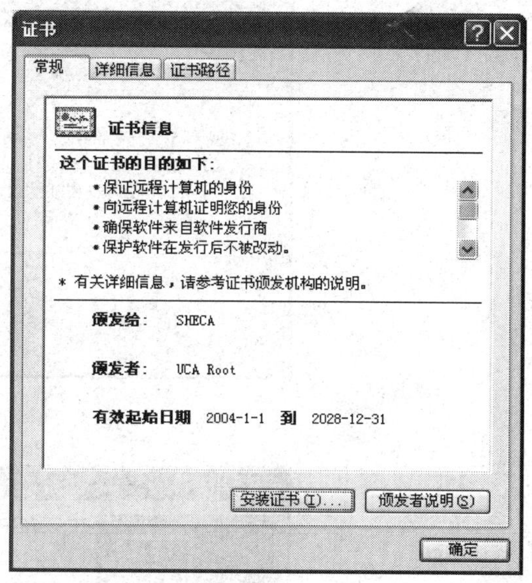

图 4.22　根证书安装界面

选择“安装证书”选项进入证书导入向导，如图 4.23 所示。

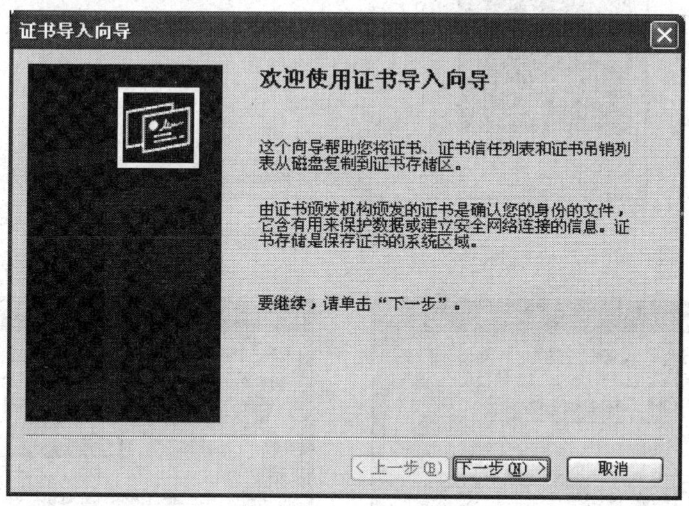

图 4.23　证书导入向导

单击“下一步”按钮继续安装，进入证书存储页面，如图 4.24 所示。

Windows 可以自动选择存储区或者指定一个位置存储。一般选择“根据证书类型，自动选择证书存储区”，然后选择“下一步”证书导入完成，如图 4.25 所示。单击“完成”出现安装完成对话框，单击“确定”按钮关闭。到此根证书的安装完成。

(3) 查看根证书。打开 IE 浏览器，选择“属性”进入“Interent 选项”页面，如图 4.26 所示。

选择“内容”选项卡，打开页面，如图 4.27 所示。

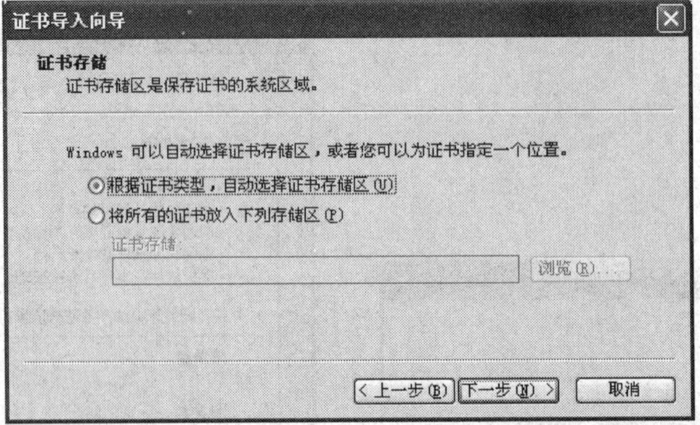

图 4.24 证书存储区页面

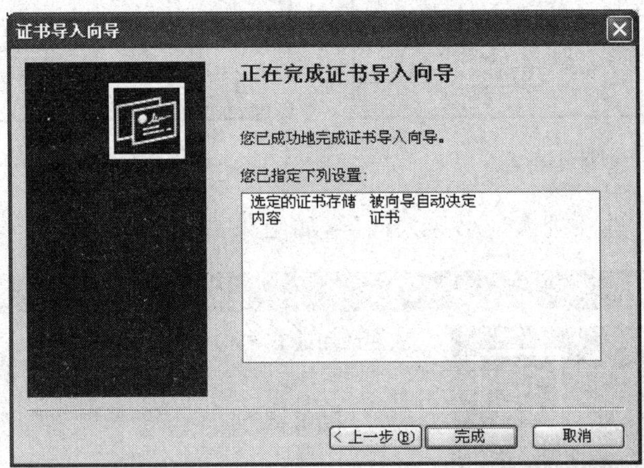

图 4.25 证书导入完成界面

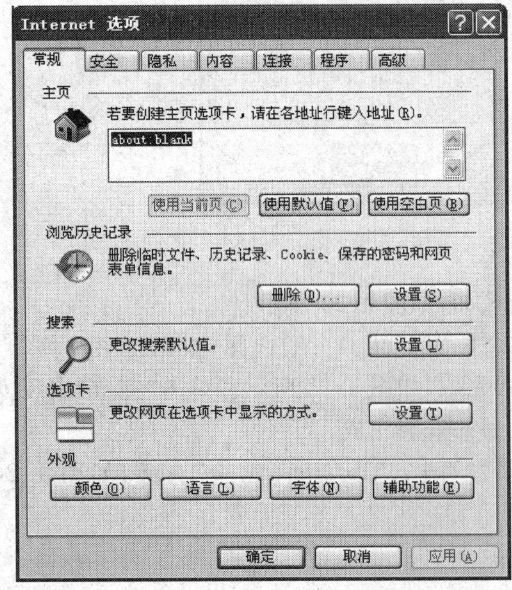

图 4.26 Interent 选项

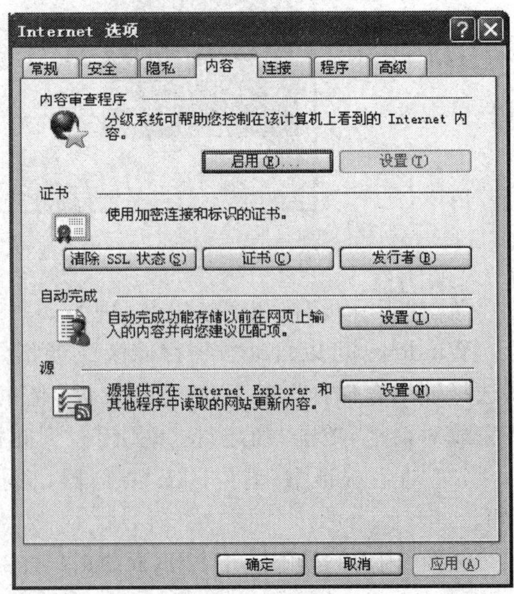

图 4.27 “内容”选项卡

选择中间的“证书”按钮，打开证书页面，选择中级证书颁发机构可以查看相关证书内容，如图 4.28 所示。

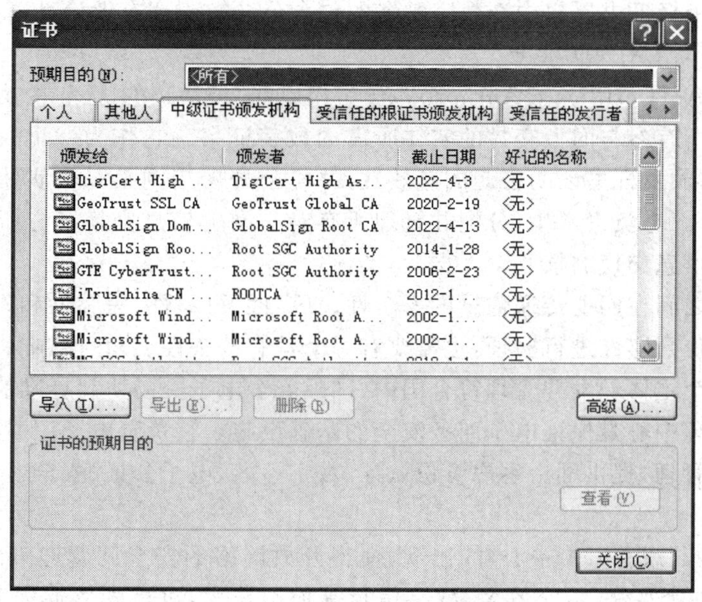

图 4.28 中级证书颁发机构

【相关知识】

数字证书：数字证书就是互联网通信中标志通信各方身份信息的一串数字，提供了一种在 Internet 上验证通信实体身份的方式，数字证书不是数字身份证，而是身份认证机构盖在数字身份证上的一个章或印(或者说加在数字身份证上的一个签名)。它是由一个由权威机构——CA 机构，又称为证书授权(Certificate Authority)中心发行的，人们可以在网上用它来识别对方的身份。

数字签名(又称公钥数字签名、电子签章)是一种类似写在纸上的普通的物理签名，但是使用了公钥加密领域的技术实现，用于鉴别数字信息的方法。一套数字签名通常定义两种互补的运算，一个用于签名，另一个用于验证。数字签名，就是只有信息的发送者才能产生的别人无法伪造的一段数字串，这段数字串同时也是对信息的发送者发送信息真实性的一个有效证明。数字签名是非对称密钥加密技术与数字摘要技术的应用。

CA 中心又称 CA 机构，即证书授权中心(Certificate Authority)，或称证书授权机构，作为电子商务交易中受信任的第三方，承担公钥体系中公钥的合法性检验的责任。CA 中心为每个使用公开密钥的用户发放一个数字证书，数字证书的作用是证明证书中列出的用户合法拥有证书中列出的公开密钥。CA 机构的数字签名使得攻击者不能伪造和篡改证书。在 SET 交易中，CA 不仅对持卡人、商户发放证书，还要对获款的银行、网关发放证书。它负责产生、分配并管理所有参与网上交易的个体所需的数字证书，因此是安全电子交易的核心环节。

电子商务的安全是通过使用加密手段来达到的，非对称密钥加密技术(公开密钥加密技术)是电子商务系统中主要的加密技术，主要用于对称加密密钥的分发(数字信封)、数字签名的实现(进行身份认证和信息的完整性检验)和交易防抵赖等。CA体系为用户的公钥签发证书,以实现公钥的分发并证明其合法性。该证书证明了该用户拥有证书中列出的公开密钥。证书是一个经证书授权中心数字签名的包含公开密钥拥有者信息以及公开密钥的文件。证书的格式遵循X.509标准。

认证中心(CA—Certificate Authority)作为权威的、可信赖的、公正的第三方机构,专门负责发放并管理所有参与网上交易的实体所需的数字证书。它作为一个权威机构,对密钥进行有效的管理,颁发证书证明密钥的有效性,并将公开密钥同某一个实体(消费者、商户、银行)联系在一起。它负责产生、分配并管理所有参与网上信息交换各方所需的数字证书,因此是安全电子信息交换的核心。

为保证客户之间在网上传递信息的安全性、真实性、可靠性、完整性和不可抵赖性,不仅需要对客户的身份真实性进行验证,也需要有一个具有权威性、公正性、唯一性的机构,负责向电子商务的各个主体颁发并管理符合国内、国际安全电子交易协议标准的安全证书。

数字证书管理中心是保证电子商务安全的基础设施。它负责电子证书的申请、签发、制作、废止、认证和管理,提供网上客户身份认证、数字签名、电子公证、安全电子邮件等服务等业务。

随着认证中心(或称CA中心)的出现,使得开放网络的安全问题迎刃而解。利用数字证书、PKI、对称加密算法、数字签名、数字信封等加密技术,可以建立起安全程度极高的加解密和身份认证系统,确保电子交易有效、安全地进行,从而使信息除发送方和接收方外,不被其他方知悉(保密性);保证传输过程中不被篡改(完整性和一致性);发送方确信接收方不是假冒的(身份的真实性和不可伪装性);发送方不能否认自己的发送行为(不可抵赖性)。

习题

1. 进行网上银行申请,进行网上银行的查询账单等实验操作。
2. 进行购物网站的注册,进行购物网站的商品查找,加入购物车等实验操作。
3. 从数字认证中心下载某一个认证文件并安装。

第5章 C To C——以淘宝网为例

本章学习目的

- 掌握在淘宝网上注册会员的流程和学会在淘宝网上开通个人网上商店。
- 掌握淘宝网会员的个人基本信息以及学会如何绑定支付宝。
- 了解和掌握支付宝个人账户的基本信息。
- 学会支付宝个人账户的充值、提现方法。
- 掌握如何安装以及操作阿里旺旺买家版和卖家版。
- 了解和掌握在淘宝网上购物流程。
- 学会对店铺进行装修以及发布商品信息。
- 了解和掌握在淘宝网上销售商品流程。

实验 5.1 注册会员和开通个人网上商店

【实验目的】

- 学会进入淘宝网主页。
- 掌握淘宝网会员注册的流程。
- 学会注册支付宝个人账户。
- 掌握支付宝个人账户进行实名认证的流程。
- 学会淘宝开店认证方法。
- 掌握如何开通个人网上商店。

【实验条件】

- 个人计算机一台,基本配置:CPU Core2 以上,内存 2GB 以上,硬盘空间 20GB 以上,100 兆网卡。
- 个人计算机预装 Windows XP 操作系统和浏览器,银行卡。
- 具有网络连接,可以连接 Internet 网络。

【实验内容和步骤】

1. 进入淘宝网主页

启动 IE 浏览器,在搜索栏中输入“淘宝网”,或者在浏览器的地址栏中输入“http://

www.taobao.com/”，即可进入淘宝网主页，如图 5.1 所示。移动光标，浏览整个主页，熟悉淘宝网站主页各个部分的内容及其排列位置，包括“我的淘宝”，“收藏夹”，“天猫”，“聚划算”等服务频道。

图 5.1 淘宝网主页

2. 淘宝会员注册

单击淘宝网主页导航栏的“免费注册”按钮打开账户注册页面。

(1) 设置用户登录名：填写真实有效的手机号码，以便接受网站注册时的校验码，如图 5.2 所示；之后再填写用户的电子邮箱号码，登录填写的邮箱，查看淘宝网发的邮件，单击“完成注册”按钮，如图 5.3 所示，用户的登录名即为注册时的电子邮箱号码。

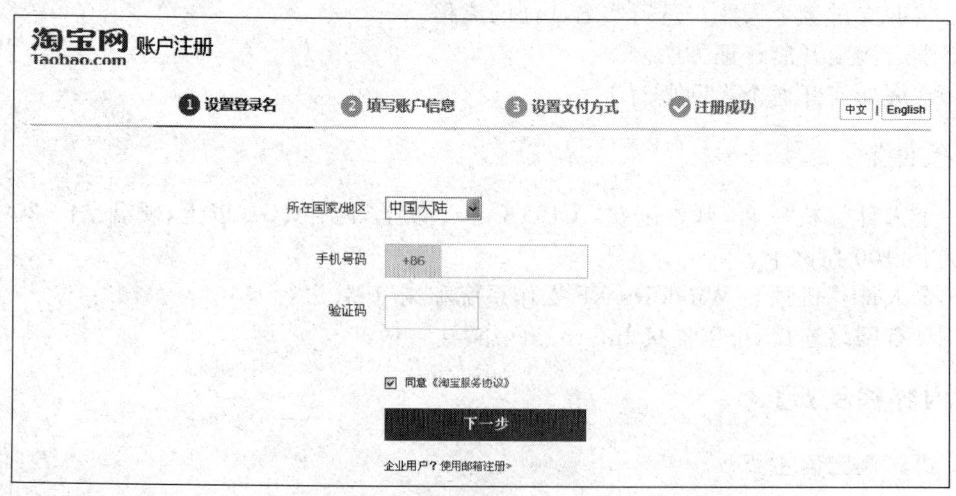

图 5.2 会员免费注册(a)

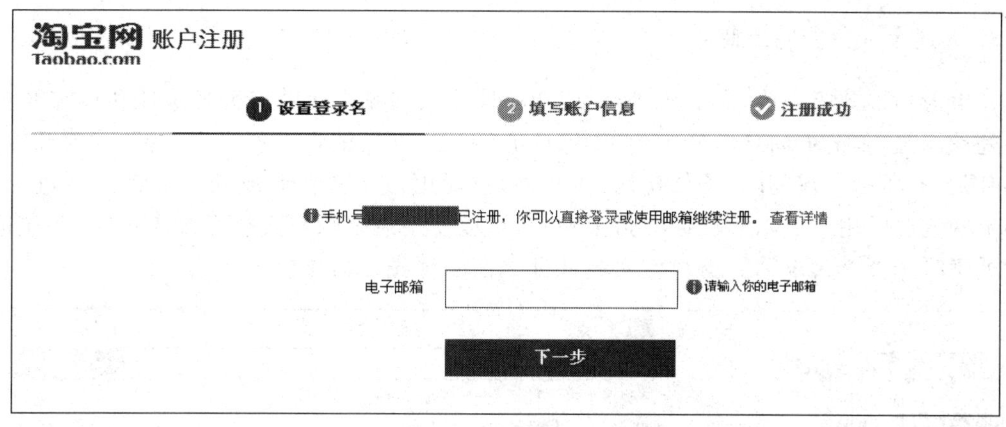

图 5.3 会员免费注册(b)

(2) 填写淘宝会员账户信息：按要求填写用户的登录密码，并设置会员名，如图 5.4 所示。

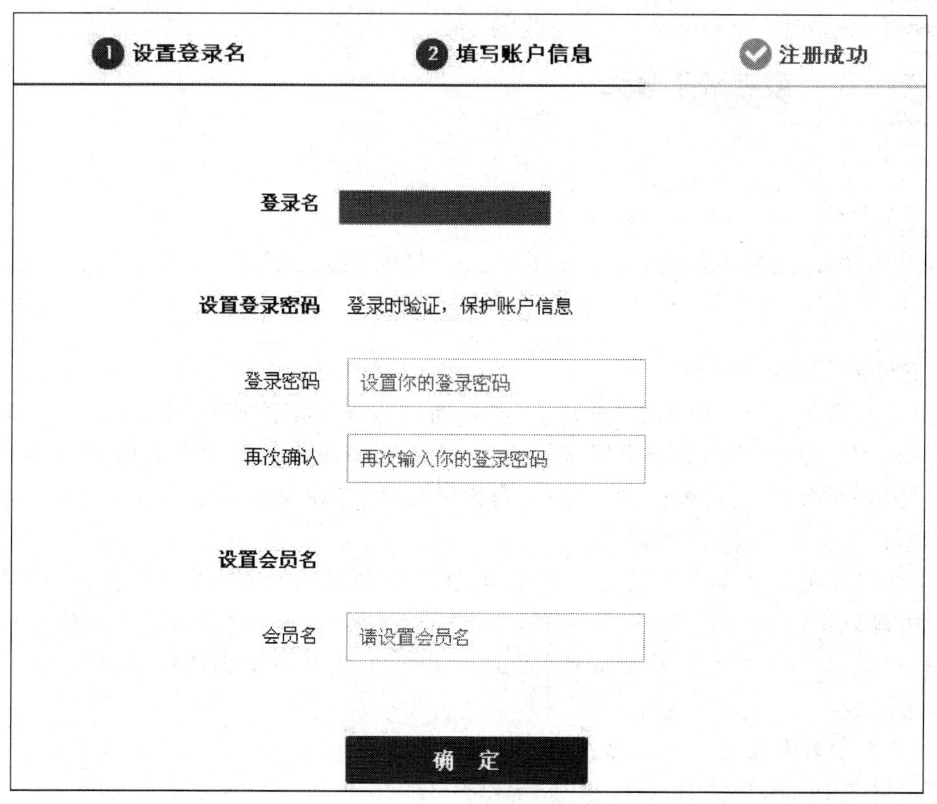

图 5.4 会员免费注册(c)

(3) 注册成功：第(2)步完成之后，会出现一个注册成功界面，显示淘宝用户的登录名，绑定手机以及淘宝会员名，以便下回重新登录时输入任意一个均可登录，并务必将这些信息及密码记清楚。

3. 开通个人免费网上商店

在申请网上开店之前，需要先进行会员认证，主要包括：支付宝实名认证和淘宝开店认证。登录淘宝，单击页面导航栏中的“卖家中心”按钮，在店铺管理列表中选择“我要开店”按钮，如图5.5所示。在“开店条件检测”步骤中，只要用户正常注册成功之后都能通过，因为在淘宝网注册的用户已默认开通支付宝账户，可以使用淘宝账户直接登录支付宝，并在选择申请类型时选择个人申请。支付宝实名认证之前必须先注册支付宝。

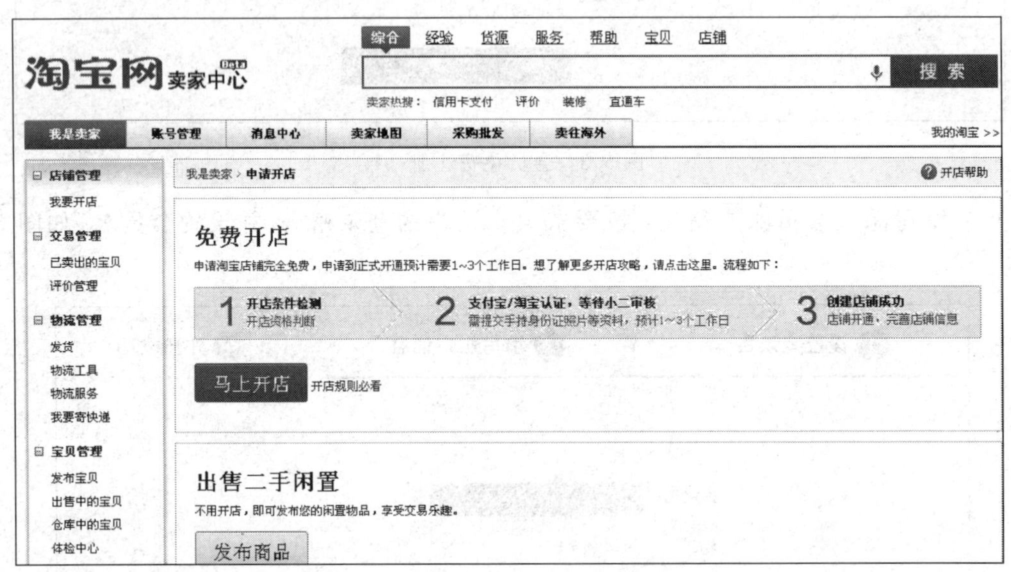

图5.5 淘宝开店首页

1）支付宝个人账户注册

在申请开店认证步骤中单击“重新认证”按钮进入支付宝注册页面，如图5.6和图5.7所示，在图5.7页面中用户需要设置身份信息，首先选择账户类型为个人账户，之后再依次设置支付宝登录密码、支付密码、姓名以及身份证号，姓名和身份证号必须真实有效，注册之后不能修改。

身份信息完善之后需要设置支付方式，如图5.8所示，输入以用户姓名开户的银行卡号，以及办理该银行卡时预留的手机号码，单击“同意协议并确定”按钮进入手机验证窗口，输入手机校验码，单击“确认，注册成功”按钮，弹出一个提示注册成功窗口即完成了支付宝的注册。

注：银行卡需办理网上支付功能。

2）支付宝个人账户实名认证

支付宝个人账户注册成功后，在申请开店认证步骤中重新单击“重新认证”按钮，进入支付宝实名认证页面，单击“立即认证（大陆）”按钮，并将同意《支付宝认证服务协议》复选框勾上，进入身份信息验证界面，输入姓名，身份证号以及支付宝支付密码，如图5.9所示。单击“下一步”按钮，因为注册支付宝时设置过以银行卡为支付方式，因此在这一步中银行卡和手机号作为默认值已自动出现到相应栏中，直接单击“确定”按钮即可完成银行卡验证。完成

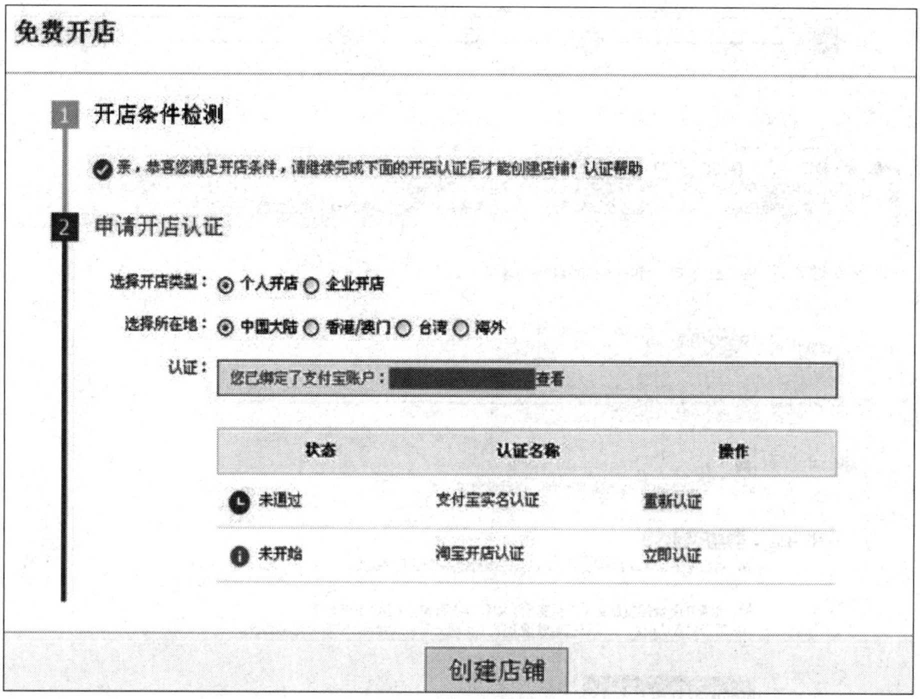

图 5.6　申请免费开店页面

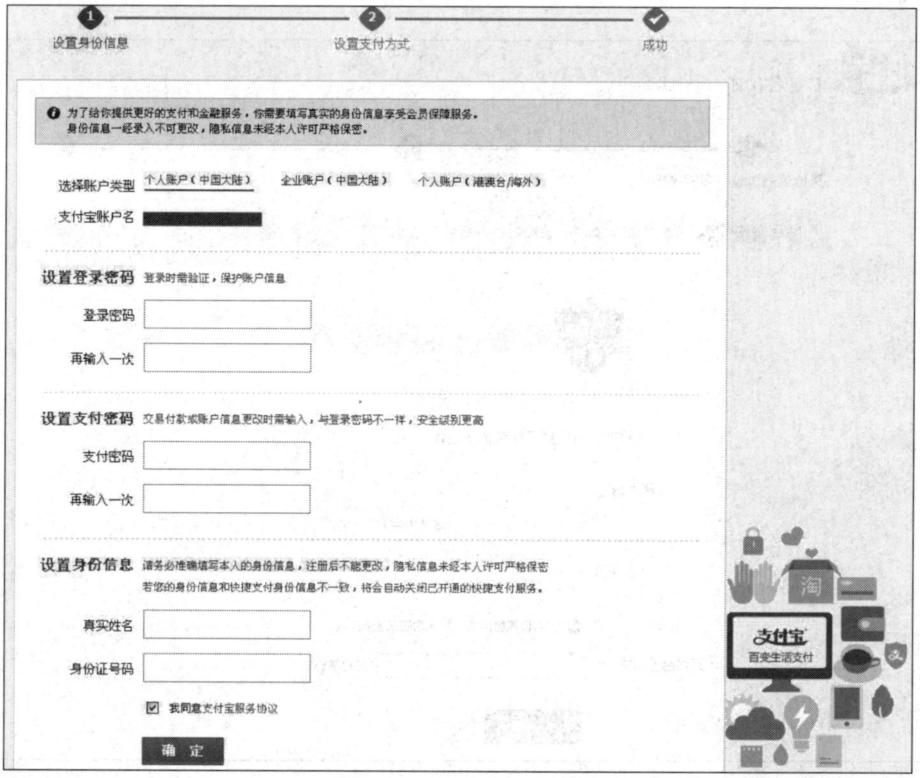

图 5.7　支付宝个人账户注册(a)

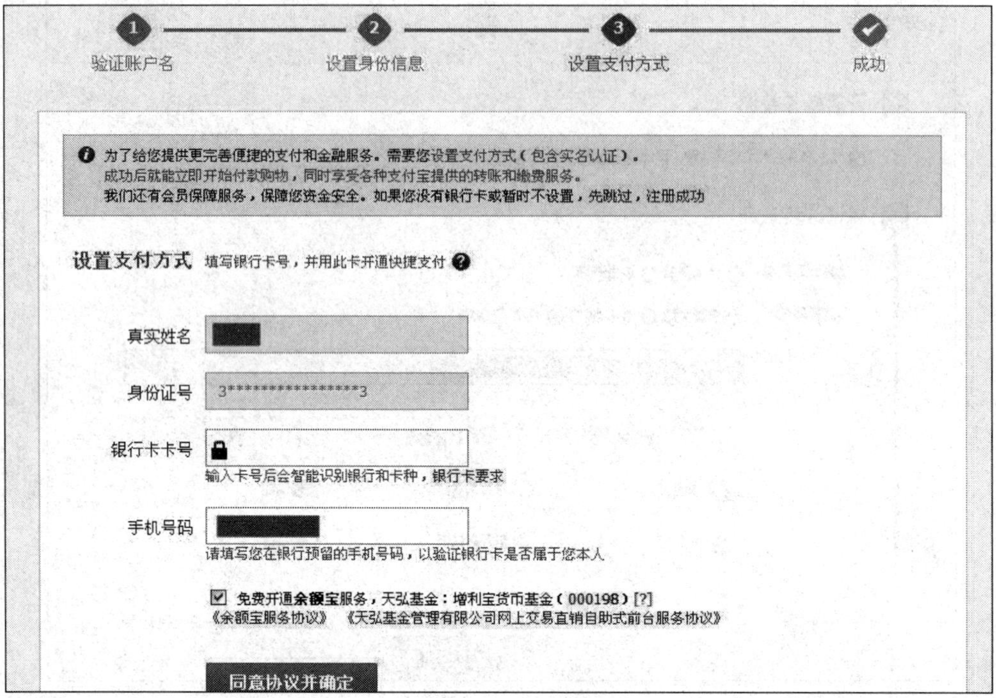

图 5.8 支付宝个人账户注册(b)

图 5.9 支付宝个人账户实名认证页面

上一步操作之后，图 5.6 中支付宝实名认证标记为“已通过”，如需进行更高级别的实名认证，可以登录“支付宝”→“账户设置”→“基本信息”→“实名认证”，如图 5.10 所示，单击“升级”按钮进入证件审核页面，如图 5.11 所示，按要求上传身份证正反两面以及身份证到期时间、常用地址，单击“确认提交”按钮，会出现一个等待结果的窗口，支付宝工作人员将会在 2 个工作日内完成审核，通过短信或邮件的方式将结果告知用户。

图 5.10　支付宝个人账户实名认证升级

注：支付宝实名认证中的身份验证只能用于小额收付款；身份验证＋银行卡验证可以做到小额收付款，淘宝开店；身份验证＋银行卡验证＋证件审核可以做到自由收付款，淘宝开店等更多服务。

3）淘宝开店认证

在图 5.6 中的淘宝开店认证栏中单击“立即认证”按钮，按照页面中的提示填写本人的真实资料，如图 5.12 所示，上传本人的身份证正反面照片以及手持身份证照片，照片必须保证字迹清晰可见，填写真实的手机号码获取验证码，填写信息无误后单击“提交”按钮，弹出一个等待结果的窗口，工作人员将会在 2 个工作日内完成审核，结果将通过旺旺、站内信、邮箱、短信通知用户。

注：用户可在图 5.6 页面中查看淘宝网开店认证审核是否通过，如已通过审核，单击“创建店铺”按钮，认真阅读开店协议条款，单击“同意”按钮，用户即可开通个人免费网上商店。

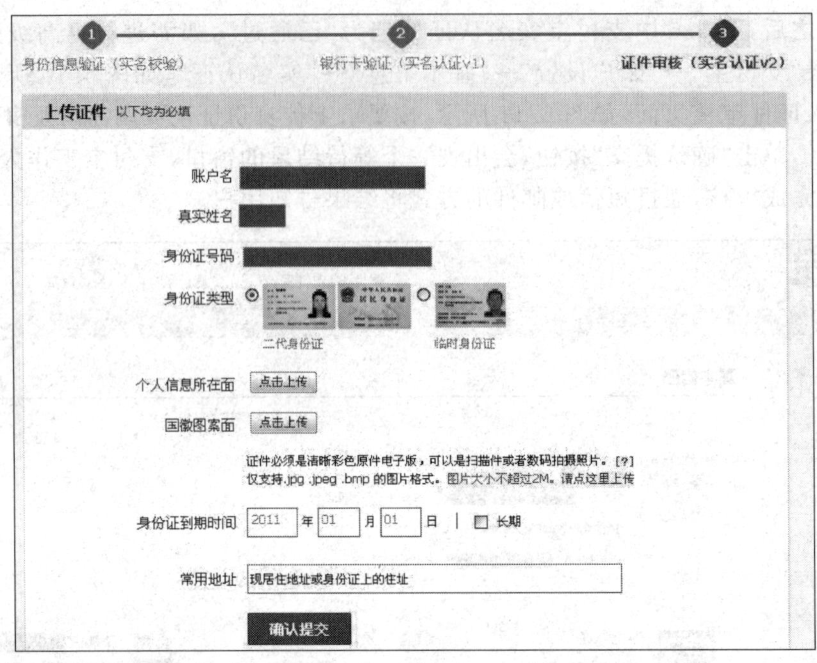

图 5.11 支付宝个人账户证件审核(实名认证 V2)页面

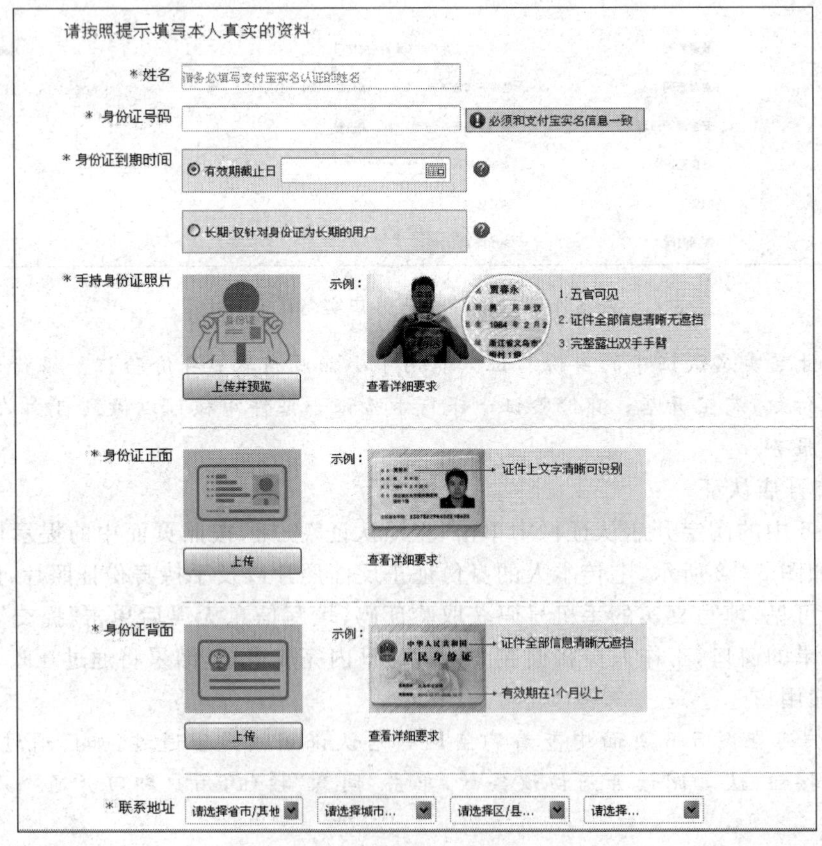

图 5.12 淘宝开店认证页面

实验5.2　淘宝网会员账户管理

【实验目的】

- 学会进入“我的淘宝”。
- 掌握淘宝网会员的个人基本信息。
- 学会绑定支付宝。
- 学会设置收货地址方法。

【实验条件】

- 个人计算机一台，基本配置：CPU Core2 以上，内存 2GB 以上，硬盘空间 20GB 以上，100 兆网卡。
- 个人计算机预装 Windows XP 操作系统和浏览器，银行卡。
- 具有网络连接，可以连接 Internet 网络。

【实验内容和步骤】

在 IE 浏览器中输入“http://www.taobao.com/”进入淘宝网主页，单击“登录”按钮，输入已注册成功的用户名和密码，单击“登录”按钮，进入“我的淘宝”页面，在这个页面中，用户可以管理自己的基本信息，查询自己的交易记录，个人主页，以及账户信息等内容，如图 5.13 所示。执行“账户设置”→“账号管理”，在此页面中用户可以对自己的账户进行管理，包括安全设置，个人资料设置，个人交易信息管理以及收货地址管理等操作。

图 5.13　“我的淘宝”首页

1. 账号安全设置

单击“安全设置”按钮,系统弹出淘宝用户的个人基本信息,用户可以根据需要修改自己的邮箱号,绑定手机或修改绑定手机,修改登录密码,设置密码问题等安全设置,如图 5.14 所示。

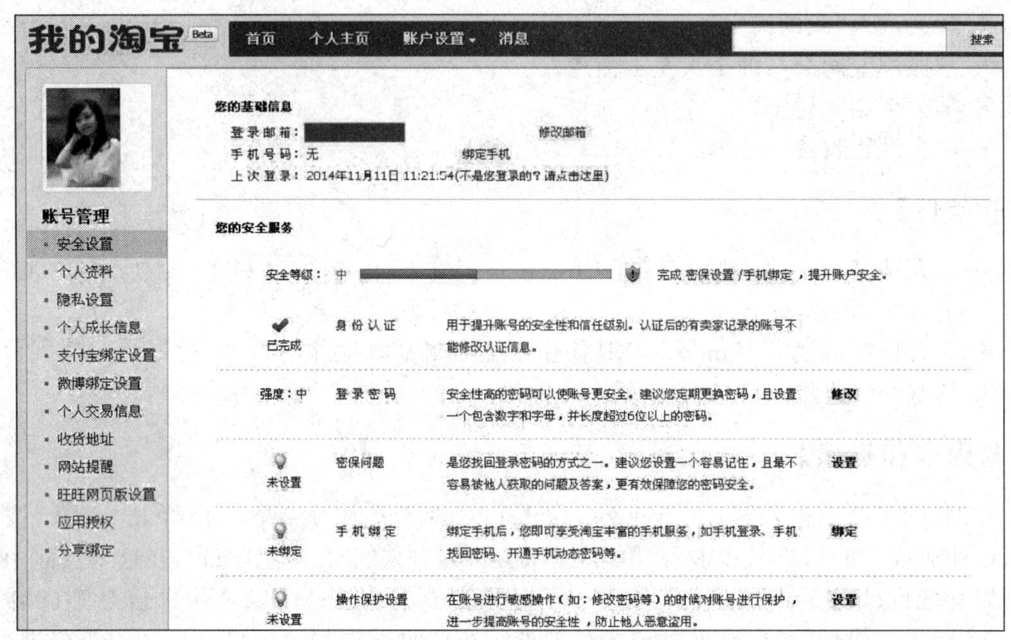

图 5.14 用户安全设置

2. 个人资料修改

单击“个人资料”按钮,用户可以编辑个人的基本信息,包括上传个人头像照片,填写昵称,生日,居住地等信息,如图 5.15 所示。

3. 支付宝绑定

单击“支付宝绑定设置”按钮,用户可以在此设置需要绑定的支付宝账户,也可以对已绑定的支付宝账户进行修改、解绑或更换账户,如图 5.16 所示。

注: 解绑或是更换支付宝账户时需确保新账户已开通。

4. 个人交易信息修改

单击“个人交易信息”按钮,用户可以编辑个人的交易信息,包括个人所在地、固定电话等,除姓名不能修改以外其他均可进行编辑,如图 5.17 所示。

5. 收货地址修改

单击“收货地址”按钮,用户可以添加收货地址,包括所在地区、收货人姓名、手机号码和电话号码,这些信息均必须真实有效,否则购买的商品将不能送达,其中手机号码和电话号

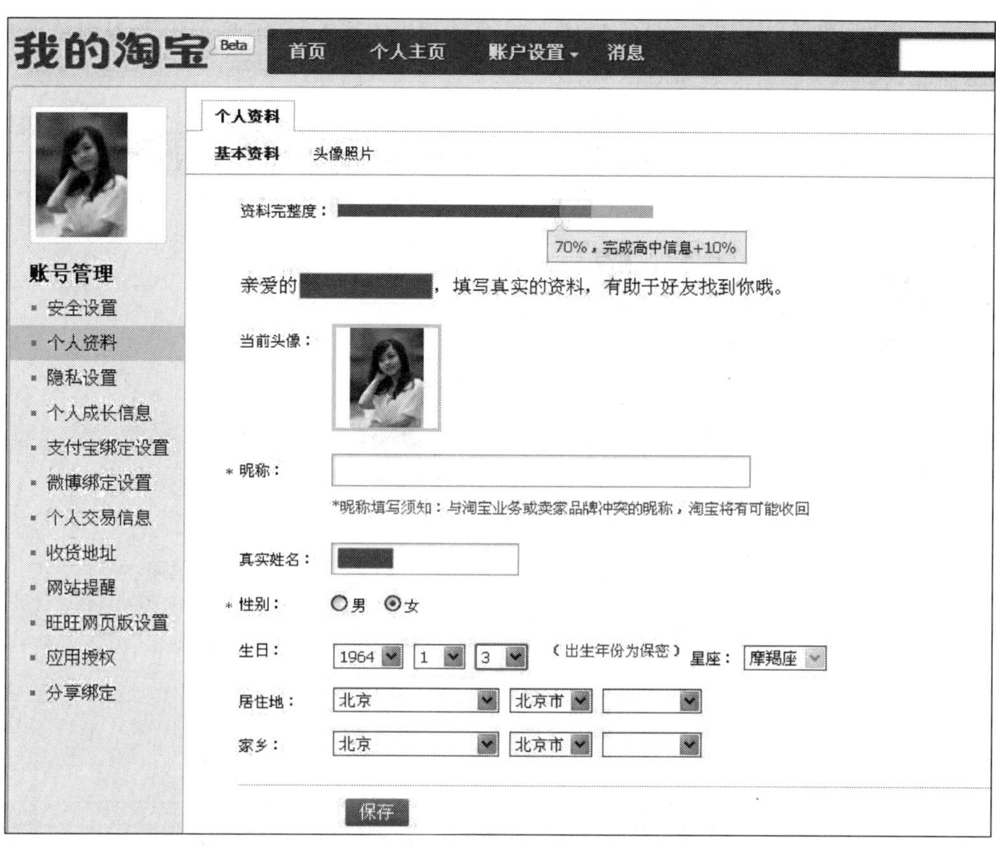

图 5.15　编辑用户个人资料

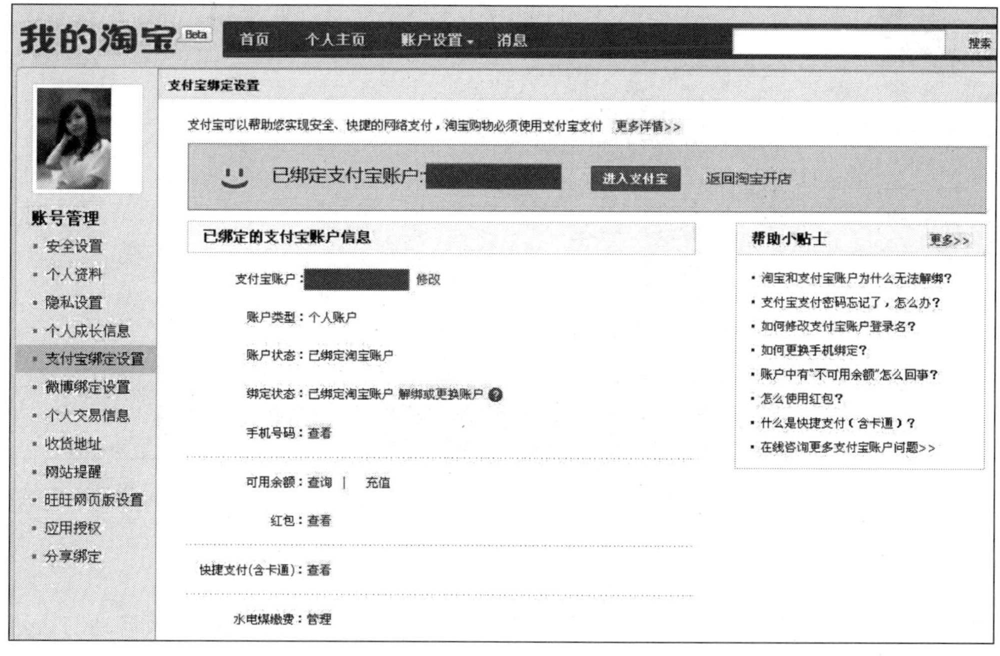

图 5.16　设置用户支付宝绑定

码可选填一项，如图5.18所示，另收货地址最多能保存20条，可以先预设常用相关地址，实际购买商品时，可以根据需要选择。

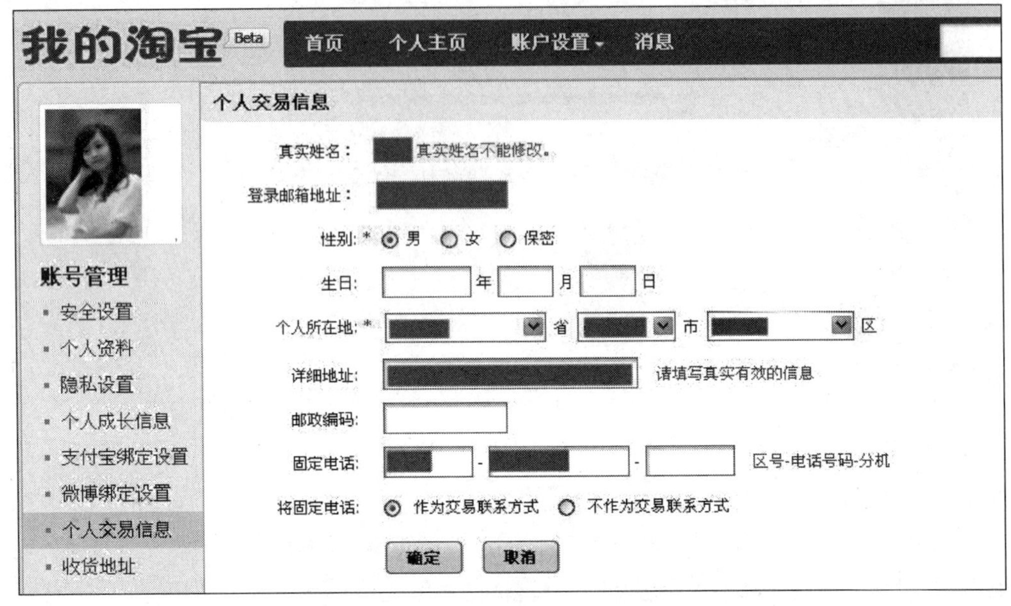

图5.17 编辑用户个人交易信息

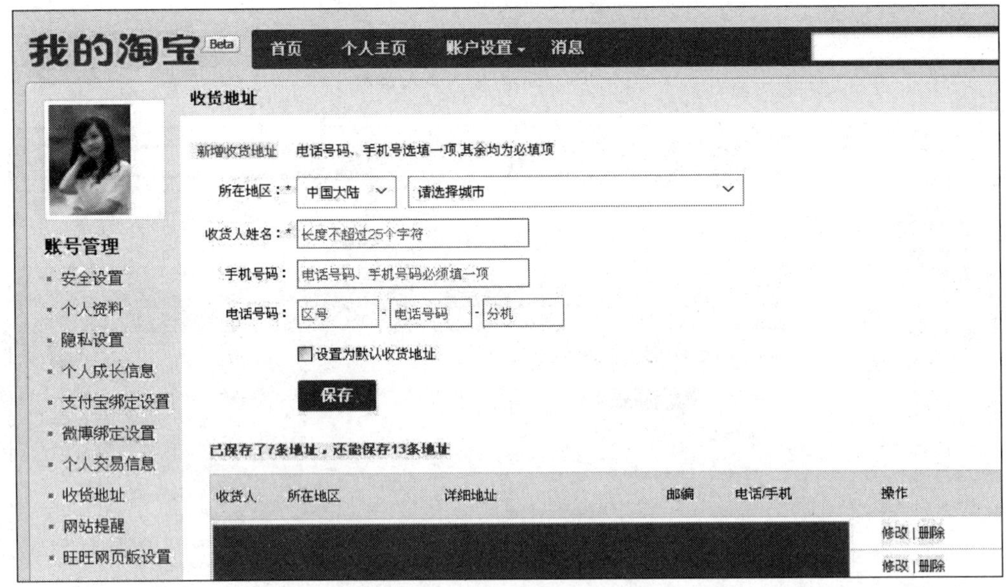

图5.18 添加用户收货地址

6. 设置阿里旺旺网页版

单击“旺旺网页版设置”按钮，当登录淘宝网时用户可对阿里旺旺网页版启动与否进行设置，阿里旺旺网页版是为那些没有安装阿里旺旺客户端的用户提供的交流工具，如图5.19所示。

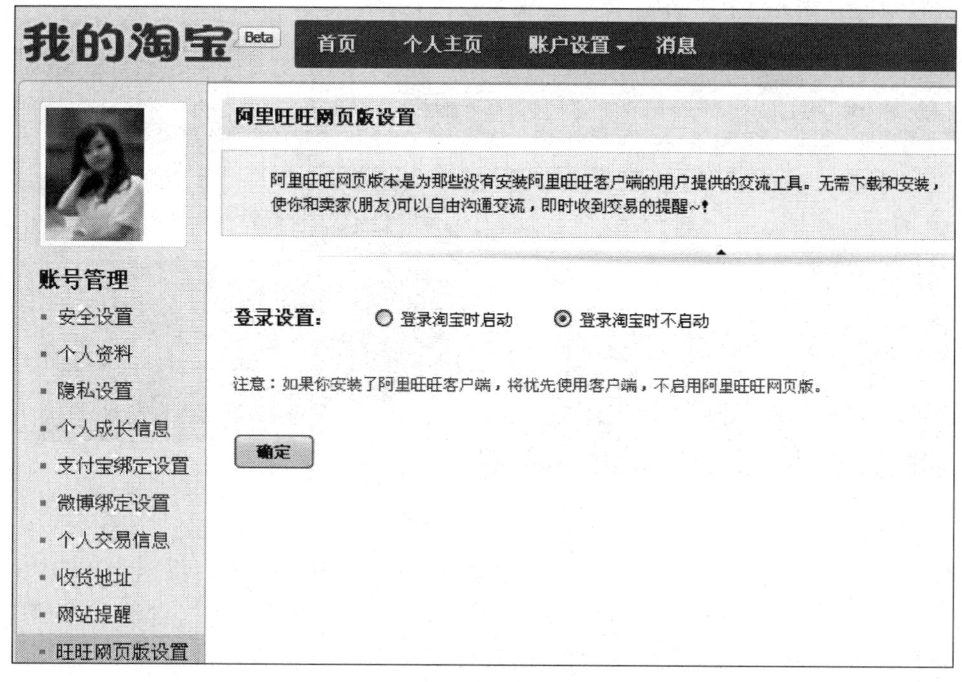

图 5.19 设置阿里旺旺网页版登录方式

注：若用户已安装了阿里旺旺客户端，则将优先使用客户端，不启用阿里旺旺网页版。

实验 5.3 支付宝个人账户后台管理

【实验目的】

- 掌握支付宝安全控件的安装方法。
- 掌握数字证书的功能。
- 了解和学会支付宝个人账户安装数字证书流程。
- 学会支付宝个人账户快捷支付充值。
- 学会支付宝个人账户银行卡充值。
- 掌握支付宝个人账户提现方法。

【实验条件】

- 个人计算机一台，基本配置：CPU Core2 以上，内存 2GB 以上，硬盘空间 20GB 以上，100 兆网卡。
- 个人计算机预装 Windows XP 操作系统和浏览器，银行卡。
- 具有网络连接，可以连接 Internet 网络。

【实验内容和步骤】

在 IE 浏览器中输入"https://auth.alipay.com/login/index.htm"进入支付宝登录页

面，首次登录时在密码输入栏中需要安装安全控件，如图 5.20 所示。

图 5.20 支付宝登录页面

单击登录对话框中的“请点此安装控件”按钮，弹出一个安装控件提示框以及一个用户是否运行或保存控件的提示框，如图 5.21 所示，单击“运行”按钮，系统自动下载相应文件，当下载完毕后再按页面提示安装安全控件，控件安装完成后刷新支付宝登录页面即可输入账号和密码。

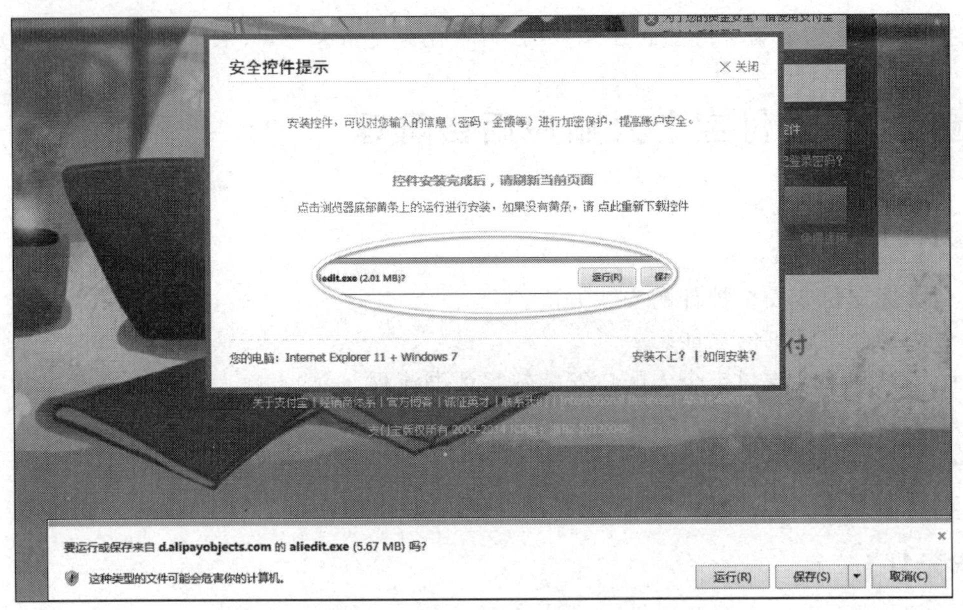

图 5.21 支付宝安装安全控件

登录支付宝个人账户之后，浏览各页面，用户可以查看账户余额、账户资产、基本信息，安全设置、账户通等相关信息。

1. 安装数字证书

数字证书是使用支付宝个人账户资金的身份凭证之一，加密您的信息并确保账户资金安全。数字证书由权威公正的第三方机构 CA 中心签发。具体的功能有以下两点。

1）加强保障

将用户的支付宝账号与用户使用的电脑或手机进行绑定，即使对方窃取了密码，在其他的设备上也动不了用户的资金，保障了资金安全。数字证书用户，如果在其他设备登录支付宝账户，在设备没有安装数字证书的情况下，只能查询账户，不能进行任何操作，数字证书相当于为用户的账户配置了一把“钥匙”，大大增强账户的安全性。

2）提升限额

使用支付宝的数字证书，当用户在支付宝网站内发起“转账到支付宝账户”，即时到账交易限额是 20 000 元。

执行支付宝“账户设置”→“安全设置”→“数字证书”→“安装”，进入支付宝安全中心页面，如图 5.22 所示。在安全中心页面中，选择“安全工具”，单击“申请数字证书”按钮，弹出申请数字证书页面，如图 5.23 所示，在该页面中输入用户的身份证号以及验证码，单击“提交”按钮，进入手机验证页面，支付宝给用户发送一个 4 位数的校验码，如图 5.24 所示，输入该 4 位数，单击“确定”按钮，系统将自动安装数字证书，安装完成之后会弹出一个提示安装成功的对话框，至此支付宝数字证书安装完成。

图 5.22 支付宝个人账户安全中心

在支付宝“安全中心”→“安全工具”→“管理”页面下可以查看数字证书是否安装成功，并在此页面中也可以对数字证书进行管理，包括取消或是删除已安装的数字证书。

注：申请数字证书后，只能在安装数字证书的电脑上进行网上支付，当用户换电脑或是重装系统时，需要再次安装数字证书，否则只能查看账户，安装时只需用手机校验即可重新安装数字证书，所以需要确保用户支付宝绑定的手机号码正常使用。

2. 支付宝个人账户充值

在支付宝个人账户充值前需确保用户有开通网上支付功能的银行卡。登录支付宝之后，在首页中查看账户余额，如图 5.25 所示，若余额不足，单击“充值”按钮，在充值页面中选择“充值到余额”→“储蓄卡”。

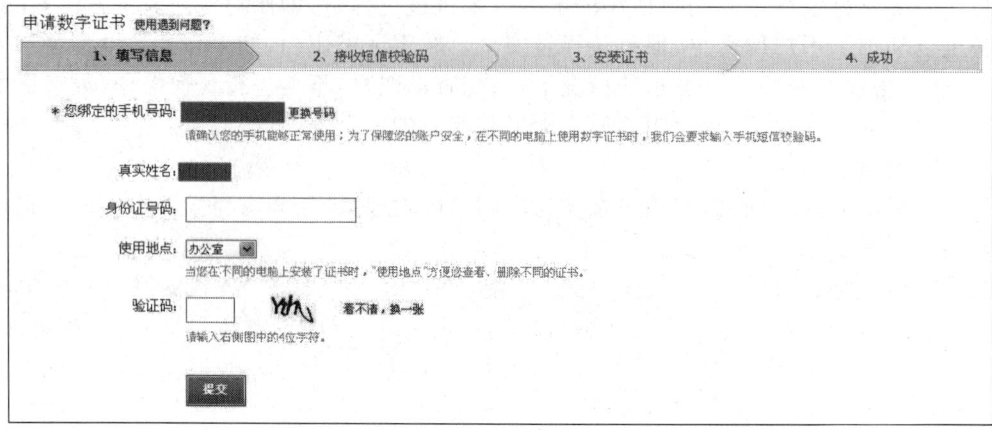

图 5.23 支付宝个人账户安装数字证书(a)

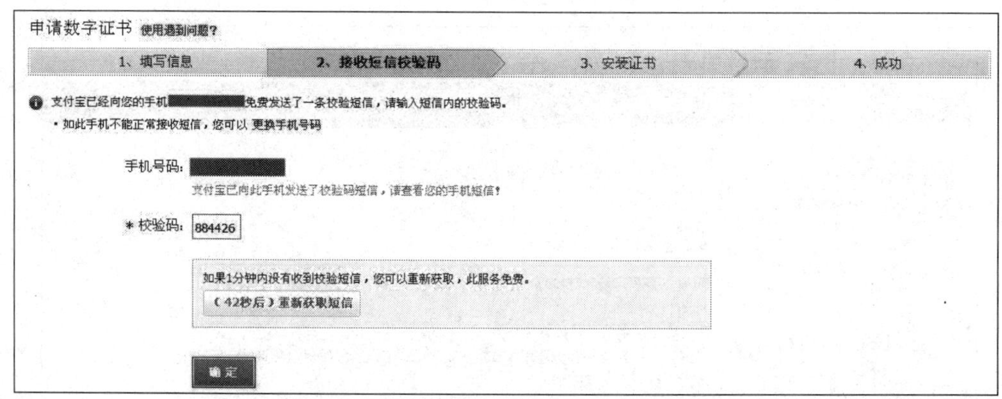

图 5.24 支付宝安装数字证书(b)

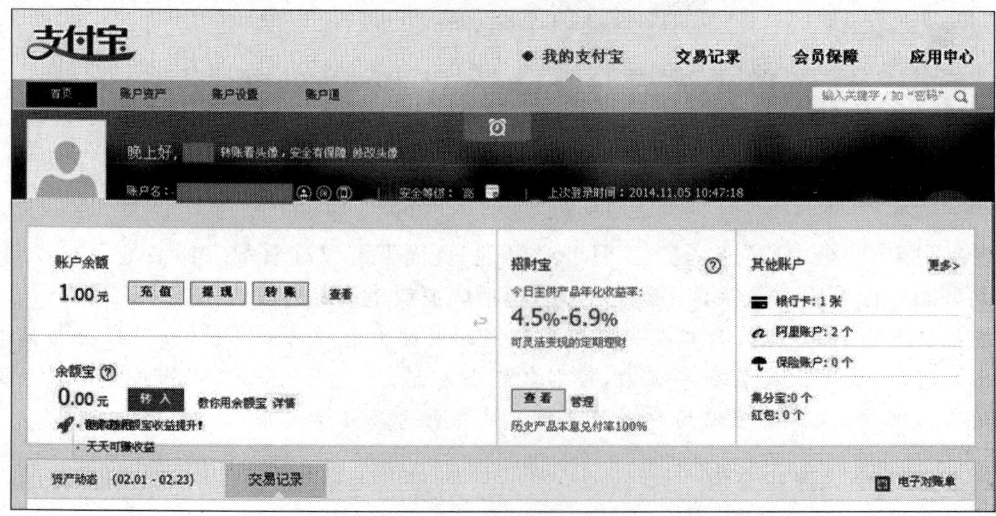

图 5.25 支付宝首页

（1）若用户有银行卡，没有网银，并且在支付宝注册时，填写的支付方式中银行卡开通了快捷支付的话，可选择快捷支付，用户只需要输入充值金额以及支付密码即可完成充值，如图 5.26 和图 5.27 所示。用户也可以在支付宝“账户设置”→“支付方式”→“快捷方式”→“添加”中添加银行卡快捷支付，或直接在“账户通”中添加银行卡。

图 5.26　支付宝个人账户储蓄卡充值

充值方式：天津银行 BANK OF TIANJIN **5746

快捷支付充值限额如下

单笔限额(元)	每日限额(元)	每月限额(元)	需满足的条件	备注
2万	2万	100万	无	无
100万	100万	100万	申请数字证书或支付盾 立即申请	

充值金额：　元（剩余可用额度20000.00元）

安全设置检测成功!

支付宝支付密码：　忘记密码?

确认充值

选择其他方式充值

图 5.27　支付宝个人账户快捷方式充值

(2) 若用户有个人银行卡,没有开通快捷支付,但是开通了网银,则可以单击"网上银行"按钮,在支付宝的合作银行中选择一个开通网上支付功能的银行,单击"下一步"按钮跳转到充值页面,在此页面中用户可以将此银行卡升级为快捷充值,如图 5.28 所示,单击"确认升级并充值"按钮,打开开通快捷支付并充值页面,输入银行卡号,在该银行预留的手机号,充值金额,手机接收到的付款校验码即可开通快捷支付以及完成充值,如图 5.29 所示,如用户不想开通快捷支付,则可登录到相应银行的网上银行进行充值。充值成功之后,可以在支付宝首页中查看支付宝余额。

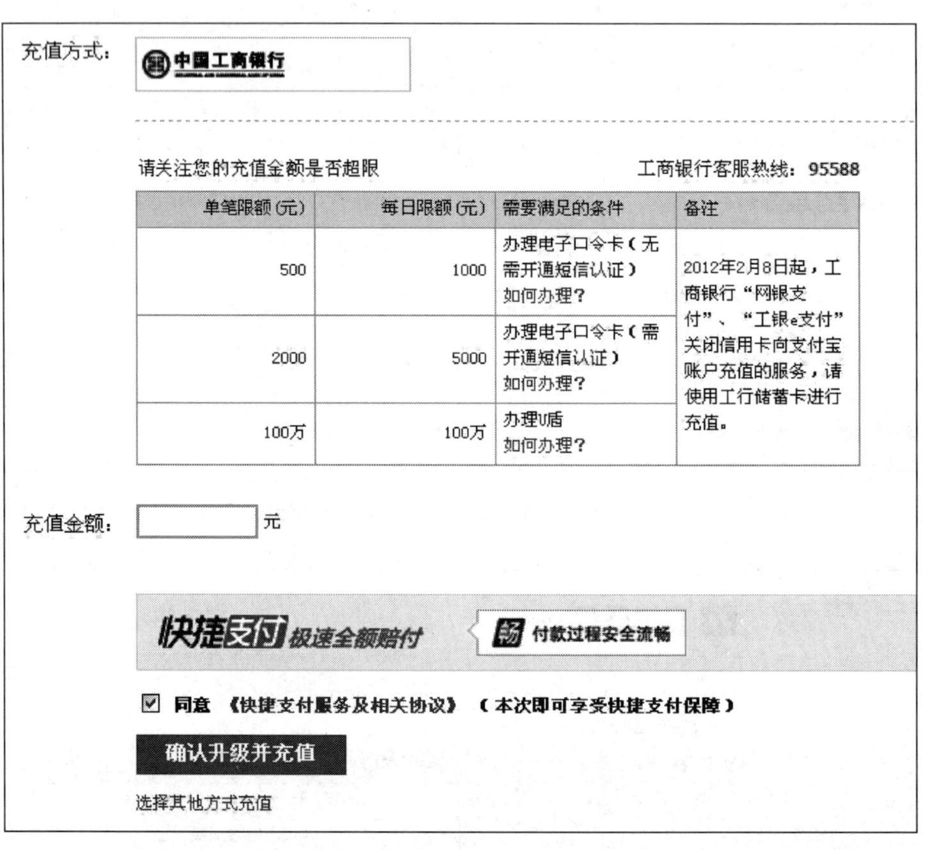

图 5.28 支付宝个人账户银行卡充值(a)

3. 支付宝个人账户提现

在支付宝首页中单击"提现"按钮,进入提现第一步,如图 5.30 所示,单击"添加银行卡"按钮,该银行卡可以无须开通网银,打开添加新银行卡页面,如图 5.31 所示,选择银行账户类型,开户人姓名,开户地址,输入银行卡号,单击"保存账户"按钮。进入下一步,如图 5.32 所示,输入提现金额,选择提现方式(以电脑提现为例)以及到账时间,单击"下一步"按钮,打开确认提现信息页面,如图 5.33 所示,输入支付密码,单击"确认提现"按钮,系统提示"提现申请已提交,等待银行处理"。若银行信息填写无误,即可成功将支付宝里的钱提现至填写的银行卡中;若银行信息填写错误,导致提现失败,资金将自动退还到用户的支付宝中。

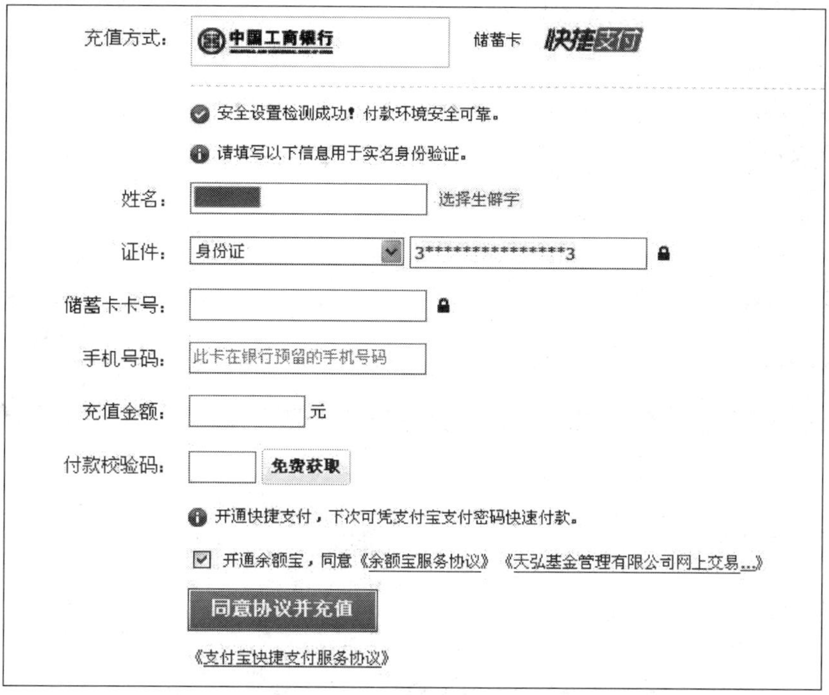

图 5.29　支付宝个人账户银行卡充值(b)

图 5.30　支付宝提现(a)

注：支付宝提现需事先安装数字证书。若选择提现方式为手机提现，系统将会发送一个链接提示用户下载支付宝钱包，下载之后按提示输入提现金额即可进行提现。

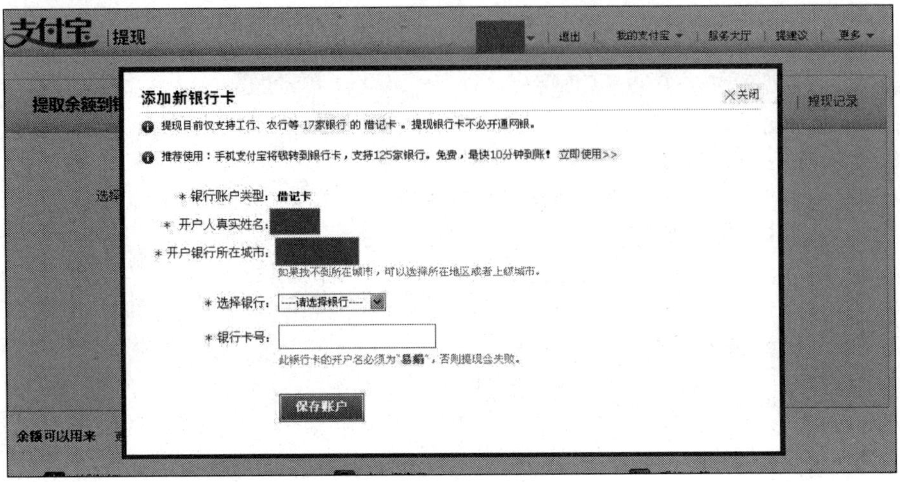

图 5.31 支付宝提现(b)

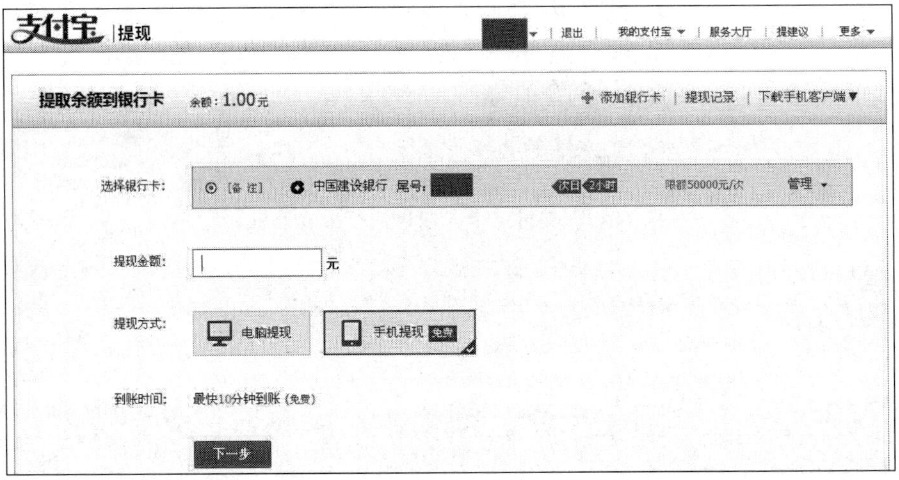

图 5.32 支付宝提现(c)

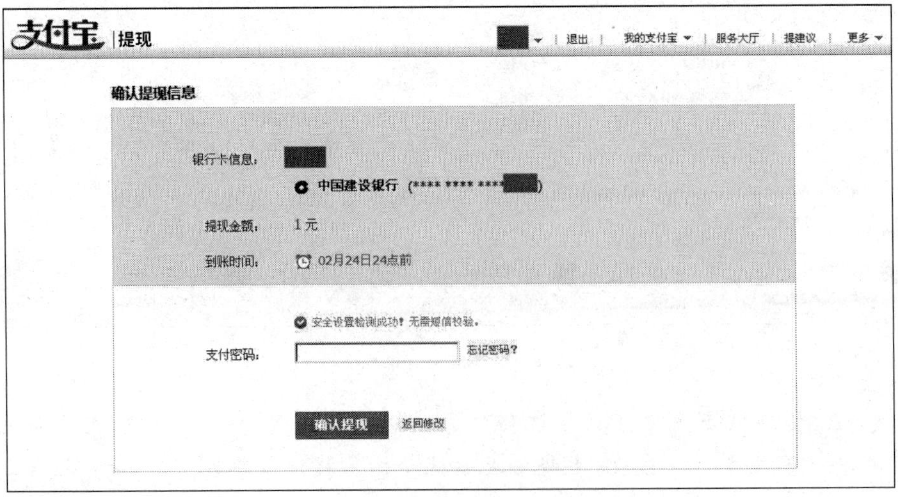

图 5.33 支付宝提现(d)

实验 5.4 安装阿里旺旺

【实验目的】

- 学会安装阿里旺旺买家版。
- 掌握安装阿里旺旺卖家版方法。
- 学会操作阿里旺旺买家版。
- 学会操作阿里旺旺卖家版。

【实验条件】

- 个人计算机一台，基本配置：CPU Core2 以上，内存 2GB 以上，硬盘空间 20GB 以上，100 兆网卡。
- 个人计算机预装 Windows XP 操作系统和浏览器。
- 具有网络连接，可以连接 Internet 网络。

【实验内容和步骤】

阿里旺旺是专用于淘宝网站的在线聊天工具，方便买家和卖家在交易过程实时进行沟通，如文字聊天、语音聊天、视频聊天，进行文件传输，发送离线文件等。

1. 安装阿里旺旺买家版

在 IE 浏览器中输入“http://wangwang.taobao.com/”进入阿里旺旺官网，如图 5.34 所示。

图 5.34 阿里旺旺官网

单击“买家用户入口”按钮，在下载页面中单击“立刻下载”按钮，如图 5.35 所示，系统自动弹出文件下载对话框，单击“运行”按钮，系统自动运行数秒之后直接进入阿里旺旺买家版安装向导界面，如图 5.36 所示，在“已阅读并同意阿里巴巴软件许可协议”复选框前划上勾后,单击"快速安装"按钮,系统将自动为用户进行安装,单击"完成"按钮,阿里旺旺买家版安装成功,用户可以在桌面上看见阿里旺旺图标,如图 5.37 所示,双击该图标即可登录阿里旺旺。

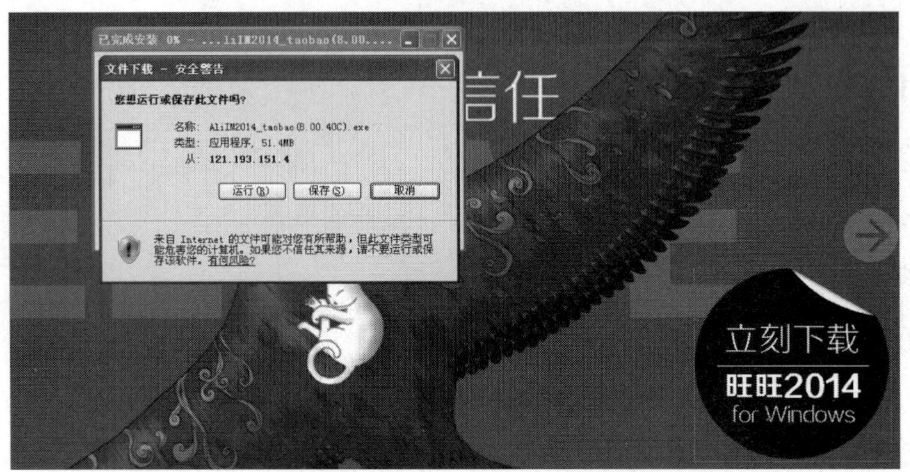

图 5.35 下载阿里旺旺买家版

图 5.36 阿里旺旺买家版安装向导

图 5.37 阿里旺旺买家版桌面图标

注：阿里旺旺买家版登录时可通过用户的淘宝会员名、手机号、注册时的邮箱进行登录。

2. 安装阿里旺旺卖家版

在IE浏览器中输入"http://wangwang.taobao.com/"进入阿里旺旺官网，单击"卖家用户入口"按钮进入阿里旺旺卖家版下载界面，单击"立即下载电脑版"按钮，在弹出的文件下载对话框中选择"运行"，如图5.38所示，安装过程与阿里旺旺买家版类似。

图5.38 下载阿里旺旺卖家版

注：阿里旺旺卖家版下载前，需确保用户已经开通了网上店铺。

3. 阿里旺旺买家版界面

双击桌面上阿里旺旺买家版图标，输入淘宝会员用户名和密码，单击"确定"按钮，登录阿里旺旺买家版。在主页面中买家单击上方相应功能条可以进入淘助手、我的钱包、淘宝网、天猫、聚划算等页面，如图5.39所示，单击下方相应功能条买家可以进入主菜单、打开系统设置、打开安全中心、查看消息记录以及添加好友等。

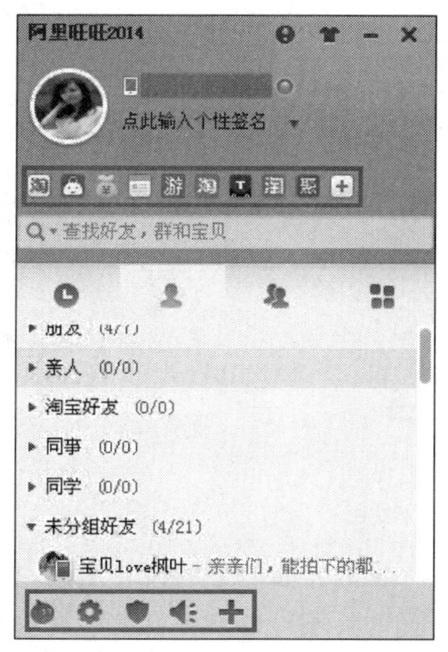

图5.39 阿里旺旺功能条

在界面上方左侧单击"淘"按钮，如图5.40所示，打开淘助手窗口，在该窗口中买家可以查看各类淘宝服务，如交易的宝贝，收藏的宝贝和店铺，以及进入"我的淘宝"、支付宝等进行相关操作。

在界面主页单击最近会话图标，如图5.41所示，可以查看近期与淘宝用户的会话记录，也可以查看系统消息。双击"系统消息"，打开消息管理中心页面，如图5.42所示，买家可以查看卖家的发货提醒消息、卖家对买家的评价消息、支付宝系统通知等，也可以在该管理中心查看联系人消息、群/讨论组消息、验证消息等。

图 5.40 “淘助手”窗口

图 5.41 “最近会话”窗口

单击界面下方的齿轮图标，打开系统设置页面，或单击水滴图标打开“主菜单”→“系统设置”，买家可以设置自动回复功能，可以分别在“当我离开电脑时”和“忙碌时”，启用自动回复，如图 5.43 所示，当有人在跟你说话而你不方便回答时，对方也能够得到回应。

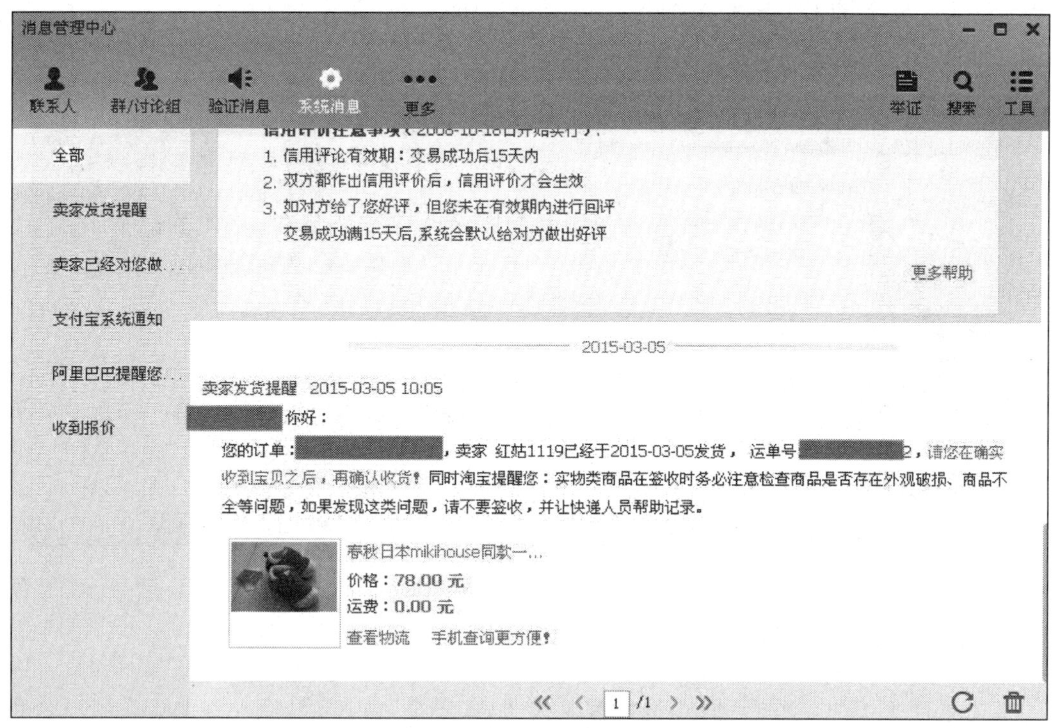

图 5.42　系统消息

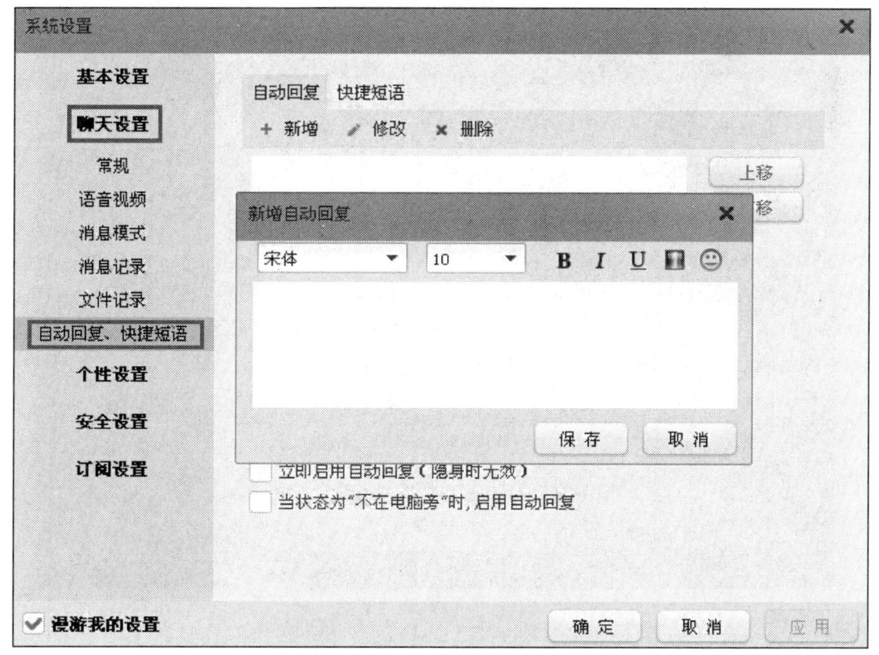

图 5.43　设置自动回复功能

单击界面下方的加号图标，打开添加好友窗口，如图 5.44 所示，买家可以通过账号、可能认识的人、真实姓名进行基本查找，也可以通过账号类型、国家、地区等进行高级查找，也可以通过群号进行查找，查找完之后选择需要添加的会员，单击“加为好友”，等待对方验证通过之后即可，添加完毕之后买家可以在我的好友中进行查看是否添加成功。

图 5.44 添加好友

4. 阿里旺旺卖家版界面

双击桌面上千牛工作台图标，选择登录模式，如图 5.45 所示，输入淘宝会员用户名和密码(以工作台模式为例)，单击“登录”，登录阿里旺旺卖家版，工作台模式与旺旺模式之间可以互相切换。

图 5.45 千牛工作台登录界面

在卖家版主界面中，左侧功能与买家版类似，可以查看“我的好友”、“最近联系”、“我的群”等信息，也可以查找添加好友，如图 5.46 所示。

在主界面右上方：单击水滴图标，可以切换至旺旺模式；单击衣服图标，可以对工作台更换皮肤；单击齿轮图标，打开系统设置，如图 5.47 所示，可以对工作进行基本设置、个性化设置以及安全设置等；单击“功能菜单”图标，可以查看千牛工作台的版本、注销以及退出工作台。

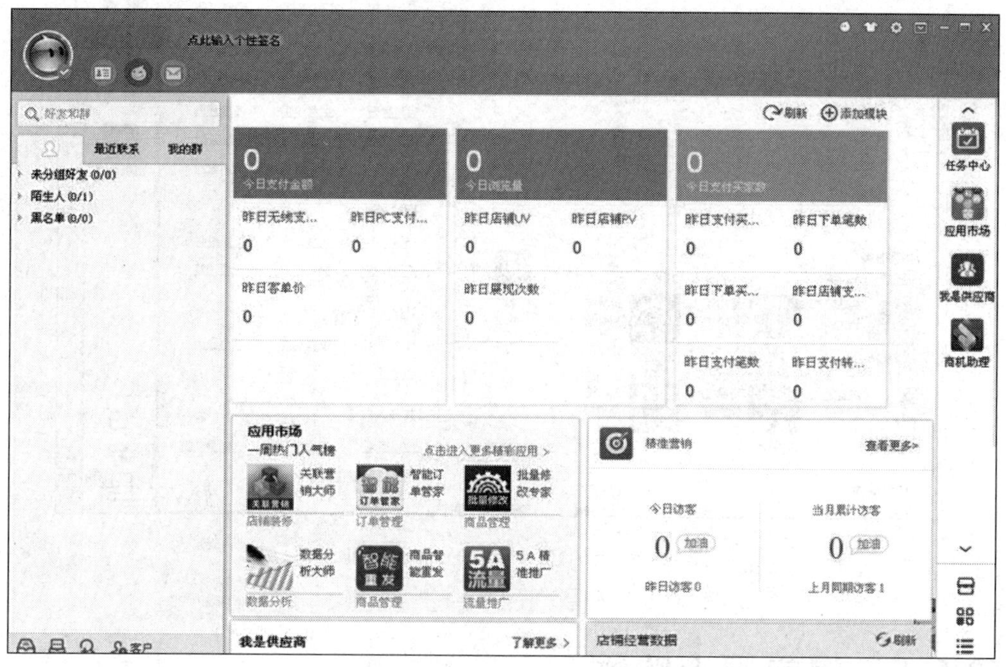

图 5.46　千牛工作台主界面

图 5.47　千牛工作台 ——系统设置

在主界面右下方：单击“常用网址”图标，卖家可以进行具体操作旺铺的各个项目，如1688 首页、我的阿里、旺铺、交易管理、社区等，非常方便，如图 5.48 所示。

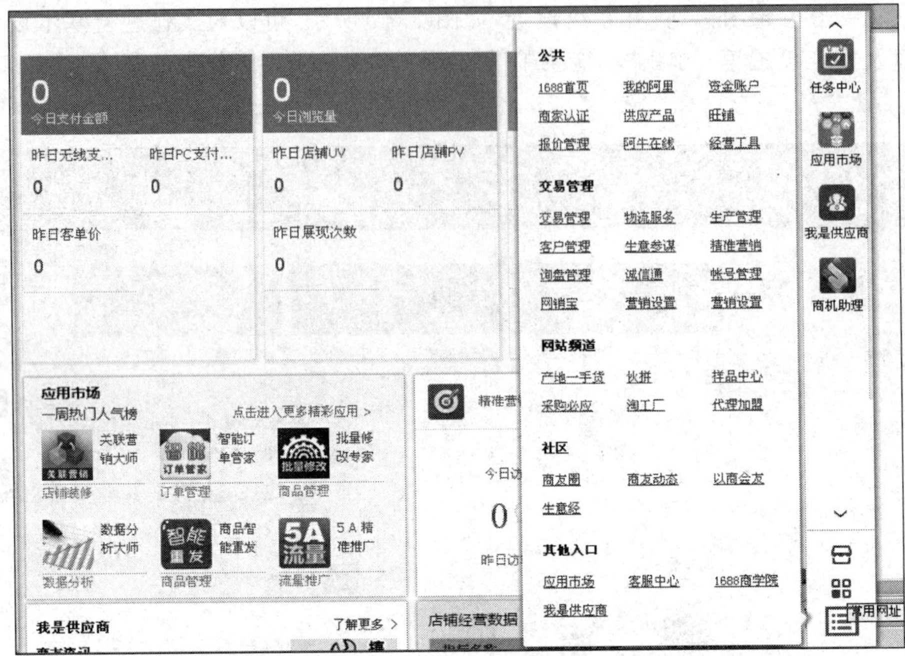

图 5.48 千牛工作台——常用网址入口

实验 5.5 淘宝网上购物

【实验目的】

- 学会搜索宝贝方法。
- 掌握联系卖家流程。
- 学会对宝贝进行付款。
- 学会对宝贝进行评价。
- 掌握退货退款方法。

【实验条件】

- 个人计算机一台，基本配置：CPU Core2 以上，内存 2GB 以上，硬盘空间 20GB 以上，100 兆网卡。
- 个人计算机预装 Windows XP 操作系统和浏览器，银行卡。
- 具有网络连接，可以连接 Internet 网络。

【实验内容和步骤】

1. 搜索宝贝

在 IE 浏览器中输入“http://www.taobao.com/”进入淘宝网主页，登录自己的淘宝账号，在首页搜索栏中选择宝贝，输入宝贝名称“925 纯银项链”，单击“搜索”按钮，系统为用户查找关键字为“925 纯银项链”的所有宝贝，用户可以通过浏览页面中的宝贝选择自己需要购买的商品，如果用户想在天猫商城或是二手市场购买商品的话，可以单击“天猫”按钮或是“二手”按钮来查看相应商品，如图 5.49 所示，用户也可以在此页面中选择该宝贝的相关分类，也可以对所有宝贝进行排序筛选，包括综合排序、人气排序、销量排序、信用排序、价格排序等，在价格排序中，用户也可以通过指定一个价格区间来搜索相关宝贝。

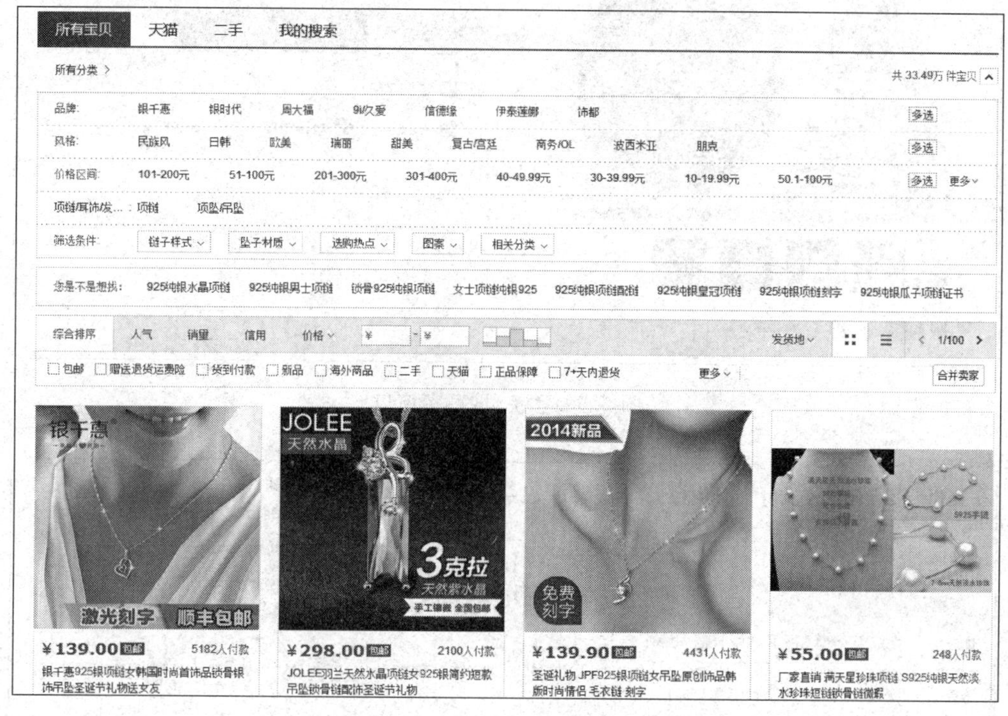

图 5.49 “宝贝搜索”窗口

2. 购买宝贝

选好宝贝之后，单击相应网址，进入宝贝详细信息页面，在该页面中用户可以查看宝贝的详细信息，包括价格、运费、商品详情、用户评价、月成交记录等信息。用户也可以在此页面中搜索该店铺的其他商品。

(1) 若用户还想比比价但又担心再找不到这个宝贝时，单击“收藏商品”，如图 5.50 所示，该商品就被用户收藏起来了，可以通过页面上方的“收藏夹”→“收藏的宝贝”，也可以单击“我的淘宝”→“我的收藏”进行查看。

(2) 若用户通过各种搜索发现自己对该店铺感兴趣时，则可以单击页面右侧的“收藏店铺”按钮，如图 5.51 所示，该店铺就被用户收藏起来了，可以通过页面上方的“收藏夹”→“收藏的店铺”，也可以执行“我的淘宝”→“我的收藏”进行查看。

当用户搜索到自己喜爱的商品并想购买时，进入该商品所在店铺的首页，将鼠标放在该店铺名称上方，就可以查看卖家的相关信息，包括卖家的信誉度，好评率，注册时间，已缴纳的保证金数额，卖家店铺的成交数量以及是否支持 7 天无理由退货等，如图 5.52 所示。

图 5.50 “宝贝收藏”窗口

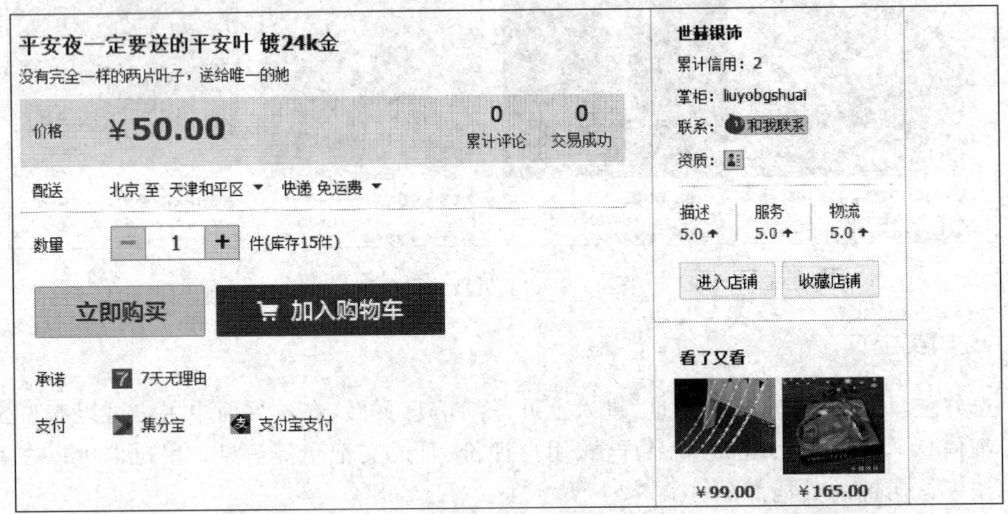

图 5.51 店铺收藏

当用户决定购买选中的商品时，需要联系卖家。单击图 5.51 页面右侧的阿里旺旺图标，或是进入店铺首页，单击图 5.52 中阿里旺旺图标，启动阿里旺旺买家版或是在线网页版与卖家进行沟通，如询问宝贝价格、运费、快递等相关信息。

与卖家谈妥之后，回到宝贝界面，选好宝贝相关属性，包括颜色，数量等，之后用户有两种方式为宝贝进行结算。

(1) 单击“立即购买”按钮，进入确认订单界面，如图 5.53 所示，选择用户的收货地址，确认商品的订单信息，单击“提交订单”按钮，若对订单价格有异议，则与卖家谈妥之后等待卖家修改价格，修改完之后刷新页面即可进入支付宝支付页面(若用户支付宝余额不足，可以先进行充值)，或是直接选择网上银行进行支付，如图 5.55 所示，输入支付密码，单击“确认付款”按钮，下一步就是等待卖家发货了。

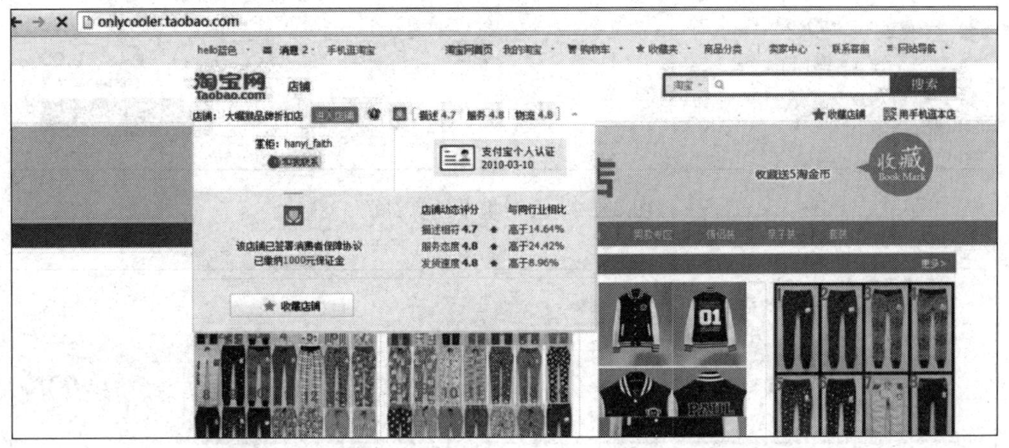

图 5.52　查看店铺相关信息

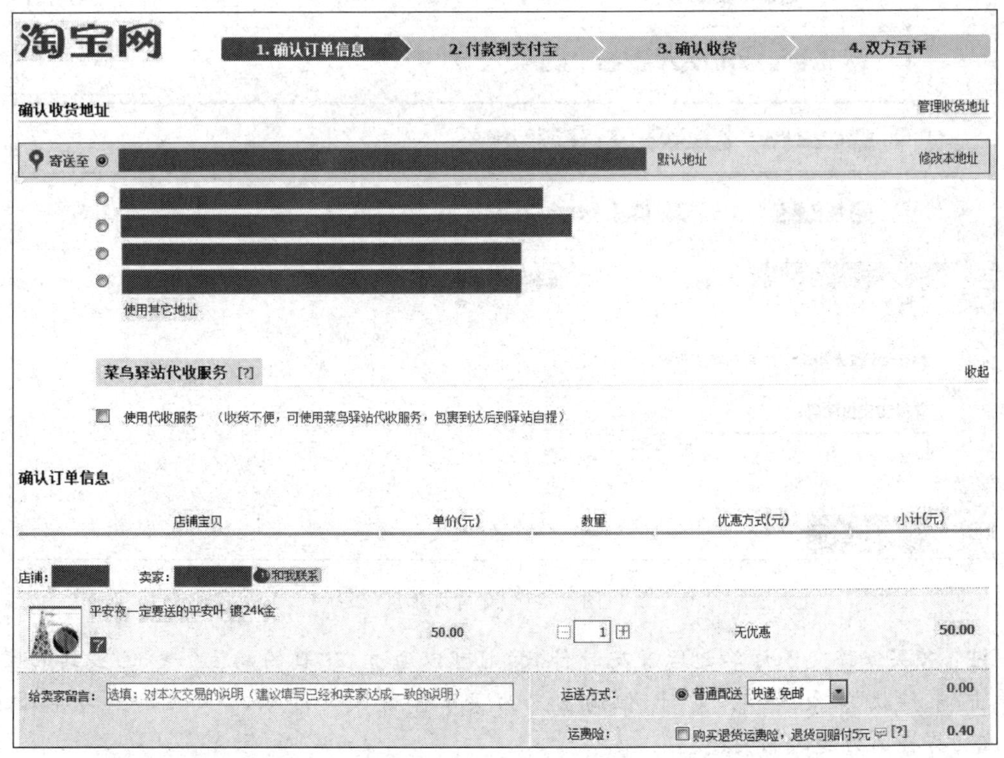

图 5.53　确认订单

(2) 若用户还想继续购买其他商品，单击“加入购物车”按钮，可以将现在的商品放入购物车中，然后再选择“继续添加”，当用户需要的所有宝贝均添加完成之后，如图 5.54 所示，单击“去购物车结算”按钮，选中需要进行结算的商品，单击“结算”按钮，进入确认订单界面，再按照(1)中“立即购买”方式进行付款。

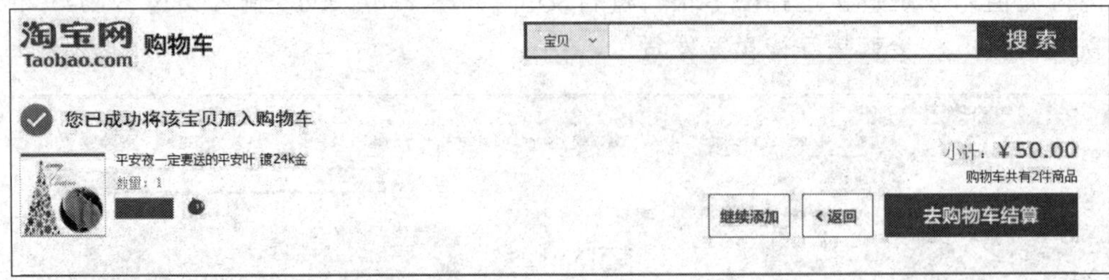

图 5.54 去购物车结算订单

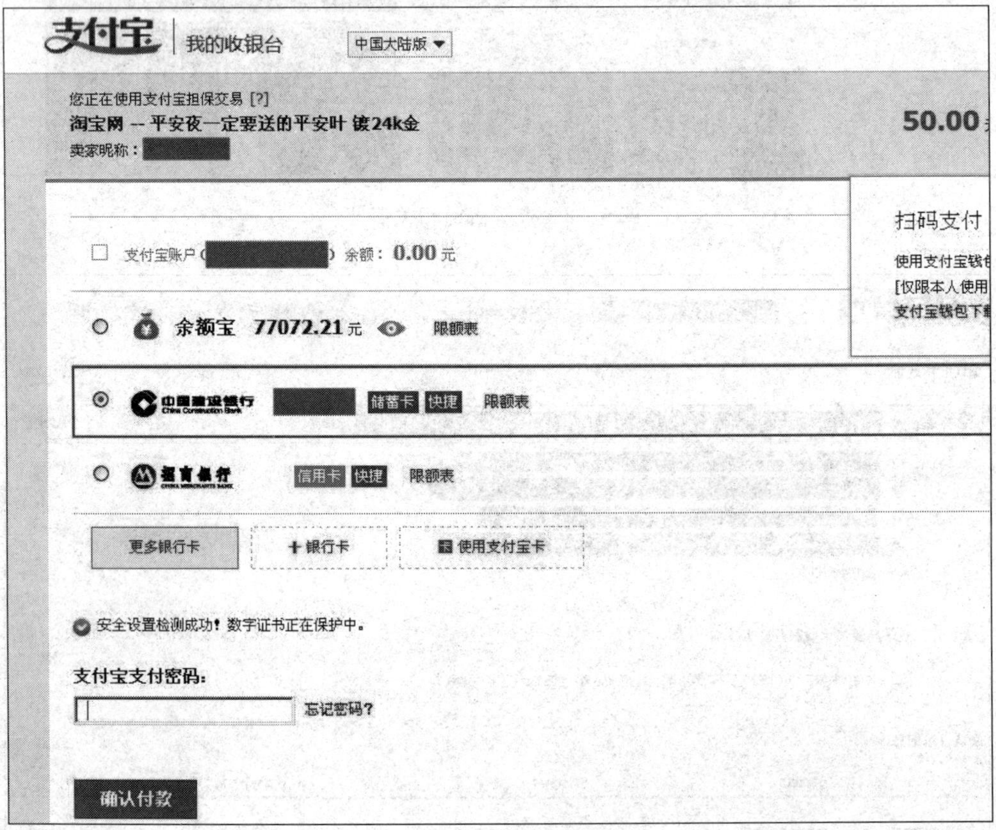

图 5.55 支付订单

注：若买家提交了订单之后未及时付款，则可以通过在“我的淘宝”→“已买到的宝贝”中单击“未付款”来继续进行支付，但淘宝只为买家保留 3 天订单，3 天之后若订单还未支付，该交易将因为超时而关闭。

3. 确认收货

卖家发完货之后，买家可以单击“我的淘宝”→“已买到的宝贝”，在相应订单中单击“查看物流”来跟踪宝贝的物流信息，如图 5.56 和图 5.57 所示。

买家在快递人员手中签收快递时，需要当场拆开快递查看有无破损，尤其是购买易碎物品时，如有损坏可以拒绝签收，和卖家联系之后可以选择退款或是重新发货；如无破损情

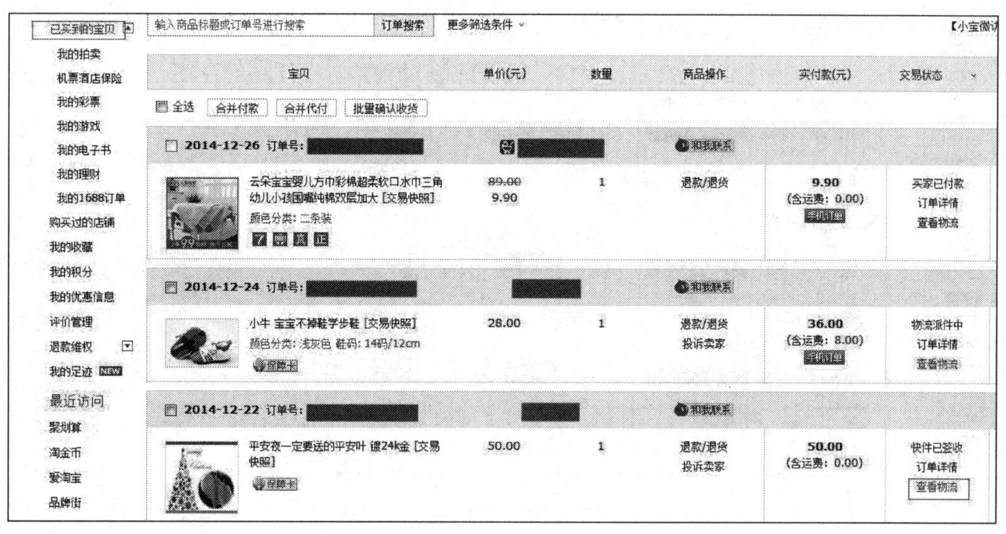

图 5.56　查看

图 5.57　宝贝物流信息详情

况，签收之后如对宝贝不满意，和卖家联系之后也可以选择退款或是重新发货，同时需要将宝贝发回卖家手中；若买家对购买的宝贝很满意，可以登录淘宝，执行“我的淘宝”→“已买到的宝贝”，在相应订单中单击“确认收货”按钮，如图 5.58 所示，在弹出的页面中输入支付宝支付密码，单击“确认”按钮之后，系统将相应金额直接转入卖家账户中。

注：若买家长时间未确认收货，系统将会自动打款给卖家，买家可以单击“已买到的宝贝”按钮，在相应订单的“订单详情”中查看系统自动打款剩余时间，若买家未收到货，可以要求卖家延长收货时间或申请退款。

4. 退货退款

如需要退货退款，则可以执行“我的淘宝”→“已买到的宝贝”，在相应订单中单击“退款/退货”按钮。

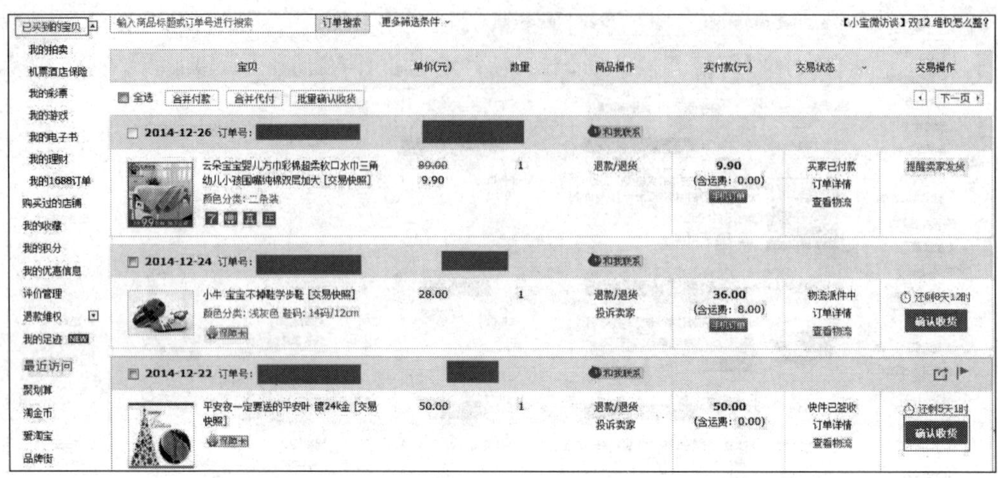

图 5.58 确认收货

1) 退款/退货

商品出现问题,或者买家不想要了且与卖家达成一致退货后,选择“退货退款”选项,如图 5.59 所示,填写退款原因,金额等信息,单击“提交申请”按钮,等待卖家处理。

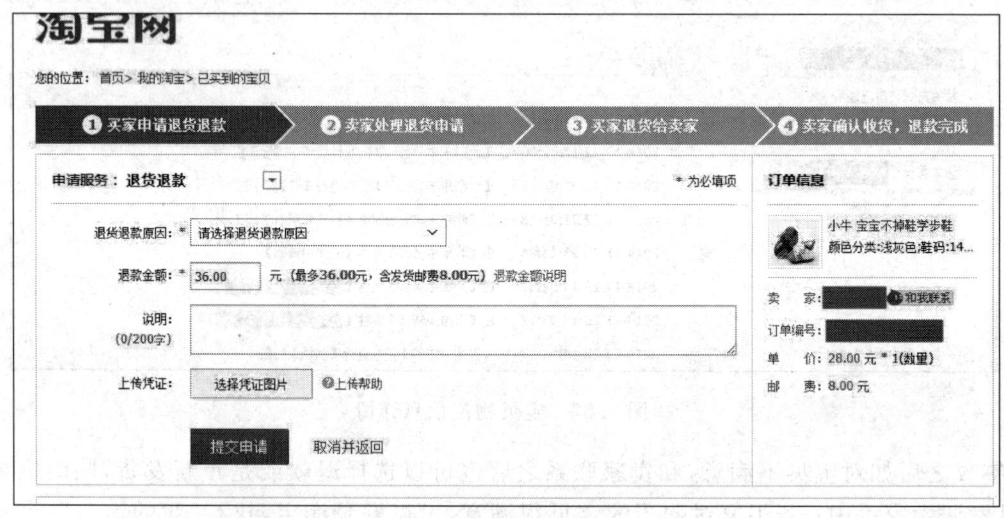

图 5.59 退款/退货(a)

如果卖家在 5 天内未处理,退货申请将自动达成,但若是卖家拒绝,用户可以修改退货申请后再次发起,卖家会重新处理,用户可以在“退款维权”→“退款管理”→“我申请的退款”中查看退款状态,如图 5.60 所示。当退款状态为“退款申请达成,等待卖家退货”时,用户可以按照系统给出的退货地址退货给卖家,并在“已买到的宝贝”中单击相应订单的“请退货”按钮,填写退货物流信息,如图 5.61 所示,用户有 7 天时间进行退货,提交退货信息之后,等待卖家确认收货之后退款,退款成功后,买家可以在“已买到的宝贝”→“查看退款”进入退款成功页面查看退回钱款的金额及去向。

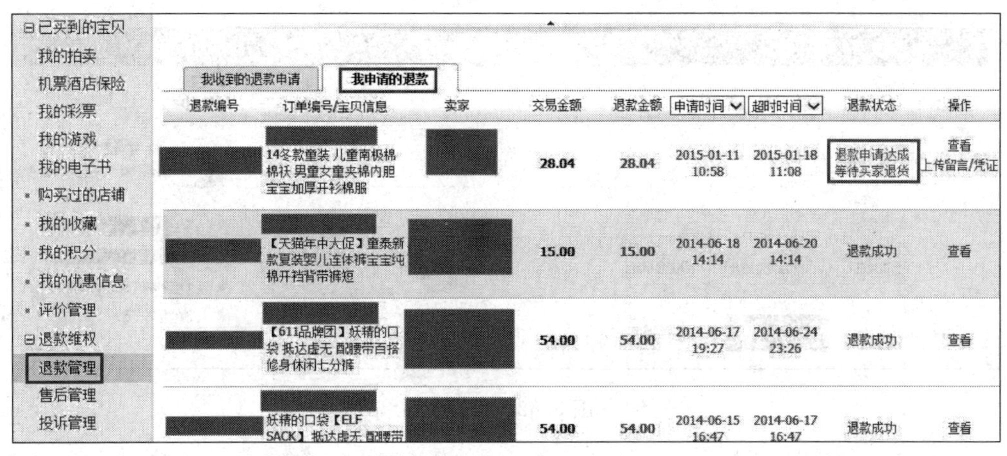

图 5.60 退款/退货(b)

图 5.61 退款/退货(c)

注：退货信息提交成功后，买家后续可以在“已买到的宝贝”中找到对应订单，单击“退款处理中”按钮查看退款的详细信息、超时时间及卖家答复，并且卖家会有 10 天的时间来进行确认收货，逾期卖家没有处理，系统也会自动退款给买家。

2) 仅退款

若买家未收到货，或已收到货且与卖家达成一致不退货仅退款时，选择“仅退款”选项，如图 5.62 所示，选择是否收到货，填写退款说明，单击“提交申请”按钮，等待卖家处理退款申请。在 3 天之后，如果卖家对退款申请不做任何处理和回应，淘宝后台将会自动退款。如果双方不能达成协议，可以申请淘宝客服介入处理。退款成功后，会提醒你申请退款成功，退款的金额已经退款到支付宝了。

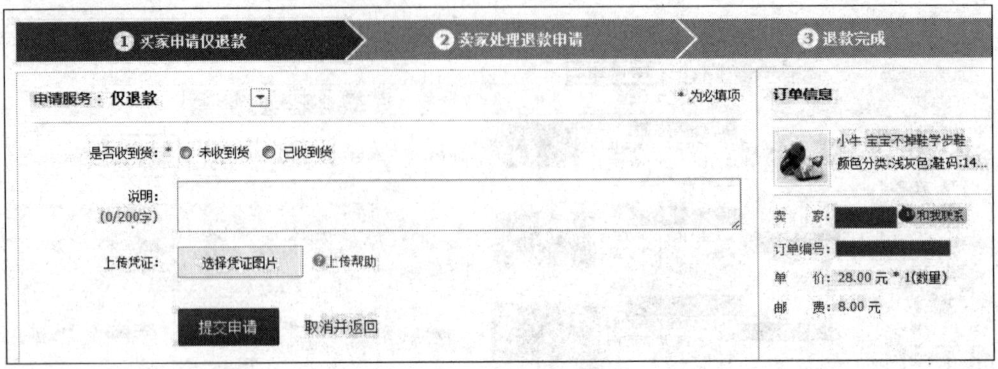

图 5.62 仅退款

注：在“未收到货”时退款金额是不能修改的，默认申请全部的交易金额，卖家同意退款申请后，钱款将直接退回给买家。

5. 评价

交易成功之后，买家需要对购买的宝贝进行评价，执行“已购买的宝贝”→“评价”，在弹出的宝贝评价中对宝贝以及卖家店铺动态进行评价，如图 5.63 所示。

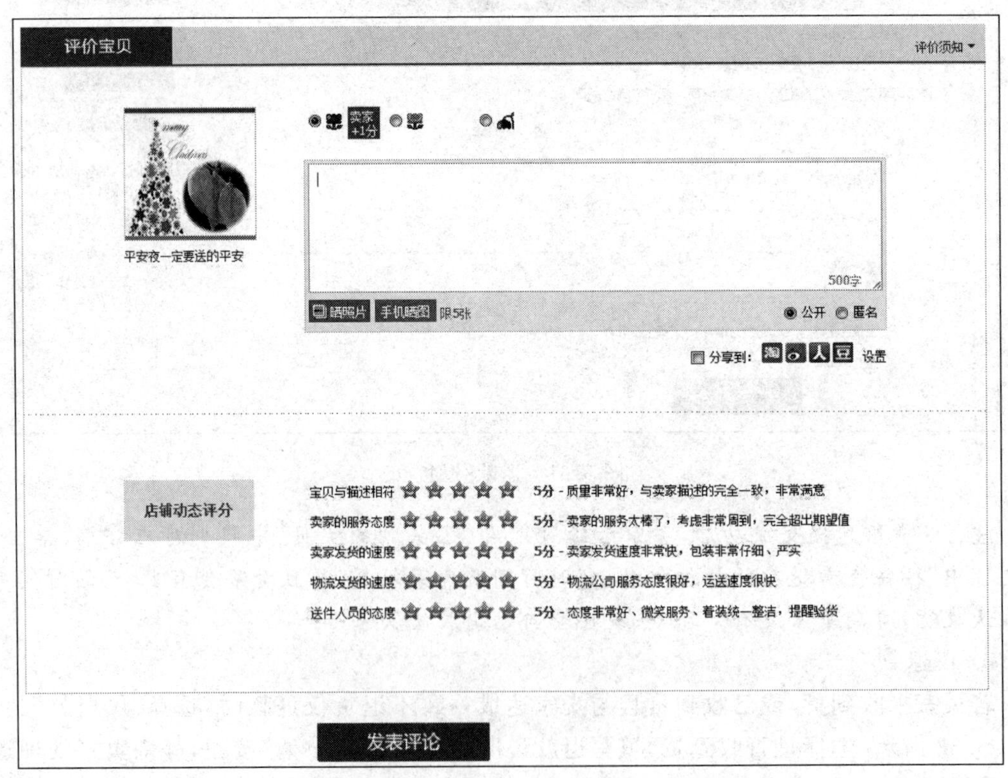

图 5.63 对宝贝进行评价

实验 5.6　淘宝网上店铺后台管理

【实验目的】

- 学会对店铺进行装修。
- 学会发布“一口价”商品。
- 掌握发布“个人闲置”商品的方法。

【实验条件】

- 个人计算机一台,基本配置:CPU Core2 以上,内存 2GB 以上,硬盘空间 20GB 以上,100 兆网卡。
- 个人计算机预装 Windows XP 操作系统和浏览器。
- 具有网络连接,可以连接 Internet 网络。

【实验内容和步骤】

在 IE 浏览器中输入“http://www.taobao.com/”进入淘宝网主页,登录自己的淘宝账号,进入“卖家中心”,如图 5.64 所示。

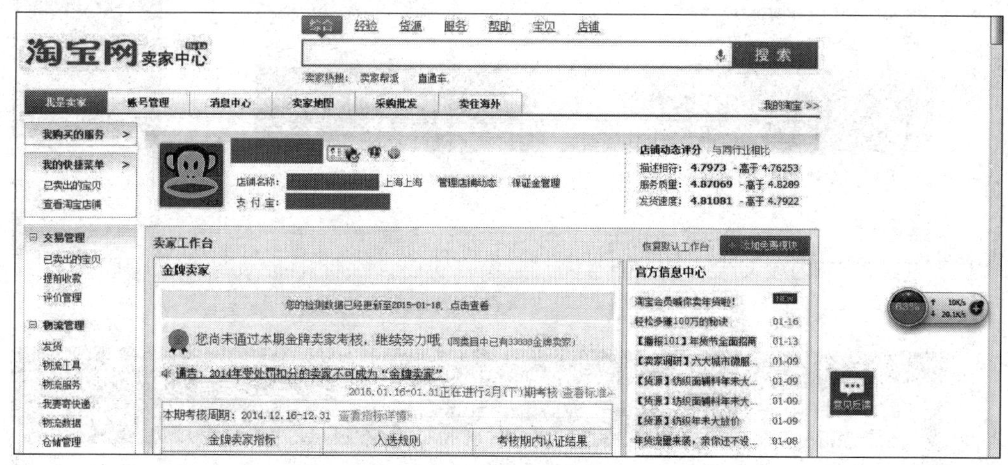

图 5.64　淘宝网卖家中心

1. 店铺装修

执行“店铺管理”→“店铺装修”,进入旺铺装修基础版,如图 5.65 所示。

1) 页面管理

执行“页面管理”→“基础页”→“首页”,在页头区域可以通过选择“编辑”按钮,选择图片作为页头区域的背景图,或选择“添加模块”按钮进行添加,如图 5.66 所示,也可以单击“删除”按钮删除该模块。在首页的左侧卖家可以添加一些基础模块,如图 5.67 所示,也可以在宝贝推荐栏模块单击“编辑”按钮,在“宝贝设置”列表中,卖家可以对宝贝的关键字、价格范围以及宝贝数量进行设置，以便搜索引擎能更好地搜索到卖家的宝贝，在"显示设置"中，卖家可以选择是否显示标题，展示宝贝的方式以及排序方式等。

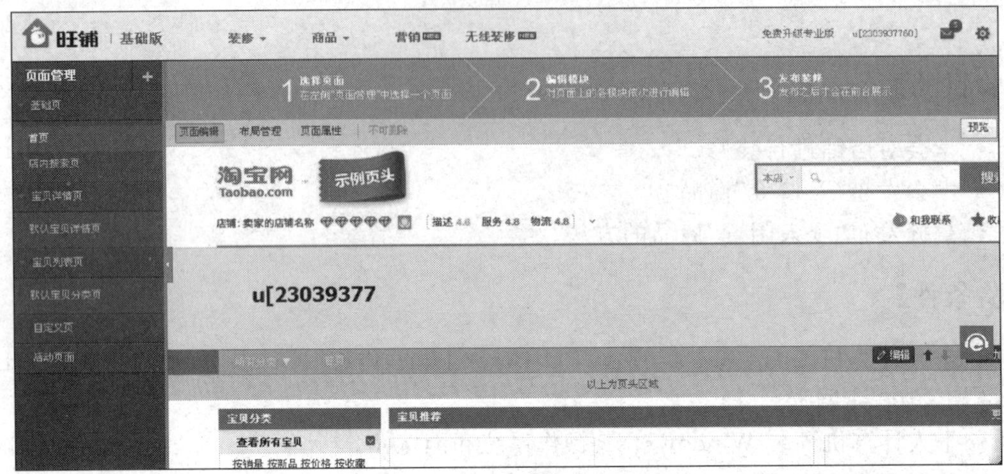

图 5.65 店铺装修首页

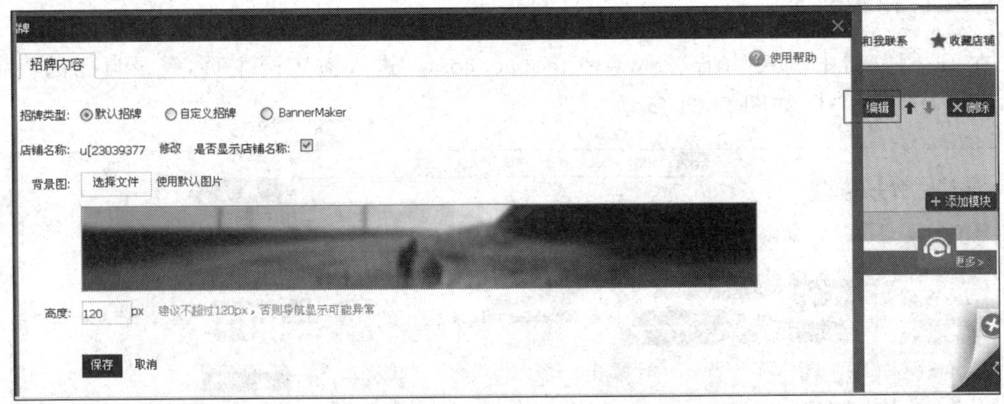

图 5.66 编辑页头区域

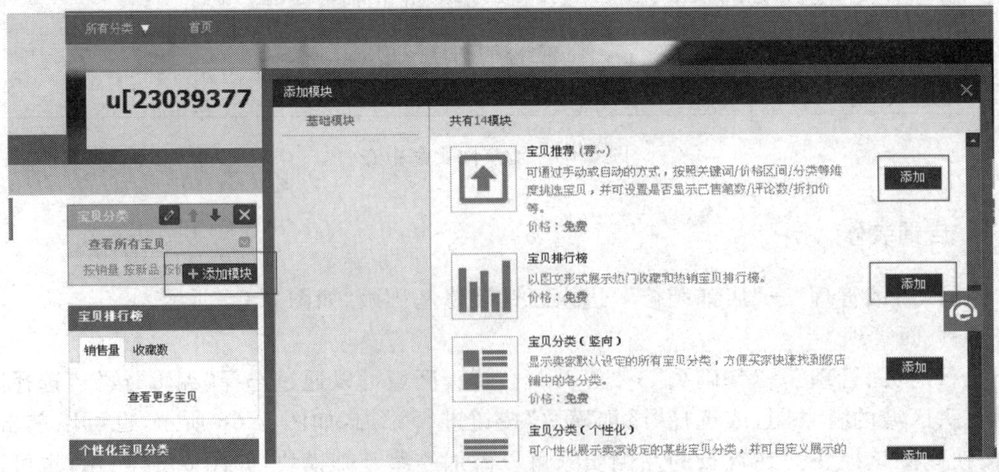

图 5.67 添加基础模块

以此类推，在“页面管理”中选择任意一个页面，然后对页面上各模块进行编辑，同时可以单击“预览”按钮查看整个页面的装修效果，若没问题之后可以单击“发布”按钮，该页面即可在前台显示。

注：页头超出 150px 部分在预览和发布时将不显示，宝贝详情页不支持页面背景。

2）样式管理

执行“装修”→“样式管理”→“选择配色”，如图 5.68 所示，选择合适的颜色，单击“保存”按钮，即可对首页、店内搜索页等设置颜色。

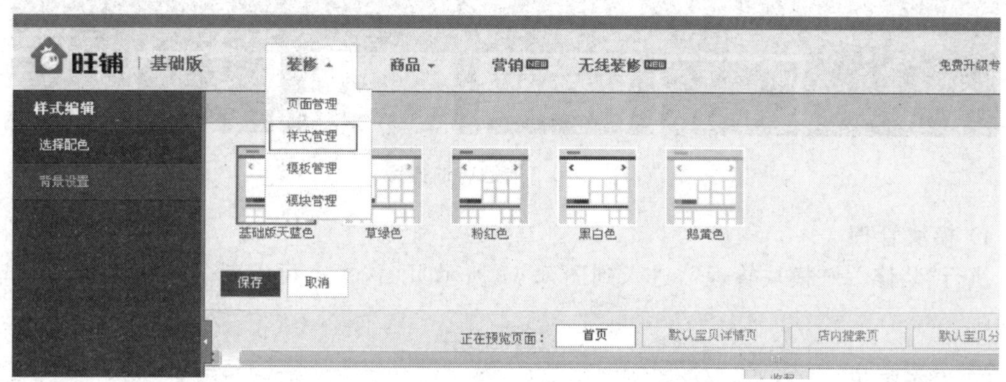

图 5.68 样式管理

注：旺铺基础版不具备背景设置功能，如需开通需要升级至专业版。

3）模版管理

执行“装修”→“模版管理”，可以查看店铺目前正在使用的模板，也可以查看卖家购买的模板、设计以及备份的模板等，如图 5.69 所示。在图 5.65 中卖家也可以单击“店铺装修模版”按钮，进入店铺选购页面，如图 5.70 所示，在此页面中，卖家可以通过左侧的搜索列表来选购自己中意的店铺模版。

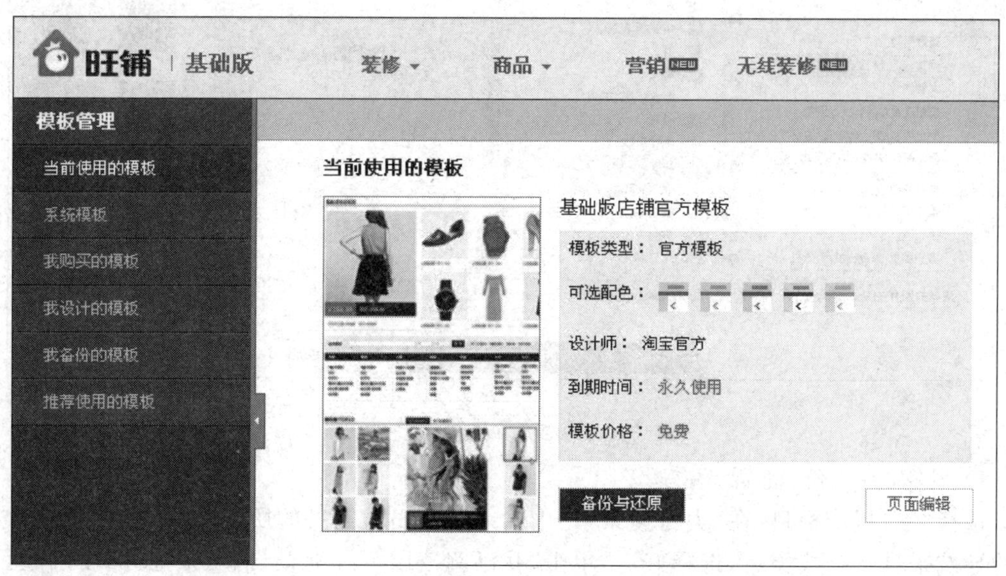

图 5.69 模版管理

图 5.70 选购店铺模版

4）模块管理

执行"装修"→"模块管理"，进入到图 5.65 所示页面，卖家可以对各个页面的模块进行管理。

2. 发布宝贝

在图 5.64 页面中，执行"宝贝管理"→"发布宝贝"，在弹出的页面中用户可以选择"一口价"或是"个人闲置"两种方式发布宝贝，如图 5.71 所示。

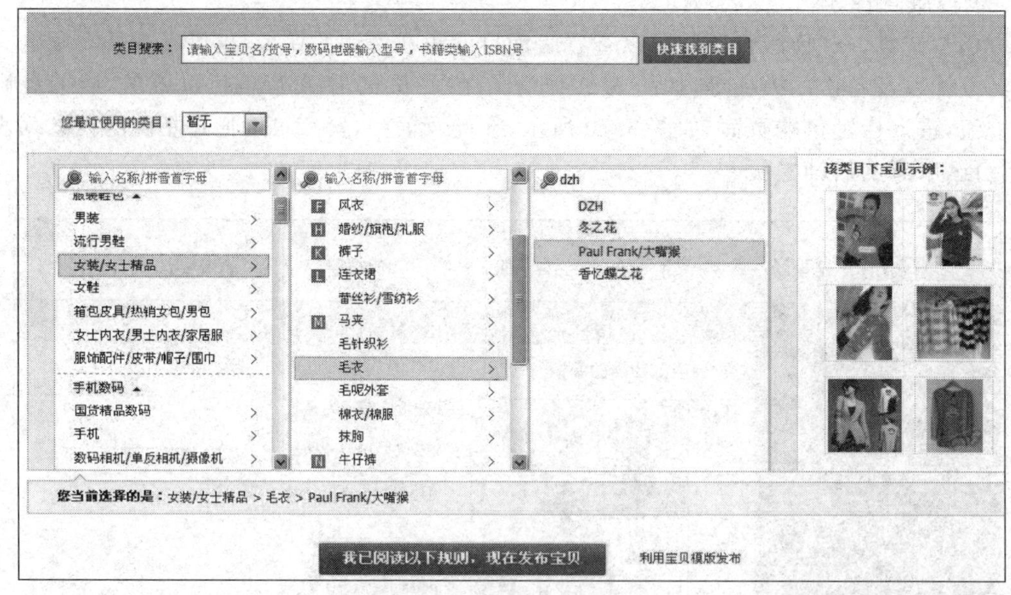

图 5.71 卖家发布宝贝(a)

1）发布"一口价"商品

选择"一口价"栏目，在"类目搜索"栏中输入所要出售宝贝的所属类目，也可通过下方左侧的导航来进行查找类目，选择好后，单击"我已阅读以下规则，现在发布宝贝"按钮，进入宝贝发布页面，如图 5.72 所示，填写宝贝的基本信息，包括宝贝的标题、宝贝的属性、宝贝的价格、宝贝图片、宝贝提取方式以及售后保障等信息，用户务必正确选择发布商品的信息，以便买家能更快地找到用户的宝贝，单击“发布”按钮，该宝贝发布成功，30 分钟之后宝贝就能在店铺、分类、搜索中显示了。

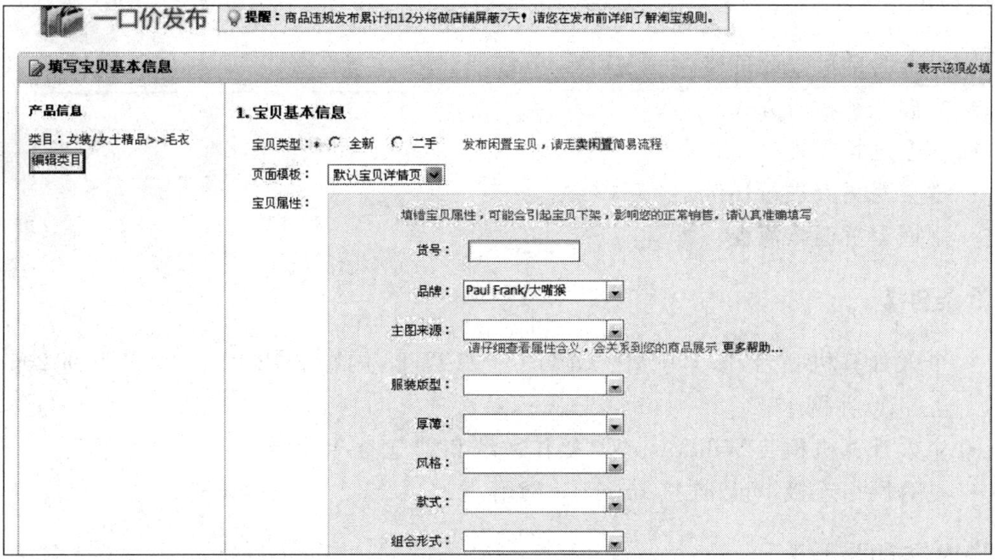

图 5.72　卖家发布宝贝(b)

2）发布“个人闲置”商品

选择“个人闲置”栏目，进入淘宝二手宝贝发布页面，如图 5.73 所示，输入宝贝基本信息，如宝贝标题、转卖方式、运费、宝贝图片、宝贝描述等信息，单击“立刻发布”按钮，即可完成二手商品的发布。

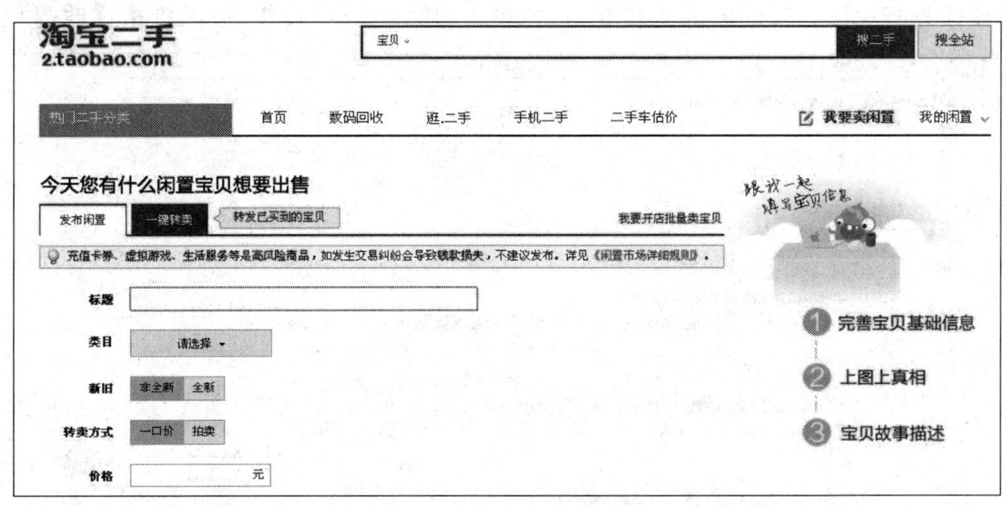

图 5.73　卖家发布闲置宝贝

卖家发布宝贝成功后，之后就只需等待买家购买宝贝了。

实验 5.7　淘宝网上销售商品

【实验目的】

- 学会为宝贝修改价格。
- 掌握三种物流方式。
- 学会延长收货时间。
- 学会对买家进行评价。
- 掌握退货退款流程。

【实验条件】

- 个人计算机一台,基本配置：CPU Core2 以上,内存 2GB 以上,硬盘空间 20GB 以上,100 兆网卡。
- 个人计算机预装 Windows XP 操作系统和浏览器,银行卡。
- 具有网络连接,可以连接 Internet 网络。

【实验内容和步骤】

1．修改宝贝价格

登录阿里旺旺卖家版,若有买家购买宝贝,阿里旺旺会自动弹出提示,在卖家中心执行"交易管理"→"已卖出的宝贝",如图 5.74 所示：单击"等待买家付款详情"按钮,查看买家的订单信息、收货地址和物流信息,通过阿里旺旺与买家进行信息确认,以免买家因输入错误而导致收货失败；若订单价格有变动,则单击"修改价格"按钮,进入价格修改界面,如

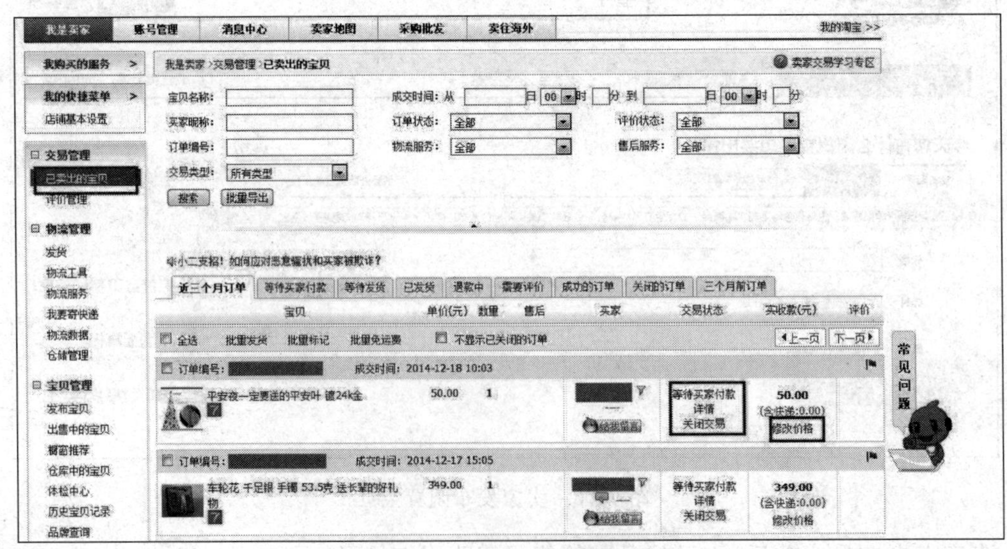

图 5.74　查看已卖出的宝贝

图 5.75 所示，修改完之后等待买家付款。

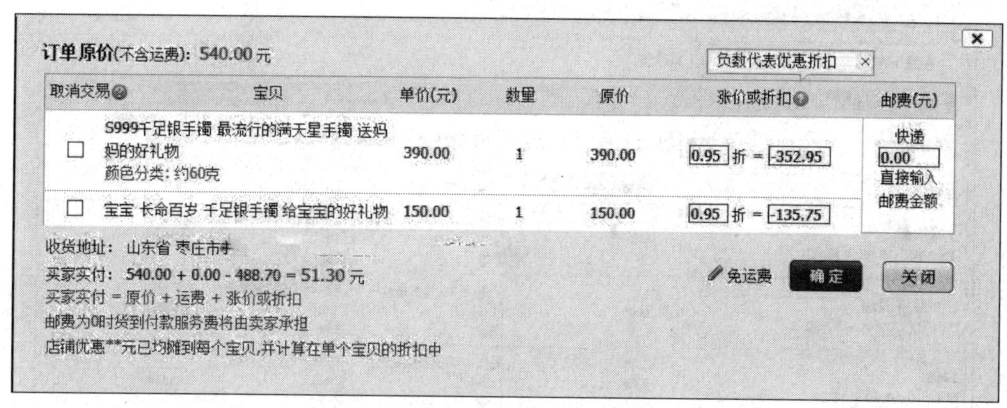

图 5.75 修改订单价格

2. 填写物流信息

当订单交易状态为“买家已付款”，单击下方的“发货”按钮，进入发货界面，继续单击“发货”按钮，进入物流配送页面，如图 5.76 所示，淘宝网为卖家提供了三种物流方式。

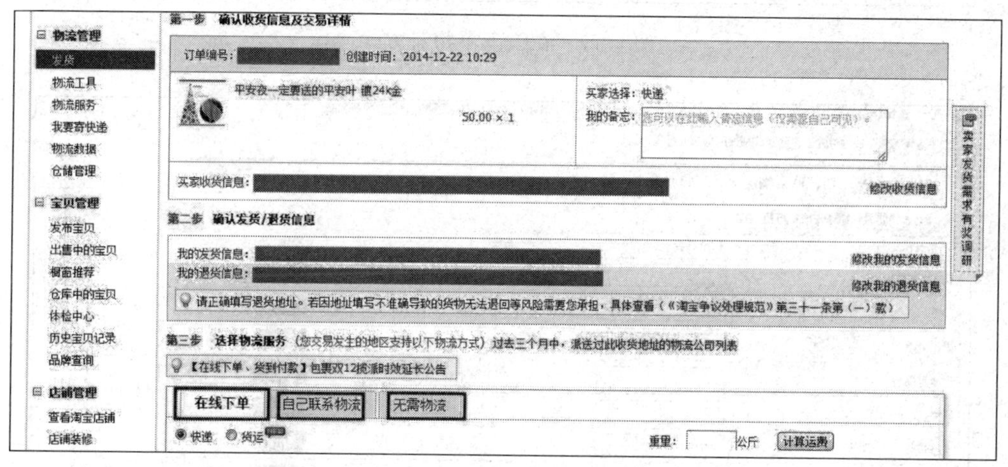

图 5.76 三种物流方式发货

（1）在线下单：执行“在线下单”→“快递”，输入商品重点，预约时间，选择好合适的快递公司后，单击“选择”按钮，如图 5.77 所示，等快递公司上门取件之后，填写订单号就可以了。

（2）自己联系物流：卖家通过电话与合适的快递公司进行联系后，等待快递服务人员上门取件，并且在填写快递单时将单号记清楚，同时选择“自己联系物流”，在相应快递公司栏中填写运单号码即可，如图 5.78 所示。

（3）无须物流：若宝贝为虚拟商品或卖家自己上门送货时，则可以选择该种物流方式。

当选择好物流之后，单击“确认”按钮，系统提示发货完成，在“已卖出的宝贝”中该订单状态显示“卖家已发货”。

第三步 选择物流服务（您交易发生的地区支持以下物流方式）过去三个月中，派送过此收货地址的物流公司列表

【在线下单、货到付款】包裹双12揽派时效延长公告

在线下单 | 自己联系物流 | 无需物流

◉快递 ○货运 　　重量：0.5 公斤 计算运费

预约日期：　　预约时段：起始时间 至 终止时间（可选）

公司名称	活动	运费（元）	丢失(损毁)赔付	破损赔付	操作
全峰快递 揽收时段：08:00 – 18:00		7.0	无保价<=1000元 保价[1%] 详情	无保价<=300元 保价[1%] 详情	选择
EMS经济快递 揽收时段：09:00 – 17:30		0.0	无保<=2倍运费保价[1%] 详情	无保<=2倍运费保价[1%] 详情	选择
EMS 揽收时段：8:00 – 18:00		24.0	无保<=2倍运费保价[1%] 详情	无保<=2倍运费保价[1%] 详情	选择
圆通速递 揽收时段：08:30 – 17:30		8.0	无保价<=1000元；保价[1%] 详情	无保价<=300元；保价[1%] 详情	选择
中通快递 揽收时段：09:00 – 18:00		12.0	无保价<=1000元保价[1%] 详情	无保价<=300元保价[1%] 详情	选择
宅急送 揽收时段：08:00 – 21:00		6.0	无保价<=1000元保价[1%] 详情	无保价<=300元保价[1%] 详情	选择

图 5.77　在线下单物流方式

第三步 选择物流服务（您交易发生的地区支持以下物流方式）过去三个月中，派送过此收货地址的物流公司列表

【在线下单、货到付款】包裹双12揽派时效延长公告

在线下单 | 自己联系物流 | 无需物流

马上去设置默认物流公司，方便您的发货！

卖家发货需求有奖调研

公司名称	运单号码	备注	操作
EMS经济快递			确认
EMS			确认
德邦快递			确认
凡宇速递			确认
联昊通			确认
全峰快递			确认
全一快递			确认
城市100			确认
广东EMS			确认
速尔			确认
燕文上海			确认
燕文深圳			确认
燕文义乌			确认
圆通速递			确认

图 5.78　自己联系物流方式

3. 延长收货时间

若买家在规定时间内未收到货而要求卖家延长收货时间时，卖家可以在“已卖出的宝贝”→“查看物流”中查看宝贝的物流信息，确认无误之后单击“延长收货时间”按钮，选择延

长交易的“确认收货”期限，如图 5.79 所示。

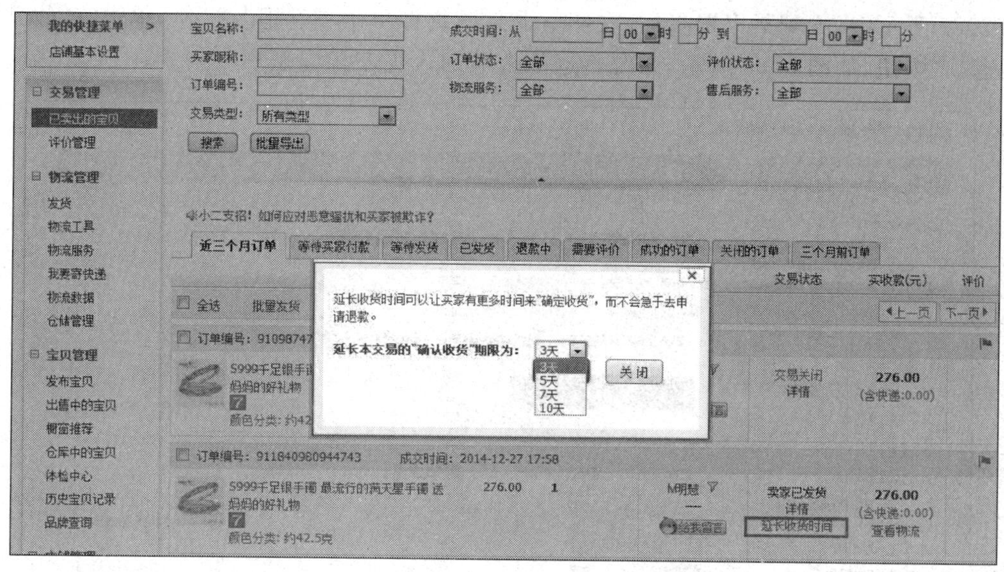

图 5.79　卖家延长收货时间

4. 退货退款

收到买家的退款申请后，卖家可以在“卖家中心”→“客户服务”→“退款管理”→“我收到的退款申请”中处理买家的退款申请，或直接在“卖家中心”→“已卖出的宝贝”中查看是否有退款申请，如图 5.80 所示，单击“退款”按钮查看买家的退款申请，卖家就实际情况来与买家进行协商。

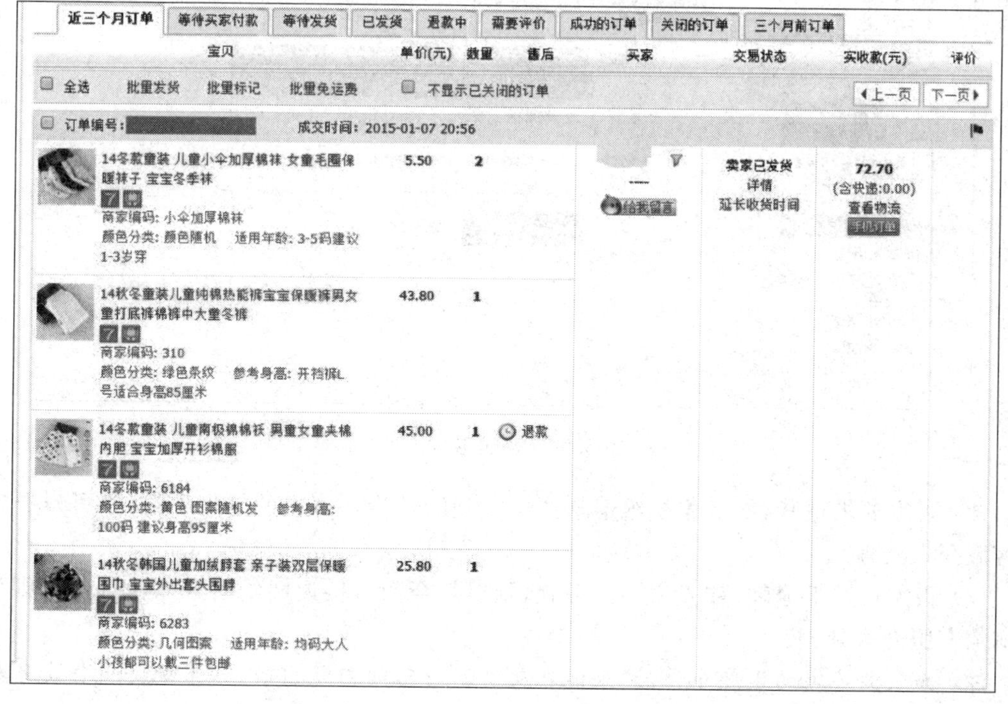

图 5.80　查看退款申请

(1) 买家要求退货，如卖家同意退货则单击“同意退款，发送退货地址”按钮，如图5.81和图5.82所示，当收到买家退货后，在相应退款退货订单中查看退款操作，单击“已收到货，同意退款”按钮，如图5.83所示，系统将退款金额划入买家相应账户中。

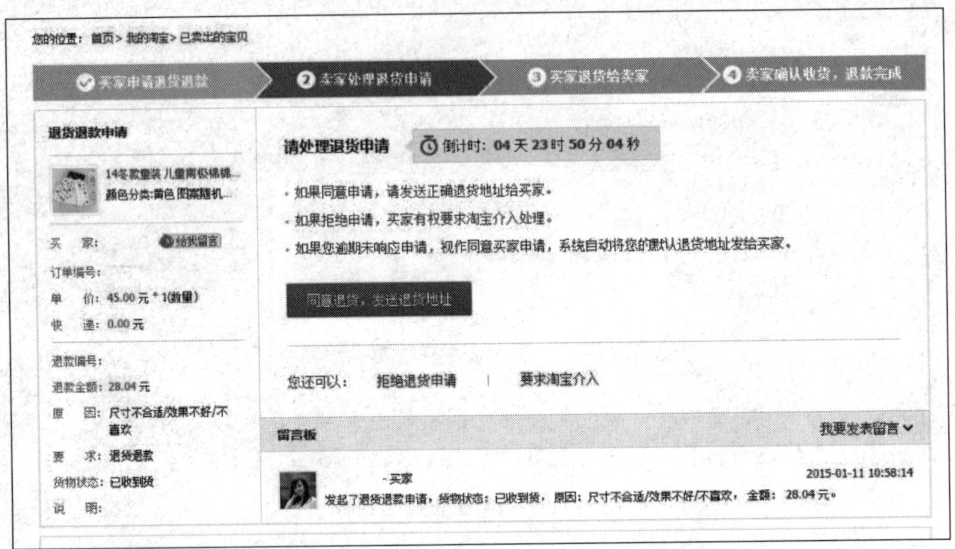

图 5.81　同意退款

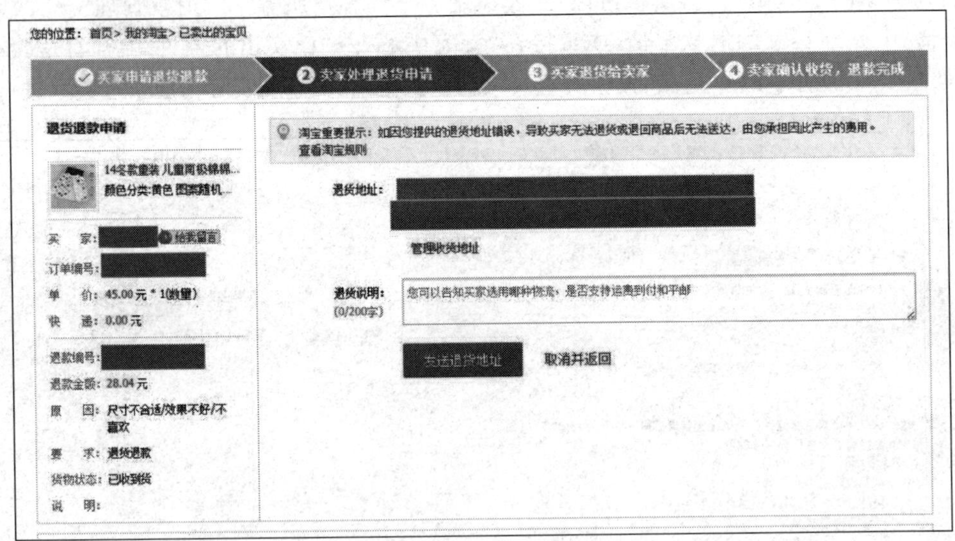

图 5.82　发送退货地址

(2) 买家要求退货，如卖家拒绝退款或是收到的退货与寄出的宝贝不符，则可以要求淘宝客服介入处理。

(3) 买家仅要求退款，如卖家同意退款，则退款金额直接退回给买家，若不同意，则可以由淘宝客服介入处理。

注：如收到买家的退款申请后，未能在交易超时时间内作出回应，系统将视作卖家默认同意退款协议；同样地，在卖家拒绝退款后，如买家未能在超时时间内修改退款协议，系统

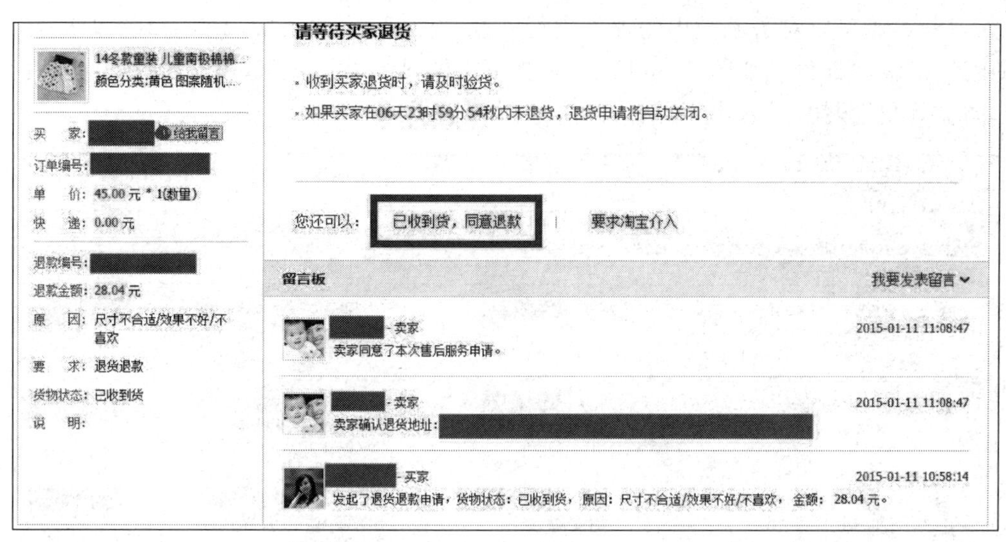

图 5.83　同意退款

将关闭退款协议。

5. 卖家评价

当买家收到宝贝并确认收货后，系统自动将商品金额转到卖家支付宝账户中，之后卖家需要对买家进行评价。首先我们需要查看买家的评价，若买家给的评价是差评，卖家则可以通过查看对方评价而及时地做出解释，执行“卖家中心”→“交易管理”→“评价管理”，在“来自买家的评价”中查找买家已经评价而卖家还未评价的订单，单击“回复”按钮，如图 5.84 和

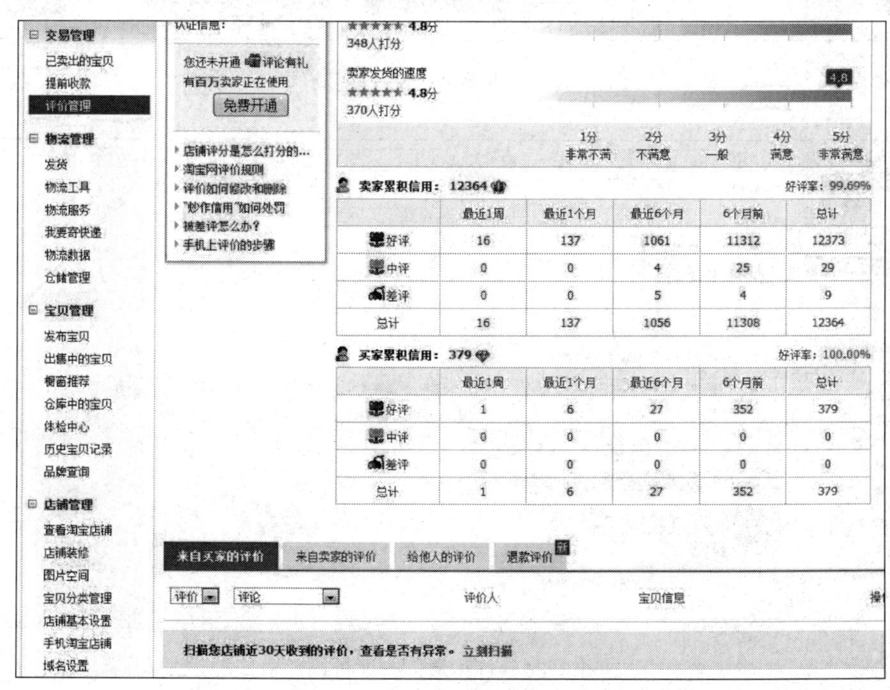

图 5.84　对买家评价进行回复(a)

图 5.85 所示，则可以对买家做出的评价进行回复。然后单击“已卖出的宝贝”按钮，在评价状态中选择“需我评价”，如图 5.86 所示，页面下方即显示需要卖家进行评价的订单，单击相应订单的“评价”按钮，进入卖家评价界面，如图 5.87 所示。

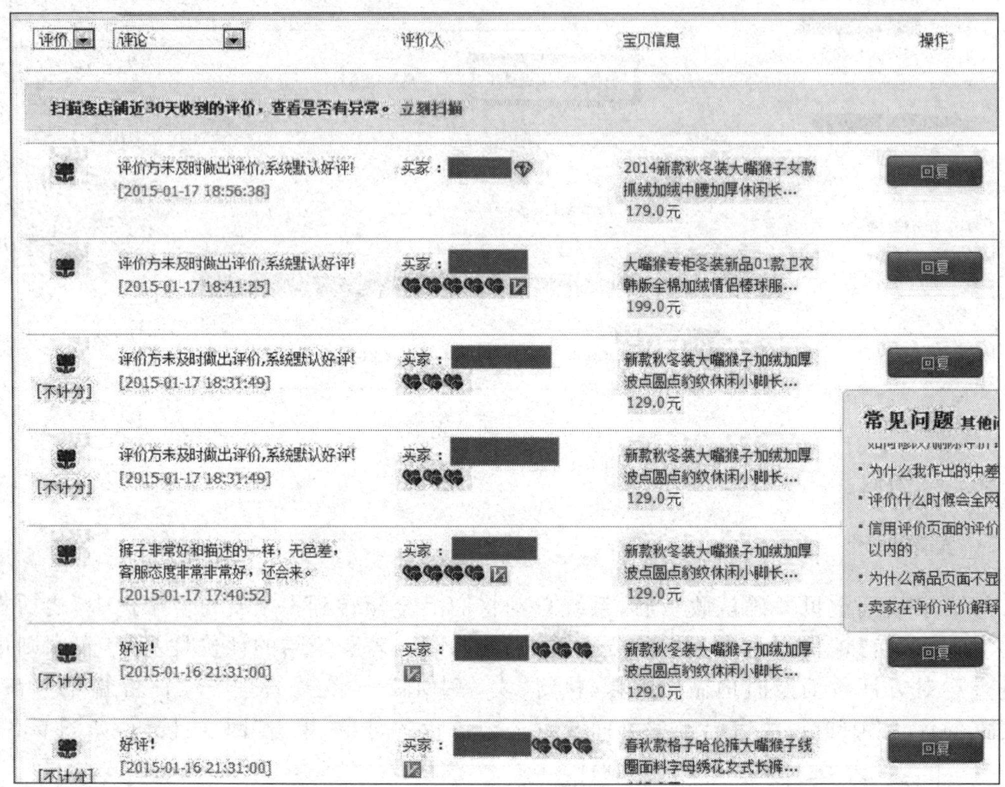

图 5.85 对买家评价进行回复(b)

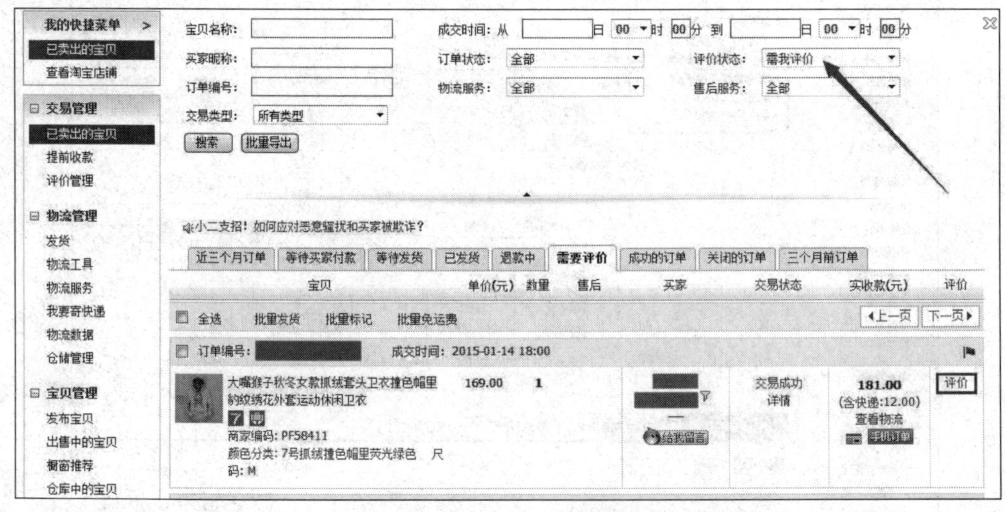

图 5.86 对买家进行评价(a)

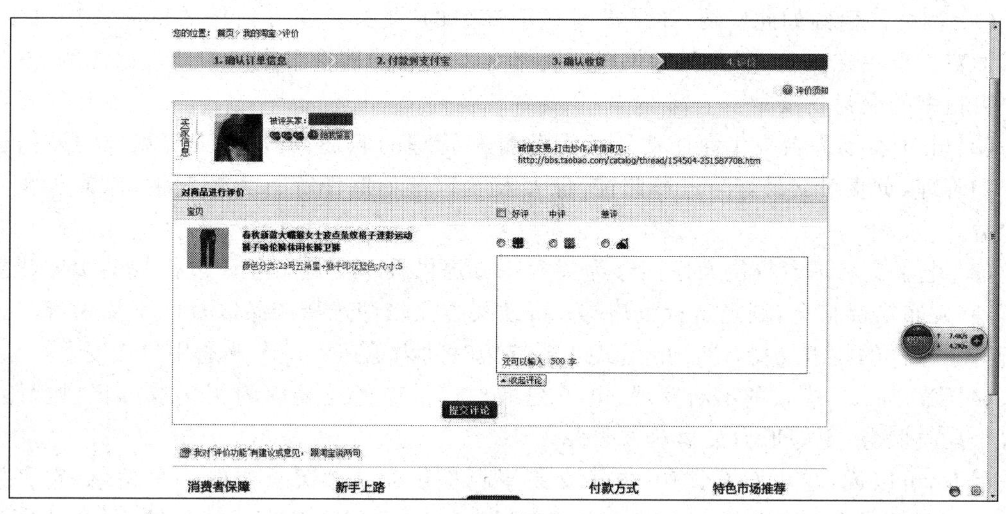

图 5.87 对买家进行评价(b)

【相关知识】

1. 什么是 C To C

C To C 也叫 C2C,同 B2B、B2C 一样,都是电子商务的构成成份之一。C2C 实际上是电子商务一个专业术语,C2C 即 C To C,因为在英文中的 2 的发音同 To,所以 C To C 简写为 C2C。C 指的是消费者,因为消费者的英文单词是 Consumer,所以简写为 C。C2C 的意思就是消费者(Consumer)与消费者(Consumer)之间的电子商务。打个比方,比如一个消费者有一台旧电脑,通过网上拍卖,把它卖给另外一个消费者,这种交易类型就称为 C2C 电子商务。

C2C 电子商务网站系统主要应用于网上拍卖,其网站的工作流程为:

(1) 拍卖方或竞拍方(有时双方同时)进入拍卖网站,进行注册或登记,应用系统接收信息,并对会员进行信息管理,建立会员档案。

(2) 拍卖方登记拍卖物品,系统接受登记并进行拍卖物品信息处理,建立拍卖商品目录;而后,系统接受拍卖方修改和确认拍卖物品,并进行拍卖商品管理。

(3) 另一方面,竞拍方搜索查找所需物品,应用系统接受信息查询;而后,系统接收竞拍方参与拍卖的信息。

(4) 经过信息处理和拍卖商品管理后,确认拍卖和竞拍,网站拍卖结束。

(5) 双方通过 E-mail 或者其他方式进行下一步的联系。

2. 电子交易平台供应商对 C2C 的影响

C2C 是消费者对消费者的交易模式,其特点类似于现实商务世界中的跳蚤市场。其构成要素,除了包括买卖双方外,还包括电子交易平台供应商,也即类似于现实中的跳蚤市场场地提供者和管理员。

在 C2C 模式中,电子交易平台供应商扮演着举足轻重的角色。

(1) 网络的范围如此广阔，如果没有一个知名的、受买卖双方信任的供应商提供平台，将买卖双方聚集在一起，那么双方单靠在网络上漫无目的地搜索是很难发现彼此的，并且也会失去很多的交易机会。

(2) 电子交易平台提供商往往还负有监督和管理的职责，负责对买卖双方的诚信进行监督和管理，负责对交易行为进行监控，最大限度地避免欺诈等行为的发生，保障买卖双方的权益。

(3) 电子交易平台提供商还能够为买卖双方提供技术支持服务。包括帮助卖方建立个人店铺，发布产品信息，制定定价策略等；帮助买方比较和选择产品以及电子支付等。正是由于有了这样的技术支持，C2C 的模式才能够短时间内迅速为广大普通用户接受。

(4) 随着 C2C 模式的不断发展，电子交易平台供应商还能够为买卖双方提供保险、借贷等金融类服务，更好地为买卖双方服务。

因此，可以说，在 C2C 模式中，电子交易平台提供商是至关重要的一个角色，它直接影响这个商务模式存在的前提和基础。人们在讨论 C2C 电子商务模式的时候，总会从商品拍卖的角度分析该模式存在的合理性和发展潜力，但是往往忽略了电子交易平台供应商的地位和作用。可以说，单纯从 C2C 模式本身来说，买卖双方只要能够进行交易，就有盈利的可能，该模式也就能够继续存在和发展；但是，这个前提是必须保证电子交易平台供应商实现盈利，否则这个模式就会失去存在发展的基础。

3. C2C 的发展潜力

1) C2C 网站市场的发展潜力

从理论上来说，C2C 模式是最能够体现互联网的精神和优势的。数量巨大、地域不同、时间不一的买方和同样规模的卖方通过一个平台找到合适的对家进行交易，在传统领域要实现这样大的工程几乎是不可想象的。同传统的二手市场相比，它不再受到时间和空间限制，节约了大量的市场沟通成本，其价值是显而易见的。从实际操作来说，C2C 具有以下两个方面的可操作性。

(1) C2C 能够为用户带来真正的实惠。C2C 电子商务不同于传统的消费交易方式，过去，卖方往往具有决定商品价格的绝对权利，而消费者的议价空间非常有限；拍卖网站的出现则使得消费者也有决定产品价格的权利，并且可以通过消费者之间相互的竞价结果，让价格更有弹性。因此，通过这种网上竞拍，消费者在掌握了议价的主动权后，其获得的实惠自然不用说。

(2) C2C 能够吸引用户。打折永远是吸引消费者的制胜良方，由于拍卖网站上经常有商品打折，对于注重实惠的中国消费者来说，这种网站无疑能引起消费者的关注。对于有明确目标的消费者(用户)来说，他们会受利益的驱动而频繁光顾 C2C；而那些没有明确目标的消费者(用户)，他们会为了享受购物过程中的乐趣而流连于 C2C。如今 C2C 网站上已经存在不少这样的用户，他们并没有什么明确的消费目标，他们花大量时间在 C2C 网站上游荡，只是为了看看有什么新奇的商品，有什么商品特别便宜，对于他们而言，这是一种很特别的休闲方式。因此，从吸引“注意力”的能力来说，C2C 的确是一种能吸引“眼球”的商务模式。然而，要判断一个商业模式是否可行，是否具有发展潜力，理论证明固然重要，更重要的一点，是要看这样的模式能否为参与者带来实实在在的盈利或者盈利期望。

2）C2C 网站模式发展面临的问题

C2C 模式虽然具有很大的发展潜力，但是它仍然面临许多问题，并且这些问题如果不能得到妥善的解决，将可能影响和制约 C2C 电子商务的发展。特别是在国内电子商务的起步阶段，无论从制度、技术、信用体系等方面都存在很多不完善的地方，必须更加重视积极解决这些问题。

（1）法律制度不完善。由于法律制度的不完备，第三方支付的安全得不到很好的保证，所以独立于网络之外的物流活动的诚信风险依然存在。第三方支付存在的不足主要表现在：交易中出现纠纷买卖双方往往各执一词，相关部门取证困难；支付平台流程有漏洞，不可避免地出现人为耍赖，不讲信用的情况，这已成为第三方支付发展道路上必须完善和改进的地方。

对第三方支付平台的监管也是个大问题。尽管第三方支付平台与银行签订了战略合作协议，但这些银行对“支付宝”账户上的资金是否“专款专用”并没有监督的权利和义务。这样就导致支付宝公司本身“类银行”的相关业务处于监管真空状态，这给使用“支付宝”的资金安全留下财务隐患。第三方支付工具提供了买卖双方现金交易的平台，这样就会导致有些人通过第三方支付工具进行洗钱，而有时候某些第三方支付工具不需要实名制就可以完成交易，同时国内的第三方支付平台都没有防止恶意交易的相关措施，这样洗钱就更为容易。如果相应的法律文件还不出台，第三方支付工具将有可能沦为不法分子的洗钱工具，为网络赌博等提供资金渠道。如果某个第三方支付平台因为管理不善导致用户的资金流失，那么这个责任由谁来负，怎么承担，目前也都没有一个统一的标准。

（2）交易信用与风险难以控制。主要表现在以下几个方面。

① 第三方支付与银行的竞争问题。支付宝等第三方支付公司是通过与银行的合作来运行的，但支付公司和银行之间的关系并非只有合作，当银行不通过任何第三方支付公司，而直接与商家连接时，第三方支付公司将面临来自银行的强大竞争。除银行外，目前我国第三方支付市场还面临 4 种力量的竞争，分别是潜在竞争对手、替代品生产商、客户和现有产业竞争对手，它们是驱动产业竞争的基本力量。第三方支付市场的竞争力量在市场上的博弈竞争，将共同决定该产业的平均盈利水平，这些竞争力量的分化组合也将对第三支付平台的发展产生深刻的影响。

② 运行风险问题。第三方支付结算属于支付清算组织提供的非银行类金融业务，中央银行将以牌照的形式提高门槛。对于已经存在的企业，牌照发放后如果不能成功持有牌照，就有可能被整合或收购。政策风险将成为这个行业最大的风险，严重地影响了资本对这个行业的投入，没有资本的强大支持，这个行业靠自己的积累和原始投资是很难发展起来的。现在国家正在制定相关法律法规，准备在注册资本、保证金、风险能力上对这个行业进行监管，采取制定经营资格牌照的政策来提高门槛。

③ 认知问题。网络教育不够全面，很多人根本没有机会接触到电子支付。另外，支付公司还没有真正拉动用户来定购，并没有真正用商品价值和服务来吸引用户。

（3）C2C 存在税款流失严重问题。从目前在 C2C 网站开店的店主来看，主要有两种类型，一类是有工商、税务登记的个体工商户、企业，这类网店一般都还有实体店，在发现网上开店有利可图时，就在网上开店销售，并且通过网上销售的货物大部分不缴纳税款；另一类是无任何工商、税务登记的个人或合伙网店，而网上商店由于没有经过任何行政审批，自觉纳税自然也就无从谈起了。而且从本质上来说，由于其经营实体没有经过任何的审批，不具备经营资格，所以其行为是不合法的。

由于现在主流C2C网站提供的模式已经成为一种纯粹的商业行为，所以其本质同现实中的工商个体户没有任何区别。按照国家的有关规定，个体工商户必须在国家工商行政管理机构登记注册并取得营业资格后才能在经许可的经营范围内营业，而网上开店根本没有经过任何行政审批过程。此外，按照现行的《中华人民共和国个人所得税法》的规定，"个体工商户的生产、经营所得和对企事业单位的承包经营、承租经营所得，适用5%～35%的超额累进税率"。另外，销售货物还应按照销售额的4%缴纳增值税。而在网上购物时，网上商店很少有提供发票的，在许多网店都清楚地注明不提供发票。甚至有的明确说明，如需要发票则需买方再支付4%的税金，这种情况下大部分买家都会选择放弃索取发票。正因为网上开店既可不需要实体店租金的支出，又可以减少税收方面的成本，所以网上商店销售的货物普遍都比市面销售价格要低。而在这些交易过程中，运营商也没有尽到告知纳税的义务。因此可以说对买方和卖方以及运营商来说，网上交易不用纳税已成为一个大家公认的潜规则。

(4) 商家信誉难以判断，标准不统一。主要表现在以下几个方面。

① 交易双方对信誉的诉求。如果说支付体系和网络安全是电子商务发展中的硬件安全，那么商家的信誉问题就是电子商务的软件安全。网络零售最大的劣势就在于消费者丧失了对商品的直观性和对商家观察的机会。由于只可眼观而不能手动，消费者无法得到商品更多的内在信息，这使其很难对商品质量产生信赖感，传统商店在这方面却占尽优势，如一件衣服的质感、一台音响的效果等，这就要求商家具备高度的责任感和诚信。因此，消费者迫切需要一个好的信誉评定模式与体系来体现虚拟卖家的信誉情况，以便于网购时的参考；而卖家也需要一个这样的信誉评定来体现自己的信誉高低，有了评定的标准也有了努力的目标和方向。

② 信誉评定体制的漏洞导致虚假信誉的产生。很多网站都有自己一套评定信誉的体制，模式基本一致，当一笔交易达成后，即货款和商品均已经交付完毕，网站会赋予交易双方对交易的另一方进行评价的一次机会。评价的级别通常由好评、中评和差评3种等级组成，得到好评，信誉值就加一分，得到差评就减分，中评不得分。这样数次交易累积的评价分值就构成了一个用户的信誉情况。但是现行的信誉评定模式缺少统一性和联系，彼此之间无法比较，市场毕竟是全面面向消费者的，如卖家可以采取先卖便宜的东西来升高自己的信誉度，等信誉度高了之后再卖些以次充好的商品，所以这也是C2C目前存在的问题之一。

4. 我国C2C发展前景分析

C2C电子商务模式在我国有很大的发展空间，有庞大的用户群作基础，我国的C2C运营商一定能够有所作为。

1) 国内会产生数个规模相当、具备影响力、受消费者信赖的电子交易平台提供商

通过残酷的竞争，实力不够、服务不完善、品牌建设不合理、技术能力低的提供商必然遭到淘汰。国内会产生数个规模相当、具备影响力、受消费者信赖的电子交易平台提供商。

2) 多种支付手段将得到广泛的应用

伴随信用卡使用的推广以及技术的提高，在线支付必将在C2C领域内得到广泛的应

用。有了这样先进的支付方式，供应商能够更好地控制交易风险，评估用户信用程度，同时也能获得更多的盈利。

3）电子交易平台提供商将在政策允许的框架内开展有针对性的金融服务业务

信用风险问题如何解决？国人道德水准的提高、经济能力的提升固然是很重要的方面。换个角度考虑，平台供应商同样可以采用多种方式来帮助用户避免风险。如开展信用贷款、在线交易保险等金融服务类方式。相信随着电子商务的不断发展，会有更多的服务可以提供给用户。

5. C2C 电子商务发展趋势

未来电子商务的发展将模糊线上商务与线下商务的概念，电子商务与传统商务之间的联系将变得更加紧密。传统行业与企业纷纷涉足电子商务，一方面加剧整个电子商务领域的相互竞争，另一方面也必然催生出一些新的电子商务模式。总体而言，未来电子商务企业争取从空中往地面发展，而传统企业争取从地面往空中发展，两者最终将实现有效融合。

习题

1. 注册支付宝个人账户，并进行实名认证。
2. 设置淘宝会员的收货地址。
3. 使用支付宝个人账户安装数字证书。
4. 简要说明阿里旺旺买家版和卖家版的安装过程。
5. 在淘宝网进行网上购物操作。
6. 如何对淘宝网上店铺进行装修。
7. 在淘宝网进行网上销售商品操作。

第6章 B To C电子商务实验

本章学习目的

- 掌握如何在 B To C 电子商务网站中所涉及的角色以及各个角色之间的业务关系。
- 熟悉 B To C 的交易流程，会员信息、会员注册、登录、电子合同等相关栏目。
- 熟悉个人用户在网上购物的业务流程。
- 通过后台熟练操作订单处理、商品维护、库存管理、订单查询、价格管理、货单管理、销售额统计、应收款查询等。

实验 6.1　注册个人和企业账户

【实验目的】

- 学会登录奥派电子商务应用软件。
- 了解和掌握 B To C 电子商务网站中个人账户申请方法。
- 学会 B To C 电子商务网站中企业账户申请方法。

【实验条件】

- 个人计算机一台，基本配置：CPU Core2 以上，内存 2GB 以上，硬盘空间 20GB 以上，100 兆网卡。
- 个人计算机预装 Windows XP 操作系统和浏览器。
- 具有网络连接，可以连接 Internet 网络。

【实验内容和步骤】

1. 用户登录

本章内容以奥派电子商务应用软件为实验平台进行实验操作，可以在线登录，输入网址 http://218.244.139.168/allpasseb。单击进入登录界面，输入用户名和密码，单击“登录”按钮进行登录，如图 6.1 所示。

登录后可以看到该用户的实验及所处实验状态，我们可以选择一个进入，如图 6.2 所示。

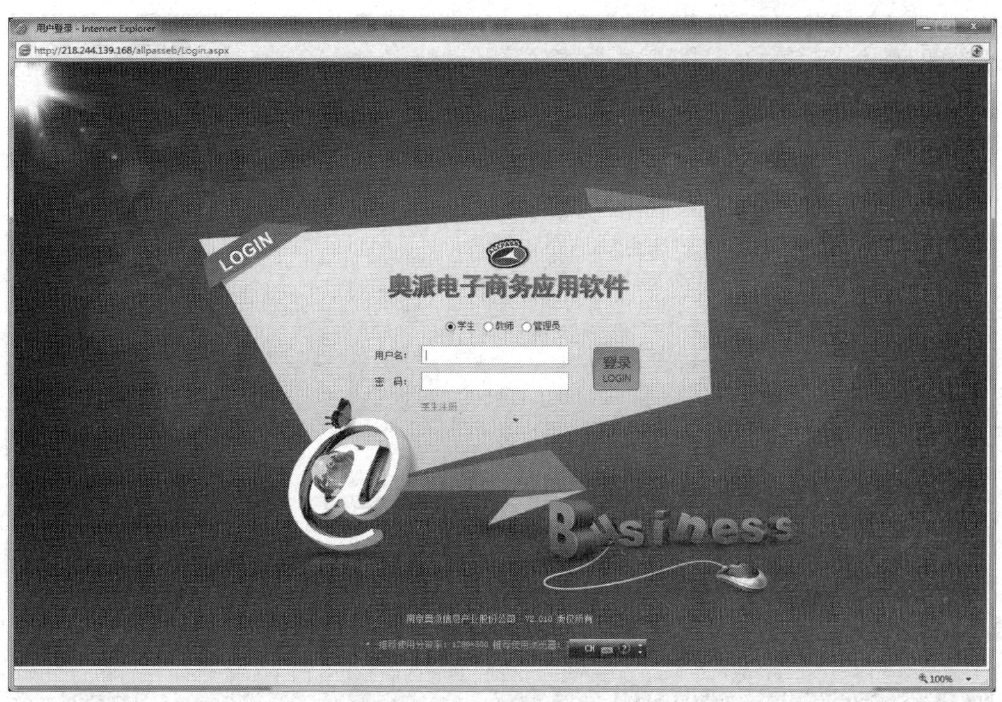

图 6.1 登录界面

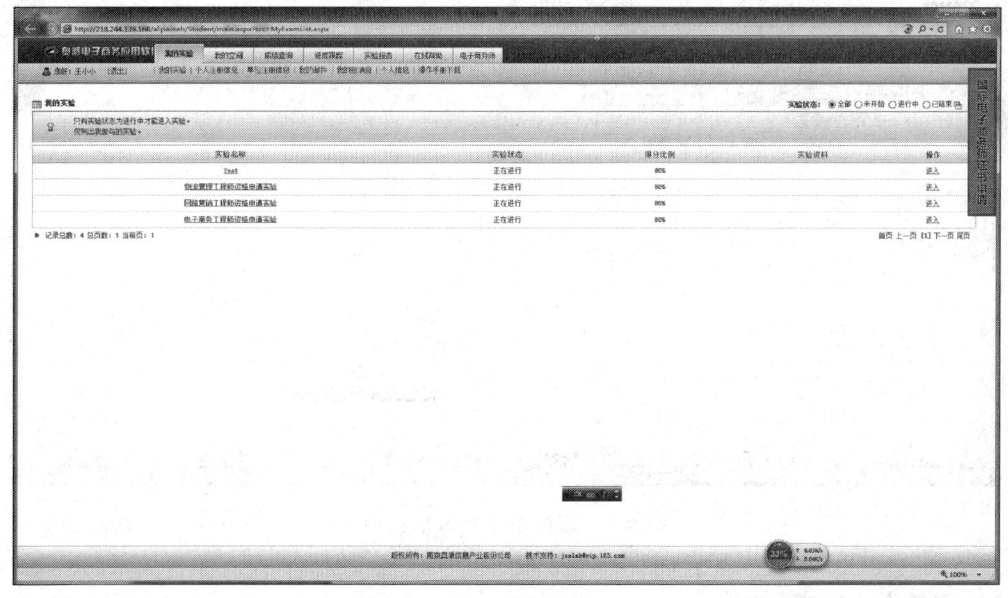

图 6.2 所处实验状态

单击进入实验后需要进行个人信息管理,也就是实验者信息的输入,如图 6.3 所示填写各项资料。

实验平台所涉及的角色不单有个人还有企业,所以进入实验系统后还需输入实验的企业的基本信息,如图 6.4 所示。

图 6.3 实验者信息的输入

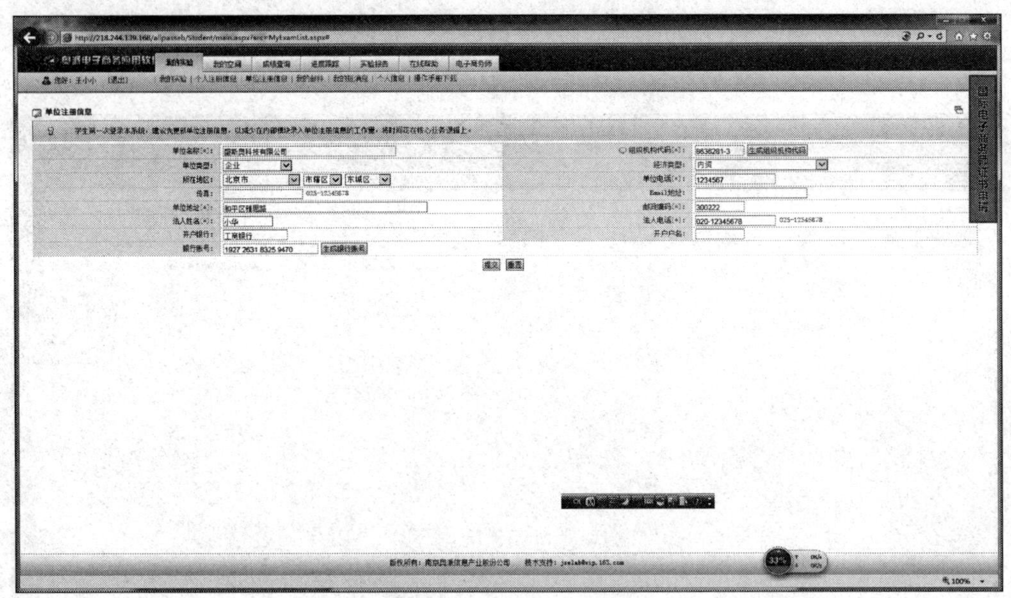

图 6.4 实验企业基本信息输入

2. 申请个人账户

在登录后的实验界面的左侧列表项中选择“电子支付实践”，选完后在中上方出现的选项卡中选择“网上银行”，如图 6.5 所示。

在“角色选择”下有三个角色“银行柜台”、“个人账户”、“企业账户”，这三个角色可以通过整个界面右下角的“切换用户”按钮实现相互间的切换，因为我们做实验需要同时扮演不同的角色,现在选择"个人账户",进行个人账户的注册。在此,我们假如李明要在工商银行申请一个个人账户。那么首先选择工商银行,在左侧列表中选择"个人账户注册申请",单击进入之后依照文本列表信息进行注册,填好表之后,单击"申请"按钮,如图6.6和如图6.7所示。

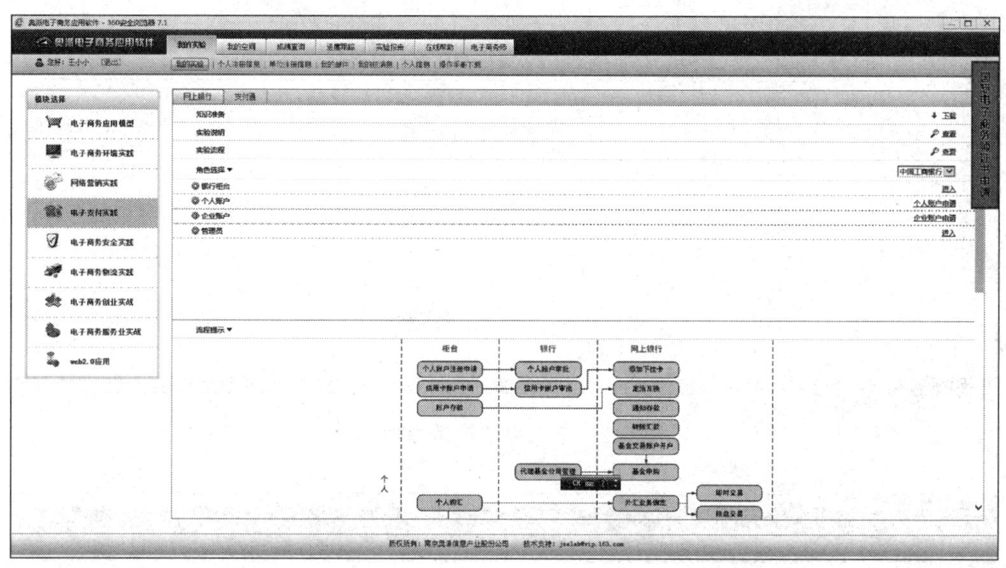

图6.5 "电子支付实践"界面

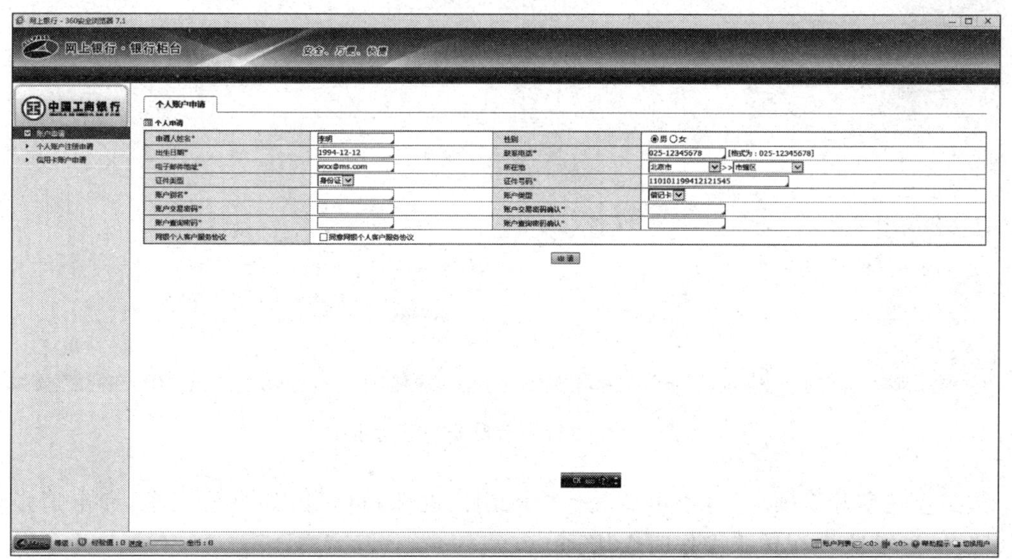

图6.6 个人账户申请界面(a)

个人账户申请后,需要等待银行的审批。单击界面右下角的"切换用户"按钮,切换界面,进入银行柜台,对申请的账户进行审批,如图6.8所示。审批后的状态如图6.9和图6.10所示。账户申请成功后就可以在网上银行进行一系列的业务办理,可办业务如图6.11所示。

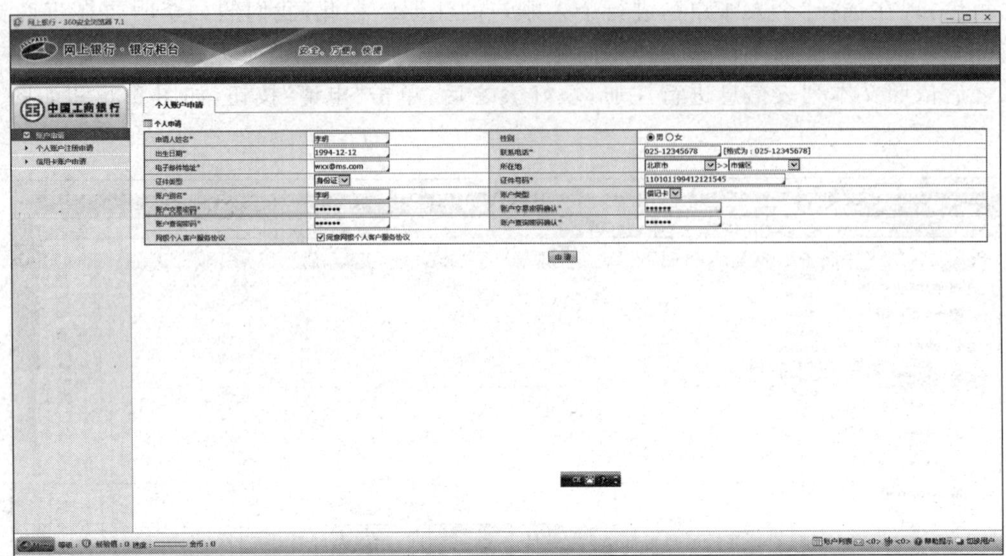

图 6.7　个人账户申请界面(b)

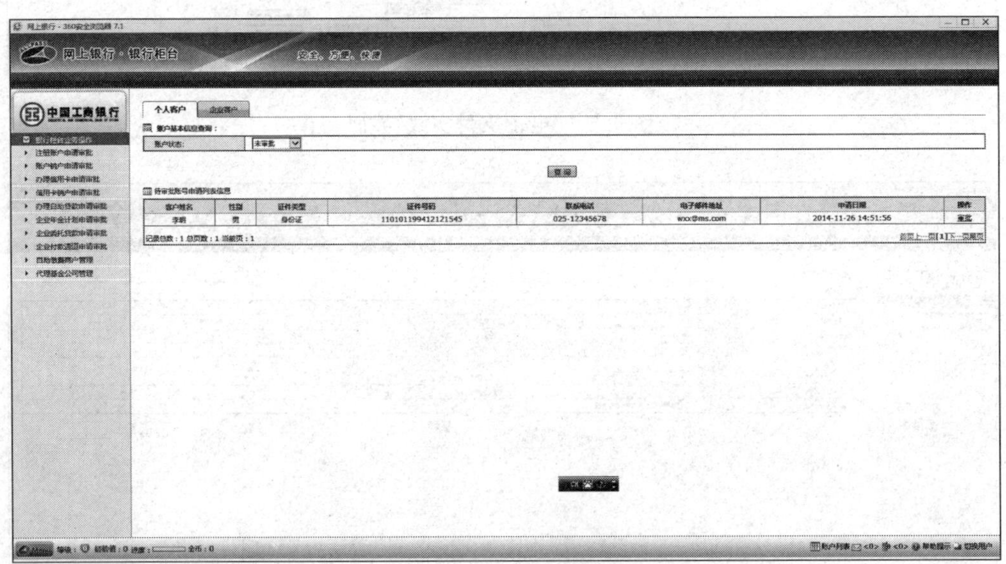

图 6.8　银行柜台对账户进行审批

按照上述实验步骤，还可以申请其他个人用户的账户信息，如申请王军，和申请张玲的个人账户，这些账户在转账操作时会用到。

3. 申请企业账户

需要在登录后的实验界面的左侧列表项中选择“电子支付实践”，选完后在中上方出现的选项卡中选择“网上银行”下的角色选择中选择“企业账户”，单击右侧的“企业账户申请”按钮，填写企业账户申请信息，信息填好后提交然后等待银行柜台审核，具体如图 6.12、图 6.13 和图 6.14 所示。

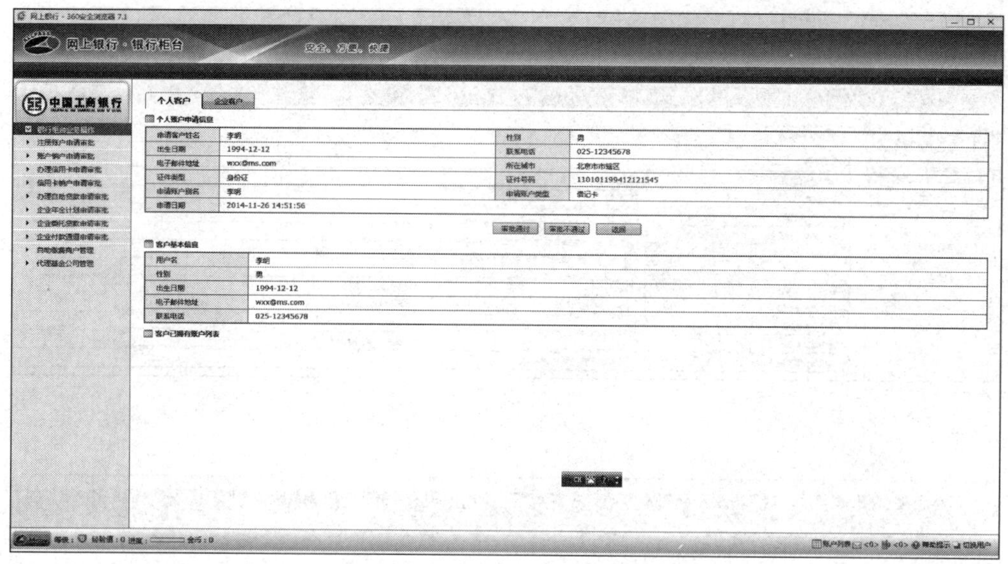

图 6.9　审批成功后状态(a)

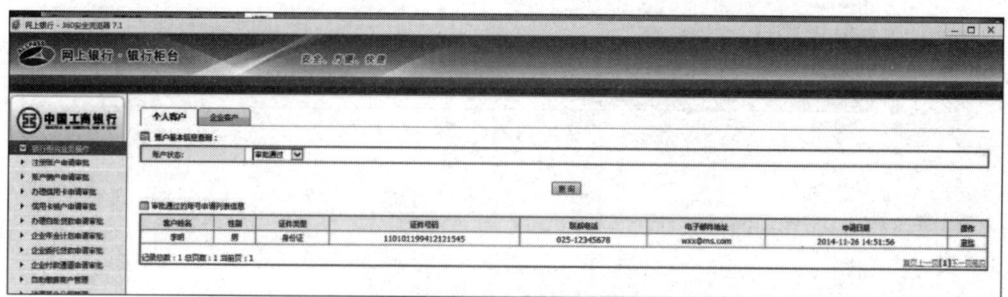

图 6.10　审批成功后状态(b)

图 6.11　个人账户可以办理的业务

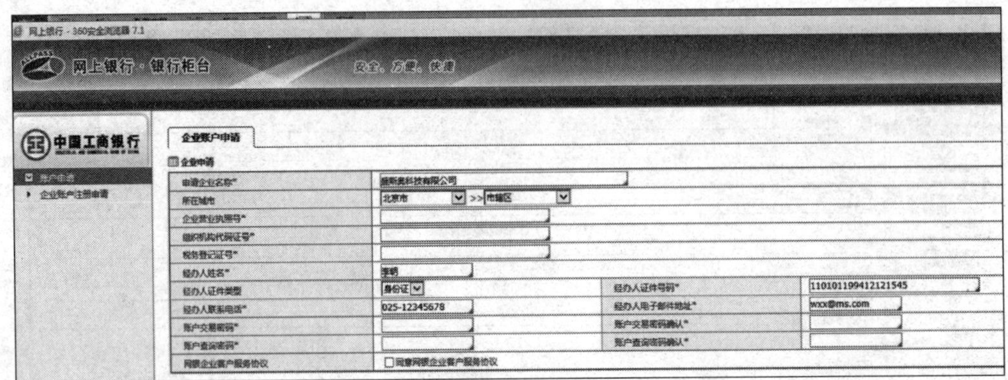

图 6.12　企业账户申请界面(a)

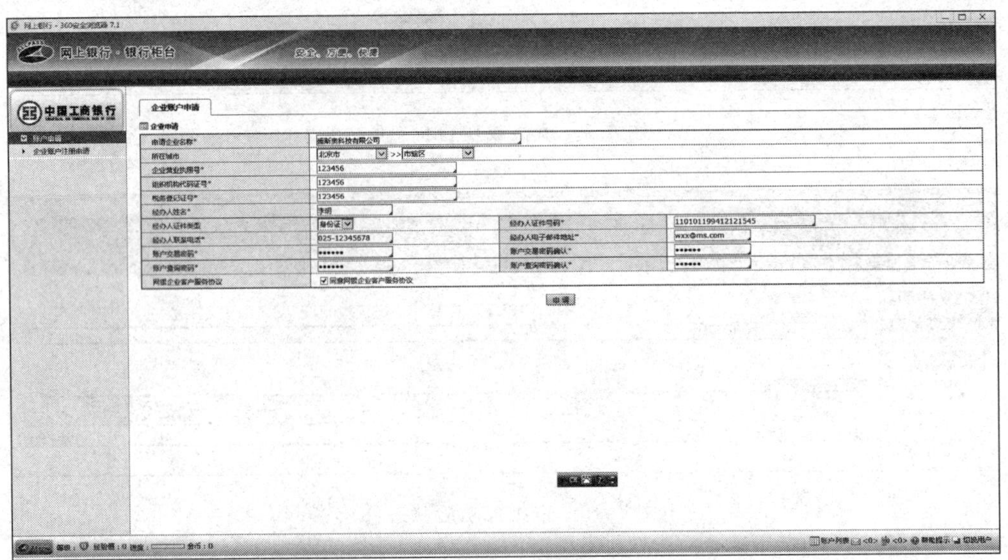

图 6.13　企业账户申请界面(b)

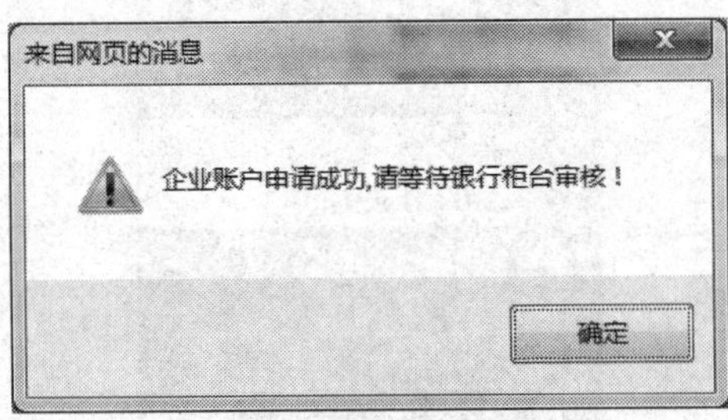

图 6.14　账户申请成功提示界面

企业账户申请后，也需要等待银行的审批。单击界面右下角的“切换用户”按钮，到主界面后，在主页面执行“银行柜台”→“进入”，在“注册账户申请审批”→ “企业账户”→“审批”，单击“审批通过”按钮，如图 6.15 和图 6.16 所示。

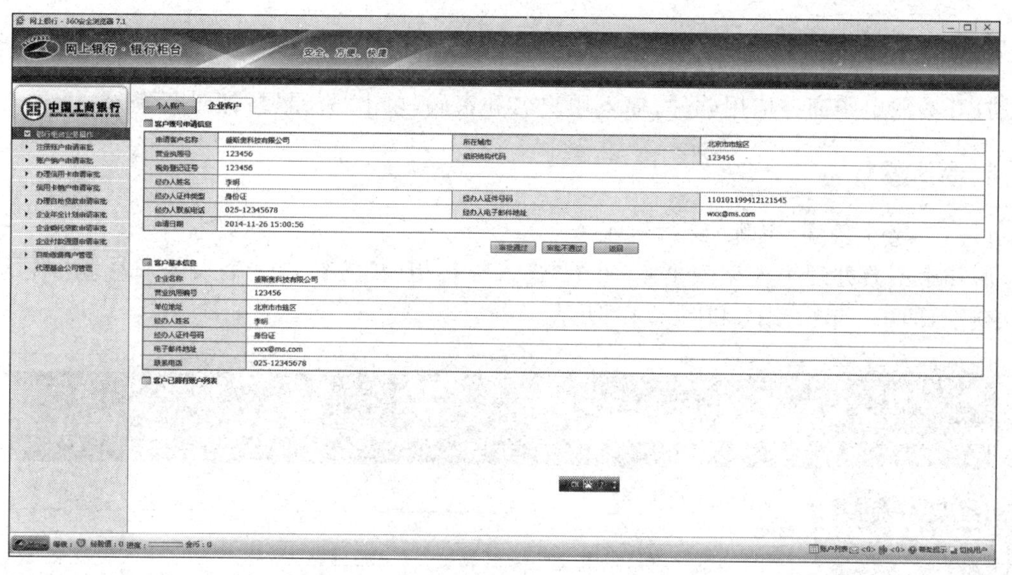

图 6.15　企业账户审批界面

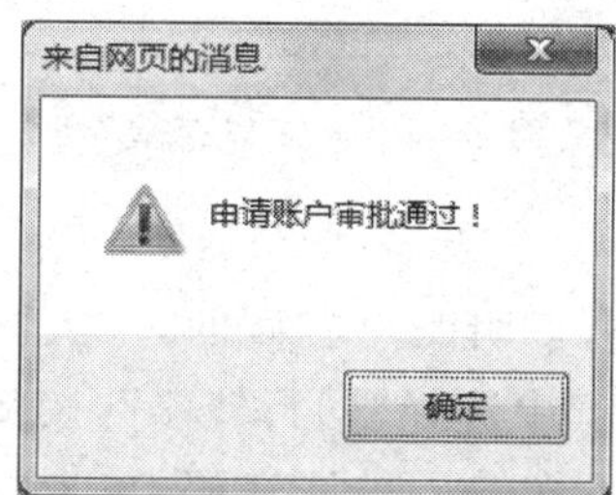

图 6.16　审批成功对话框

实验 6.2　网上银行与支付通

【实验目的】

- 了解和掌握 B To C 电子商务网站中个人银行存款、转账、跨行转账方法。
- 学会个人网上银行同行转账方法。
- 掌握和学会企业银行存款以及开通付款通道方法。
- 学会支付通账户开通流程以及充值、提现方法。

【实验条件】

- 个人计算机一台，基本配置：CPU Core2 以上，内存 2GB 以上，硬盘空间 20GB 以上，100 兆网卡。
- 个人计算机预装 Windows XP 操作系统和浏览器。
- 具有网络连接，可以连接 Internet 网络。

【实验内容和步骤】

打开奥派电子商务应用软件，输入用户名和密码，单击“登录”按钮进行登录。

1. 网上银行

1）个人银行存款、转账、跨行转账

假如李明要办理个人存款业务，单击“进入银行柜台”按钮，在“个人账户存款”中，输入存款金额，即可，如图 6.17 和图 6.18 所示。

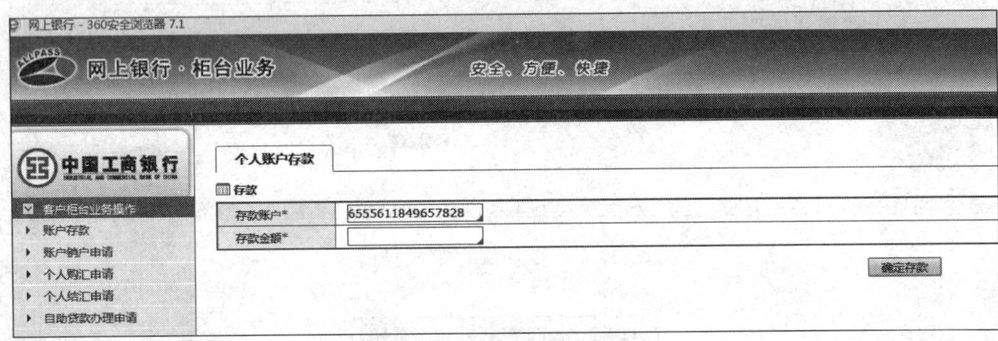

图 6.17　个人账户存款界面

2）个人网上银行同行转账

如果李明要给王军转账，单击李明账户右侧的“个人网上银行”按钮，在左侧列表项“转账汇款”中选择“同行转账”，按文本要求填好转账单。单击提交，需要再次输入转账密码，单击“确定”按钮，转账就成功了，如图 6.19 和图 6.20 所示。

图 6.18　存款成功提示框

除了同行转账，还有跨行转账，假如工商银行的账户李明给招商银行的账户张玲转账，则需要执行跨行转账操作，基本步骤与上述雷同，不再赘述。

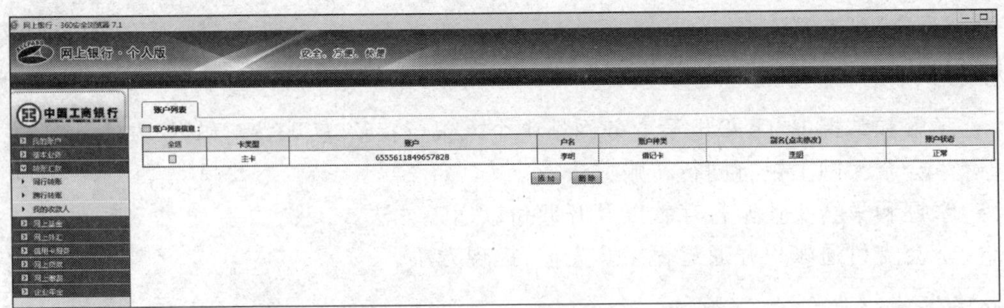

图 6.19　同行转账(a)

3）企业银行存款

当企业银行账户申请成功后，会收到新邮件，写明账户的账户名、账户用户名和账户密码，如图 6.21 所示的是圣斯奥科技有限公司的账户信息。

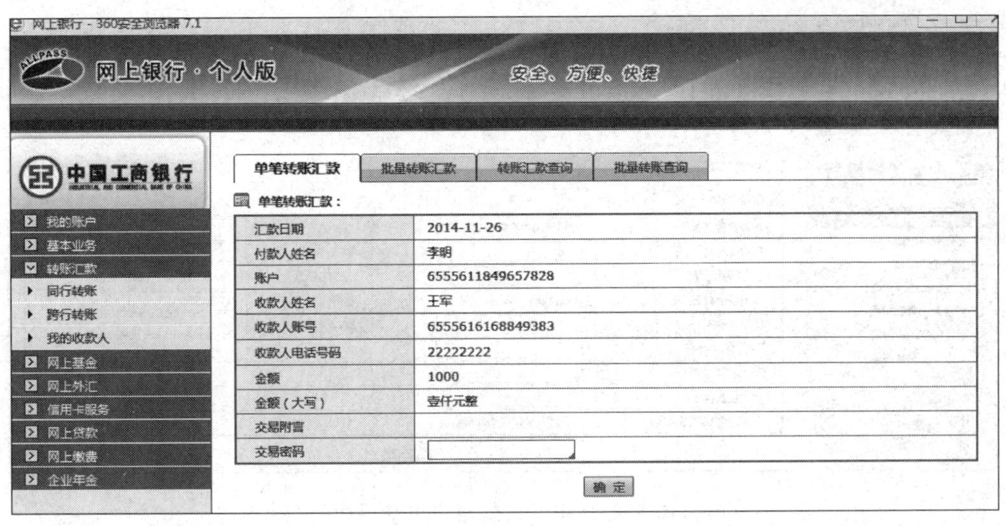

图 6.20　同行转账(b)

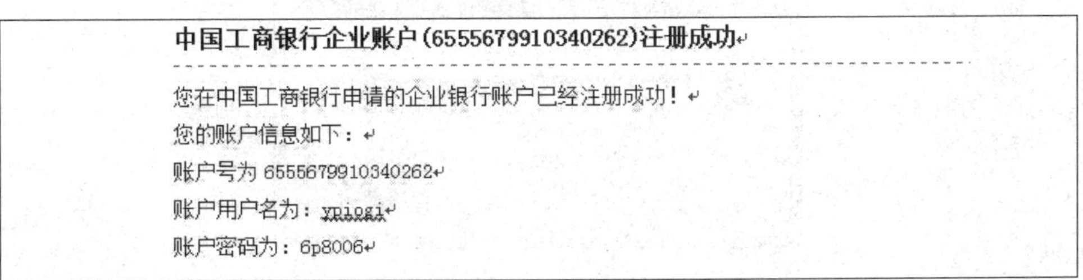

中国工商银行企业账户(6555679910340262)注册成功

您在中国工商银行申请的企业银行账户已经注册成功！

您的账户信息如下：

账户号为 6555679910340262

账户用户名为：ypiogi

账户密码为：6p8006

图 6.21　账户信息

如果需要往企业账户信息中进行存款，单击企业账户右边的“进入企业银行柜台”按钮，输入所要存的存款金额，单击“确定存款”按钮，即存款成功，如图 6.22 所示。

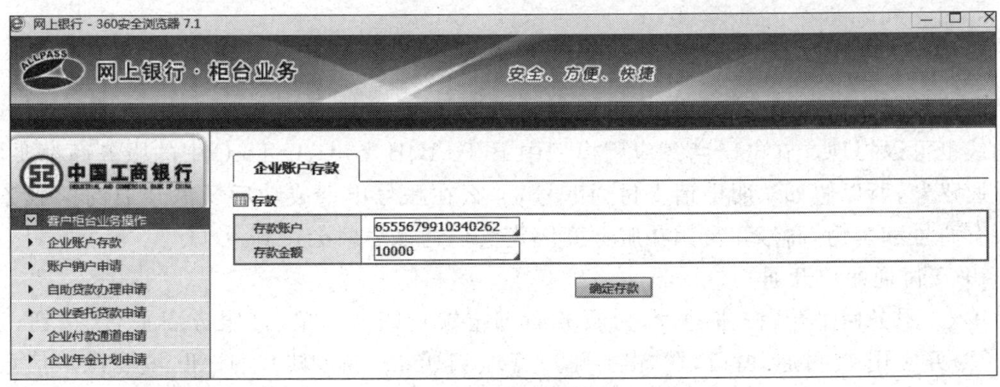

图 6.22　企业银行账户存款

4）付款通道申请

如果申请付款通道，需要执行的操作，单击“企业银行柜台”按钮进入，在左侧的列表项中选择“企业付款通道申请”，填写申请表，单击“申请”按钮，弹出申请成功对话框，如图 6.23 和图 6.24 所示。

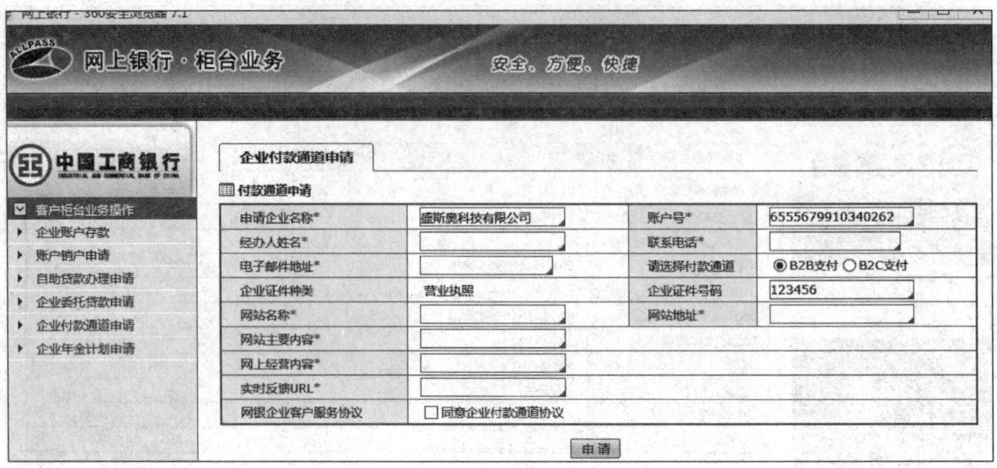

图 6.23 企业付款通道申请界面

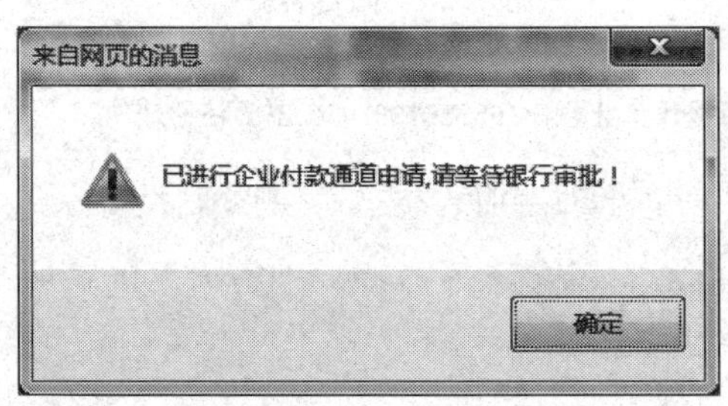

图 6.24 申请成功提示框

提出申请后,需要银行柜台审批通过方才生效,通过界面右下角的"用户切换",切换到主界面,单击"银行柜台"按钮,进入,选择"企业付款通道申请审批",进行审批,单击"审批通过"按钮。

2. 支付通业务

如果需要支付通服务需要在支付通网站申请账户,并通过网上银行进行充值,支付通账户的钱也可以提现。在电子商务应用模型中 B To B、B To C、C To C 中的服务商都要设置支付通账号,所以假如李明申请支付通账号,那么在账号申请成功后还需开通商家服务,这样会有商号和密钥,商号和密钥在服务商绑定支付通账号时会用到。

1) 支付通账户开通

单击"服务商平台"按钮进入,为服务商绑定银行账号。单击"服务商平台"按钮,进入"电子商务应用-支付通"窗口,在"银行账户管理"下单击"新增账户"按钮,填写账户信息,填写完后单击"添加银行账户"按钮,添加成功后就会显示用户绑定的银行账户信息了,如图 6.25、图 6.26、图 6.27 和图 6.28 所示。

2) 支付通账户注册

有两种方法可以注册支付通账户,即手机注册和邮箱注册。在此我们以李明个人身份以手机注册为例。

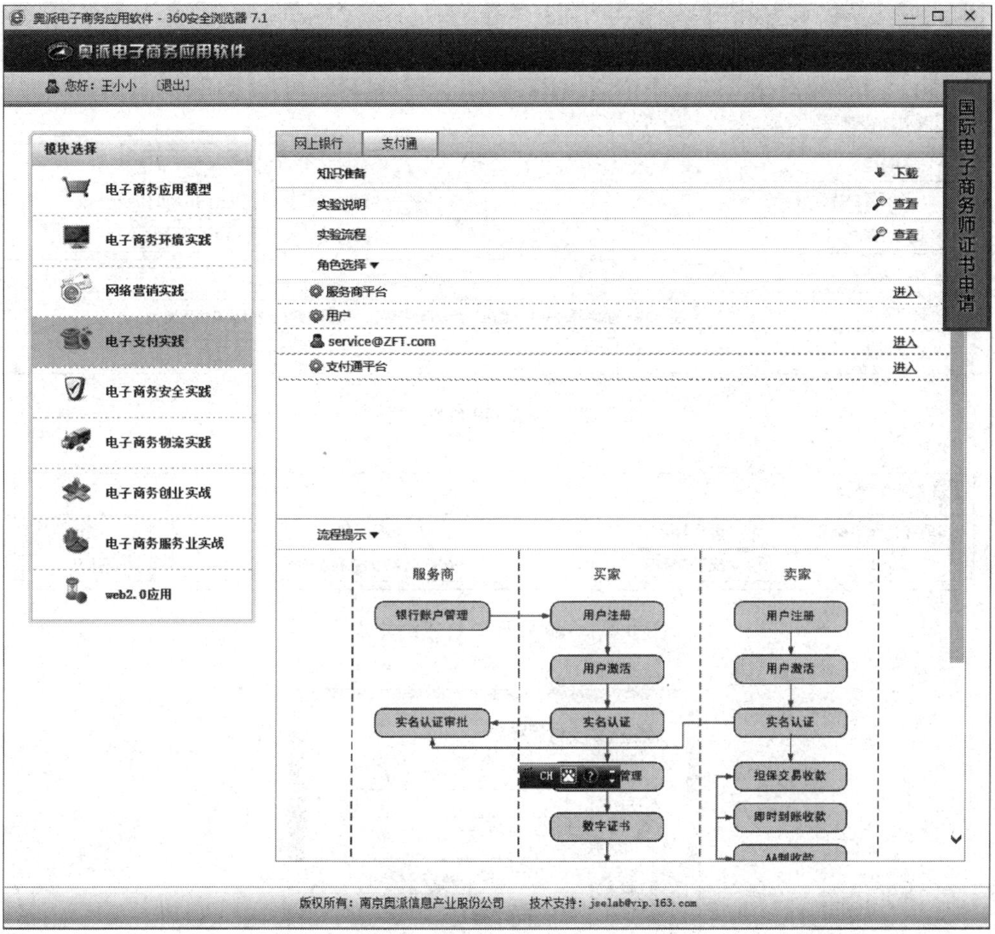

图 6.25　主界面

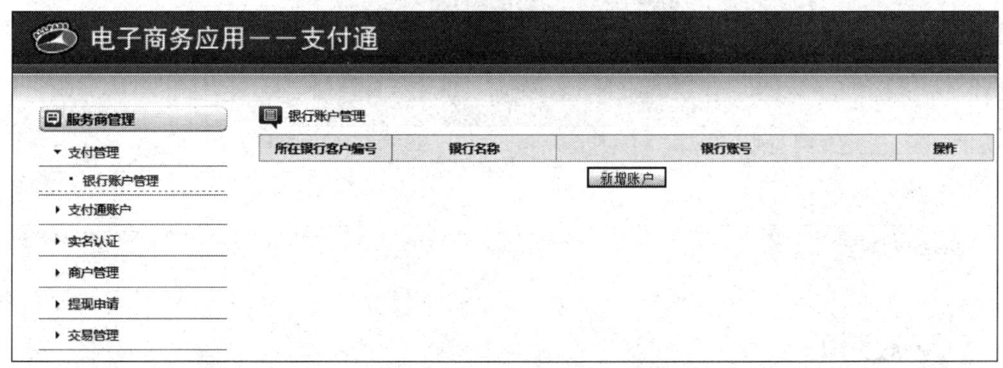

图 6.26　电子商务应用-支付通窗体

单击主界面的“支付通平台”按钮，如图 6.29 所示，如果还没有注册，单击“免费注册”按钮，选择注册方式，如图 6.30 所示。在此我们选择手机注册。在打开的窗体中输入手机号码和校验码，单击“同意并确认注册”按钮，如图 6.31 所示。

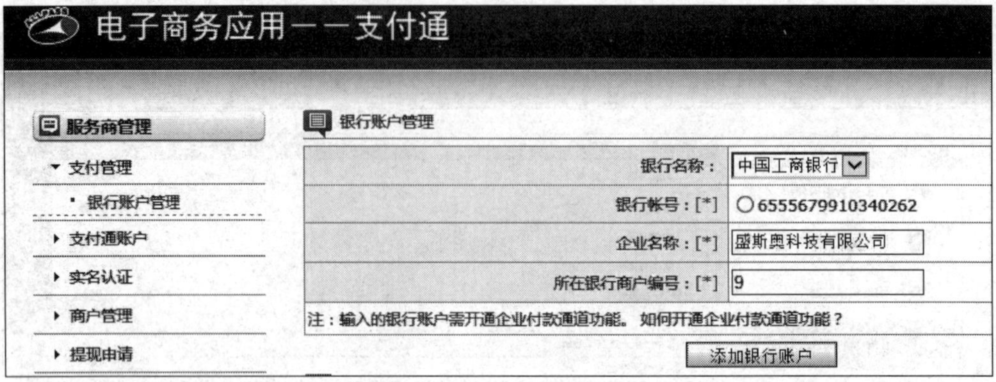

电子商务应用——支付通
服务商管理
支付管理
银行账户管理
支付通账户
实名认证
商户管理
提现申请
银行账户管理
银行名称：
中国工商银行
银行帐号：[*]
6555679910340262
企业名称：[*]
盛斯奥科技有限公司
所在银行商户编号：[*]
9
注：输入的银行账户需开通企业付款通道功能。如何开通企业付款通道功能？
添加银行账户

图 6.27　添加银行账户信息

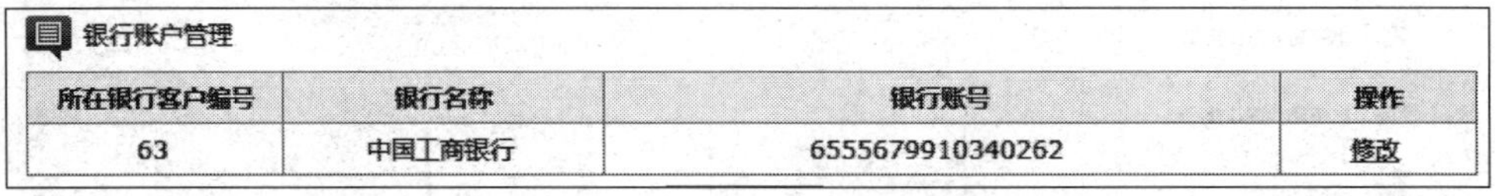

银行账户管理

所在银行客户编号	银行名称	银行账号	操作
63	中国工商银行	6555679910340262	修改

图 6.28　显示服务商所绑定账户

欢迎登录支付通账户
账 户 名:
登录密码:
校 验 码:
ZRZ2V
看不清，换一张
登 录
重置密码
如果还没有支付通账户
免费注册

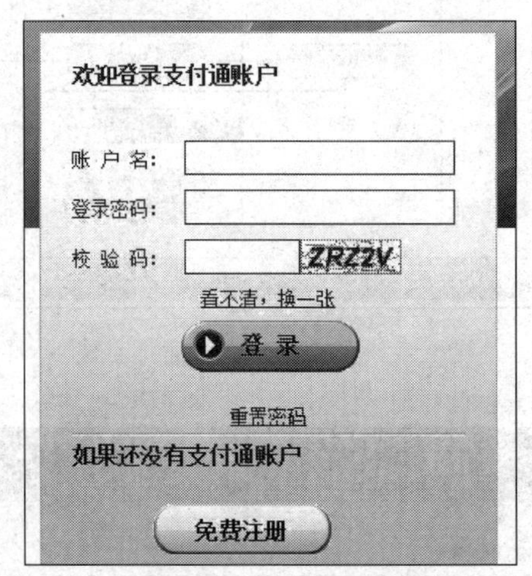

图 6.29　申请免费注册

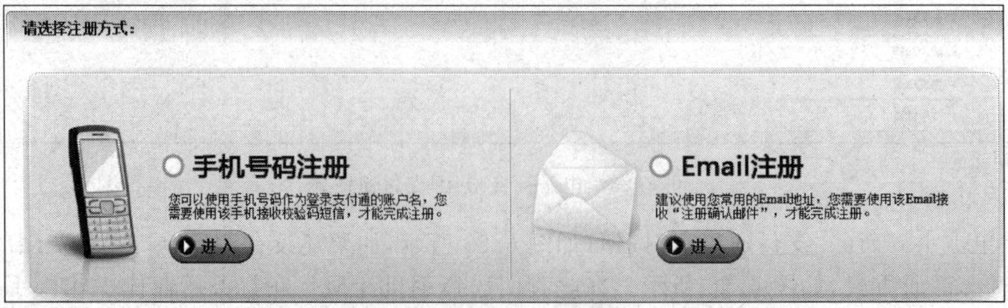

请选择注册方式:
手机号码注册
您可以使用手机号码作为登录支付通的账户名，您需要使用该手机接收校验码短信，才能完成注册。
进入
Email注册
建议使用您常用的Email地址，您需要使用该Email接收“注册确认邮件”，才能完成注册。
进入

图 6.30　选择注册方式

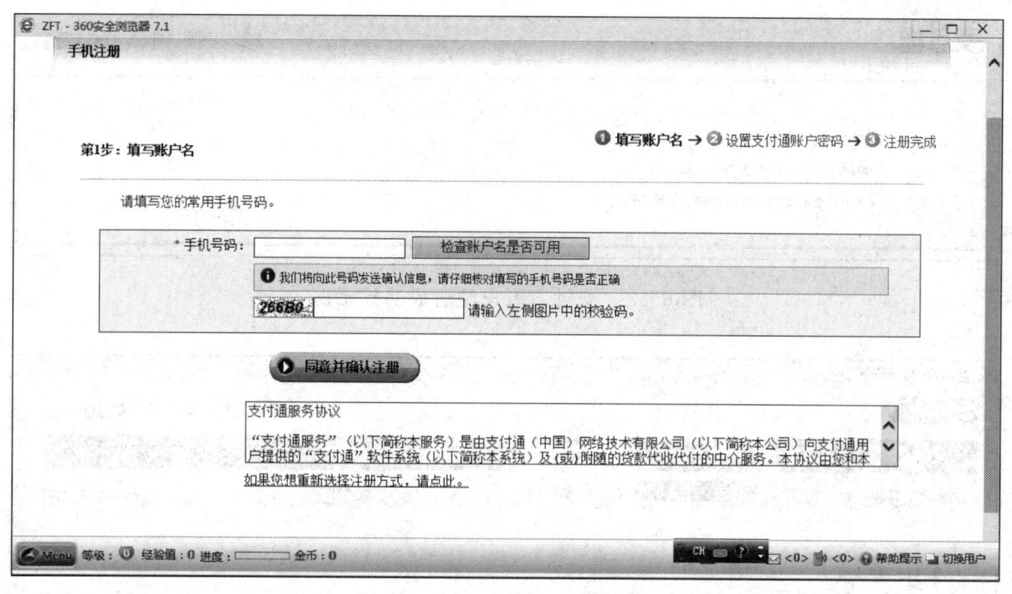

图 6.31　手机注册申请

弹出信息注册界面后填写注册信息，包括支付密码、登录密码、设置安全保护问题、一些个人信息等。填好后单击"同意以下条款并确认注册"按钮。至此李明的支付通账户就注册成功了，如图 6.32 和图 6.33 所示。

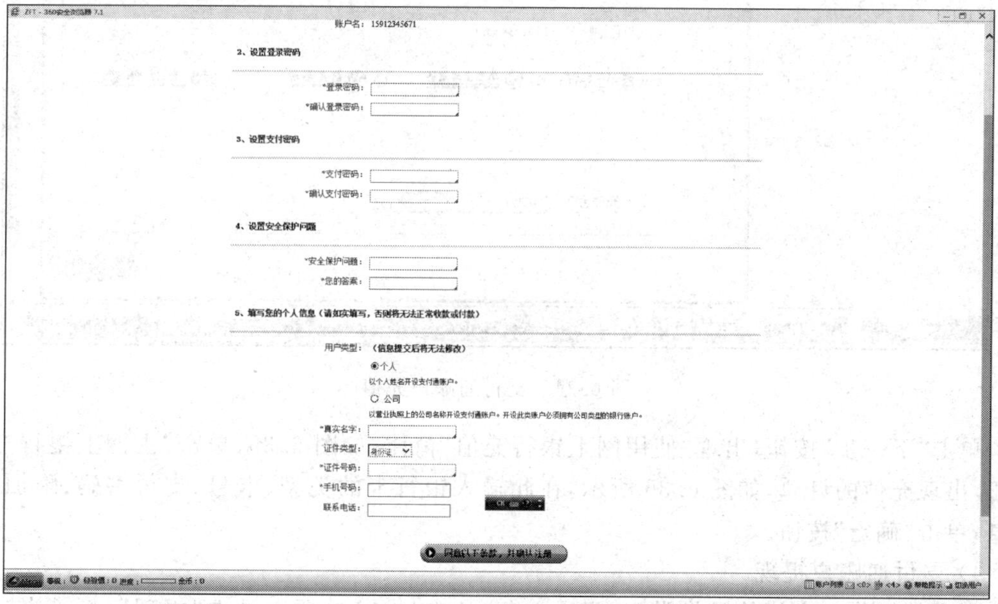

图 6.32　填写注册信息

3）支付通账户充值

李明需要给自己的支付通账户进行充值，这样就能在接下来的电子商务业务实践中使用支付通账户进行付款。进入李明的支付通账户，在"我的支付通"选项卡中选择"充值"，在此充值 10 000 元，如图 6.34 所示。

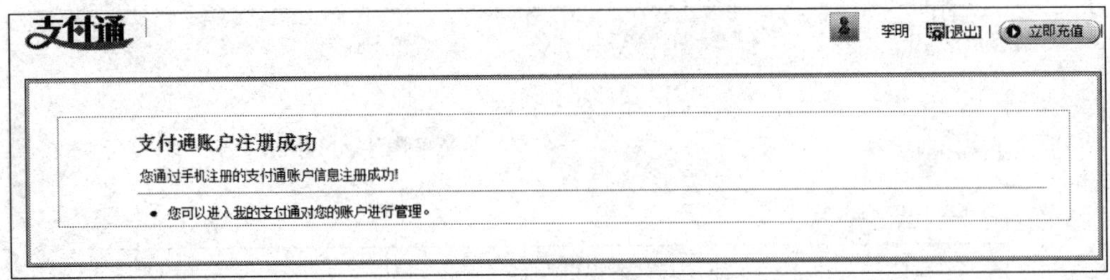

图 6.33　支付通账户注册成功提示框

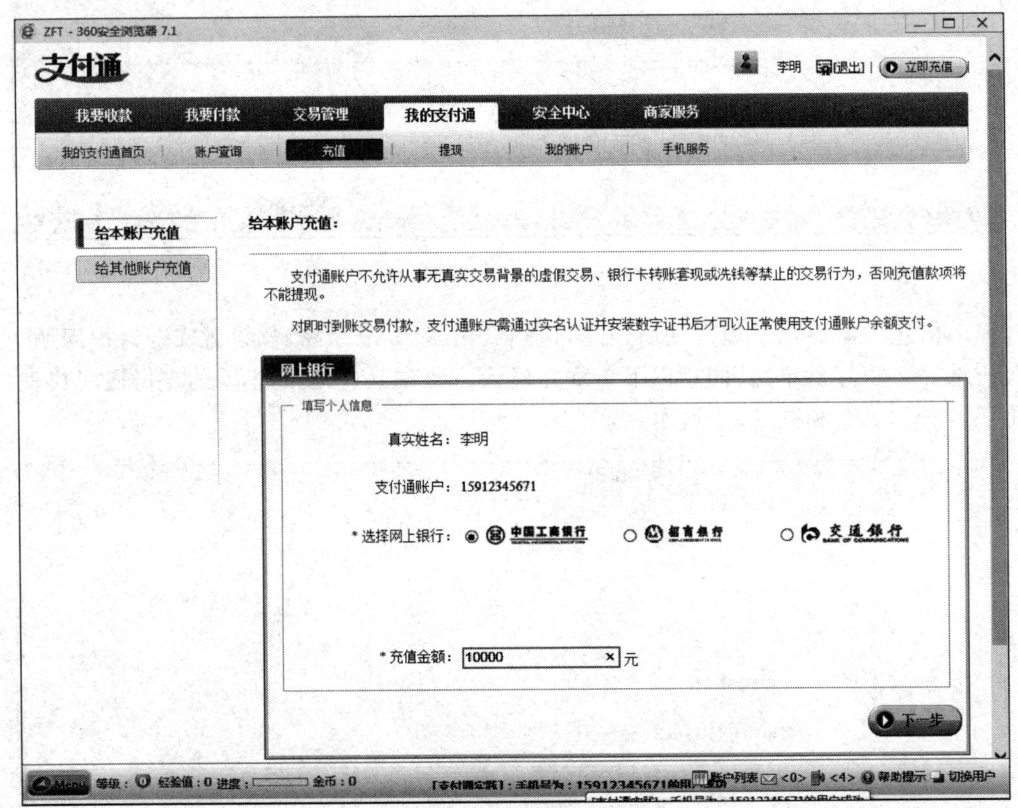

图 6.34　支付通账户充值

单击“下一步”按钮,出现“使用网上银行充值”窗体,如图 6.35,单击“去网上银行充值”按钮,出现充值的订单,如图 6.36 所示,在此输入银行卡的类型、卡号、支付密码、附加码等信息,单击“确定”按钮。

4) 支付通账户提现

提现的操作和充值的操作类似,只需在“我的支付通”选项卡中选“提现”,再单击“申请提现”按钮。在申请提现前需要设置银行账号,输入支付密码,如图 6.37 和图 6.38 所示。

输入银行账号,单击“保存银行账户信息”按钮,如图 6.39 所示。

填写好信息后单击“申请提现”按钮,输入提现金额以及支付通账户的支付密码,确认提现银行信息正确无误后,单击“确定”按钮,如图 6.40 所示。按照如上的操作步骤,还可以注册王军和张玲的支付通账号。

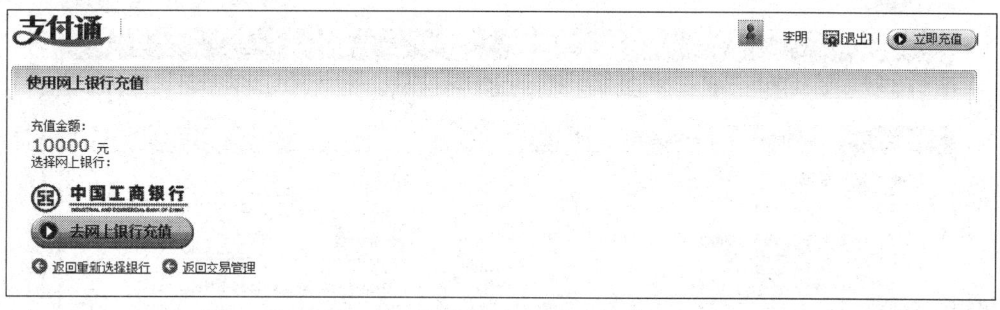

图 6.35 网上充值

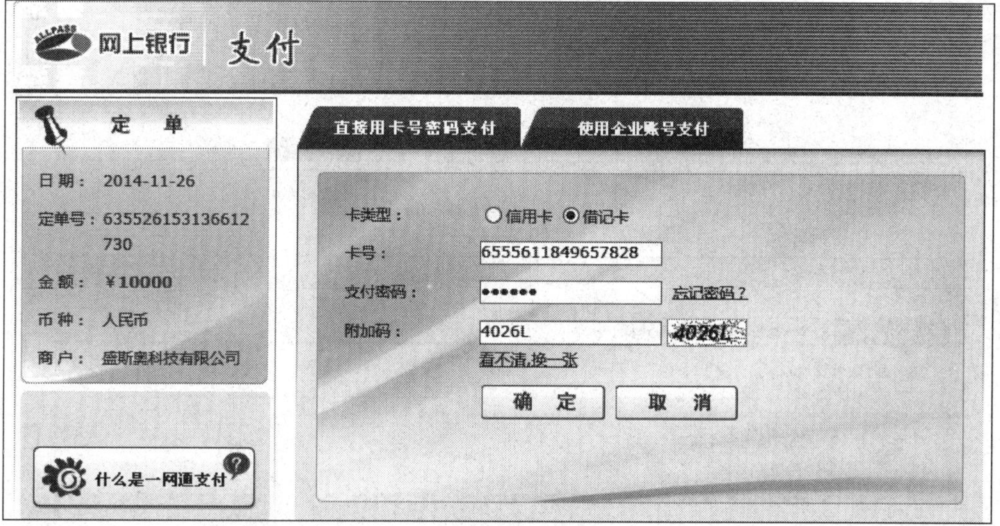

图 6.36 需充值的订单

图 6.37 申请提现

图 6.38 设置银行账号

图 6.39 填写保存银行账户信息

图 6.40　申请提现界面

实验 6.3　开通商家服务

【实验目的】

- 了解和掌握 B To C 电子商务网站开通商家服务方法。

【实验条件】

- 个人计算机一台，基本配置：CPU Core2 以上，内存 2GB 以上，硬盘空间 20GB 以上，100 兆网卡。
- 个人计算机预装 Windows XP 操作系统和浏览器。
- 具有网络连接，可以连接 Internet 网络。

【实验内容和步骤】

打开奥派电子商务应用软件，输入用户名和密码，单击“登录”按钮进行登录。

(1) 进入李明的支付通账户，单击“我的商家服务”按钮，进入商家服务，单击“网站集成支付通”按钮，如图 6.41 和图 6.42 所示。

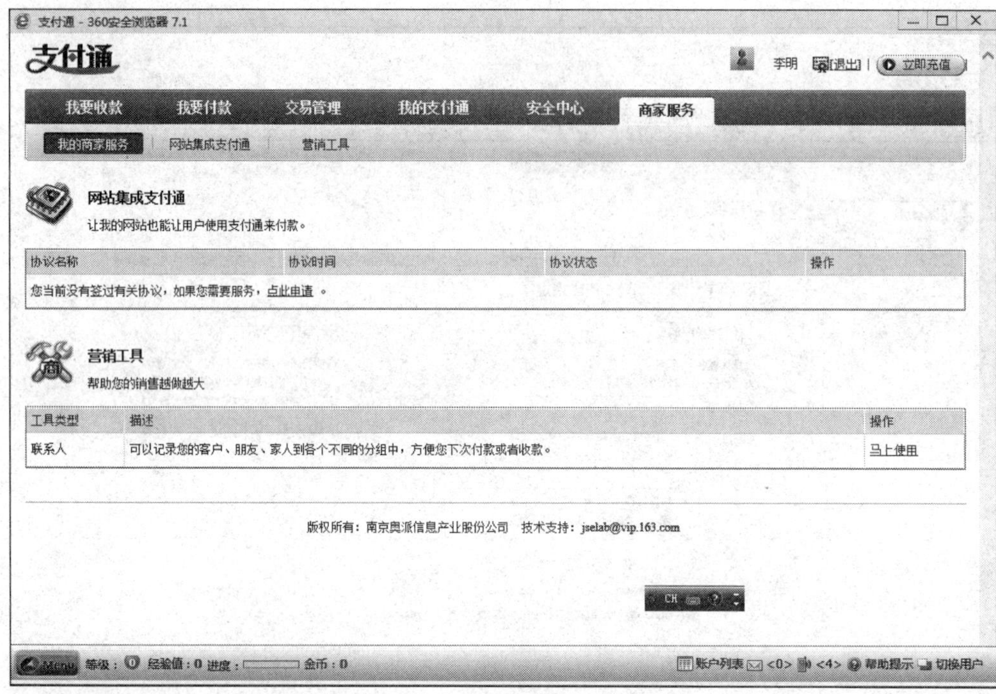

图 6.41 我的商家服务

图 6.42 网站集成支付通

填写申请信息，单击右下角"立即签约"按钮，如图 6.43、图 6.44 和图 6.45 所示。

支付通 - 360安全浏览器 7.1

客户类型：个人

证件号码：110101199412121545

账户名：15912345671

联系电话：022-22222222

填写联系人信息

*联系人：李明

*电话号码：15912345671

传真号码：

*联系地址：雅思路

*邮政编码：300222

填写网站信息

*网站名称：盛斯奥科技有限公司

*网站地址：tp://demo.allpass.com.cn

*网站类型：B2C

*所属行业：实物/机械及电子

*网站交易额：0-8万/年

下一步

图 6.43　申请信息填写(a)

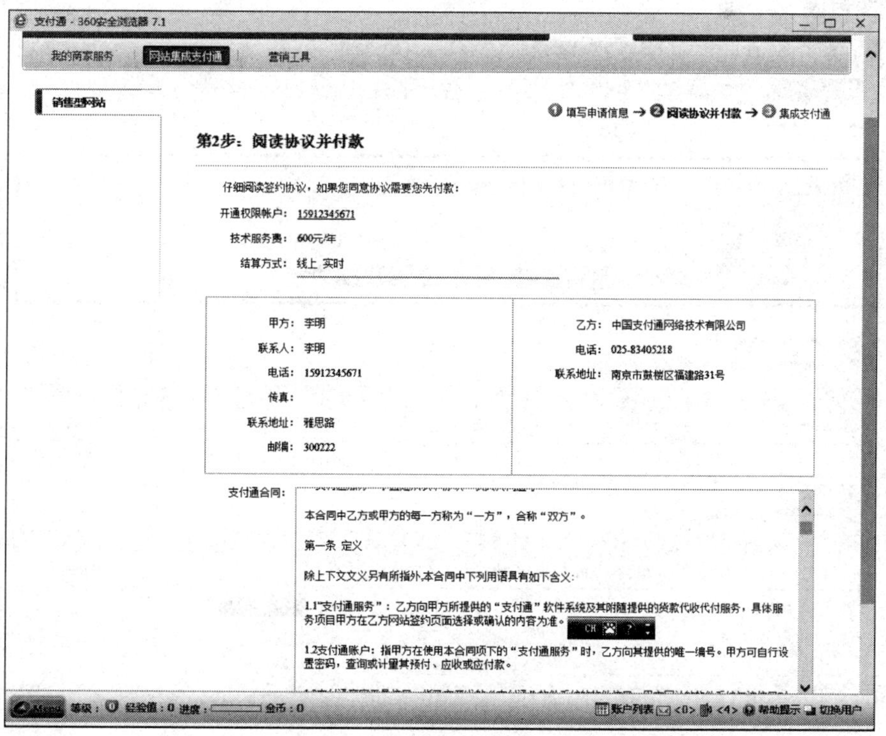

图 6.44　申请信息填写(b)

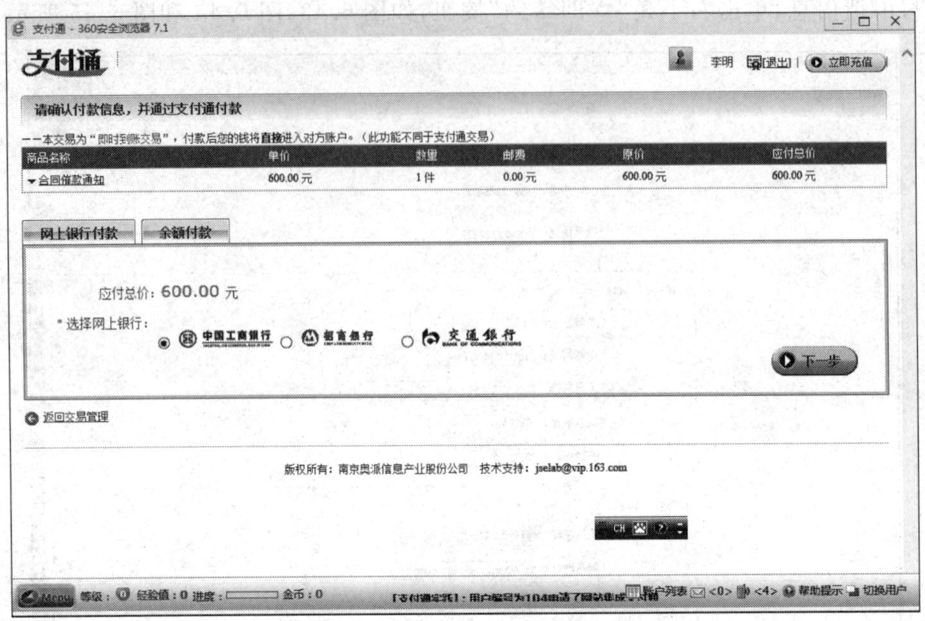

图 6.45 申请信息填写(c)

(2) 再次单击“商家服务”按钮,可以看到一个交易安全校验码,如图 6.46、图 6.47 所示。需要记住校验码,在以后的电子商务交易模拟平台的业务操作中会用到。

图 6.46 “我的商家服务”窗口

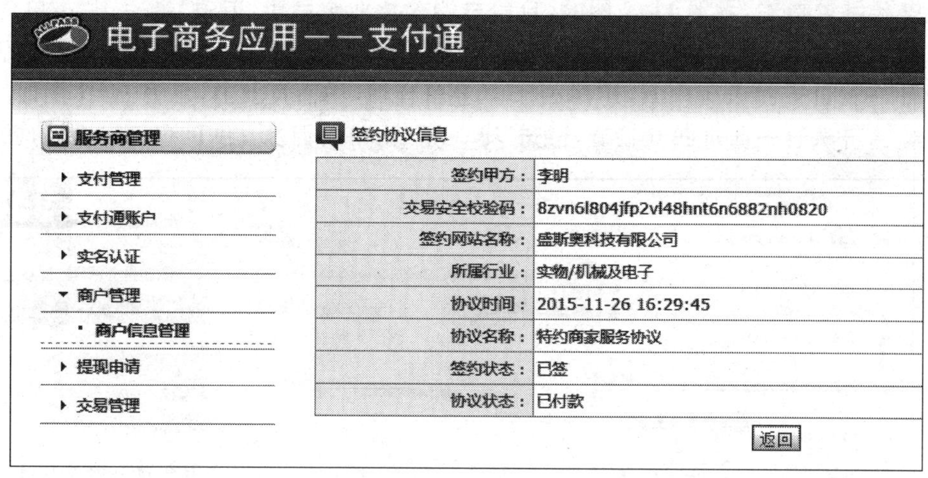

图 6.47　签约协议信息

实验 6.4　模拟平台实践

【实验目的】

- 掌握如何在 B To C 电子商务网站中所涉及的角色以及各个角色之间的业务关系。
- 学会消费者注册方法。
- 掌握支付通账号管理方法。

【实验条件】

- 个人计算机一台，基本配置：CPU Core2 以上，内存 2GB 以上，硬盘空间 20GB 以上，100 兆网卡。
- 个人计算机预装 Windows XP 操作系统和浏览器。
- 具有网络连接，可以连接 Internet 网络。

【实验内容和步骤】

1. 消费者注册

打开电子商务模拟系统的主界面，在左侧列表中选择“电子商务应用模型”，在电子商务应用模型中选择“B2C 实践”选项卡，如图 6.48 所示。

在 B To C 实践的角色选择中有三个角色，即服务商平台、B2C 平台和用户，我们选择进入 B2C 平台，会出现一个购物网的界面，如图 6.49 所示。

在页面的右上角，单击“注册”按钮，出现注册新用户信息填写界面，如图 6.50 所示。

如果确认信息填写无误后，单击“完成注册”按钮，如图 6.51 所示。

注册完成后会在邮箱里收到一封确认信，打开邮件，会有您的账户已经申请成功，请单击下面的链接完成注册，则单击激活文字链接，激活账户。

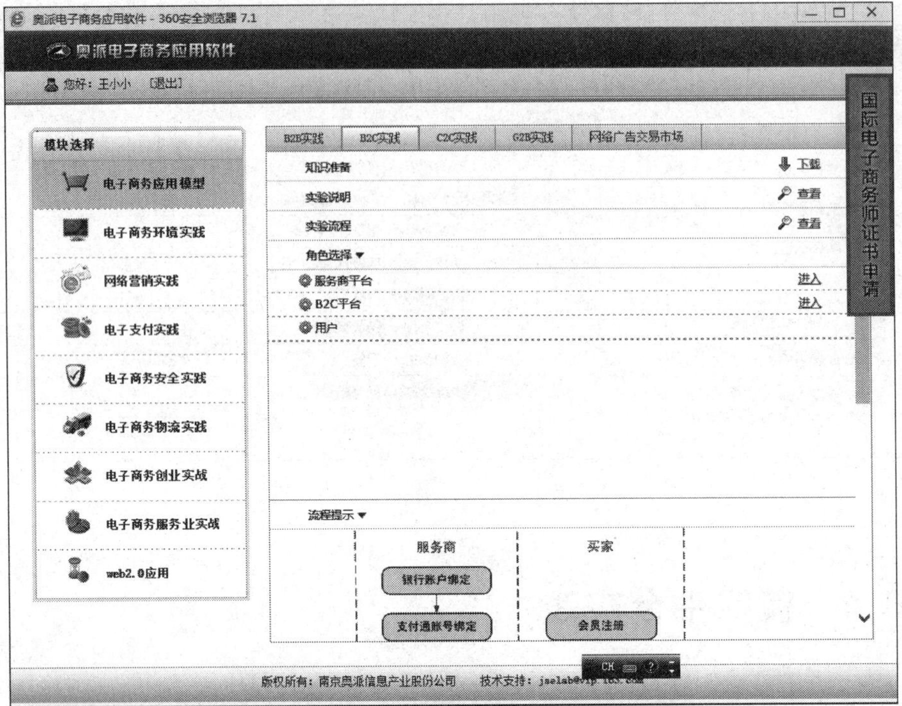

图 6.48 进入电子商务应用模型的 B To C 实践

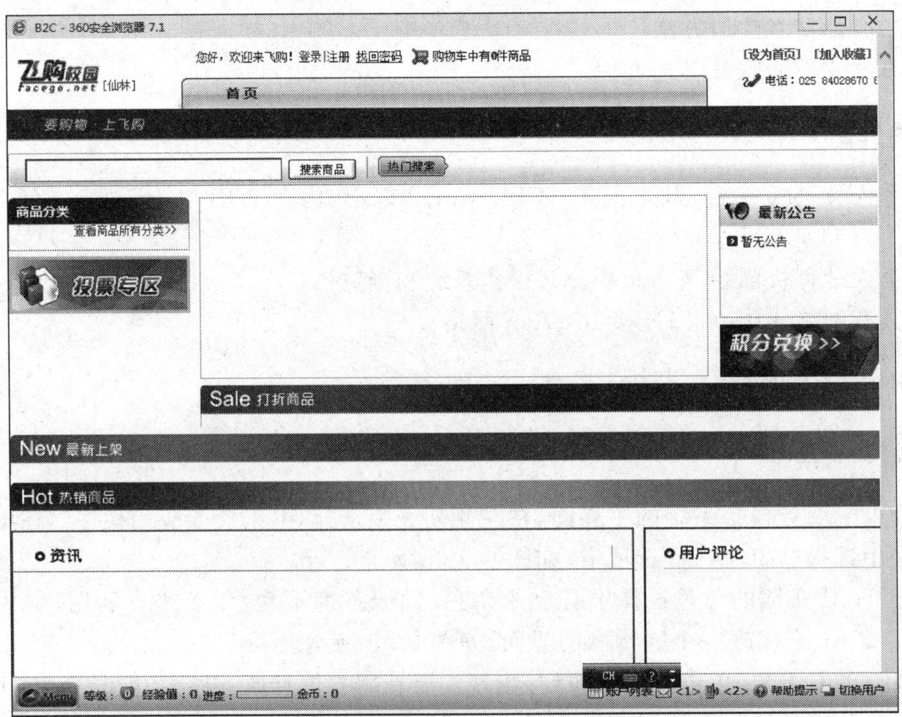

图 6.49 B2C 电子商务购物网站的界面

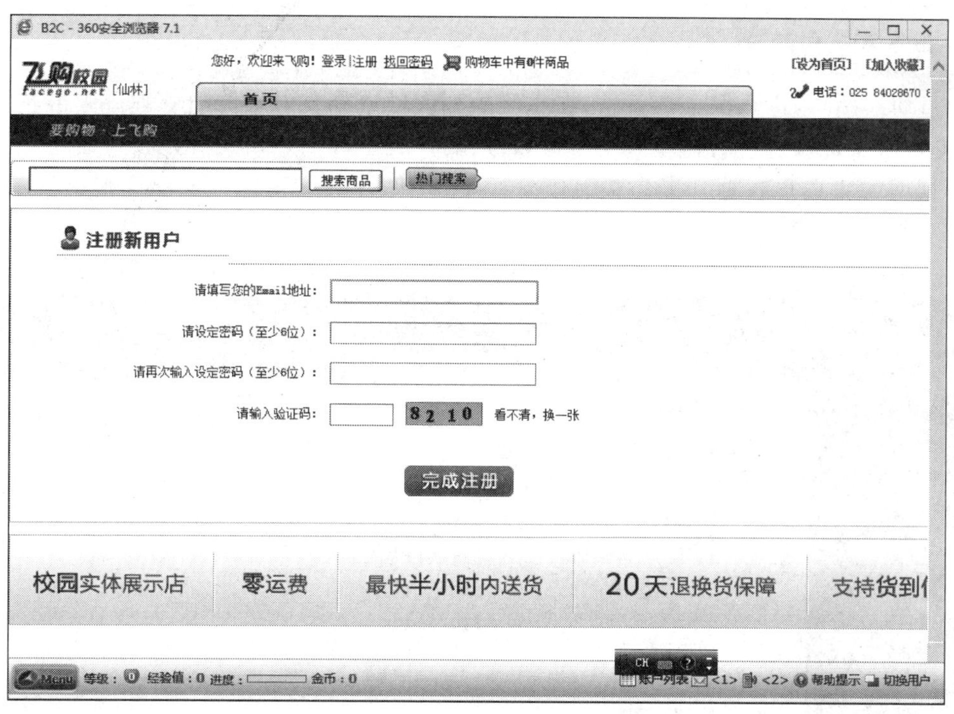

图 6.50　注册新用户界面

B2C - 360安全浏览器 7.1
facego.net [仙林]
首页
电话：025 84028670 84028671
要购物 · 上飞购
搜索商品
热门搜索
我的飞购
个人信息完善
个人信息完善　头像上传　密码修改
暂无照片
您有 0 封站内信
账户管理
· 我的订单
· 我的积分
· 我的优惠券
· 我的赠品
· 我的收藏
· 我的评论
· 我的咨询
· 我的晒单
· 我要求购
· 售后服务
· 个人信息
· 收货地址
· 建议反馈
· 绑定支付通
个人信息完善　为了您有一个舒适快捷的购物环境请完善您的个人信息，或稍后补充。
Email[*]: zhangling@126.com
姓名[*]: 张玲
手机[*]: 13113113113
性别: ○保密 ○男 ◉女
出生日期[*]: 1980 年 8 月 8 日
地区[*]: 北京市　市辖区　东城区
联系地址[*]: 雅阁路
邮编[*]: 300222
QQ:
MSN:
学校:
确认修改
等级：0 经验值：0 进度： 金币：0
[B2C实践]：zhangling@126.com于2014-1…

图 6.51　个人信息完善界面

2. 服务商支付管理

通过切换用户，进入服务商平台，在左侧的列表项选择支付通账户管理。单击左侧列表项的“支付通账户管理”按钮，填入支付通账号、商户编号和商户密钥。在支付通账户开通前必须开通网站集成支付通功能。信息填好后单击“保存”按钮，保存成功会弹出提示框，如图 6.52 和图 6.53 所示。

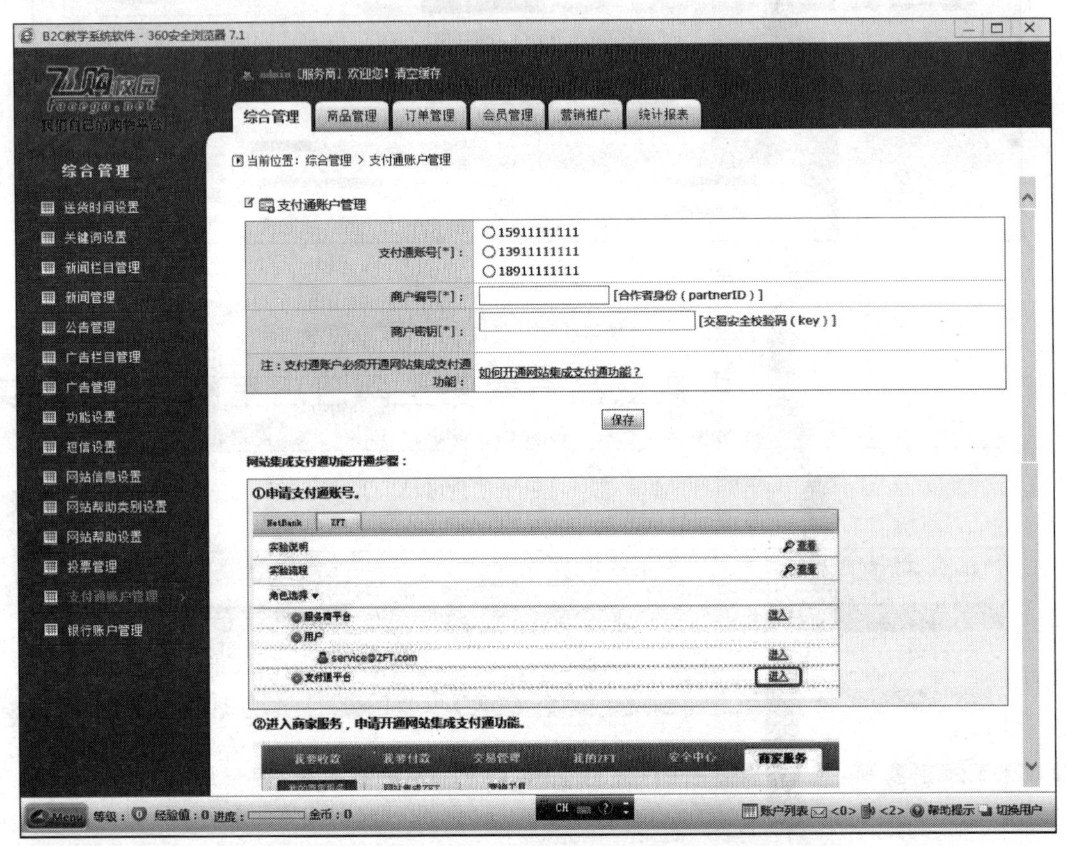

图 6.52 服务商开通支付账户管理

图 6.53 保存成功提示框

还需单击左侧列表项中的“银行账户管理”，选择开户银行、填写商户编号、企业名称及银行账户，在银行账户开通前必须开通网站集成支付通功能，如果确认信息填写正确后，单击“保存”按钮，如图 6.54、图 6.55 和图 6.56 所示。

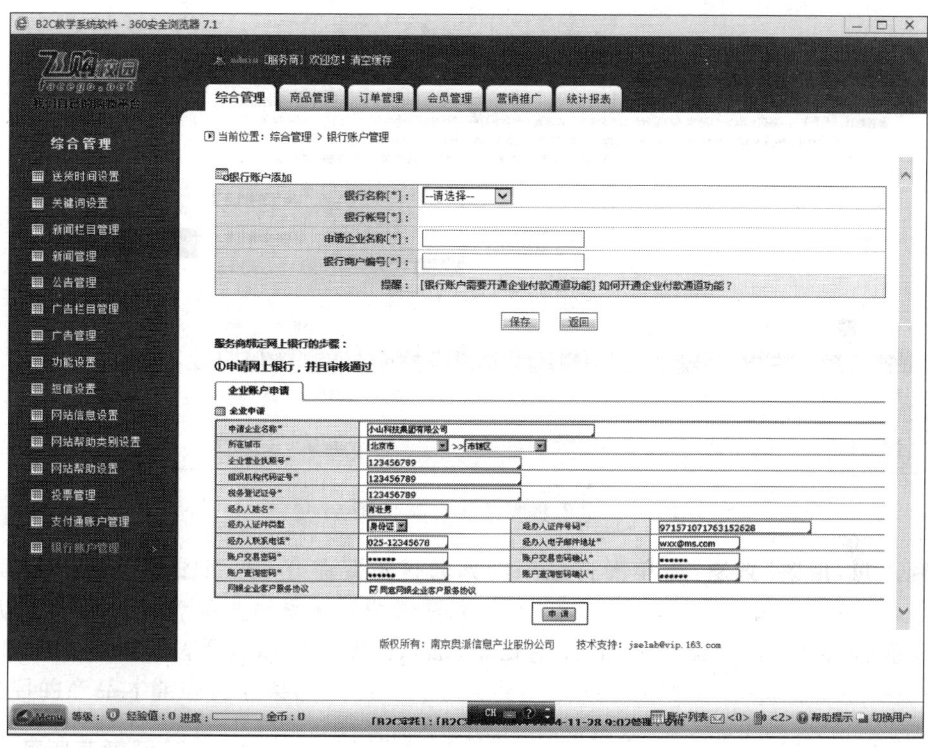

图 6.54　服务商绑定网上银行(a)

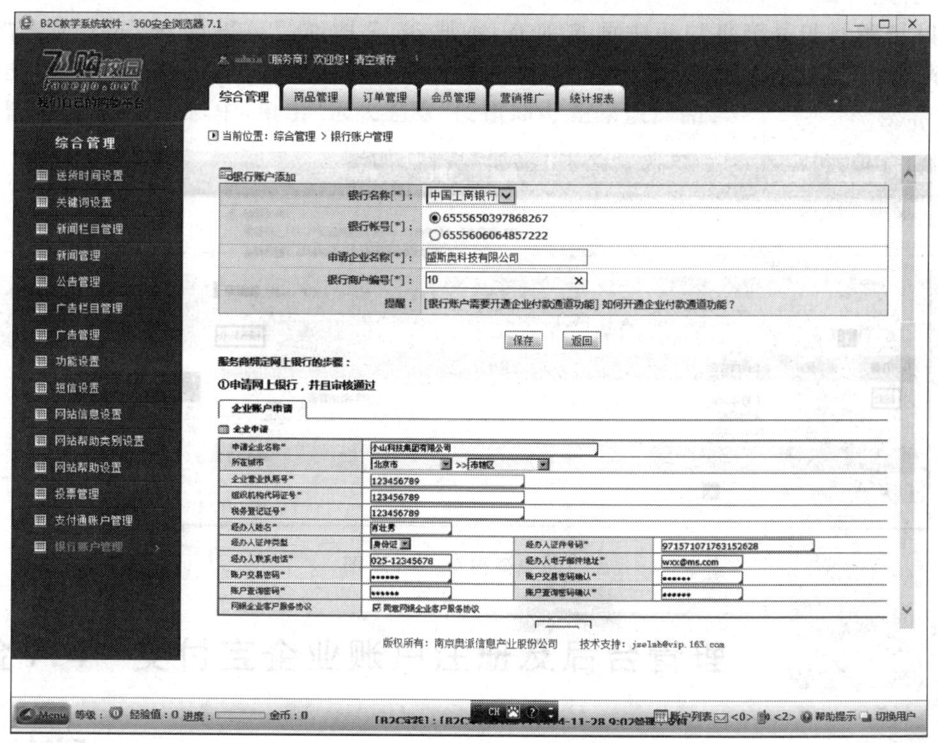

图 6.55　服务商绑定网上银行(b)

图 6.56　保存成功提示框

添加成功后会在“银行账户列表”中显示相应的账户信息，如图 6.57 所示。

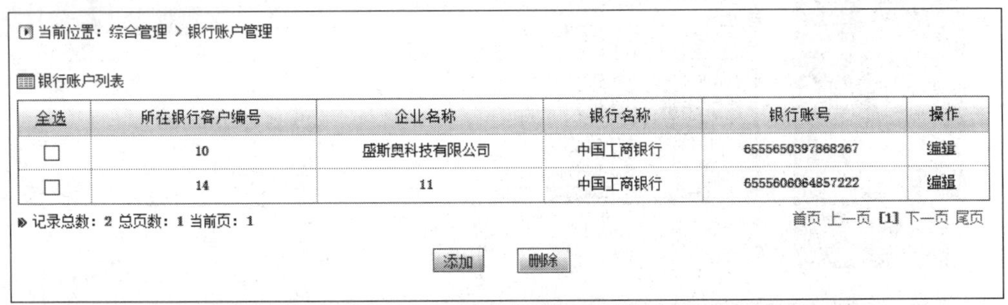

图 6.57　银行账户列表信息

3. 服务商商品管理

服务商可以对商品进行各种管理，比如商品类型管理、商品属性管理、商品规格管理、商品添加、品牌管理、主题管理、库存管理、进货单管理、退货单管理等项目。我们选重点项分别进行介绍。

类别管理，可以在商品类别里单击“添加”按钮，如图 6.58 所示。当然还有编辑、修改、查看商品和转移商品，不再一一赘述。

图 6.58　商品类别管理

商品属性管理，选择要添加属性的商品，单击“添加属性”下面的“添加”，弹出添加属性信息的窗体，可以在里面输入“属性名称”“属性说明”“属性值”等信息，输入完成后单击“保存”按钮，如图 6.59 和图 6.60 所示。

图 6.59 商品属性管理窗体

个人用品>>手表属性信息

属性名称[*]：	
属性说明：	
是否必填：	◉是 ○否
录入方式：	◉下拉 ○填写
属性值[*]：	*属性值请用中文逗号隔开

保存 返回

图 6.60 属性信息填写窗体

要进行规格管理，则单击“商品规格管理”按钮，从弹出的窗体中填写商品规格信息，如图 6.61 所示。

规格信息

规格名称[*]：	
规格类型：	◉文字 ○图片
显示方式：	◉平铺显示 ○下拉显示

保存并添加规格值 返回

图 6.61 商品规格信息填写

在类别下需要添加商品，单击左侧列表的“商品添加”按钮，如图 6.62 所示。

在商品的基本信息录入完之后，可以选择选项卡上的商品介绍、规格选择、商品图片、相关商品等进行编辑，如图 6.63 所示。

品牌管理，单击左侧列表框中的品牌管理，可以进行品牌管理，按照文本框内容输入相应的品牌名称、网址、logo 上传、选择类别等信息，如图 6.64 所示。

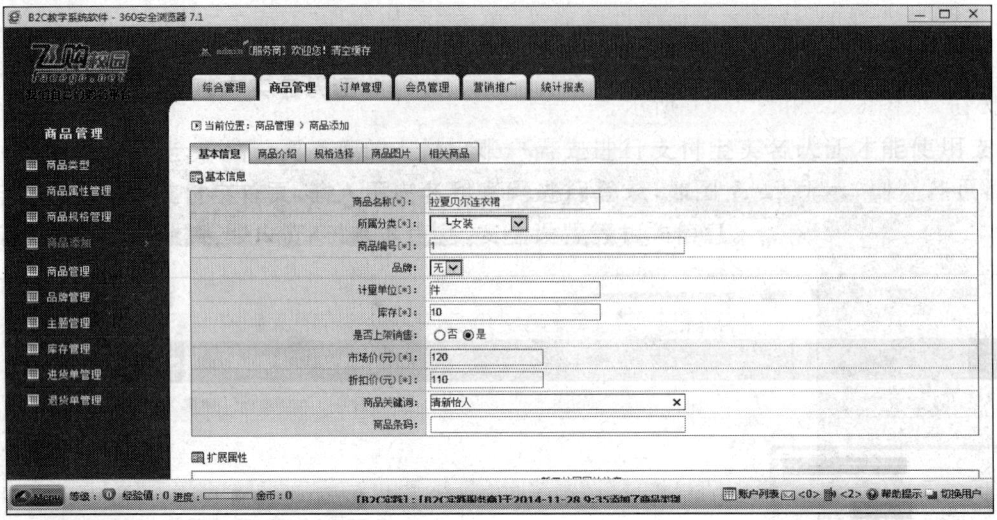

图 6.62 添加商品

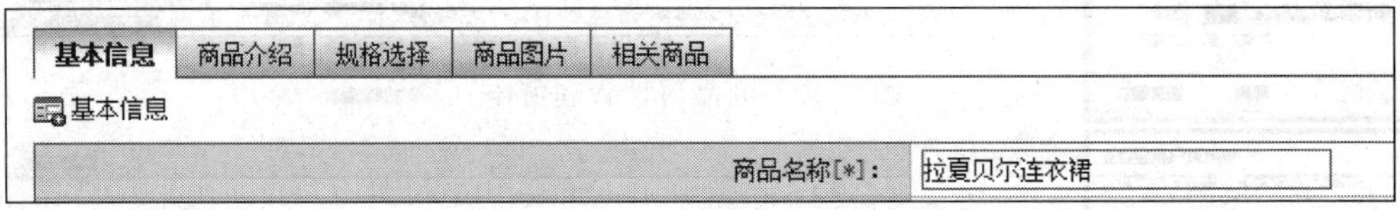

图 6.63 对商品进行编辑

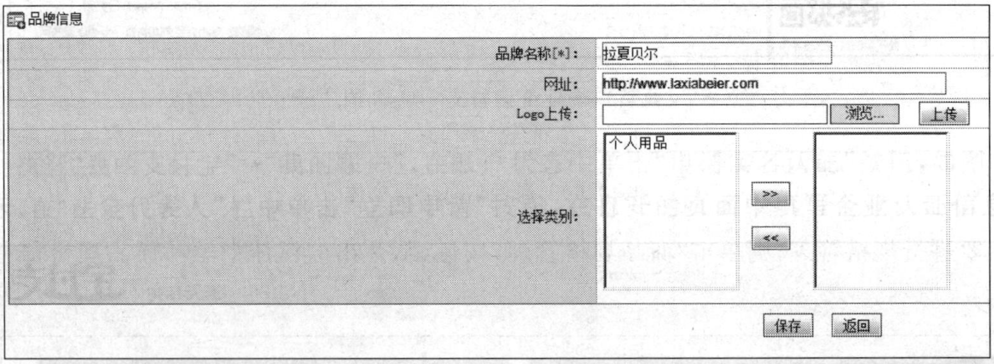

图 6.64 品牌管理界面

商品管理,可以进行添加删除、上架、下架管理,选中要进行此项操作的商品,单击相应的按钮即可,如图 6.65 所示。

添加完商品后,需要进行入库管理,我们刚刚输入的商品是“拉夏贝尔连衣裙”,选中就可以添加库存。库存管理中还包括修改库存、出库管理、查看库存、查看库存预警和查看库存异动等选项,如图 6.66 所示。

商品管理下面还有进货单管理、退货单管理。在界面左侧列表项中选择“进货单管理”,我们可以管理已经有的进货单,如图 6.67 所示。

在上面窗体的基本信息填好后,单击“选择商品”按钮,弹出“商品选择”对话框,在此我们可以根据商品名称、商品编号、商品类别进行查询,如图 6.68 所示。

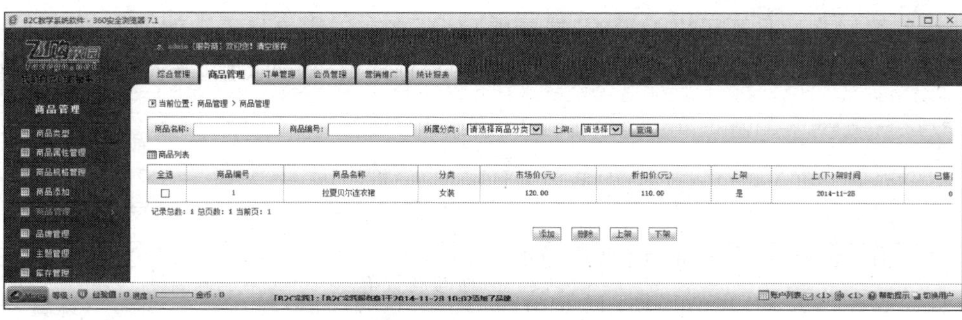

图 6.65 商品上下架管理

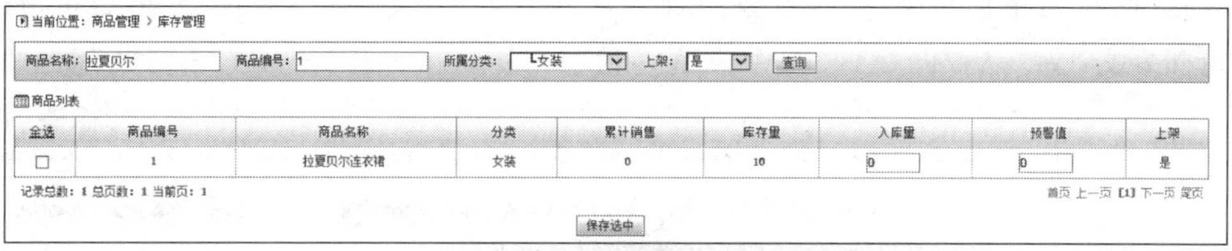

图 6.66 库存管理

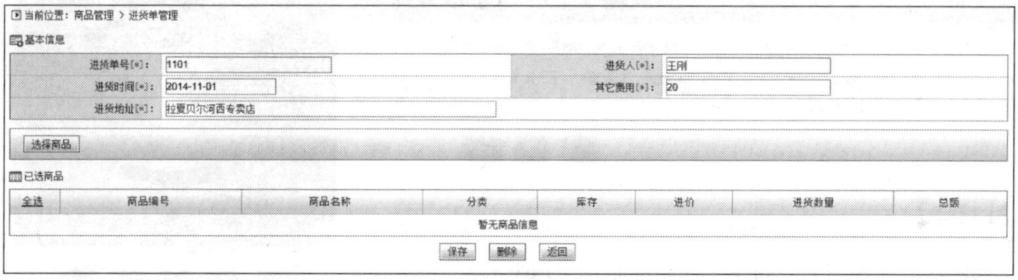

图 6.67 进货单管理

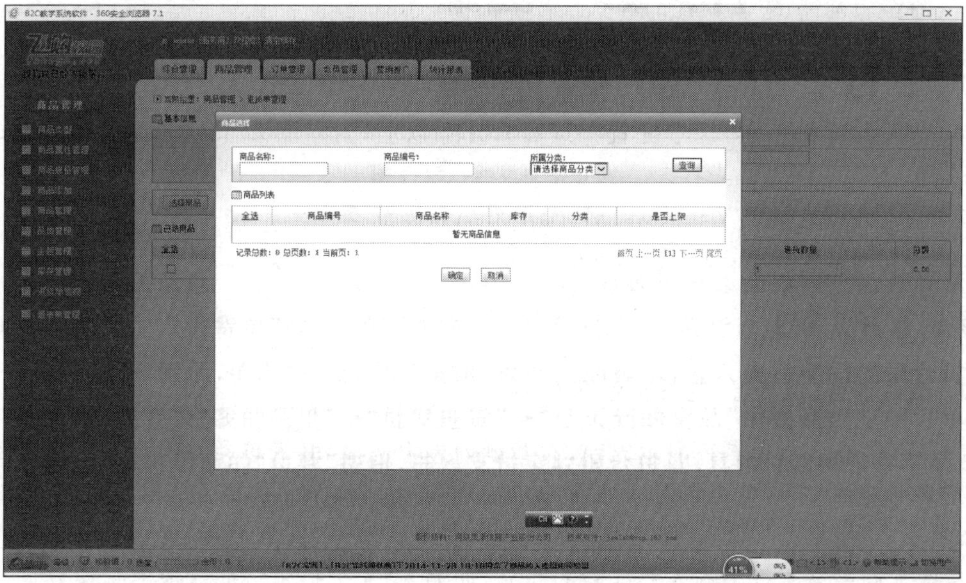

图 6.68 商品选择窗体

进货单填好之后是不可以编辑的，选择保存，那么在进货单列表中就列出了刚才保存的进货单，如图 6.69 所示。

当前位置：商品管理 > 进货单管理

进货单列表

进货单号	进货人	进货地址	成本费	货品费用	进货时间	操作时间	操作
1101	王刚	拉夏贝尔河西专卖店	20.00	0.00	2014-11-1	2014-11-28	详细

记录总数：1 总页数：1 当前页：1　　首页 上一页 [1] 下一页 尾页

图 6.69　保存的进货单

在商品管理中还有退货单管理，具体操作和进货单管理类似，如图 6.70 所示。

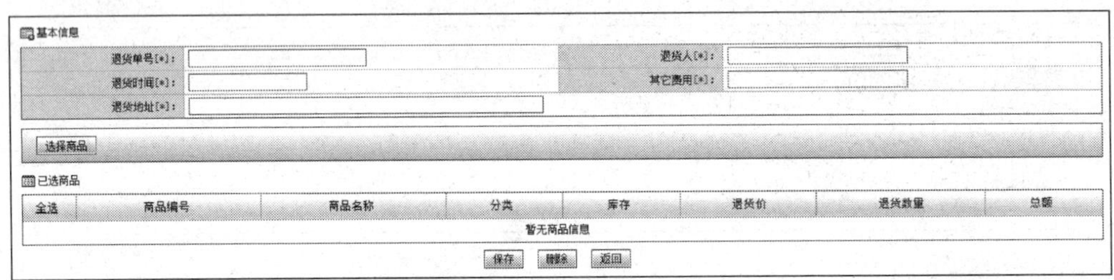
基本信息

退货单号[*]:　　退货人[*]:

退货时间[*]:　　其它费用[*]:

退货地址[*]:

选择商品

已选商品

全选	商品编号	商品名称	分类	库存	退货价	退货数量	总额
暂无商品信息							

保存　删除　返回

图 6.70　退货单管理

实验 6.5　前后台操作

【实验目的】

- 熟悉个人用户在网上购物的业务流程。
- 通过后台熟练操作订单处理、商品维护、库存管理、订单查询、价格管理、货单管理、销售额统计、应收款查询等。

【实验条件】

- 个人计算机一台，基本配置：CPU Core2 以上，内存 2GB 以上，硬盘空间 20GB 以上，100 兆网卡。
- 个人计算机预装 Windows XP 操作系统和浏览器。
- 具有网络连接，可以连接 Internet 网络。

【实验内容和步骤】

1. B2C 前台（消费者）业务流程操作

打开电子商务模拟系统的主界面，在左侧列表中选择“电子商务应用模型”，在电子商务应用模型中选择“B2C 实践”选项卡，假如张玲想要购物，单击张玲的用户名，进入购物界面，如图 6.71 所示。

在搜索商品文本框中输入要搜索的商品，如输入“拉夏贝尔”，那就搜出了拉夏贝尔连衣裙，如图 6.72 所示。

图 6.71　购物界面

图 6.72　搜索欲购物品界面

单击该商品，如果觉得合适，放入购物车，如图 6.73 所示。

单击“去结算”按钮，进入商品结算界面，如图 6.74 所示，结算之后就购买成功了，如图 6.75 所示。

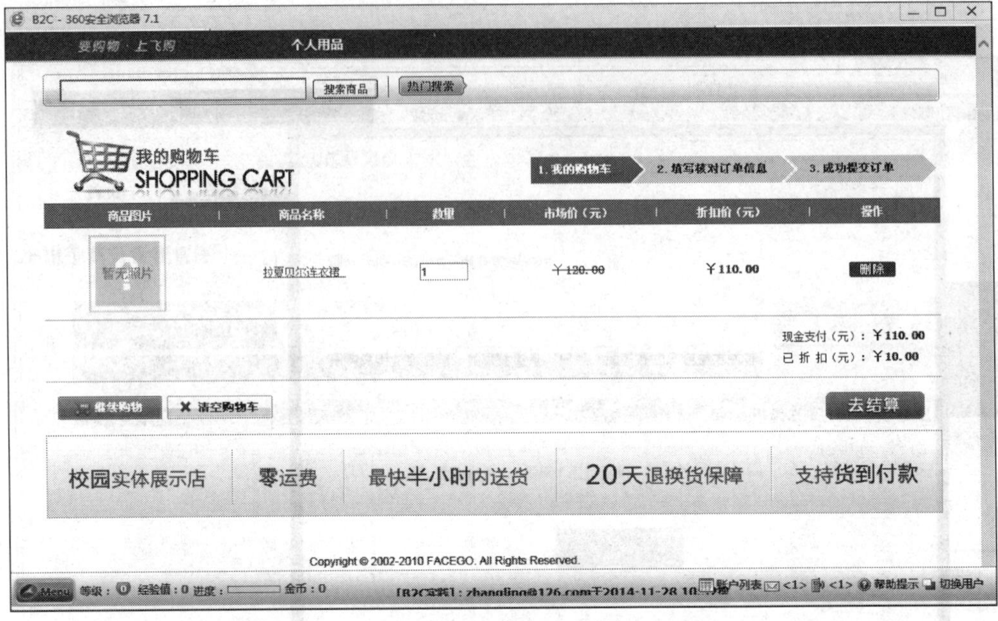

图 6.73　购物车界面

图 6.74　商品结算界面

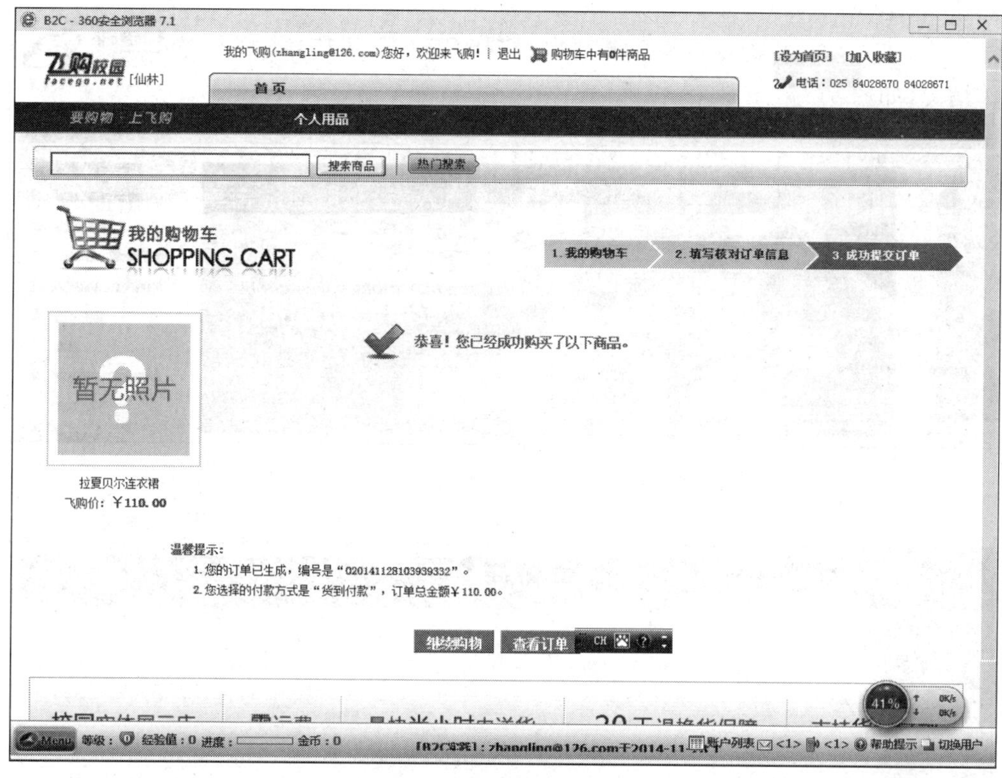

图 6.75 购物成功界面

2. B2C 后台(服务商)业务流程操作

1) 商品下架、删除以及作废品还原操作

如果要执行下架操作，选中要下架的商品，单击“确认”按钮；商品下架后，单击选择条目后面的“编辑”按钮，然后单击页面最下方的“删除到作废区”，该选中商品就删除成功了。如果想要把作废的商品还原，只需在左侧“作废商品”区中，单击“作废品还原”按钮即可，如图 6.76 所示。

当前位置：商品管理 > 商品管理

商品名称： 商品编号： 所属分类：请选择商品分类 上架：请选择 查询

商品列表

全选	商品编号	商品名称	分类	市场价(元)	折扣价(元)	上架	上(下)架时间	已售数量	操作
□	2	拉夏贝尔紧身裤	女装	259.00	239.00	否	未上架	0	编辑
□	1	拉夏贝尔连衣裙	女装	120.00	110.00	是	2014-11-28	0	编辑

记录总数：2 总页数：1 当前页：1　　首页 上一页 [1] 下一页 尾页

添加 删除 上架 下架

图 6.76 操作界面

2）订单管理

在订单管理中的“待确认订单”中，可以看到购物产生的订单，单击查看，就能看到订单的具体情况，如图 6.77、图 6.78 所示。

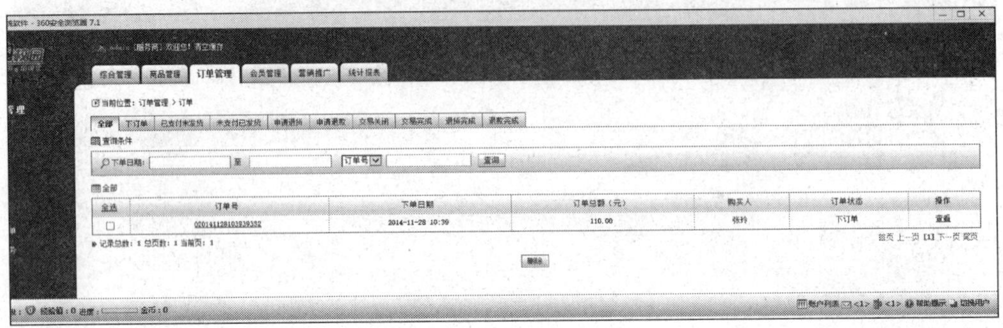

图 6.77 订单管理

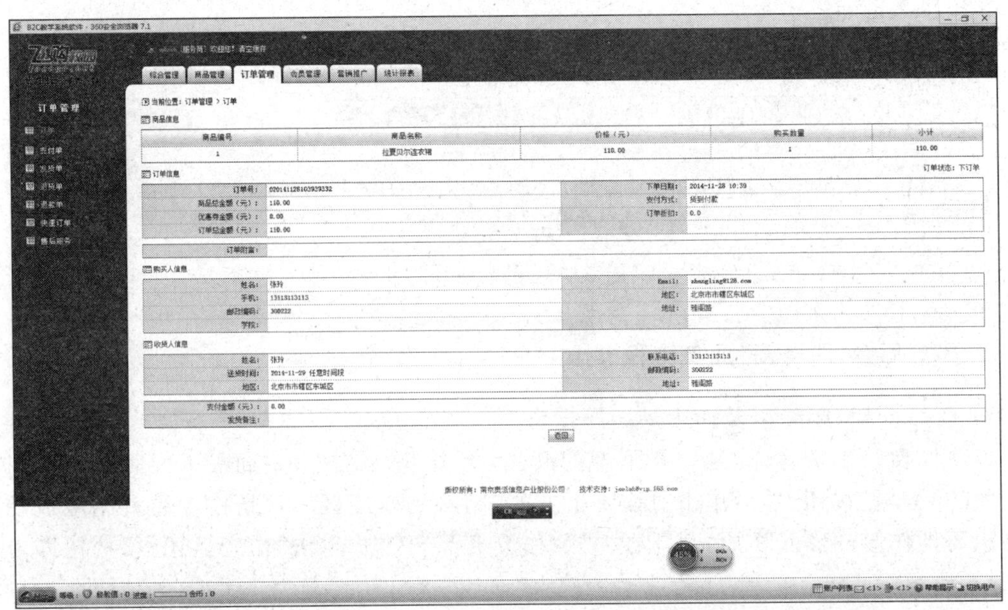

图 6.78 查看订单的具体情况

【相关知识】

B2C 是 Business-to-Customer 的缩写，而其中文简称为“商对客”。“商对客”是电子商务的一种模式，也就是通常说的商业零售，直接面向消费者销售产品和服务。这种形式的电子商务一般以网络零售业为主，主要借助于互联网开展在线销售活动。B2C 即企业通过互联网为消费者提供一个新型的购物环境——网上商店，消费者通过网络在网上购物、在网上支付。

付款方式是货到付款与网上支付相结合，而大多数企业的配送选择物流外包方式以节约运营成本。随着用户消费习惯的改变以及优秀企业示范效应的促进，网上购物的用户不断增长。此外，一些大型考试如公务员考试也开始实行 B2C 模式。其基本需求包括用户管理需求、客户需求和销售商的需求。

用户管理需求：用户注册及其用户信息管理。

客户需求：提供电子目录，帮助用户搜索、发现需要的商品；进行同类产品比较，帮助用户进行购买决策；商品的评价；购物车；为购买产品下订单；撤销和修改订单；能够通过网络付款；对订单的状态进行跟踪。

销售商的需求：检查客户的注册信息；处理客户订单；完成客户选购产品的结算，处理客户付款；能够进行电子拍卖；能够进行商品信息发布；能够发布和管理网络广告；商品库存管理；能够跟踪产品销售情况；能够和物流配送系统建立接口；与银行之间建立接口；实现客户关系管理；售后服务。

习题

1. 在 B TO C 模块中申请个人账户和企业账户。
2. 在 B TO C 模块中进行个人网上银行同行转账操作。
3. 开通一个支付通账户，并完成充值和提现操作。
4. 在 B TO C 模块中开通商家服务。
5. 在 B TO C 模块中注册一个消费者账户。
6. 在 B TO C 模块中使用个人用户在网上购物。

第7章 B To B—以阿里巴巴为例

本章学习目的

- 掌握在阿里巴巴上注册会员的流程、会员认证和开通免费旺铺方法。
- 掌握如何进行阿里巴巴旺铺管理以及公司管理。
- 学会在阿里巴巴上发布以及管理供应信息。
- 掌握支付宝企业账户的注册流程、充值和提现方法。
- 掌握在阿里巴巴上发布询价单,搜索产品、供应商、采购商和求购信息等方法。
- 了解和掌握在阿里巴巴上的采购流程。
- 了解和掌握在阿里巴巴上销售商品流程。

实验 7.1 注册免费会员和开通免费旺铺

【实验目的】

- 学会如何进入阿里巴巴国际站和中国站。
- 掌握阿里巴巴国际站和中国站会员注册的流程。
- 学会如何进行会员认证。
- 掌握开通企业旺铺方法。

【实验条件】

- 个人计算机一台,基本配置:CPU Core2 以上,内存 2GB 以上,硬盘空间 20GB 以上,100 兆网卡。
- 个人计算机预装 Windows XP 操作系统和浏览器,银行卡。
- 具有网络连接,可以连接 Internet 网络。

【实验内容和步骤】

1. 进入阿里巴巴国际站和中国站主页

启动 IE 浏览器,在搜索栏中输入"阿里巴巴国际站"或"阿里巴巴中国站",或者在浏览器的地址栏中输入"http://www.alibaba.com/"或"http://www.1688.com/",即可进入阿里巴巴国际站和中国站主页,如图 7.1 和图 7.2 所示。移动光标,浏览整个主页,熟悉阿里巴巴网站主页各个部分的内容及其排列位置，包括“我的阿里”，“诚信通服务”，“我是供应商”，“产品”，“采购”，“求购”等服务频道。

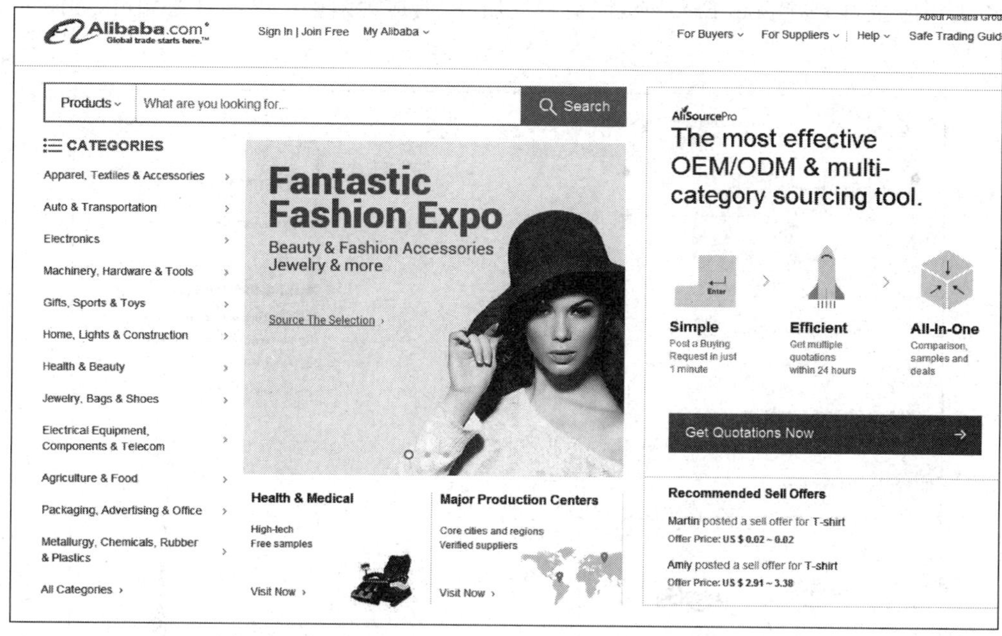

图 7.1　阿里巴巴国际站主页

图 7.2　阿里巴巴中国站主页

2. 注册会员

单击相应主页上方“Join Free”或者“免费注册”注册成为阿里巴巴的普通会员，如图 7.3 和图 7.4 所示。

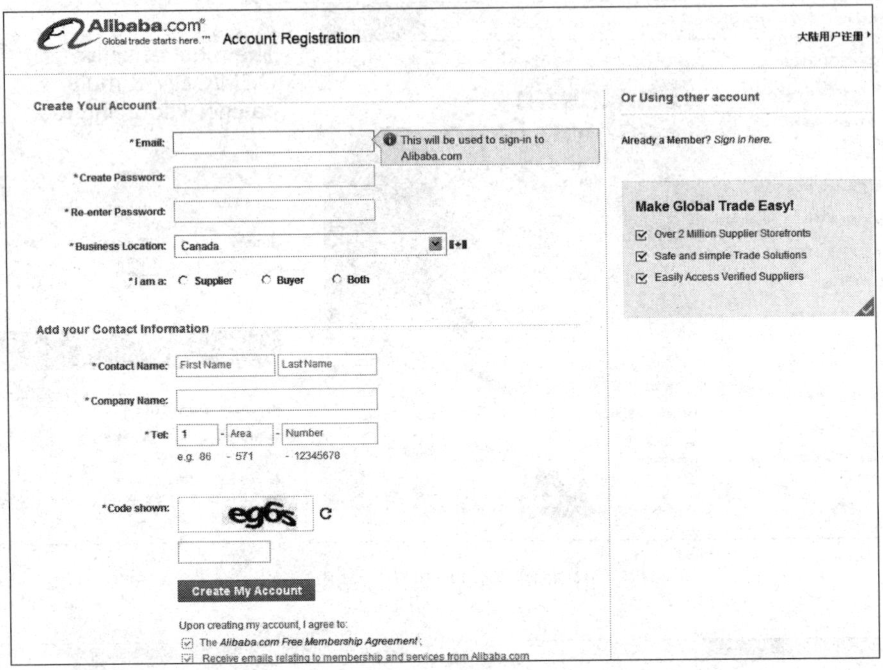

图 7.3　阿里巴巴国际站会员注册

图 7.4　阿里巴巴中国站会员注册

注意：在国际站注册时需要填写真实有效的邮箱号作为登录账号，如果是大陆用户则可以单击右上方的“大陆用户注册”按钮来注册信息，等同于在中国站注册，如图 7.5 所示。在中国站注册时则需要填写真实有效的手机号来接收验证信息，见图 7.4。另务必将账号和密码记清楚，以便下次进入阿里巴巴时，可以直接单击主页上方的“Sign In”或“请登录”按钮来进入登录界面。并且该账号可以用来登录淘宝网、天猫、一淘网和阿里旺旺。

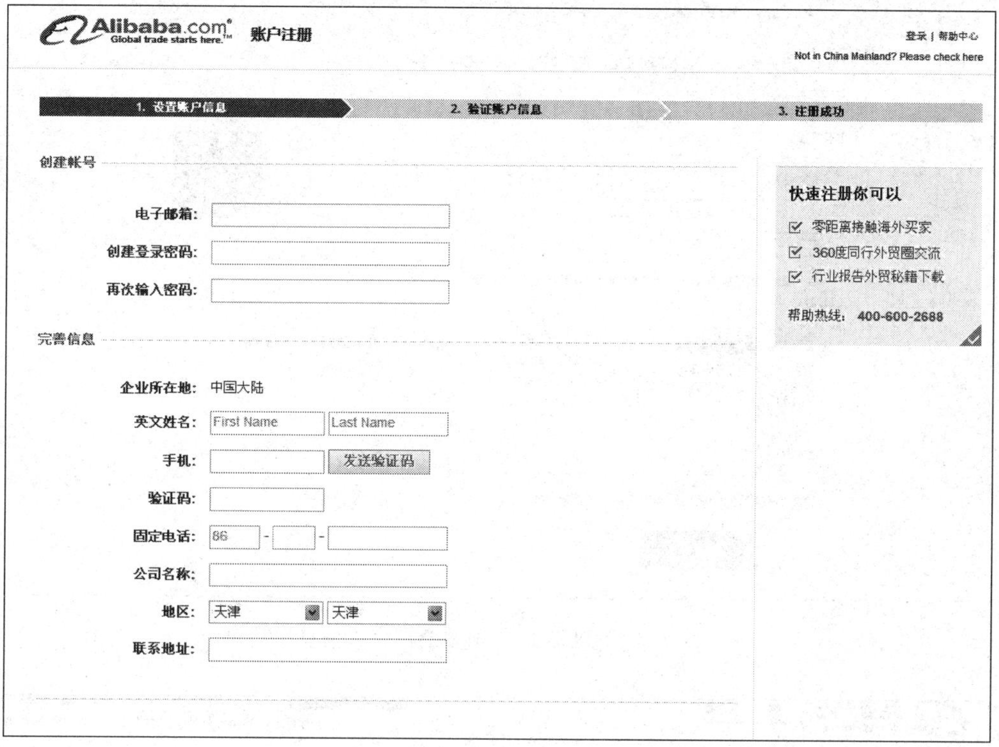

图 7.5　阿里巴巴国际站大陆会员注册

填写完企业相关信息之后，单击“Create My Account”、“创建新账户”或“同意条款并注册”按钮，即可成功开通阿里巴巴服务。在中国站成功开通界面会要求会员完善企业的基本信息，如图 7.6 所示，单击“保存”按钮之后会出现新手上路界面，用户可以单击相应按钮来查看采购入门和销售入门的相关信息，如图 7.7 所示，对于新手用户来说起了一个非常好的导航作用。

3. 会员认证

开通旺铺首先需要进行身份认证，进入“我的阿里”→“旺铺”→“开通旺铺”，如图 7.8 所示，在开通旺铺入门版中单击“开始身份认证”按钮，进入会员认证页面，或直接在“我的阿里”首页右边窗口中，单击“公司未认证”按钮打开会员认证页面，页面中提供了 3 种认证方式，单击“我要认证”按钮，或通过左侧的功能列表来了解和进行相关认证，如图 7.9 所示。其中企业名称认证是免费的，只需要提供银行账号和手机号，诚信通认证需要交纳一定的保证金，而实地认证则需要等待工作人员进行实地考察之后才能认证，对比企业名称认证，另两种认证阿里巴巴将提供更多的权限以及服务。

验证账户信息　　注册成功

恭喜您已经成功开通阿里巴巴（中国站）服务！

此企业账号可同时登录淘宝网、天猫、一淘网、阿里旺旺

为了让您获得更精准的服务和商业机会，我们建议您立即完善以下信息

下载来往得红包

基本信息

* 您的姓名　⊙先生　○女士

固定电话　86 - 区号 - 电话号码

* 会员身份　⊙企业单位　○事业单位或社会团体　○个体经营

公司信息

* 公司名称　请输入在工商局注册的公司名全称

您的部门

您的职位

* 主营方向　○我要销售　○我要采购　⊙两者都是

保存

图 7.6　阿里巴巴中国站会员完善信息

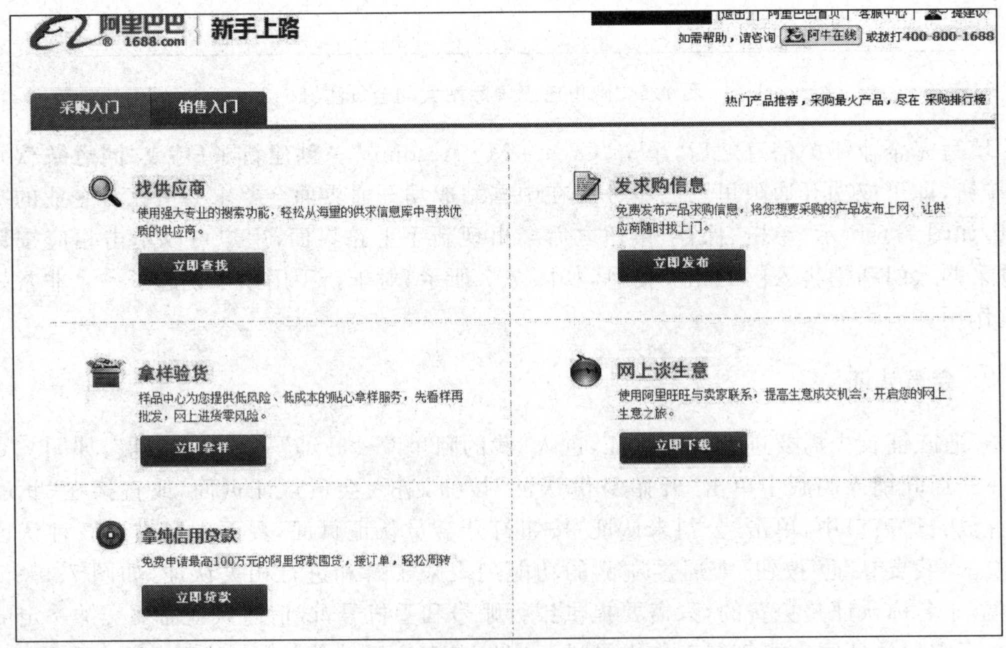

图 7.7　阿里巴巴中国站新用导航界面

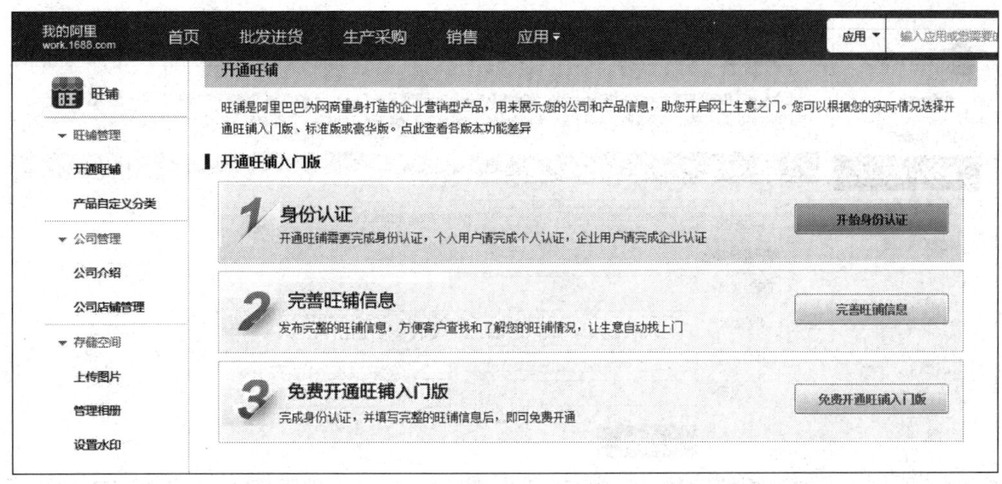

图 7.8　开通旺铺——身份认证

商家认证

我的认证 | 企业实地认证 | 企业名称认证 | 个人实名认证 | 点亮工商红盾

阿牛在线 | 建议反馈

我的认证

认证获信赖，交易求保障！80%的买家优先选择买家保障会员进行交易！完成以下任意一种认证，均可加入买家保障。查看详情>>

公司名称：

认证内容	企业名称认证[免费]	企业身份认证[诚信通]	企业实地认证[推荐]
企业名称	×	×	×
联系人身份	—	×	×
联系人授权真实性	—	×	×
工商注册信息	—	×	×
经营地址及使用权	—	—	×
营业执照原件审核	—	—	×
真实经营模式	—	—	×
企业实景照	—	—	×
指定证书认证	—	—	×
	我要认证	我要认证　免费咨询	我要认证

图 7.9　会员认证界面

单击“企业名称认证”下方的“我要认证”按钮进入企业名称认证界面，填写相关信息，包括企业名称，银行开户名，工商注册号，企业银行账号等，如图 7.10 所示，若用户已经注册过企业支付宝账号，则可以直接通过支付宝进行认证，信息填写完全之后单击“我要认证”按钮，阿里巴巴将会在 3 个工作日内向用户填写的企业银行账号进行打款，当用户收到款后再次单击图 7.9 中的“我要认证”按钮，进入企业名称认证第二步，输入打款金额，如图 7.11 所示，单击“确认”按钮，进入认证成功页面，如图 7.12 所示。

认证成功之后，图 7.8 中页面的身份验证显示“已完成”，单击“完善旺铺信息”按钮，填写旺铺介绍和完善联系方式，如图 7.13 所示，单击“完善成功”按钮之后，完善旺铺信息状态显示已完成，如图 7.14 所示，单击“免费开通旺铺入门版”按钮，仔细阅读开通协议后单击“同意协议，马上开通旺铺”按钮，即可开通企业旺铺入门版。

商家认证
我的认证
企业实地认证
企业名称认证
个人实名认证
点亮工商红盾

企业名称认证

企业名称认证是阿里巴巴中国站针对普通会员推出的免费认证服务，只要您是一家企业，并有银行对公账号，即可进行认证。通过企业名称认证后，会在供应信息详细介绍页面展示真实企业名称和认证标识，帮助您更好地获得买家信赖。了解详情>>

1. 提交银行对公帐号　2. 填写打入账号的金额　3. 认证成功

企业名称*　此项为必填项
银行开户名*
工商注册号*
开户银行*　选择开户行
企业银行账号*
手机号码*
我要认证

若您已有企业支付宝账号，可点此登录支付宝快速认证，如果支付宝账户的企业名称与阿里巴巴账户的企业名称一致，即通过企业名称认证。

图 7.10　企业名称认证(a)

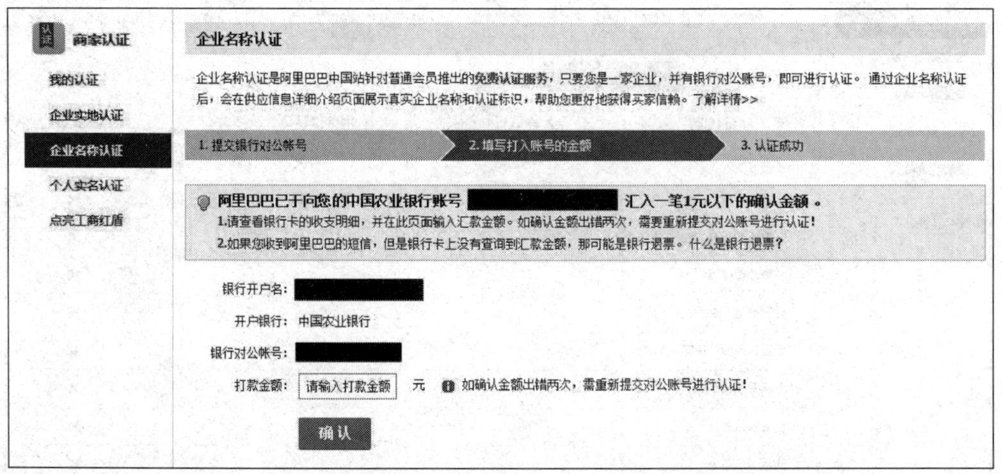

图 7.11　企业名称认证(b)

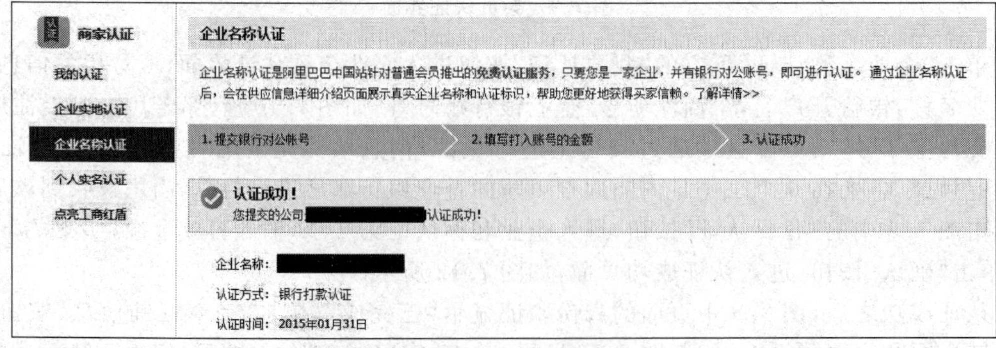

图 7.12　企业名称认证(c)

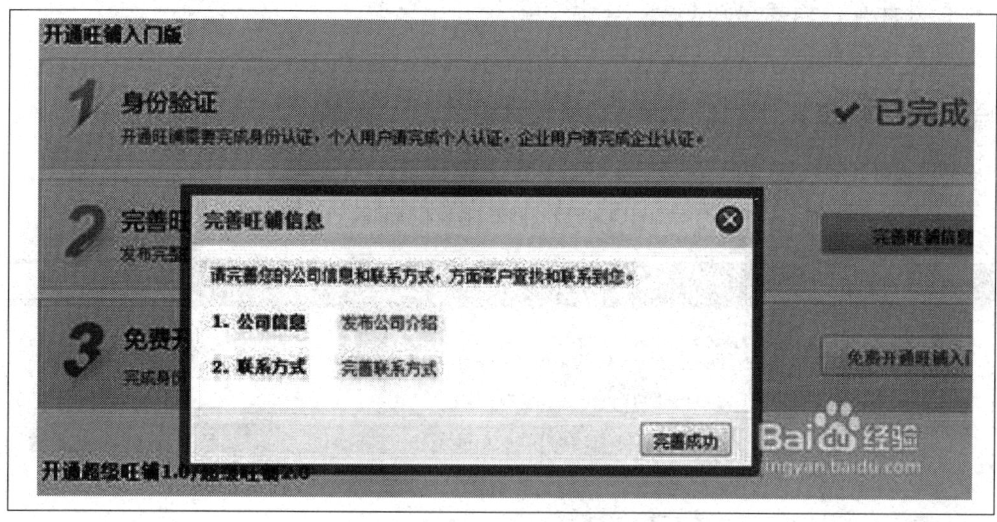

图 7.13　开通旺铺——完善旺铺信息

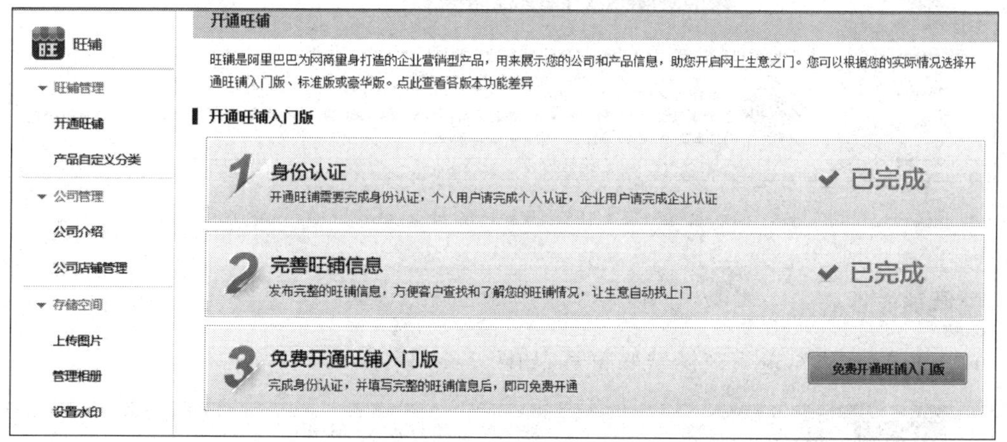

图 7.14　开通旺铺——免费开通旺铺入门版

实验 7.2　旺铺装修以及发布公司介绍

【实验目的】

- 如何对阿里巴巴旺铺进行装修。
- 如何发布公司介绍。
- 掌握上传相册以及管理相册方法。

【实验条件】

- 个人计算机一台，基本配置：CPU Core2 以上，内存 2GB 以上，硬盘空间 20GB 以上，100 兆网卡。

- 个人计算机预装 Windows XP 操作系统和浏览器。
- 具有网络连接，可以连接 Internet 网络。

【实验内容和步骤】

在 IE 浏览器中输入"http://www.1688.com/"进入阿里巴巴中国站主页，输入账号和密码，执行"我的阿里"→"我的应用"→"旺铺"，进入旺铺首页，如图 7.15 所示。

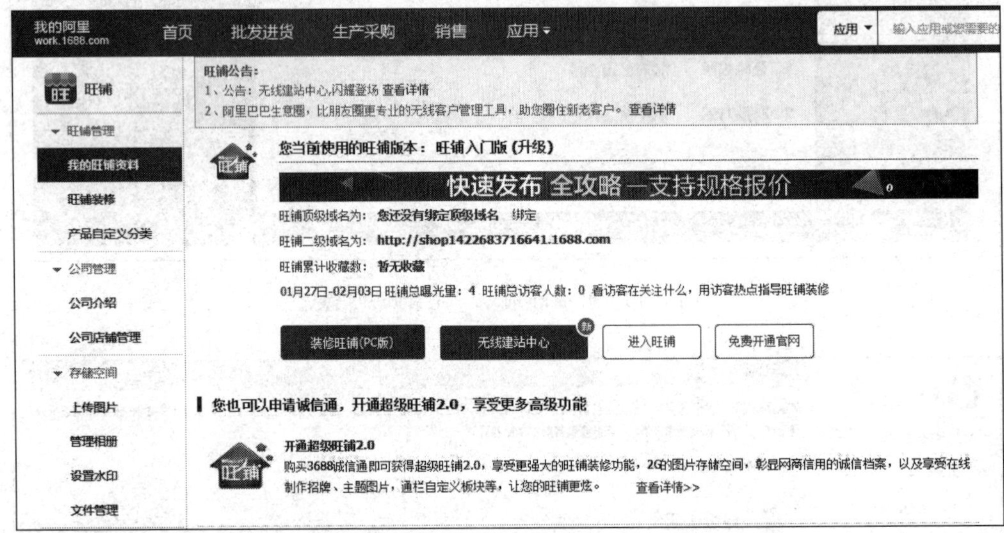

图 7.15 旺铺首页

1. 旺铺装修

单击"旺铺装修"，进入旺铺装修首页，如图 7.16 所示。

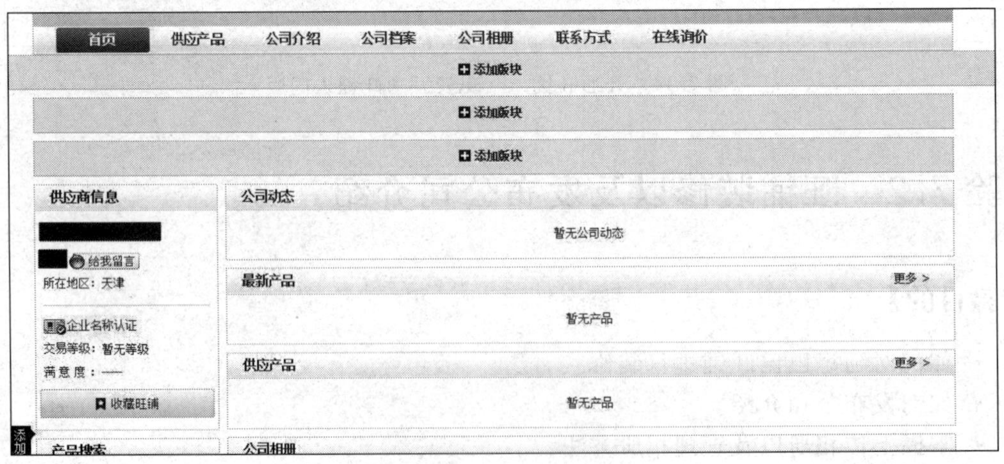

图 7.16 旺铺装修首页

1）添加板块

单击"添加板块"按钮，在打开的窗口中选择需要添加的板块，如图 7.17 所示，如添加主题图片板块，在打开的窗口中设置主题图片板块，单击图片右上角的“启用”按钮，如图 7.18 所示，进入图片编辑窗口，在此窗口中可以选择上传图片，如图 7.19 所示，也可以对图片进行修改，单击“确定”按钮即该板块添加成功。

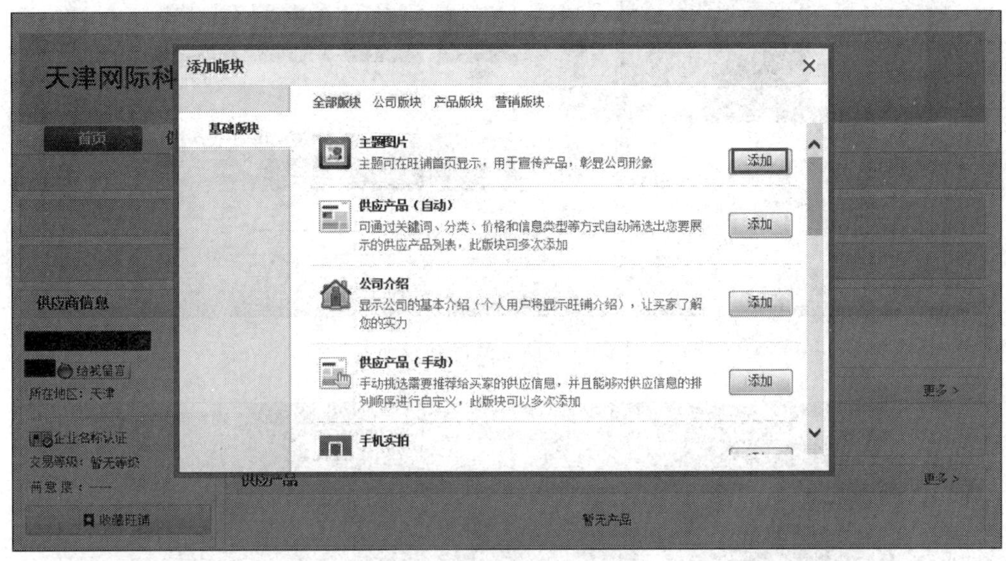

图 7.17 添加主题图片板块(a)

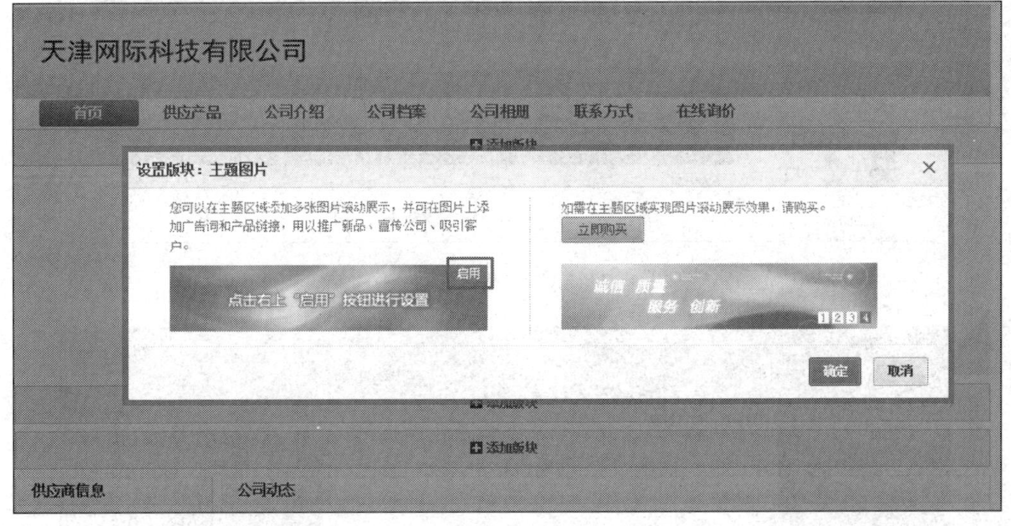

图 7.18 添加主题图片板块(b)

2）删除板块

选中需要删除的板块，单击该板块右上角的“删除”按钮，在打开的提示对话框中选择“确定”即可将该板块删除，如图 7.20 所示。

3）板块设置

选中需要进行设置的板块，单击该板块右上角的“设置”按钮，在打开的窗口中可以对板块的标题和显示数量进行设置，如图 7.21 所示，单击“确定”按钮即可完成。

图 7.19 添加主题图片板块(c)

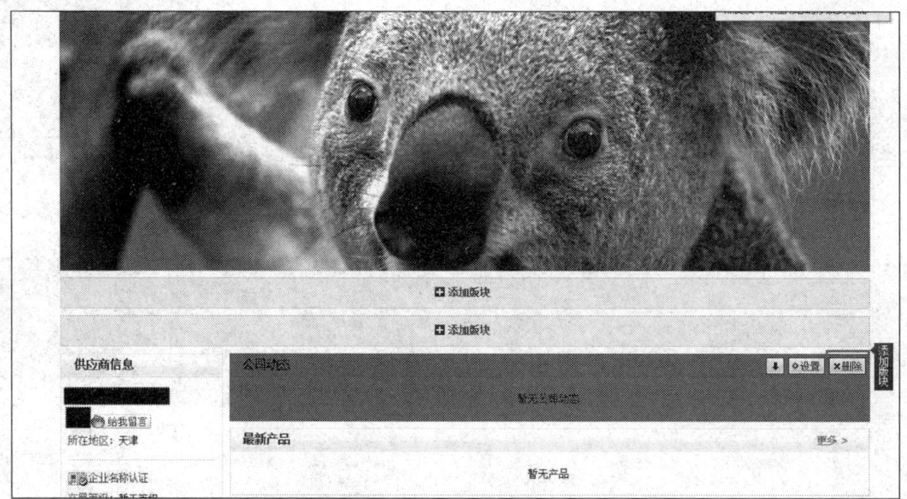

图 7.20 删除板块

图 7.21 板块设置

当所有店铺装修完成之后，单击右上角的“发布”按钮即可成功发布旺铺，如图 7.22 所示。

图 7.22　发布旺铺

注：如需更多的装修风格可将旺铺进行升级。

2. 发布公司介绍

执行“公司管理”→“公司介绍”，进入公司基本信息介绍页面，如图 7.23 所示，填写完毕之后单击“保存并发布”按钮，即发布成功，如图 7.24 所示，若审核通过，阿里巴巴将于工作时间 2 小时内发布上网，若审核不通过，将通过邮件通知。

图 7.23　公司介绍

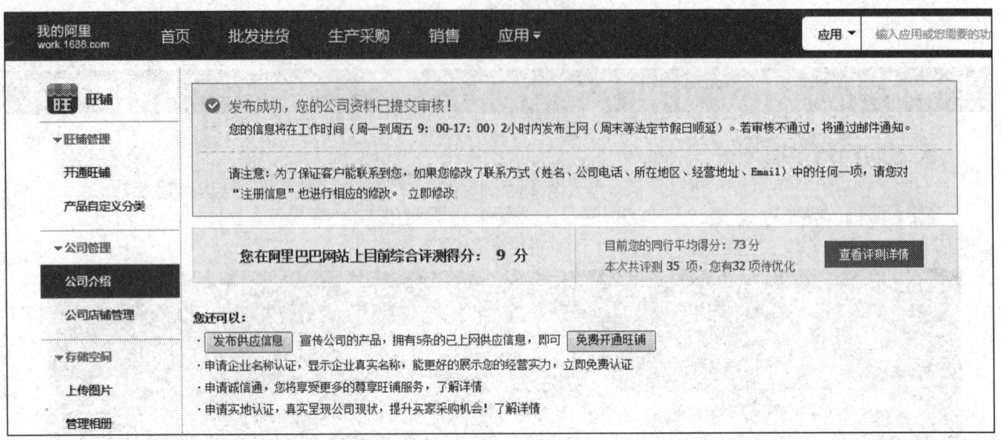

图 7.24　公司介绍发布成功

注：翔实的公司介绍可以增强用户的信赖度，也可以方便潜在的贸易伙伴进一步了解公司的信息，从而增加商品的成交率。

3. 管理相册

执行"存储空间"→"管理相册"，如图 7.25 所示，在右侧窗口可以上传图片、新建相册，以及对相册进行排序。单击"上传图片"按钮，或执行"存储空间"→"上传图片"，右侧窗口显示为图片上传界面，如图 7.26 所示，单击"选择图片并上传"按钮，可以将本地图片上传到旺铺的相册中，用户可以选择"普通上传"、"高速上传"或"单张图片上传"三种方式。

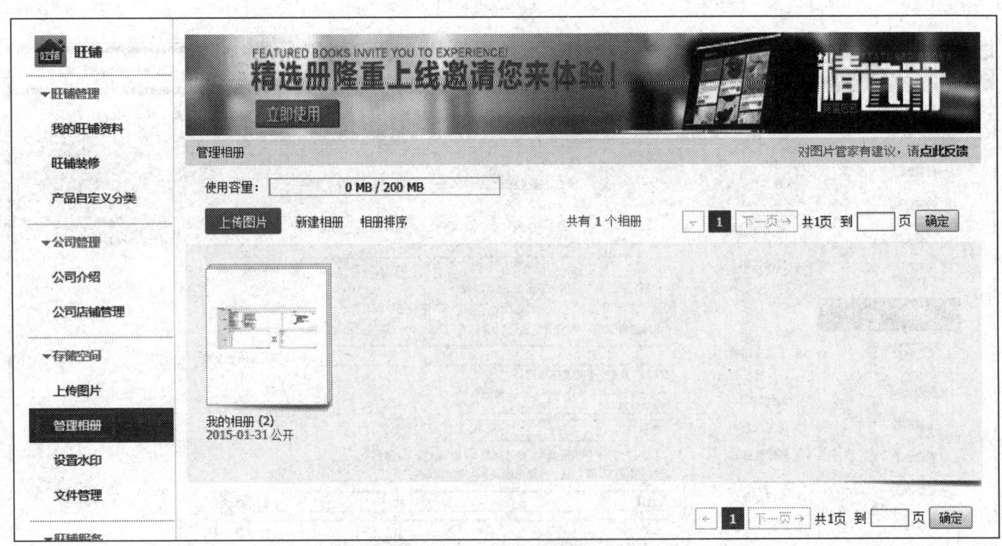

图 7.25　管理相册

图 7.26　上传图片

实验 7.3　发布公司供应产品

【实验目的】

- 掌握如何在阿里巴巴上发布供应信息。
- 学会如何上架供应信息。
- 掌握如何下架不销售的产品。
- 学会如何管理草稿箱中的信息。

【实验条件】

- 个人计算机一台，基本配置：CPU Core2 以上，内存 2GB 以上，硬盘空间 20GB 以上，100 兆网卡。
- 个人计算机预装 Windows XP 操作系统和浏览器。
- 具有网络连接，可以连接 Internet 网络。

【实验内容和步骤】

1. 发布供应产品

登录阿里巴巴，进入“我的阿里”，在“我的应用”中单击“发布供应产品”，或直接执行“我的阿里”主页上方栏目中的“销售”→“供应产品”→“发布供应产品”，如图 7.27 所示。单击“我要发布”按钮，进入发布页面，按照提示选择产品的类目，可以通过产品关键字进行查找，如图 7.28 所示，选择类目后，单击“下一步”按钮，在弹出的页面中填写产品的信息详情，包括信息标题、产品属性、特色服务等，其中带红色“＊”为必填项，如图 7.29 所示，填写完毕之后单击“同意协议条款，我要发布”按钮，也可以先将其存入草稿箱稍后进行发布，可通过“我的阿里”→“供应产品”→“草稿箱”进行查看，发布成功之后需要等待阿里巴巴后台进行审核，如图 7.30 所示，审核通过之后发布上线。

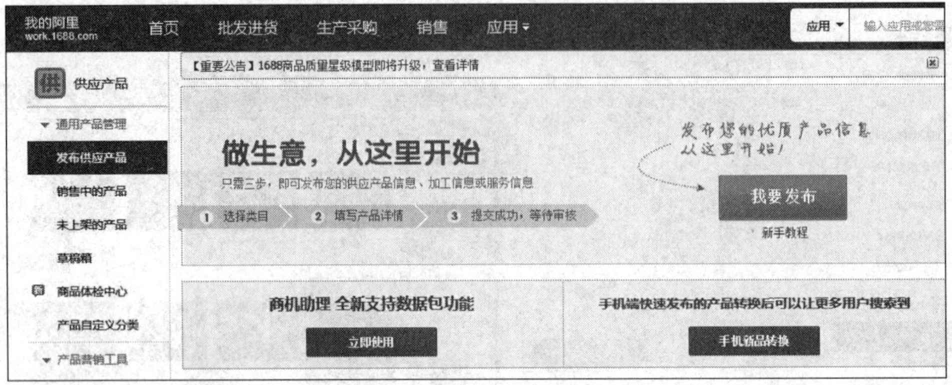

图 7.27　发布供应产品(a)

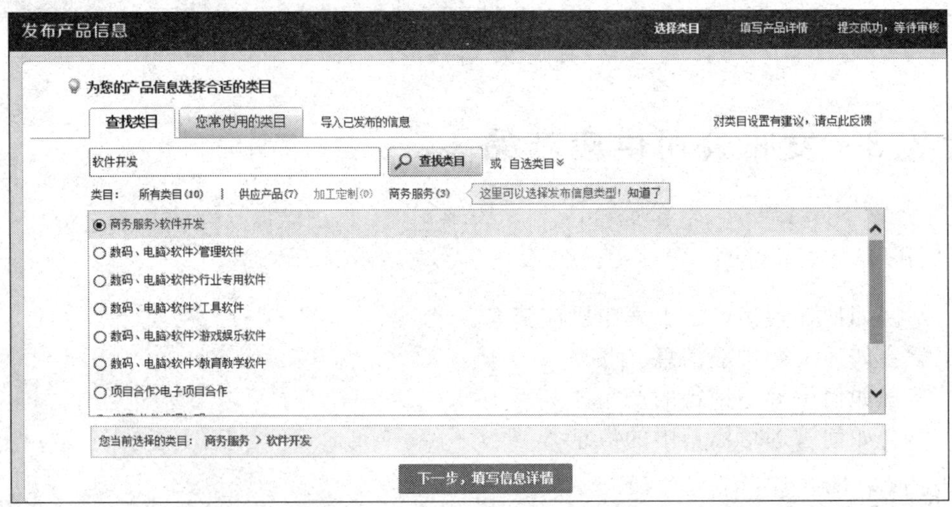

图 7.28　发布供应产品(b)

图 7.29　发布供应产品(c)

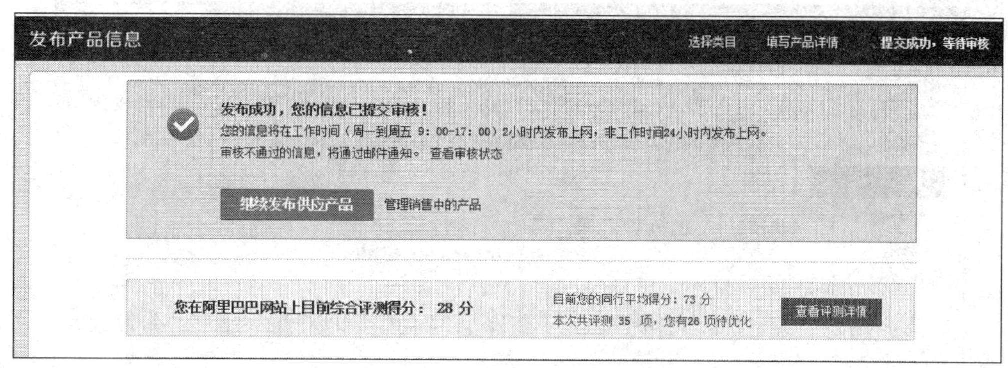

图 7.30　发布供应产品(d)

2. 管理销售中的产品

进入“我的阿里”→“供应产品”→“销售中的产品”，查找店铺内的所有产品，如图 7.31 所示。在此页面中可以对产品的状态进行调整，包括产品下架、修改和删除等操作，若商品较多，可通过对价格、到期日期进行排序。

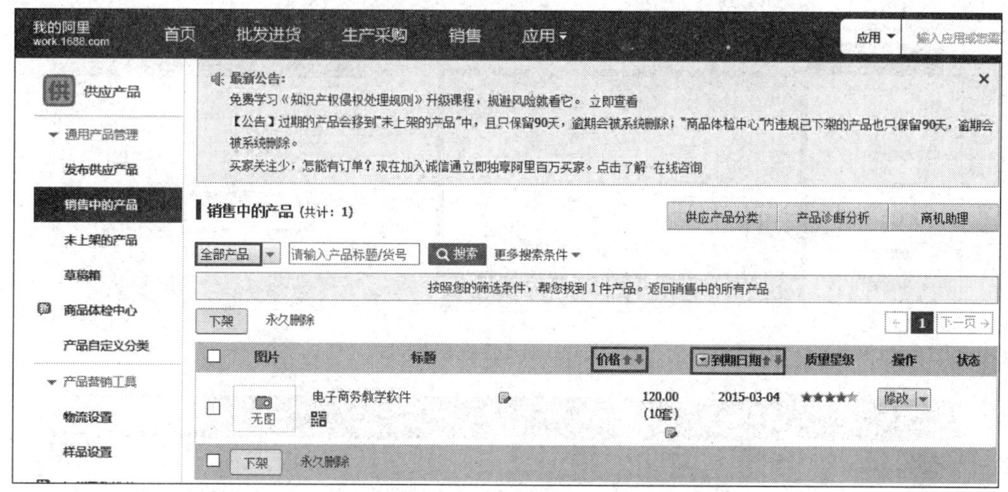

图 7.31　管理销售中的产品

(1) 产品标题修改：单击标题栏右侧的修改图标进行修改，如图 7.32 所示。

(2) 产品价格修改：单击价格栏下方的修改图标，在弹出的对话框中可以修改产品的价格以及可售数量，如图 7.33 所示。

(3) 产品下架：选择好需要下架的产品，单击左上角的“下架”按钮，在弹出的对话框中选择“确定”按钮即可将产品下架，如图 7.34 所示。

3. 管理未上架的产品

未上架的产品主要包括违规已下架的产品以及过期的产品。执行“我的阿里”→“供应产品”→“未上架的产品”，在此页面中可以对产品进行修改、删除以及上架，如图 7.35 所示。

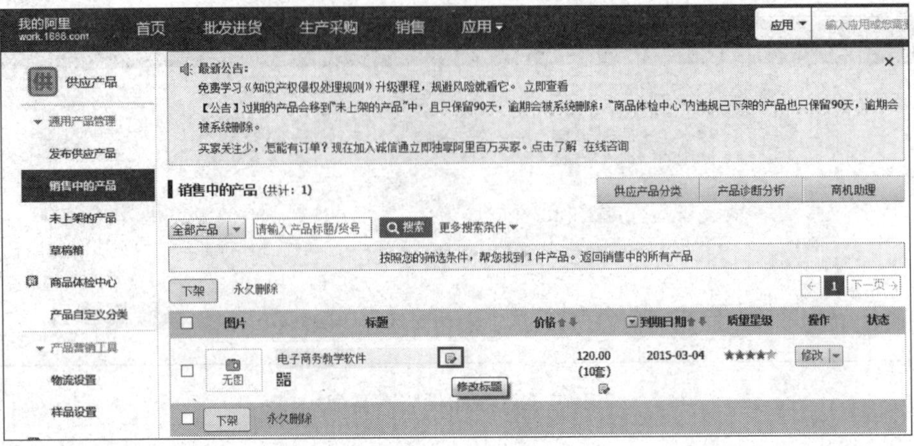

图 7.32 产品标题修改

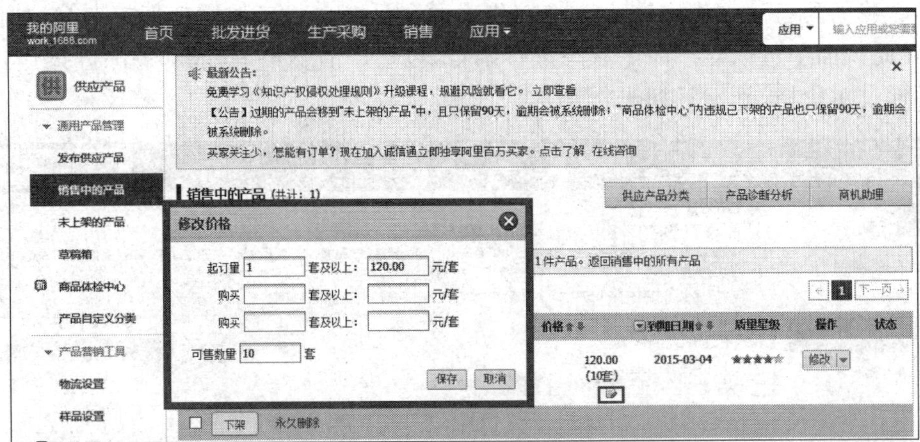

图 7.33 产品价格修改

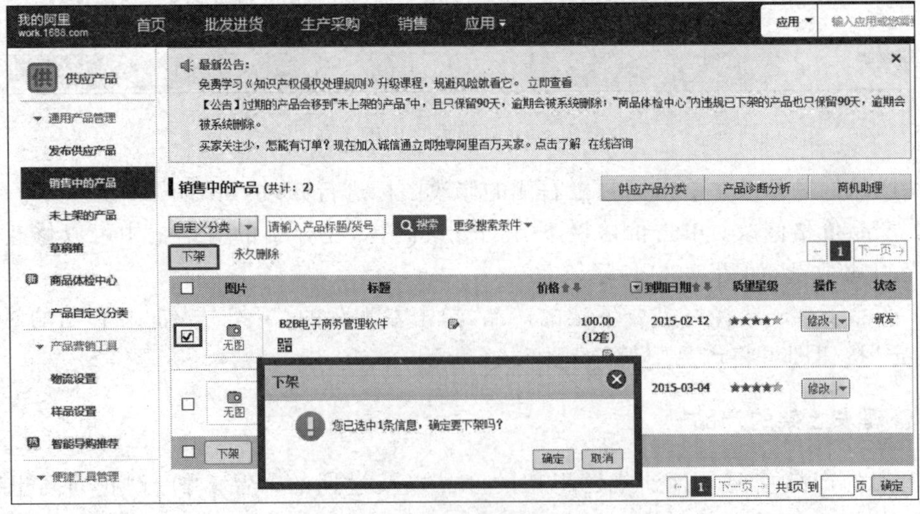

图 7.34 产品下架

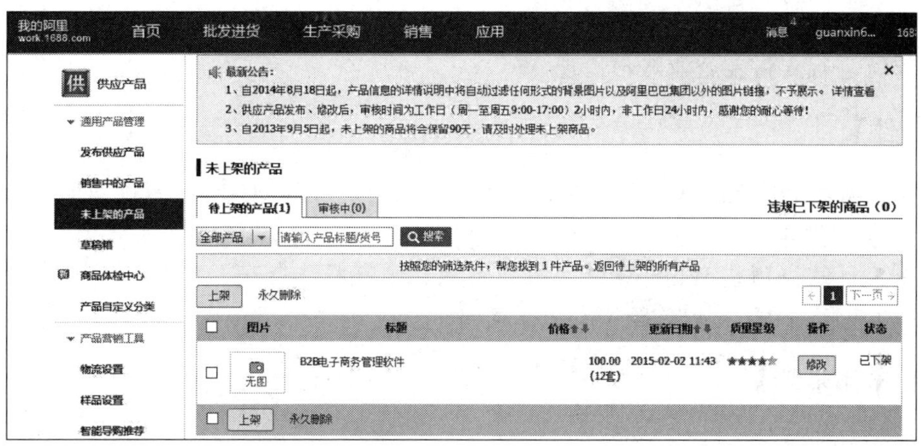

图 7.35　未上架的产品

（1）修改未上架的产品：在需要进行修改的产品右侧单击“修改”按钮，进入到发布供应信息页面，可以对产品进行相关属性的修改。

（2）产品上架：选择好需要上架的产品，单击左上角的“上架”按钮即可，注意只有经过修改之后的产品才能进行上架。

4. 管理草稿箱

草稿箱中的产品是发布供应产品信息时未及时发布而保存起来的产品。执行“我的阿里”→“供应产品”→“草稿箱”，如图 7.36 所示，在此页面中可以对产品进行编辑和删除操作，单击“编辑”按钮可以进入到发布供应产品页面，信息填写完成发布之后即可将该产品移至“销售中的产品”栏目中，单击“永久删除”按钮即可删除该产品。

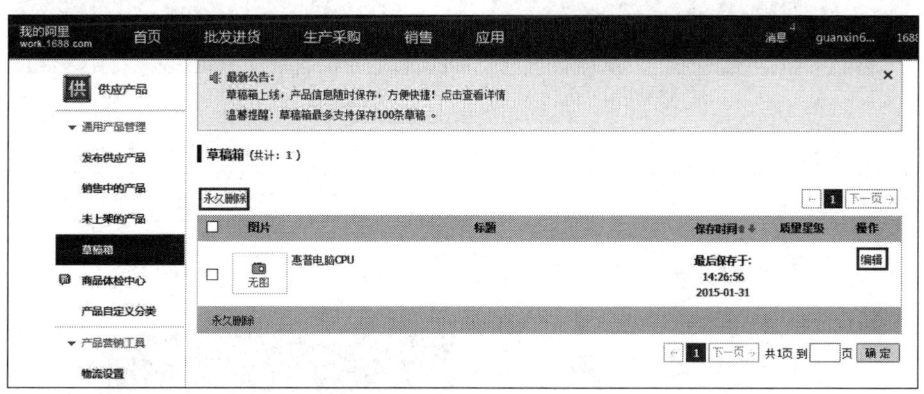

图 7.36　草稿箱中的产品

实验 7.4　支付宝企业账户注册及后台管理

【实验目的】

- 如何进行支付宝企业账户注册。

- 如何进行支付宝企业账户银行卡充值。
- 如何进行支付宝企业账户提现。

【实验条件】

- 个人计算机一台,基本配置: CPU Core2 以上,内存 2GB 以上,硬盘空间 20GB 以上,100 兆网卡。
- 个人计算机预装 Windows XP 操作系统和浏览器,银行卡。
- 具有网络连接,可以连接 Internet 网络。

【实验内容和步骤】

1. 支付宝企业账户注册

在 IE 浏览器中输入"https://www.alipay.com/"进入支付宝首页,如图 7.37 所示,单击"免费注册"按钮,进入支付宝注册页面,如图 7.38 所示,选择"企业账户",输入账户名和

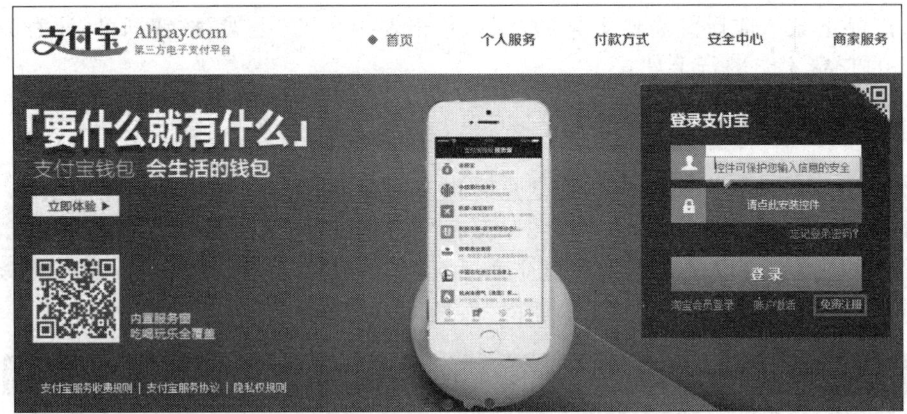

图 7.37 支付宝首页

图 7.38 支付宝企业账户注册(a)

验证码，账户名为邮箱号，单击“下一步”按钮，在打开的对话框中单击“立即查收邮件”按钮，登录验证邮箱找到支付宝发的邮件，如图 7.39 所示，单击“继续注册”按钮或链接，进入填写账户信息页面，在此页面中填写登录密码，支付密码和安全保护问题，如图 7.40 所示，填写完毕之后单击“下一步”按钮即可完成支付宝企业账户注册。注：首次登录支付宝时在密码输入栏中需要安装安全控件，安装方法可参考第 5 章实验 5.3。

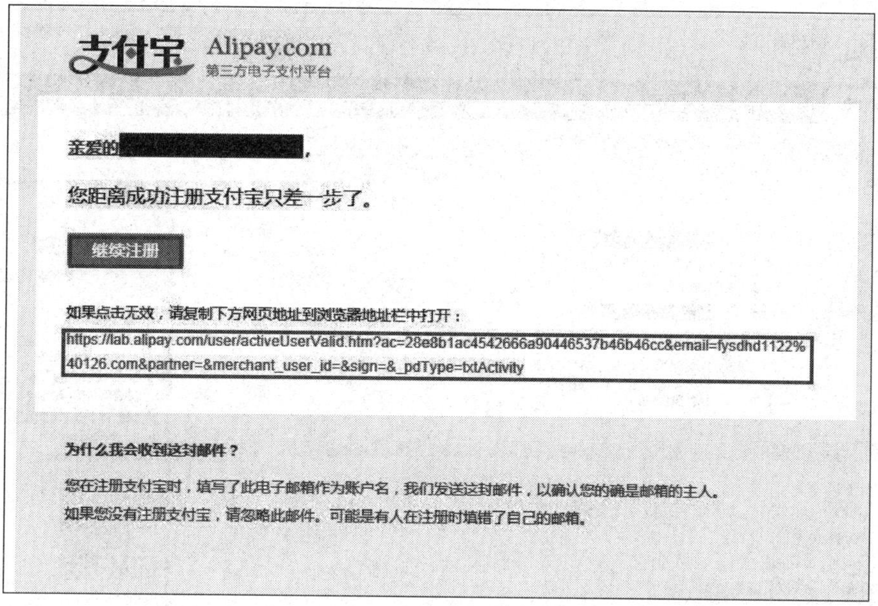

图 7.39　支付宝企业账户注册(b)

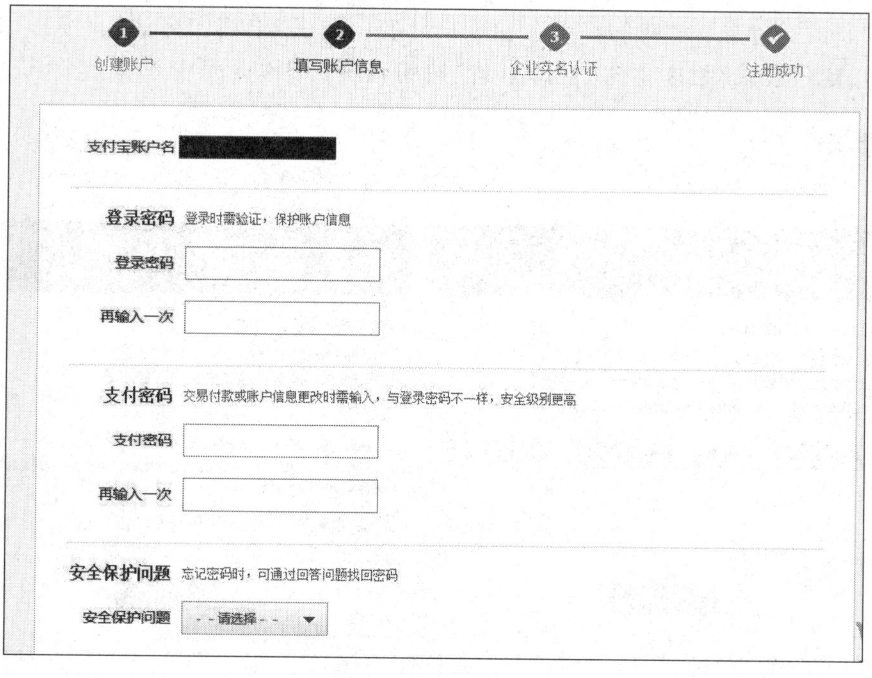

图 7.40　支付宝企业账户注册(c)

2. 支付宝企业账户实名认证

根据国家规定,申请公司类型的支付宝账户需先进行支付宝实名认证才能使用支付宝进行交易。打开支付宝首页,输入用户名和密码进行登录,如图 7.41 所示,浏览各页面,用户可以查看账户余额、账户资产、基本信息,安全设置等相关信息。

图 7.41 支付宝企业账户首页

执行“我的支付宝”→“我的账户”,在账户状态中单击“申请实名认证”按钮,如图 7.42 所示,在“法定代表人”栏中单击“立即申请”按钮,在打开的页面中填写企业认证信息,如

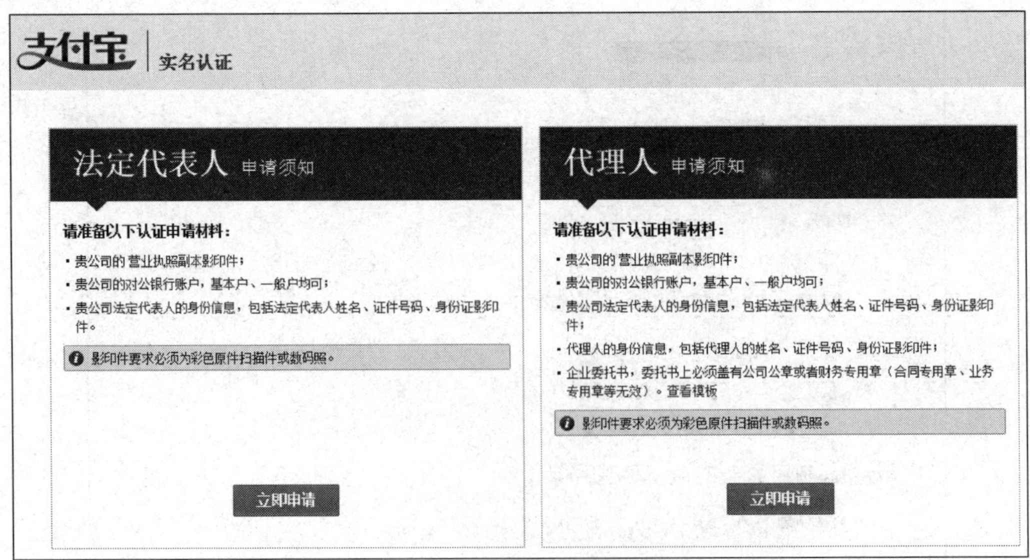

图 7.42 支付宝企业账户实名认证(a)

图 7.43 所示，包括企业名称、营业执照注册号、所在地、联系电话、营业执照副本扫描件等信息；接着单击“下一步”按钮，填写企业对公账户信息，如图 7.44 所示，主要包括开户银行的地址、所在城市、公司的对公账号等信息；之后单击“下一步”按钮，进入填写法定代表人信息页面，如图 7.45 所示，在此页面中，所有信息均为必填项，其中上传的身份证扫描件必须为彩色的，且内容清晰可见；之后再单击“下一步”按钮，在打开的页面中仔细核对填写的信

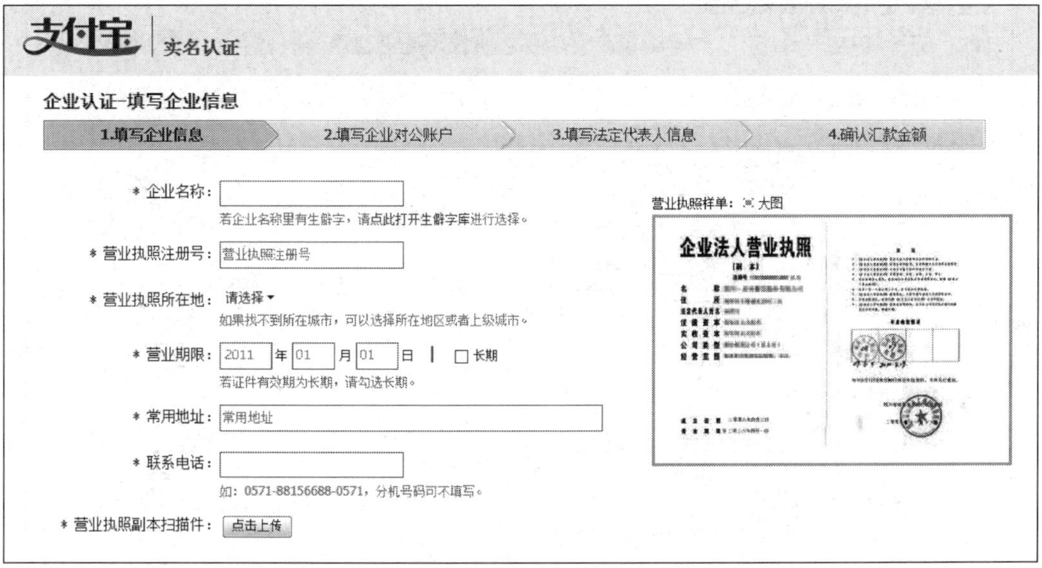

图 7.43　支付宝企业账户实名认证(b)

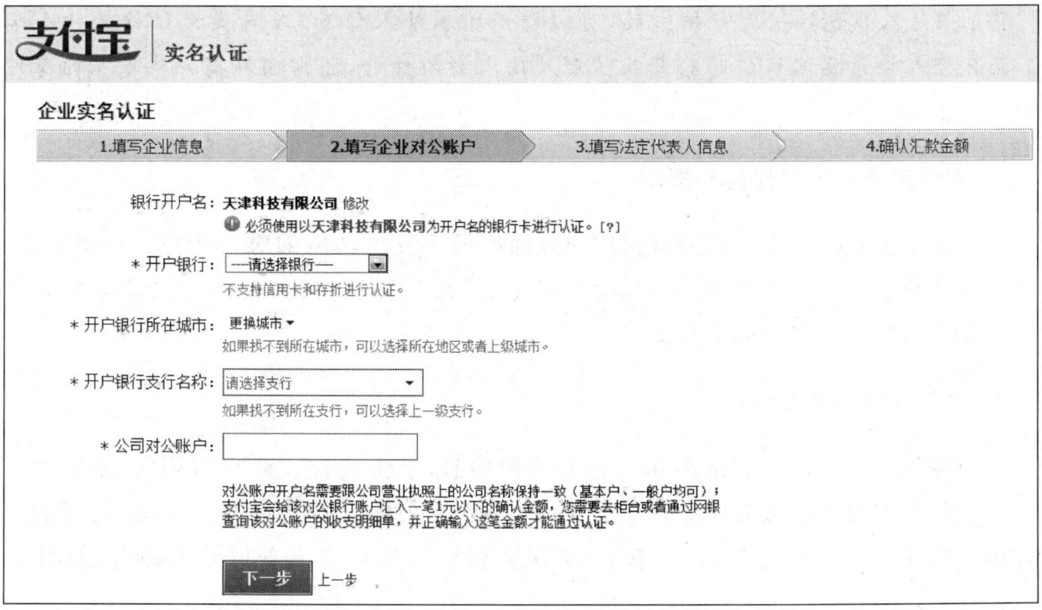

图 7.44　支付宝企业账户实名认证(c)

息是否正确，确认无误之后单击“确认信息并提交”按钮，系统自动打开一个提交成功的窗口，之后就需要等待支付宝的工作人员进行人工审核（审核营业执照和法人证件，时间为2天）；人工审核成功后，等待支付宝系统给公司的对公银行账户打款，打款成功之后输入打款金额即可完成支付宝企业实名认证。

图7.45　支付宝企业账户实名认证(d)

注：若法人信息第一次审核失败，可以重新输入法人信息，或者提交证件进行人工审核；而代理人申请实名认证时除营业执照及法人影印件外，还需额外提供代理人的身份信息以及企业委托书。

3. 支付宝企业账户充值与提现

在支付宝企业账户充值前需确保用户开通有网上支付功能的对公账户。在图7.41支付宝企业账户首页右侧小窗口中单击“立即充值”或“提现”按钮，具体方法参考第5章实验5.3的支付宝个人账户充值与提现。

4. 绑定支付宝企业账户

登录阿里巴巴，打开“我的阿里”，查看账户信息，单击支付宝账户右侧的“未绑定”，如图7.46所示，在打开的页面中选择已有支付宝账户，如图7.47所示，将“已阅读并同意《支付宝绑定协议》”复选框勾上之后，单击“登录支付宝”，即可完成支付宝的绑定，如图7.48所示。

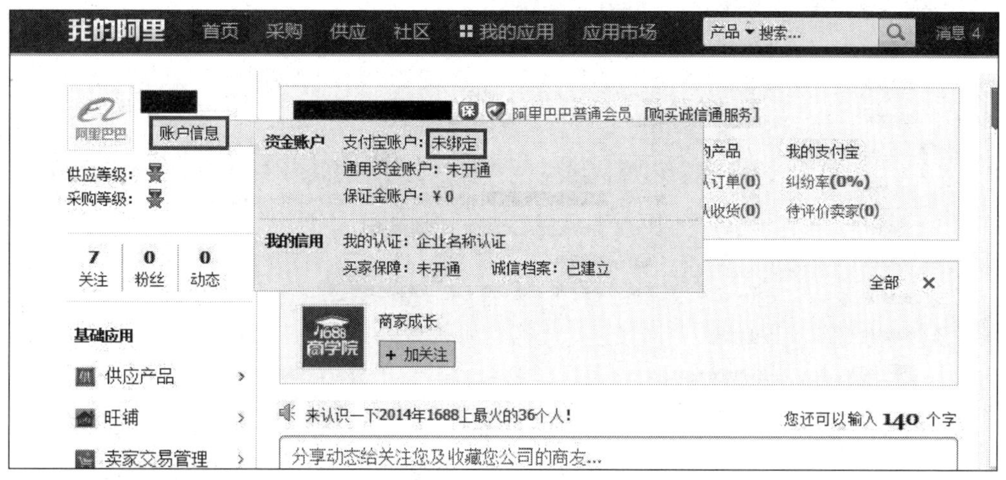

图 7.46　绑定支付宝(a)

图 7.47　绑定支付宝(b)

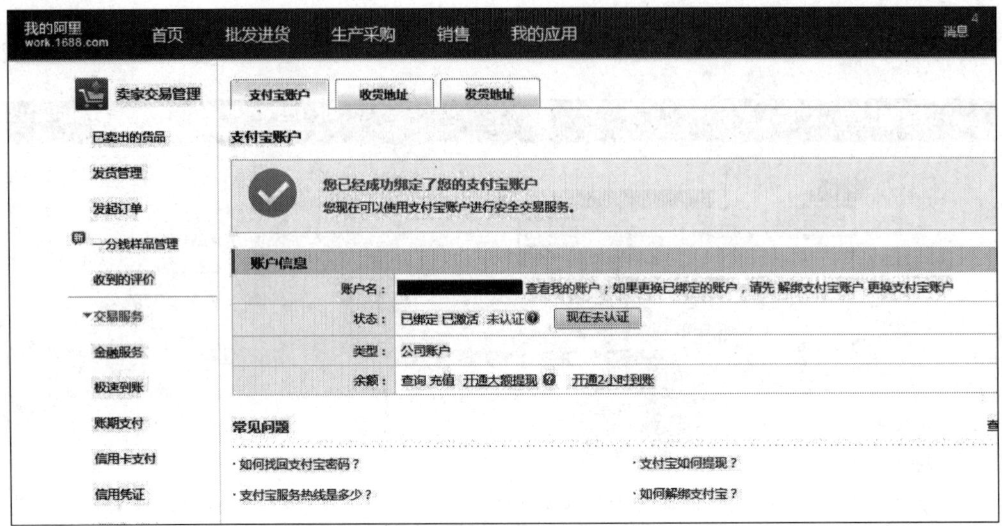

图 7.48　绑定支付宝(c)

实验 7.5　阿里巴巴网上搜索产品及商户

【实验目的】

- 学会如何发布询价单。
- 学会如何搜索产品。
- 掌握搜索供应商和采购商方法。

【实验条件】

- 个人计算机一台，基本配置：CPU Core2 以上，内存 2GB 以上，硬盘空间 20GB 以上，100 兆网卡。
- 个人计算机预装 Windows XP 操作系统和浏览器。
- 具有网络连接，可以连接 Internet 网络。

【实验内容和步骤】

在 IE 浏览器中输入网址“http://www.1688.com/”进入阿里巴巴中国站主页，输入账号和密码进行登录，如图 7.49 所示。

1. 发布询价单

询价单即买家发布的求购信息，买家可以将自己的求购需求发布成询价单，卖家可以通过该询价单来给买家报价，从而进一步达成交易。单击搜索栏右侧的“询价单”按钮，在弹出的询价单页面中填写详细信息，如图 7.50 所示，主要包括标题、询价的产品、采购要求、询价方式以及隐私设置等信息，填写完毕之后单击“确定发布”按钮即可发布到网上，用户可以通过搜索“求购”信息来进行查找。

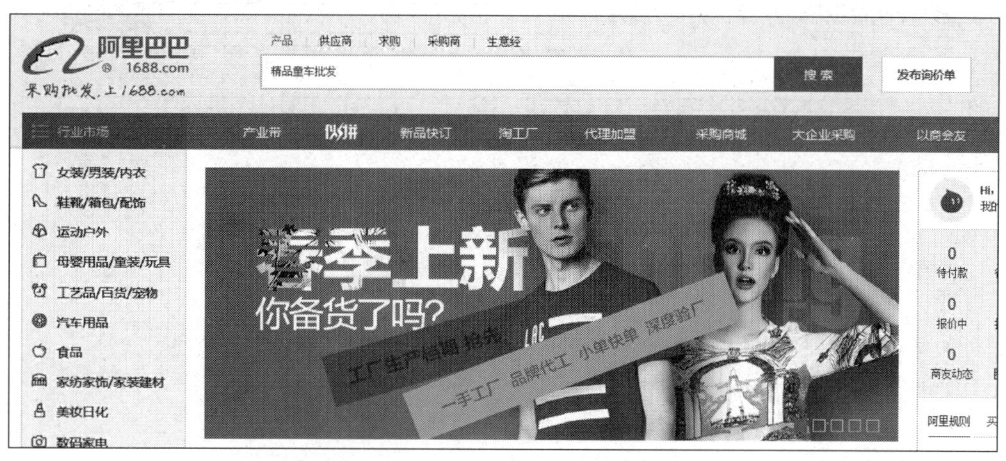

图 7.49　阿里巴巴中国站主页

询价单

标题

为该询价单写个标题（必填）

询价产品

◉现货/标准品　○加工/定制品

*产品名称	所属行业	*数量	*单位	产品描述	图片/图纸/文档
			件、吨	填写规格说明，报价更精准	上传

＋添加产品｜批量导入

采购要求

*报价截止时间　2015-03-23 23:59:59　45天后

图 7.50　发布询价单

2. 搜索产品

单击“产品”按钮，在搜索栏中输入需要查找的产品信息关键字，单击“搜索”按钮即可找到相应的产品信息，在打开的网页中用户可以通过选择类目中的相关属性来进行产品的筛选，如图 7.51 所示，也可以通过人气、价格以及销量来进行排序。

3. 搜索供应商

单击“供应商”按钮，在搜索栏中输入需要查找的供应商信息关键字，单击“搜索”按钮即可找到相应的供应商信息，如图 7.52 所示。

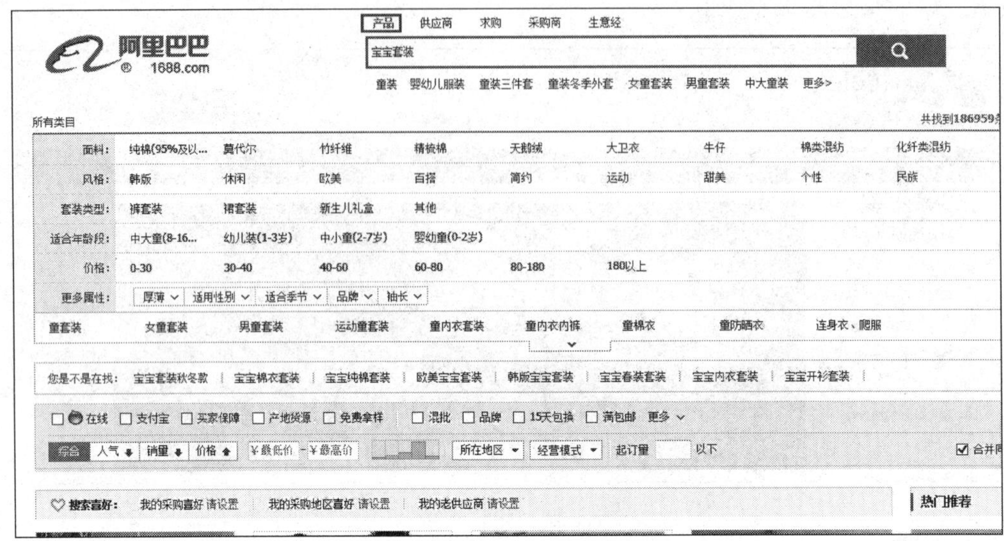

图 7.51　产品搜索

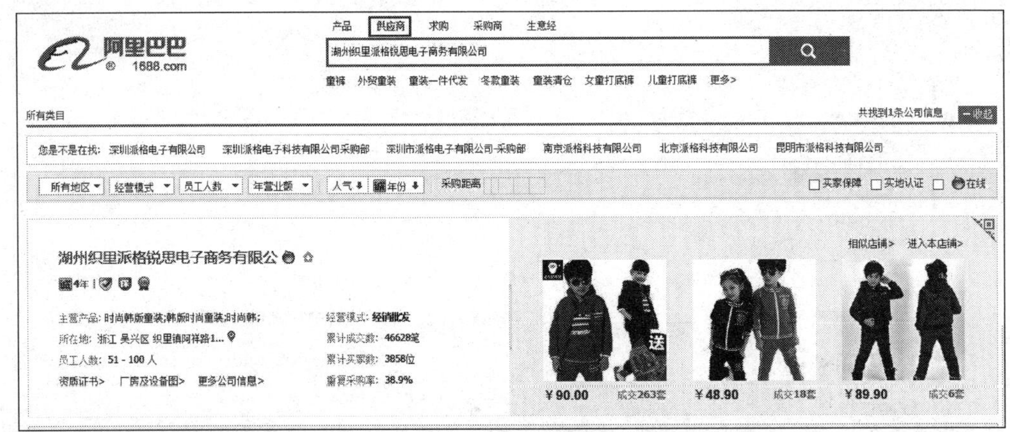

图 7.52　供应商搜索

4. 搜索求购信息

单击“求购”按钮，在搜索栏中输入需要查找的求购信息关键字，单击“搜索”按钮即可找到相应的求购信息，如图 7.53 所示，单击“立即报价”按钮，在打开的页面中查看详细的求购信息，如图 7.54 所示，若用户供应的正好是求购商所需要的产品，单击“立即报价”按钮，报价完成后就可以看到采购商的联系方式了，用户可以主动联系采购商进行洽谈。

注：只有诚信通用户才能对产品进行立即报价。

5. 搜索采购商

单击“采购商”按钮，在搜索栏中输入需要查找的采购商信息关键字，单击“搜索”按钮，在打开的页面中单击“查看全部询价单”按钮，如图 7.55 所示，进入该公司的阿里巴

图 7.53 求购信息搜索

图 7.54 对求购产品立即报价

图 7.55 采购商搜索

巴采购平台，单击“查看详情”按钮，如图 7.56 所示，即可进入该采购商发布的询价单详情页面。

图 7.56 查看采购详情

实验 7.6 阿里巴巴网上采购

【实验目的】

- 掌握在线下单流程。
- 学会如何进行付款。
- 学会如何进行产品询价、退货退款。
- 掌握如何申请售后服务。

【实验条件】

- 个人计算机一台，基本配置：CPU Core2 以上，内存 2GB 以上，硬盘空间 20GB 以上，100 兆网卡。
- 个人计算机预装 Windows XP 操作系统和浏览器，银行卡。
- 具有网络连接，可以连接 Internet 网络。

【实验内容和步骤】

在 IE 浏览器中输入网址“http://www.1688.com/”进入阿里巴巴中国站主页，输入账号和密码来进行登录，浏览页面，搜索感兴趣的产品。

1. 在线下单

1）供应商发布的产品支持网上订购

选好产品之后，单击相应网址，进入产品详细信息页面，如图 7.57 所示，在该页面中用户可以查看产品的详细信息，包括价格、运费、商品详情、用户评价、成交记录等信息。用户也可以在此页面中搜索该旺铺供应的其他商品。若用户还想比比价但又担心再找不到这个宝贝时，可以单击"收藏产品"按钮；若用户对该旺铺很感兴趣，则可以单击页面左侧下方的"收藏旺铺"按钮来收藏该旺铺，用户可以通过收藏夹中的"收藏的货品"或"收藏的供应商"来进行查看。

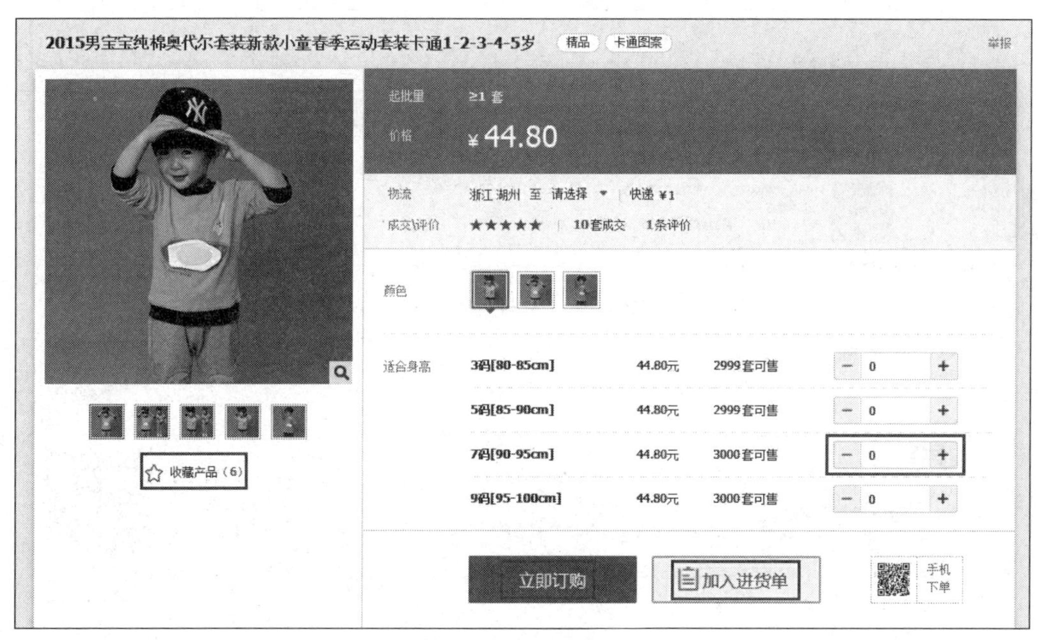

图 7.57　产品详情页面

当用户决定购买选中的产品时，可以先通过阿里旺旺来联系供应商，如询问产品价格、运费、快递等相关信息。与供应商谈妥之后，在产品信息详情页面选择好颜色和数量，单击"立即订购"或"加入进货单"按钮，填写并确认订购信息（包括收货地址、购买数量、给卖家留言等），如图 7.58 所示，单击"提交订单"按钮，根据页面提示，进入支付宝的收银台付款，如图 7.59 所示，或登录"我的阿里"→"批发进货"→"已买到的货品"中找到相应的订单后，如图 7.60 所示，单击后面的"付款"按钮，进入支付宝收银台付款，具体付款操作参考第 5 章实验 5.5。

2）供应商发布的产品不支持网上订购

单击需要购买产品的网址，进入产品详细信息页面，如图 7.61 所示。

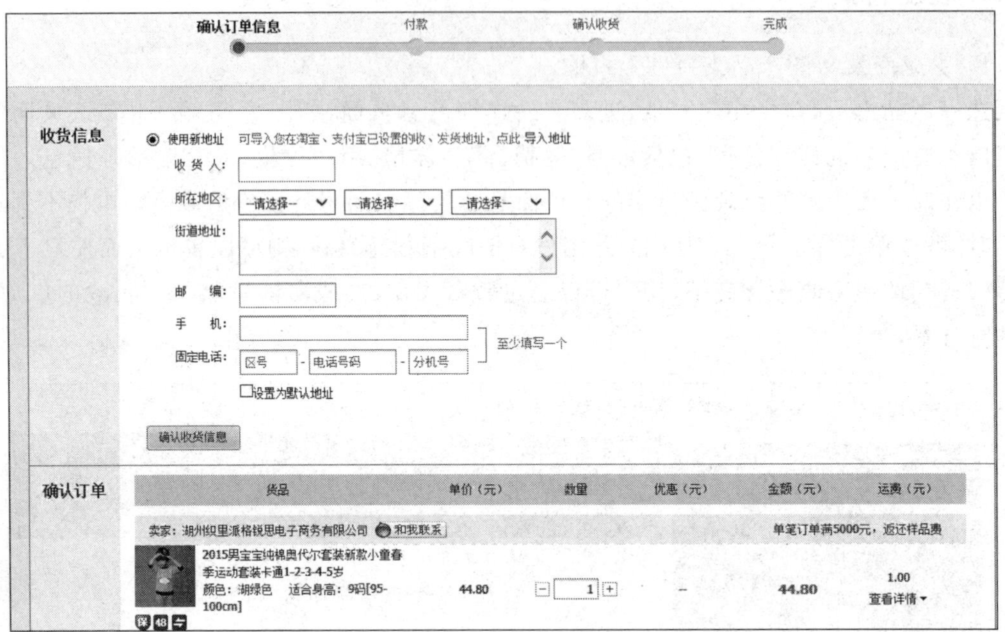

图 7.58 填写订单信息

图 7.59 支付宝收银台付款

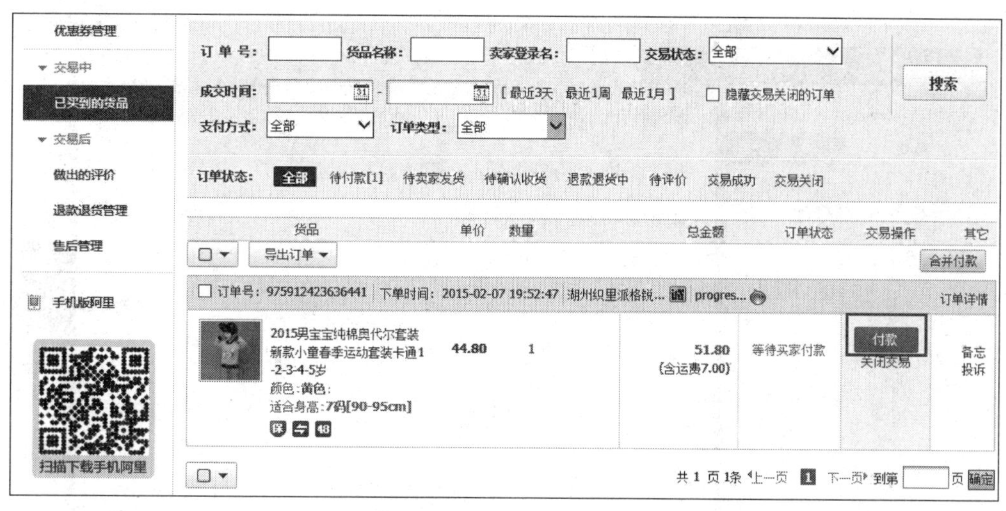

图 7.60　产品订单付款

图 7.61　对产品立即询价(a)

当用户决定购买选中的产品时，单击“立即询价”按钮，进入询价页面，如图 7.62 所示，填写采购说明，然后单击“发送询价”按钮，询价发送成功后，等待供应商报价，如有报价，系统将会以旺旺、短信等方式提醒买家；或在图 7.61 中单击“给我留言”按钮，进入阿里旺旺给卖家进行留言。

若卖家对买家的询价进行报价时，阿里旺旺将会给买家发送提示信息，在提示页面单击“立即查看报价详情”按钮，进入报价单详情页面，如图 7.63 所示。若买家对报价无异议，单击“立即订购”按钮，进行在线支付。

2. 查看物流信息

进入“我的阿里”→“买家交易管理”→“已买到的货品”中找到相应订单，单击订单后面

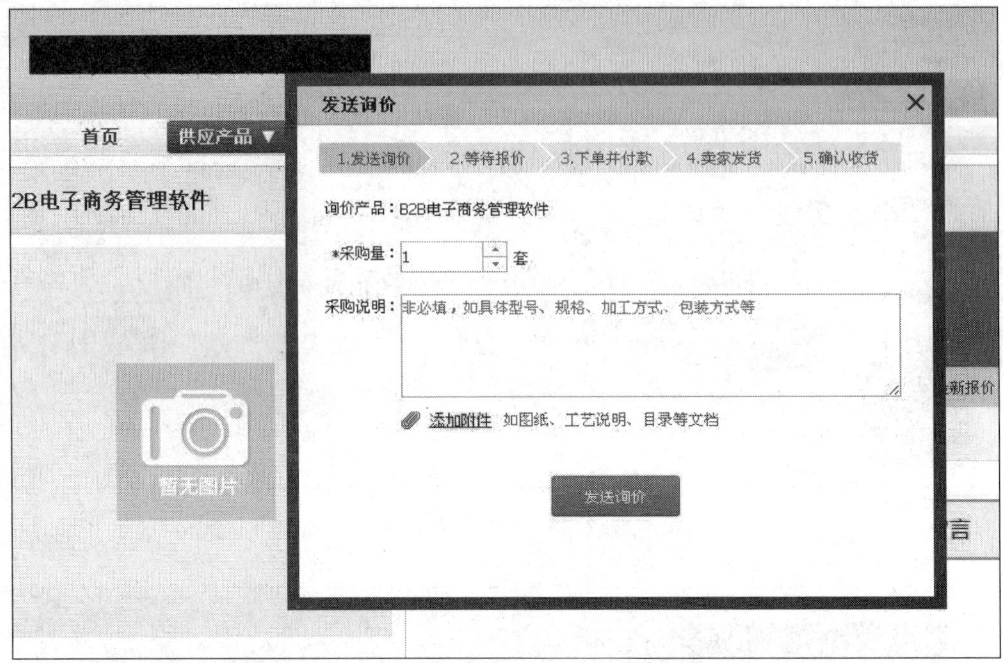

图 7.62 对产品立即询价(b)

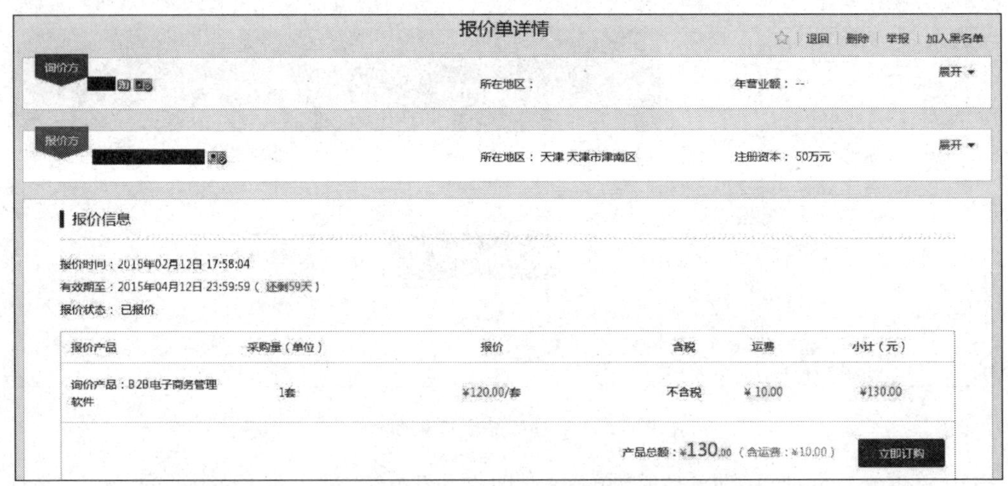

图 7.63 报价单详情

的“查看物流”按钮，如图 7.64 所示，进入买家订单详情页面，单击“物流信息”按钮查看订单的物流信息，如图 7.65 所示。

3. 退款

若买家未确认收货，商品出现问题，或者买家不想要了且与卖家达成一致退货后，如需要退款，则可以执行“我的阿里”→“买家交易管理”→“已买到的货品”，在相应订单中单击“申请退款”按钮。

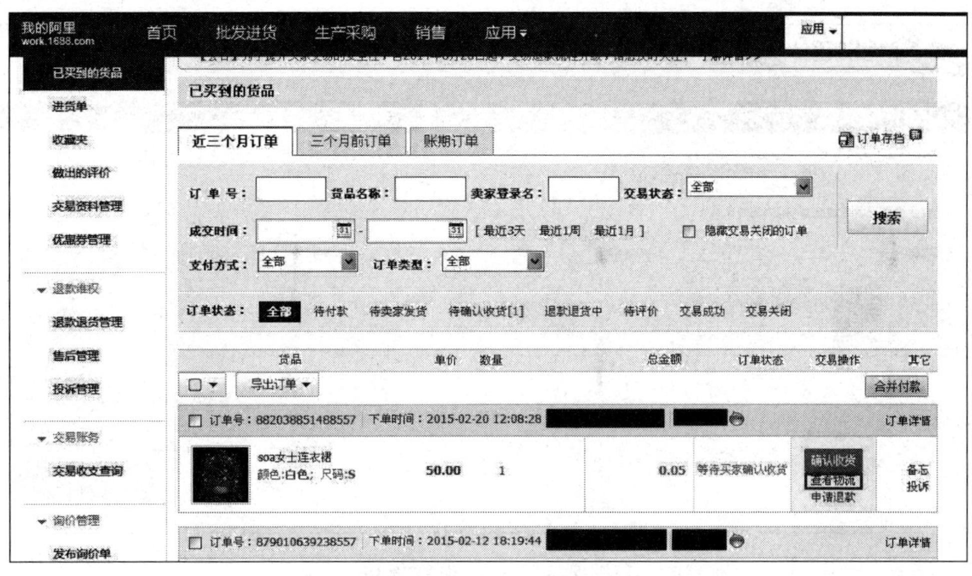

图 7.64　查看物流

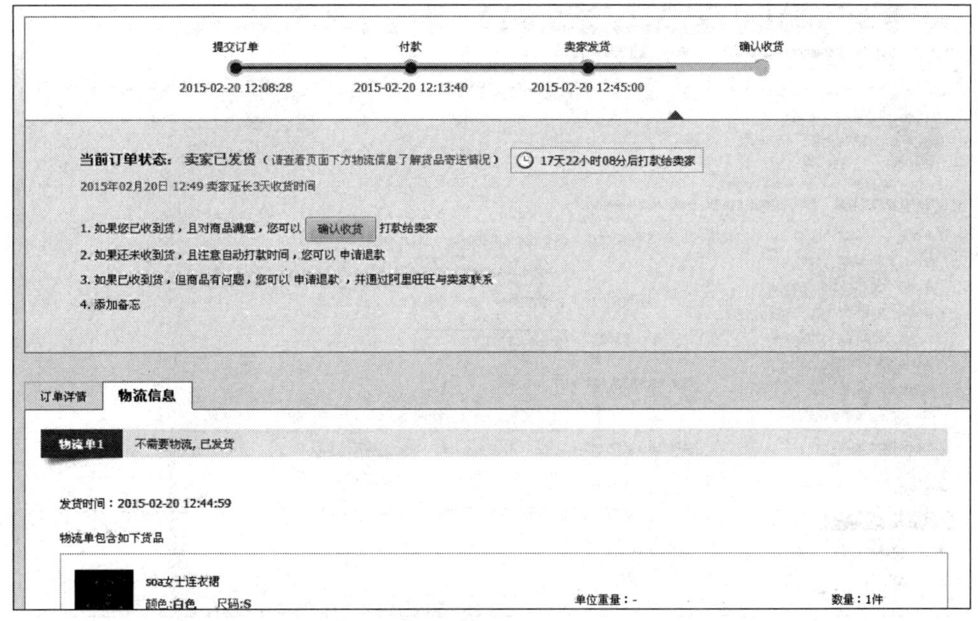

图 7.65　物流信息详情

1）卖家已发货

选择需要退款的货品，如图 7.66 所示，单击“确定退款货品”按钮，进入填写退款原因页面，如图 7.67 所示，包括是否收到货品、退款金额、退款说明等信息，最后再输入支付宝支付密码，单击“立即申请退款”按钮，系统提示退款协议已提交，请等待卖家处理。

注：申请退款之后，用户可以联系卖家操作同意退款。若用户申请的是不退货退款，同意后显示退款成功；若用户申请的是退货退款，则系统提示“退款协议达成，等待买家退货”，此时用户可以安排退货。

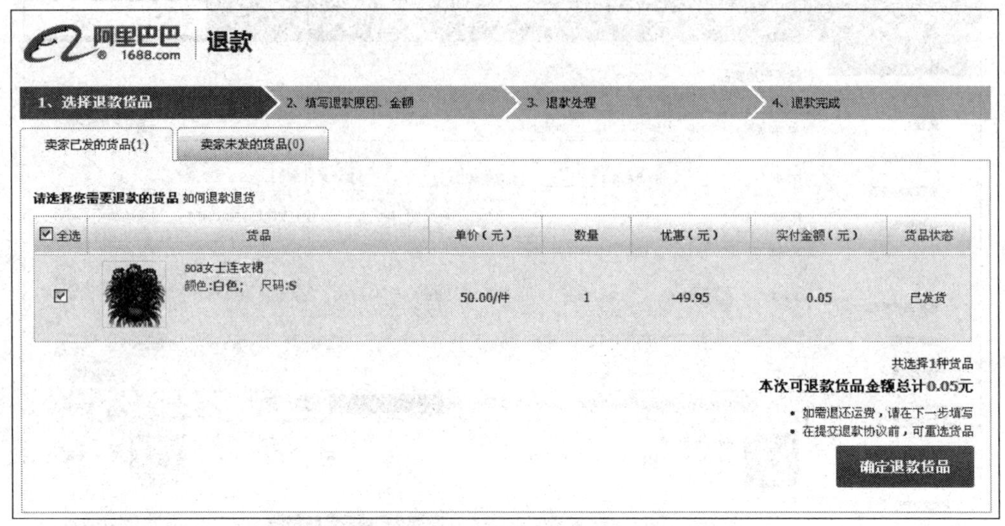

图 7.66 确认退款货品

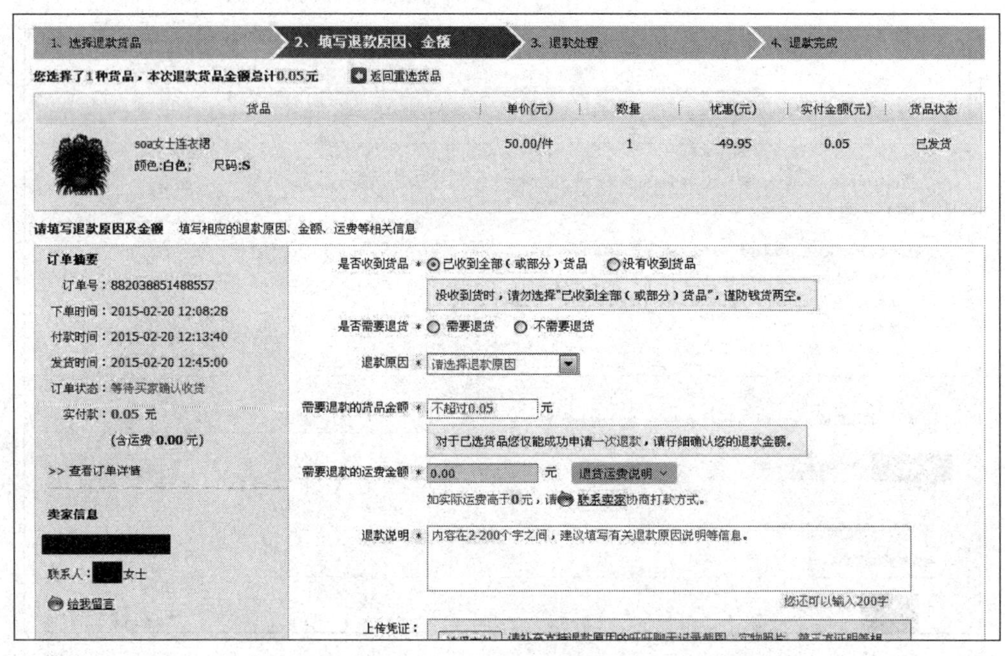

图 7.67 填写退款原因

2）卖家未发货

若卖家未发货，在图 7.66 中选择“卖家未发的货品”，单击“确定退款货品”按钮之后，在填写退款原因页面中选择不退货退款，然后联系卖家同意退款协议，或等待系统超时都可以退款成功。

买家申请退款后，若卖家拒绝了退款协议，执行“买家交易管理中心”→“退款维权”→“退款退货管理”操作，找到对应的交易查看详情，在退款详情页面提醒规定时间内及时单击“修改退款协议”按钮，如图 7.68 所示，若双方无法协商一致，买家可以在申请退款 4 天后通过单击“投诉”按钮来要求客服介入，由淘宝小二帮助协商处理。

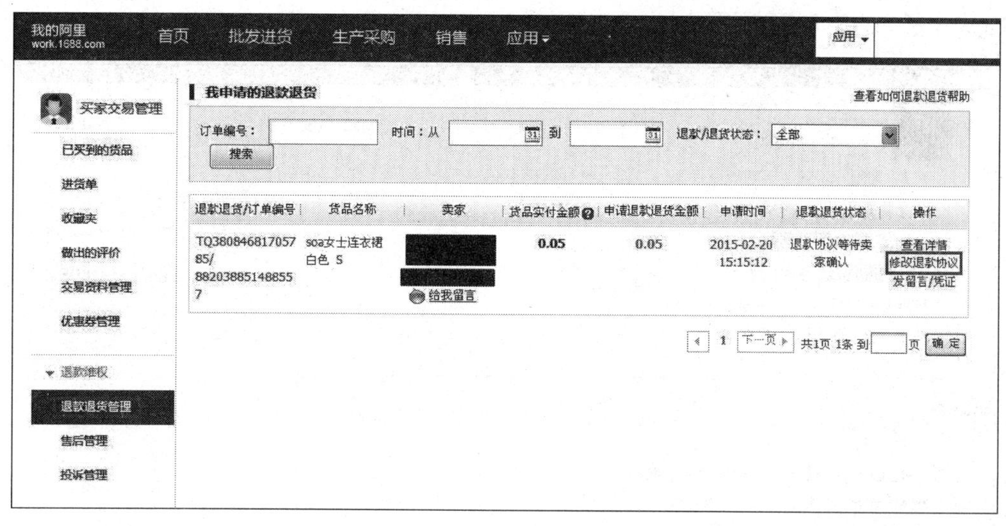

图 7.68　修改退款协议

4. 撤销退款退货

执行“我的阿里”→“买家交易管理”→“已买到的货品”，在相应订单中单击“退款中”按钮查看退款处理，单击页面中的“撤销退款申请”按钮，在弹出的对话框中单击“确定”按钮，即可撤销该订单的退款申请，如图 7.69 所示。

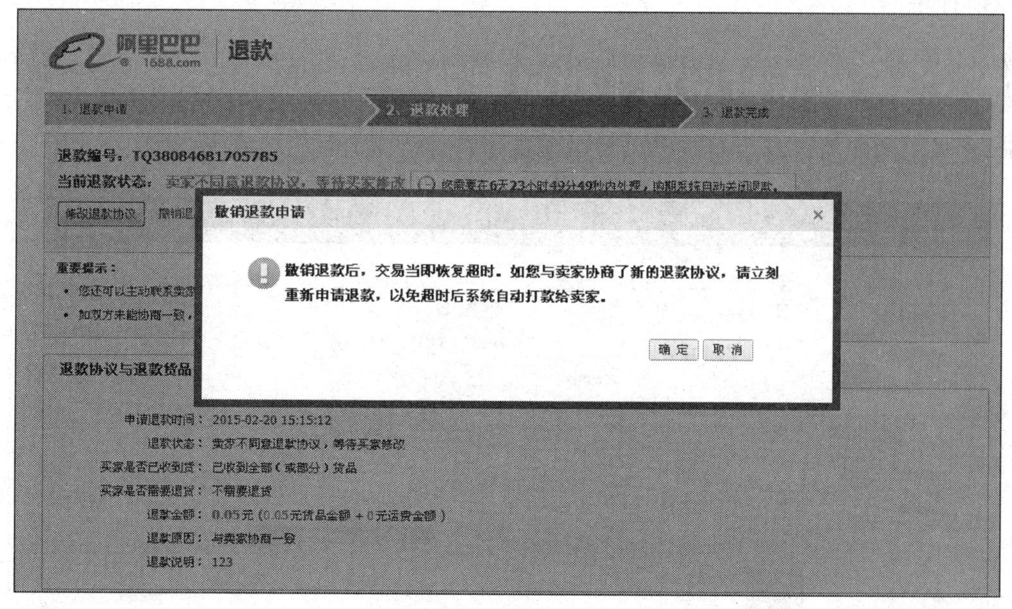

图 7.69　撤销退款协议

5. 确认收货

买家收到货品并验货满意后，执行“我的阿里”→“买家交易管理”→“已买到的货品”中找到交易状态为“等待买家确认收货”的订单后，单击后面的“确认收货”按钮，输入支付密码，确认收货，如图 7.70 所示。

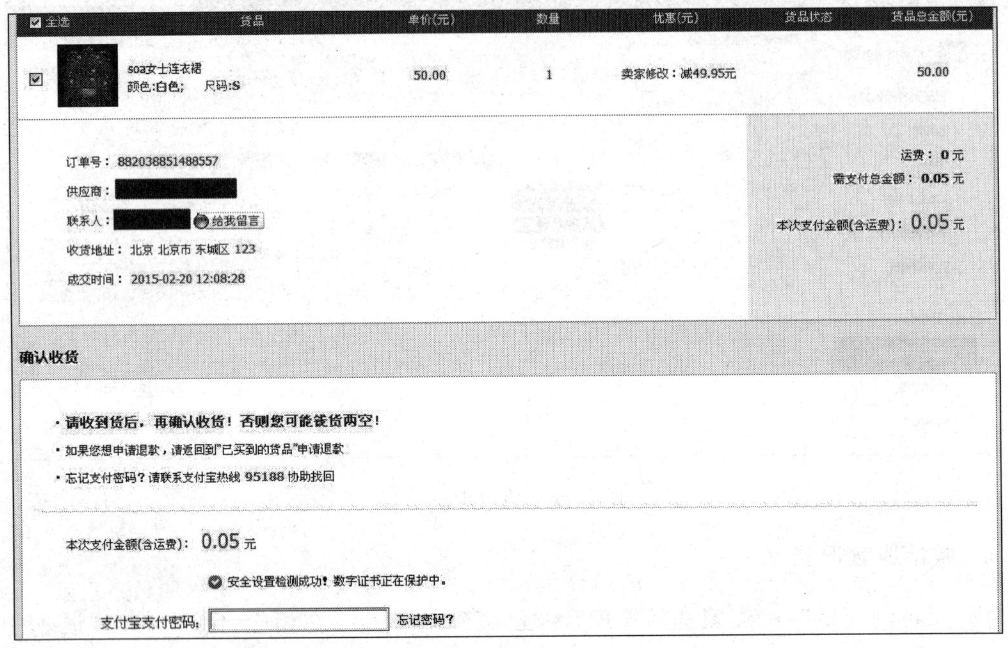

图 7.70 确认收货

6. 评价

交易成功之后，买家需要对购买的货品进行评价，执行“我的阿里”→“买家交易管理”→“已买到的货品”，查找订单状态为“待评价”的订单，单击订单后面的“评价”按钮，如图 7.71 所示，在弹出的货品评价中对货品以及供应商进行评价，如图 7.72 所示。

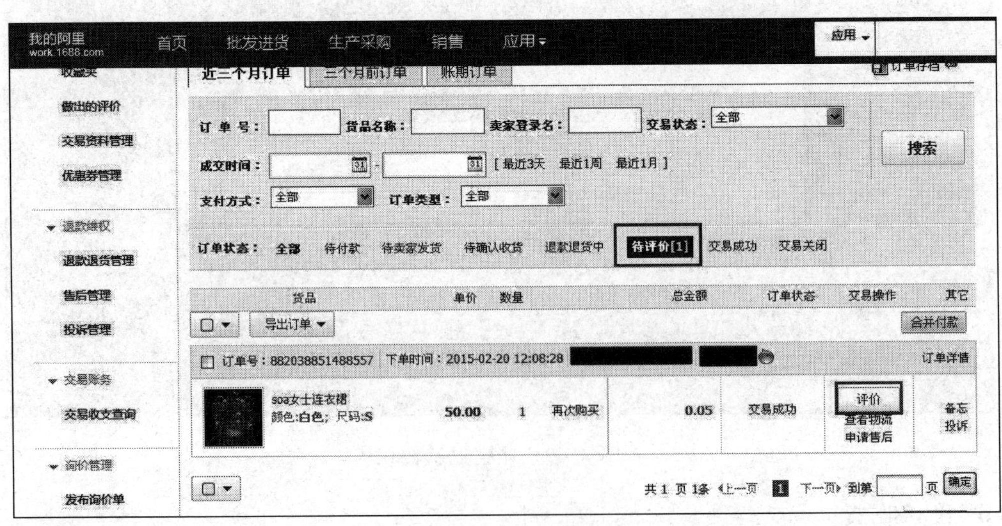

图 7.71 买家评价货品(a)

图 7.72　买家评价货品(b)

7. 申请售后

阿里巴巴规定，买家确认收货之后，该笔交易就已经结束了，结束后就无法再申请退款，如对货物有疑问则可以在线下联系卖家协商解决，如果双方无法协商一致，买家还可以在交易结束 60 天内发起投诉。执行“我的阿里”→“买家交易管理”→“已买到的货品”，找到需要退款的相应订单，如图 7.73 所示，单击“申请售后”按钮，进入确认货品页面，选择需要申请

图 7.73　申请售后

售后的货品之后，进入填写售后原因页面，如图 7.74 所示，填写完毕之后单击“立即提交申请”按钮，后续操作参照买家退款处理。

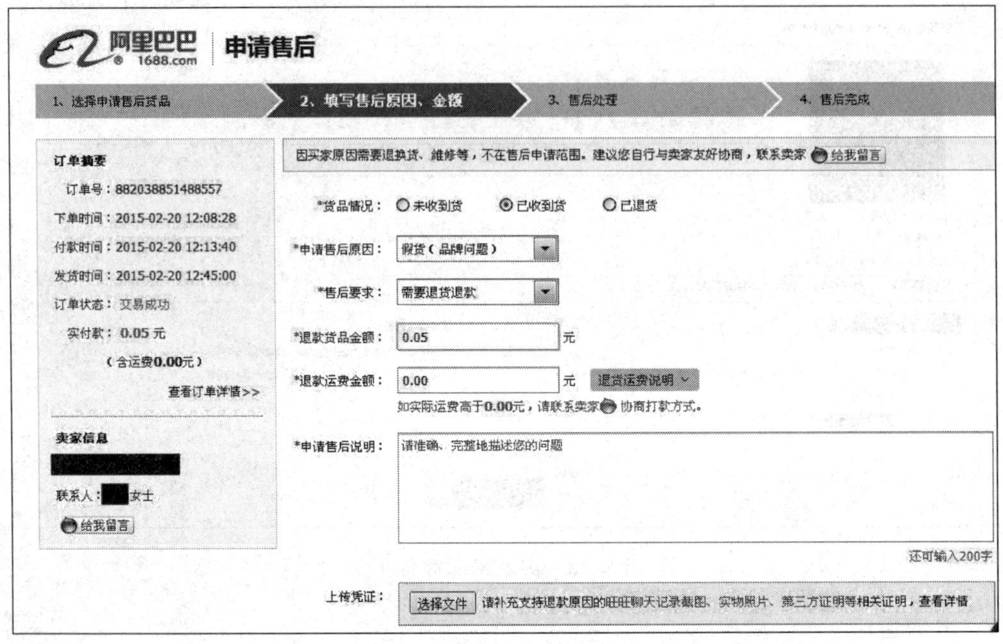

图 7.74 填写售后原因

实验 7.7 阿里巴巴网上销售商品

【实验目的】

- 学会如何对产品进行报价。
- 学会如何为产品修改价格。
- 掌握如何选择物流方式。
- 学会延长收货时间方法。
- 学会如何对买家进行评价。
- 掌握退货退款及售后处理流程。

【实验条件】

- 个人计算机一台，基本配置：CPU Core2 以上，内存 2GB 以上，硬盘空间 20GB 以上，100 兆网卡。
- 个人计算机预装 Windows XP 操作系统和浏览器，银行卡。
- 具有网络连接，可以连接 Internet 网络。

【实验内容和步骤】

1. 对买家的询价进行报价

执行"我的阿里"→"销售"→"报价管理"→"商机库"→"待报价"，查看需要报价的订单，如图 7.75 所示，单击相应订单后面的"报价"按钮，进入报价单页面，如图 7.76 所示，填写报价信息，单击"发送报价"按钮即可将该报价单发送至买家手中。执行"报价管理"→"报价单管理"，可以对报价单进行管理，如查看报价详情，撤回报价等，如图 7.77 所示。

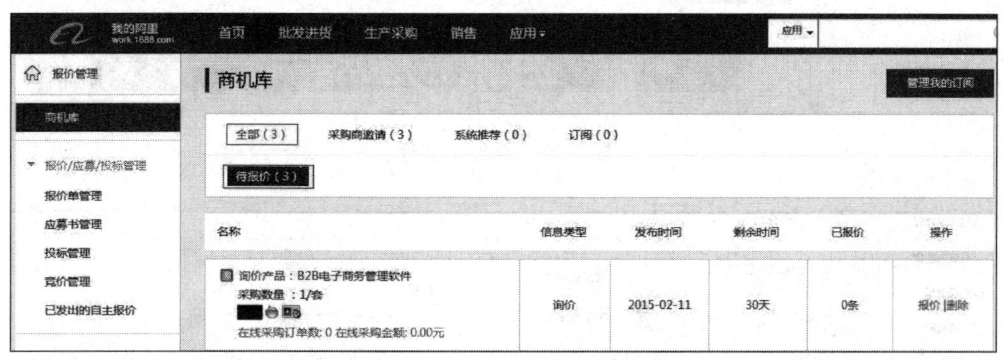

图 7.75　查看待报价订单

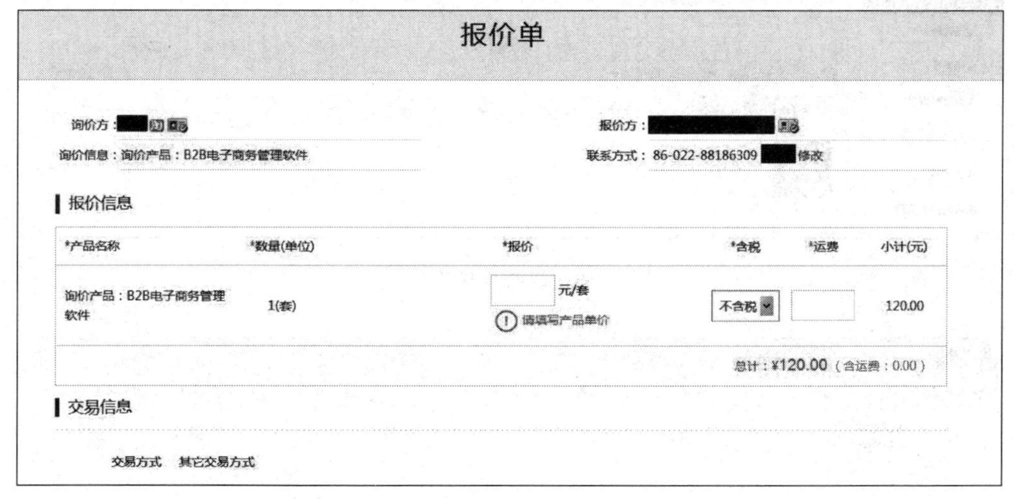

图 7.76　报价单

2. 修改产品价格

登录阿里旺旺卖家版，若有采购商需要购买产品，阿里旺旺会自动弹出提示，在"我的阿里"中执行"销售"→"已卖出的货品"，如图 7.78 所示，在交易状态中选择"等待买家付款"，查看买家的相应订单，若订单价格有变动，单击"修改价格"按钮，进入价格修改界面，如图 7.79 所示，修改完之后单击"确定"按钮等待买家进行付款。

图 7.77　报价单管理

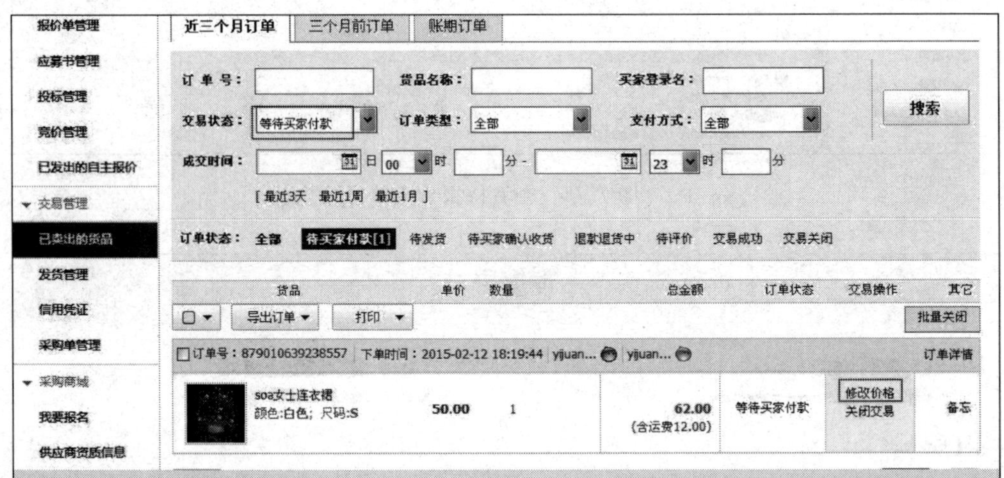

图 7.78　修改订单价格(a)

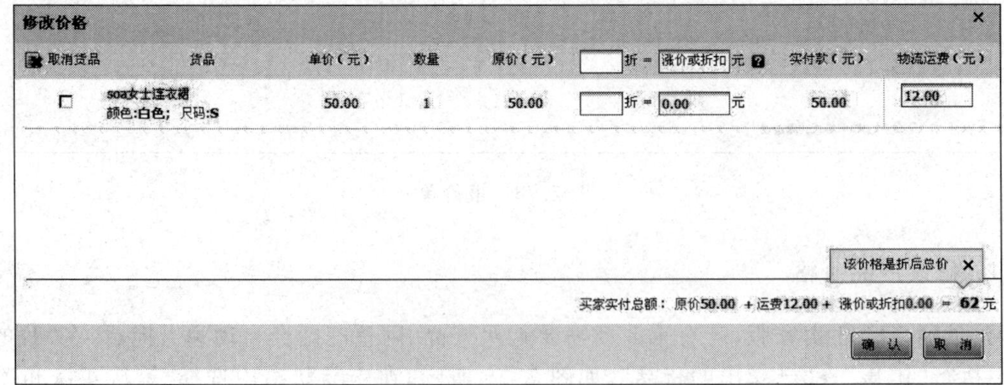

图 7.79　修改订单价格(b)

3. 填写物流信息

当订单交易状态为“等待卖家发货”，如图 7.80 所示，卖家可以事先单击订单详情，查看买家的订单信息以及物流信息，如图 7.81 所示，接着单击“发货”按钮，进入声明发货阶段，如图 7.82 所示，确认发货信息，包括确认待发货品、选择发货方式、选择物流商等。其中发货方式有两种：阿里物流在线发货，自己联系物流(包括不需要物流)。

图 7.80　卖家发货

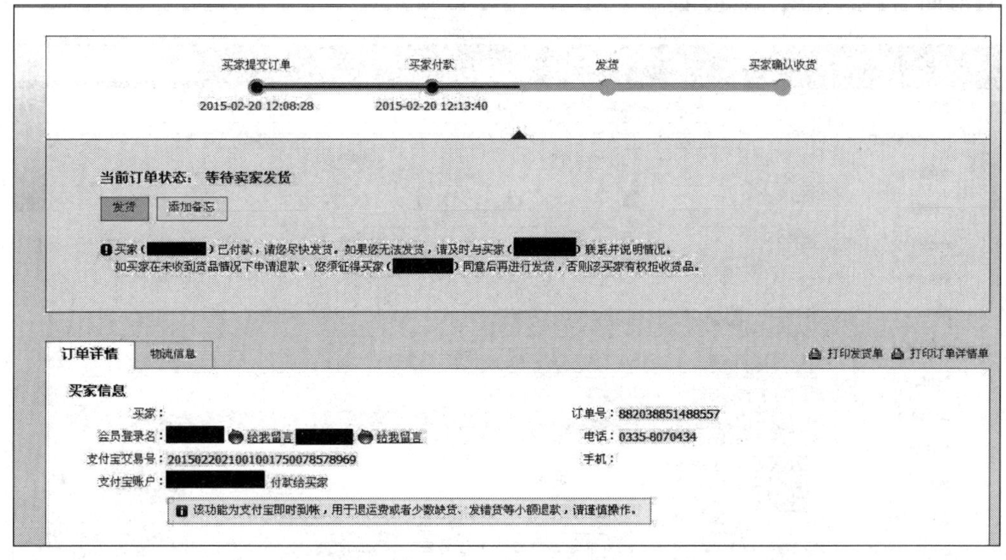

图 7.81　订单详情

当选择好物流之后，单击“确认”按钮，系统提示发货完成，在“已卖出的宝贝”中该订单状态显示为“等待买家确认收货”。

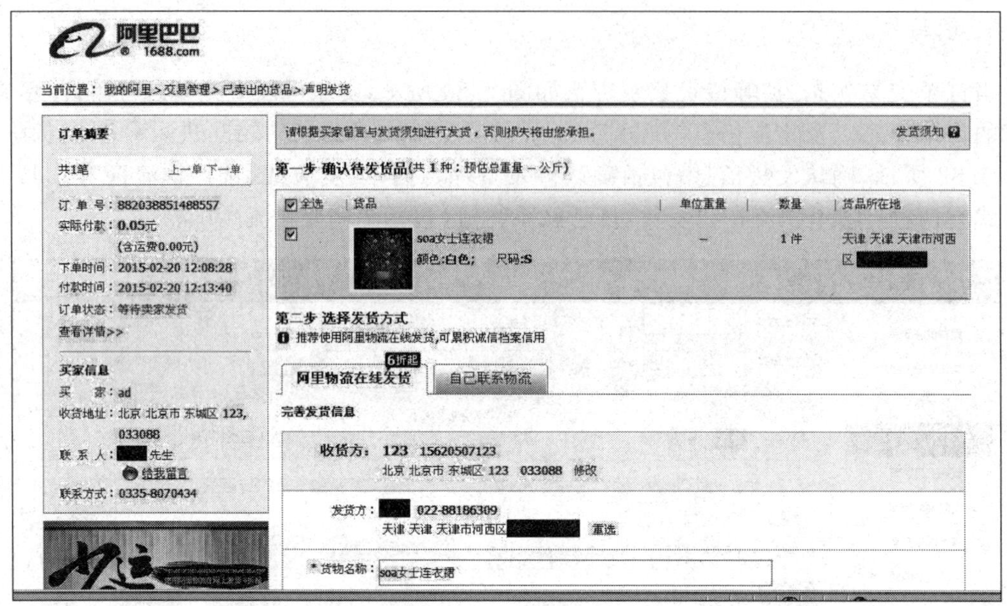

图 7.82　填写发货信息

4. 延长收货时间

若买家在规定时间内未收到货而要求卖家延长收货时间时，卖家可以在"已卖出的货品"→"查看物流"中查看宝贝的物流信息，如图 7.83 和图 7.84 所示，确认无误之后单击"延长收货时间"按钮，单击"确定"按钮即可，如图 7.85 所示。

图 7.83　等待买家确认收货

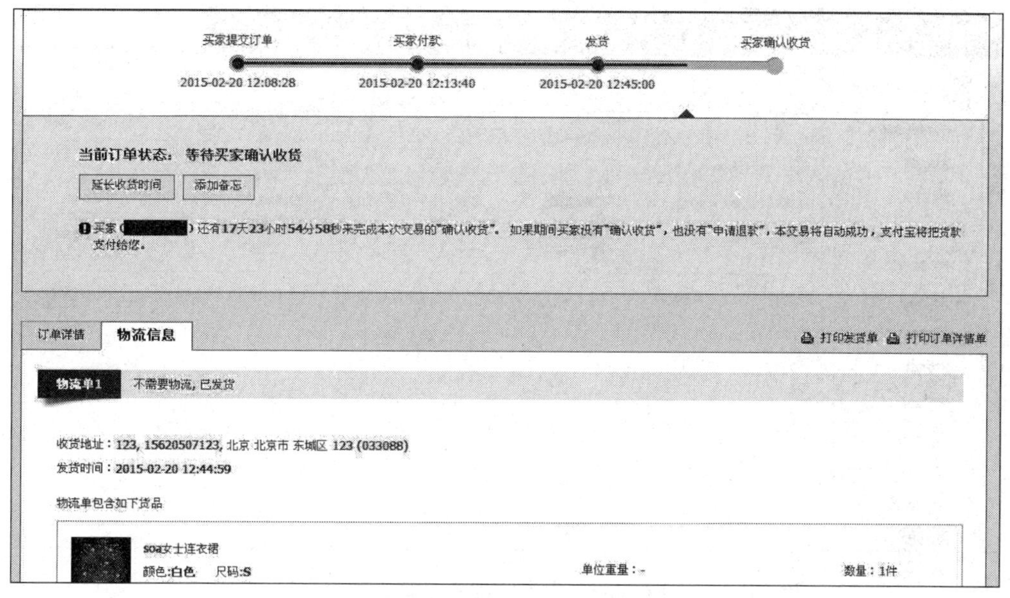

图 7.84　查看物流

图 7.85　卖家延长收货时间

5. 退货退款

收到买家的退款申请后，卖家可以在“我的阿里”→“卖家管理中心”→“退款管理”→“我收到的退款申请”中处理买家的退款申请，如图 7.86 所示，在此页面中卖家可以查看退款详情，同意或拒绝退款协议，卖家就实际情况来与买家进行协商；或直接在“我的阿里”→“已卖出的货品”中搜索交易状态为“退款退货中”的货品来查看是否有退款申请，如图 7.87 所示，单击相应订单的“退款中”按钮，进入退款处理页面，如图 7.88 所示。

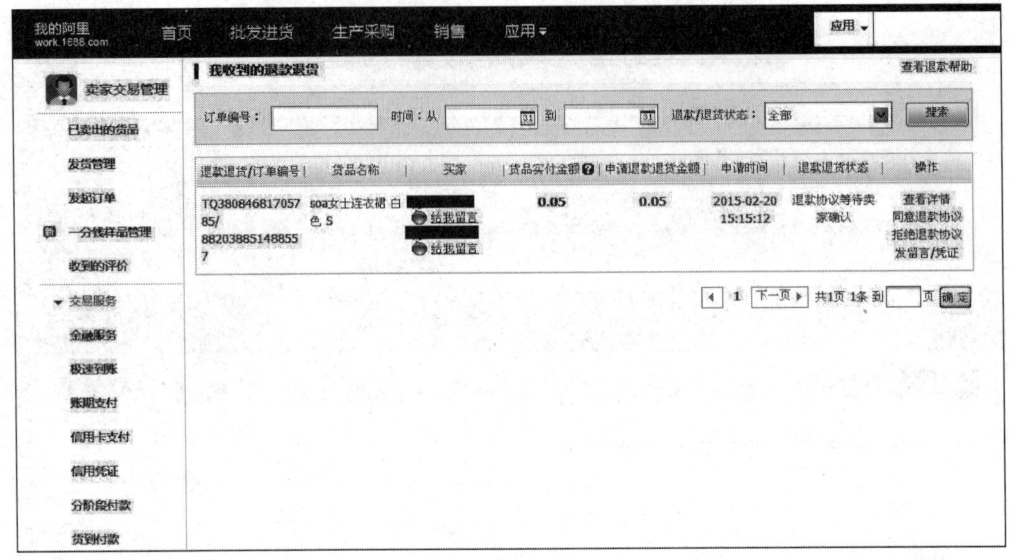

图 7.86　卖家收到的退款退货

图 7.87　已卖出的货品退款中

若同意退款，则单击图 7.86 中或图 7.88 中的“同意退款协议”按钮，在打开的窗口中输入支付宝支付密码，单击“同意退款协议并退款”按钮即可退款成功，如图 7.89 所示。

若拒绝退款，则单击图 7.86 中或图 7.88 中的“拒绝退款协议”按钮，在打开的窗口中填写拒绝说明，如图 7.90 所示，单击“拒绝退款协议”按钮，系统提示卖家不同意退款协议，等待买家修改，买家需要在规定时间内进行修改，逾期系统将自动关闭退款交易。

注：如收到买家的退款申请后，卖家未能在交易超时时间内作出回应，系统将视作卖家默认同意退款协议；同样地，在卖家拒绝退款后，如买家未能在超时时间内修改退款协议，系统将关闭退款。

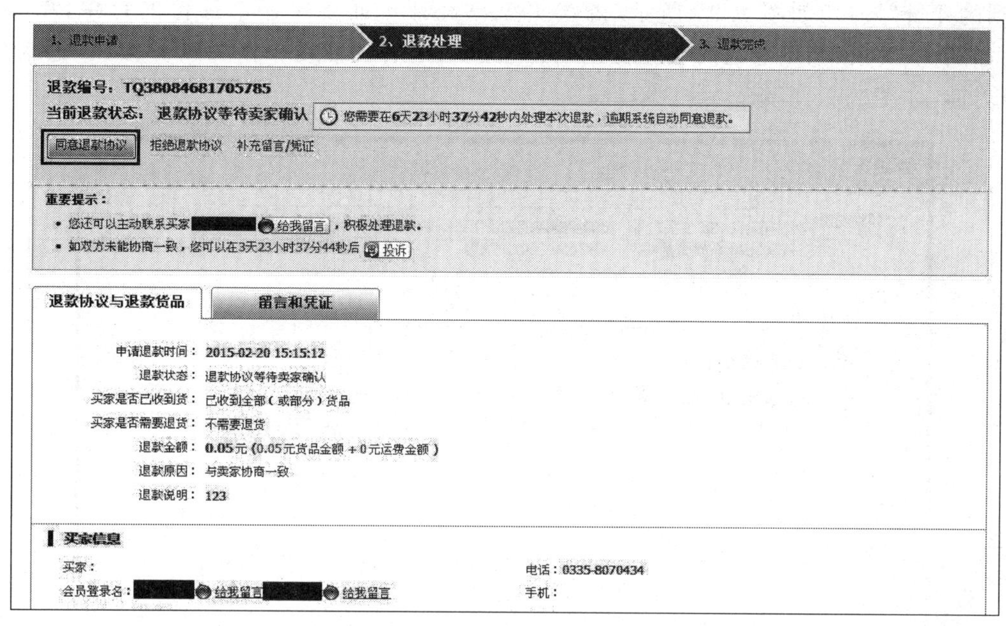

图 7.88　退款处理

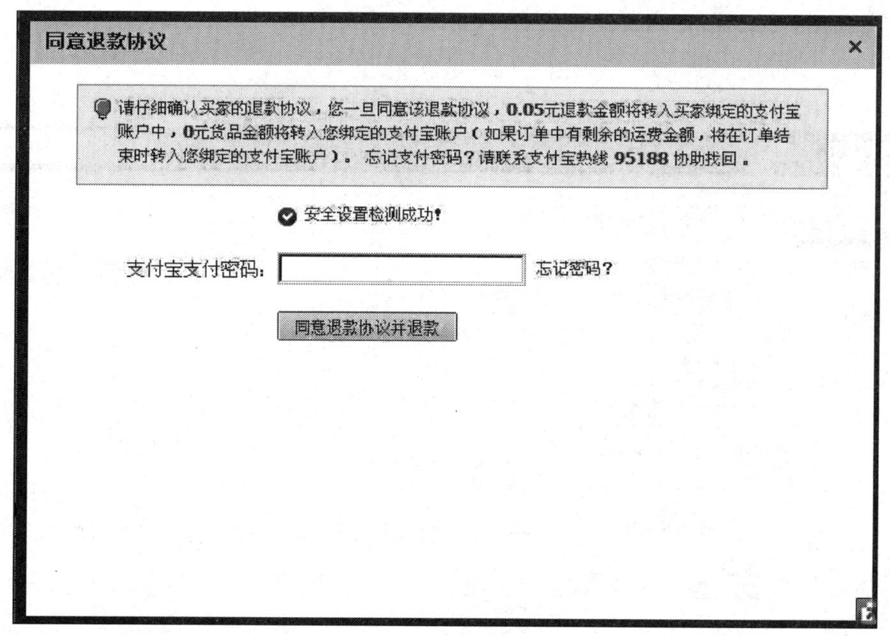

图 7.89　同意退款协议

6. 卖家评价

当买家收到货品并确认收货后，系统自动将商品金额转到卖家支付宝账户中，之后卖家需要对买家进行评价。首先我们需要查看买家的评价，若买家给的评价是差评，卖家则可以通过查看对方评价而及时地做出解释，执行“我的阿里”→“评价管理”→“我是卖家”，单击

“收到的评价”按钮，如图 7.91 所示，查找买家已经评价而卖家还未评价的订单，单击“解释”，如图 7.92 所示，则可以对买家做出的评价进行解释。然后单击“评价”按钮，进入卖家评价界面，如图 7.93 所示。

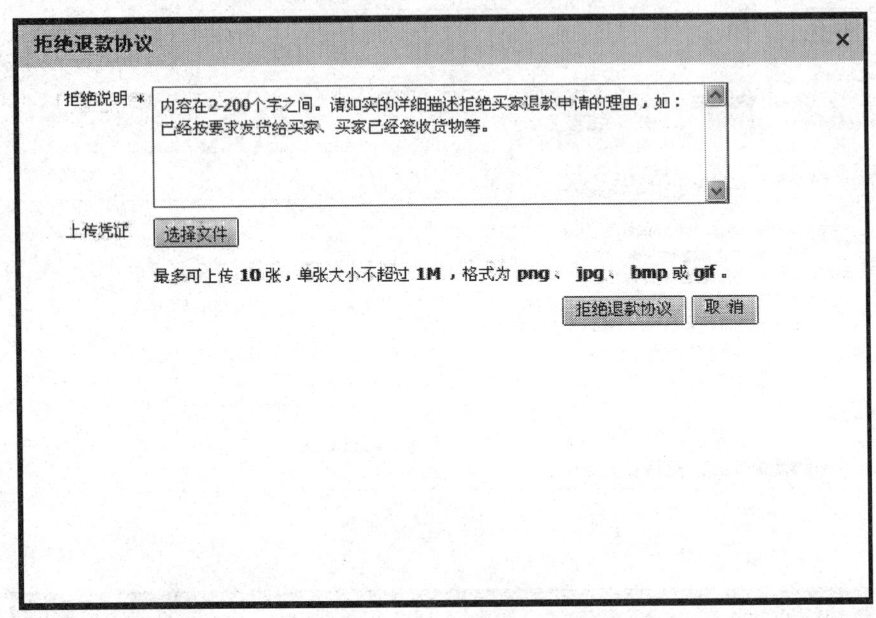

图 7.90　拒绝退款协议

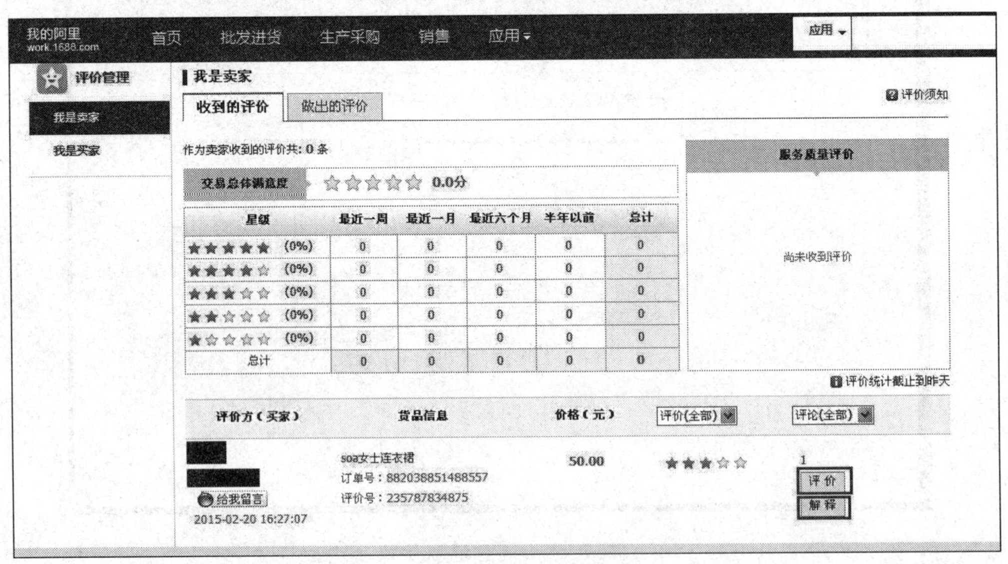

图 7.91　收到的评价

7. 售后处理

若买家提交了售后申请，执行“我的阿里”→“卖家管理中心”→“已卖出的货品”，查找售后中的订单，单击相应订单的“售后中”按钮，具体操作参照卖家退款处理。

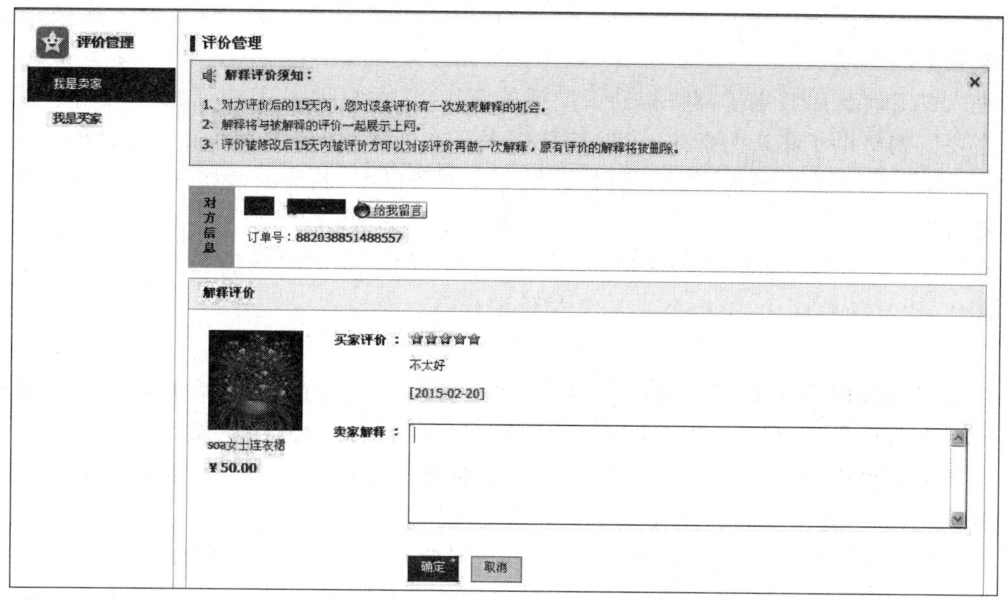

图 7.92　卖家解释

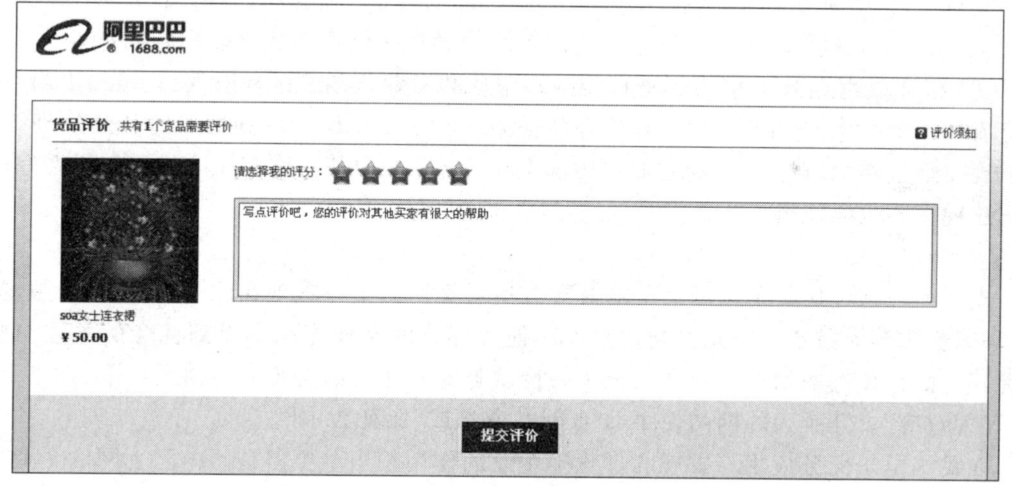

图 7.93　对买家进行评价

【相关知识】

B To B 也叫 B2B，指的是 Business to Business，是电子商务按交易对象分类中的一种。商家(泛指企业)对商家的电子商务，即企业与企业之间通过互联网进行产品、服务及信息的交换。通俗的说法是指进行电子商务交易的供需双方都是商家(或企业、公司)，她(他)们使用了 Internet 的技术或各种商务网络平台，完成商务交易的过程。

1. 发展概况

B2B 最开始是从电子数据交换(EDI)基础上发展起来的。EDI 一般基于 VAN(增值网络），主要应用于国际间进出口贸易企业。B2B电子商务兴起于美国，至今为止美国仍是B2B最繁荣的市场。

进入21世纪，B2B电子商务得到了广泛的应用，然而目前B2B电子商务网站所提供的服务主要以初级电子集市为标志，仅保持与买卖双方松散的供求关系，企业间的联系并不紧密。B2B电子商务网站所能提供的服务也仅限于电子集市，其他的诸如物流，支付等环节都还不能解决。

在我国，虽然B2B也已日趋成熟，却有许多灰暗的一面值得我们去关注。如综合平台的垄断化、B2B的粘性化、中小企业B2B的停滞化等。

1）模式单一

纵观当前国内B2B领域大量存在的是两种模式，一种是行业垂直类B2B电子商务网站即针对一个行业做深、做透，比如中国化工网、全球五金网等。此类网站无疑在专业上更权威精确。另一种则是水平型的综合类B2B电子商务网站。覆盖整个行业在广度上下功夫比如阿里巴巴、环球资源等。

(1) 行业综合性B2B模式。此模式较成熟、风险低但模式单一、陈旧包括以“供求商机信息服务”为主的、以“行业咨询服务”为主的、以“招商加盟服务”为主的、以“项目外包服务”为主的、以“在线服务”为主的、以“技术社区服务”为主的模式。买麦网、商格里拉、华联B2B网上交易平台、中企动力“一大把”、中国网的“中国供应商”、亿喜网等网站均处于踟蹰不前的状态。这一切表明B2B需要商业模式创新。依靠单一陈旧模式难以超越同行。

(2) 行业垂直类B2B模式。垂直类网站服务和专业化网站服务因其易出奇、出新、灵活而将成为各个B2B公司和大型企业争夺的焦点，也是未来B2B市场的另一新的发展方向。虽然现在垂直类B2B模式中的企业占中国B2B份额小，但却是许多风险投资家所看好的模式。这种模式也涌现出了几匹黑马如沱沱网、雅蜂、金银岛等。

2）压力过大

电子商务在经历了中化网上市的短暂激情后又回归了冬眠现在除了阿里巴巴、慧聪、中化、环球资源等为数不多的几家网站之外其他大部分网站没能有幸得到社会的关注与媒体的追捧。而是像蝉的幼虫一样在泥土中一待就是好几年。综合平台中出现以“大粘小”现象和“马太效应”。几个大的网站使小B2B网站窒息或“胎死腹中”。

在我国电子商务应用与发展的过程中企业的作用相当重要但是国内已上网的企业中对如何开展网络营销和商务活动缺乏详细的规划。虽然大部分企业已接通互联网但多数仅在网上开设了主页和电子邮件地址。很多网站内容长期不更新更谈不上利用网络资源开展商务活动。

3）观念薄弱

由于我国电子商务是由主导信息技术的IT业界推动的，这使得我国电子商务在发展之初就带有过度技术化倾向。很多企业在没有了解自己的商务需求时就匆忙上网、以为只要IT厂商技术支持到位一切自然成功。结果企业上网花了巨资却赚不到钱。

4）认识模糊

对为何需要B2B中介服务网站企业认识模糊。让陌生的买卖双方在互联网上相互沟通、查询和匹配将是一个大问题。就会在买卖双方之间产生四个问题：一是因为信息沟通不畅必然造成生产和需求不对称出现商品短缺和过剩并存的局面；二是由于一个卖家对应的买家有限众多买家和卖家就会形成多层销售链，因而产生许多中间环节致使销售费用越来越高；三是由于买家与卖家选择余地的限制造成买、卖竞价不充分既影响交易效率又不能营造一个公平的市场环境；四是由于信息不畅对市场反应迟钝从而造成库存积压生产成本加大的现象。而要解决上述四大问题必然需要建立一个公共的信息交流与交易平台。国内三大外贸电子商务企业之一的环球市场网已致力于联合中国10万优质制造企业打造一个可信的国际贸易平台。

5）行动盲目

对如何有效开展B2B电子商务行动是盲目的。普遍的现象是：

(1) 企业网站的内容定位不准确或设计得过于简陋只有主页和E-mail地址或片面追求大而全，发布信息不分主次或片面追求网站功能的强大企图“一站通”。

(2) 经营方式不正确，对网站挂接在何处才有利于企业网上商务的开展缺乏本质上的把握，以为有了一个已注册域名的网址商家就会通过Internet自动找上门来。

2. 发展趋势

全球B2B电子商务交易一直占据主导地位，2002年至今呈现持续高速发展态势，2007年B2B全球交易额达到8.3万亿美元，2010年达到13万亿美元，比2007年增长50%以上。2007年我国的B2B电子商务交易额为12 500亿元，到2010年B2B电子商务交易额达到了3.8万亿元，占电子商务交易总额的80%，可见B2B的市场是多么的巨大。

1）B2B将向更细分方向发展

中小企业由于没有雄厚的资金支持所以无实力做全行业的B2B行业网站，但是可以介入细分行业的电子商务网站或者区域性电子商务网站。如服装服饰类皮鞋、西装、男装、女装……细分网站都有一定的发展前景。一般来说不管网站所处的行业有多细，只要全国有300家以上的企业一起细分产品为公司主导产品，这些细分行业都将有1～2家B2B网站的生存空间。

2）B2B区域网站将兴起

事实上我国绝大部分贸易B2B/B2C都还是集中在同城、同区交易。目前58同城、赶集网等分类信息网站能获得VC的追捧也就是发现同城交易的数额巨大这一事实。目前在我国商业信用体系尚未建立的情况下在有选择的前提下大部分商家都更愿意选择较近的进货渠道。这样一来可以较好地保障信用安全；二来可以更好地节省物流成本提高利润。因此可以预见B2B区域网站将在近期会有较大的发展空间。但是B2B区域网站能否兴起还将取决于网站运营商的地缘优势。

3）B2B新模式的崛起

在B2B电子商务领域中现在竞争日益激烈。大批B2B网站在激烈的竞争中倒下。伴随着他们的倒下，新生的企业以新的创新模式赢得市场的认可，在竞争激烈的市场环境中具有极强的核心竞争力。其中以中亚硅谷网B2B+M最具代表特色：其中B2B是指一个市场的领域的一种企业对企业之间的营销关系。电子商务是现代B2B marketing的一种具体主要的表现形式。它将企业内部网通过B2B网站与客户紧密结合起来，通过网络的快速反应为客户提供更好的服务，从而促进企业的业务发展；2M是MALL商城的缩写。[B2B+M]即中亚硅谷网所代表的网上电子商务平台与基于中亚电子博览中心实体商城而有机结合运作的全新商业模式。[B2B＋M]既打破了实体商城辐射力的局限、同时有效地弥补了一般 B2B 网站所普遍存在的诚信缺失。

4）行业 B2B 网站将在更多环节充当行业服务角色

对供应商、采购商的信用、实力评估体系进一步完善并得到创新，随着行业 B2B 门户网站的逐步深入，行业企业的信用、实力得到进一步透明化。让采购商有更多机会选择更多最合适的供应商，许多线下服务会深入到企业内部，比如一对一的培训服务实地评估、考察工厂、市场调查、人才招聘行业软件服务等，这些将会获得更多的应用。

3. 主要特点

1）垂直模式

面向制造业或面向商业的垂直 B2B。垂直 B2B 可以分为两个方向即上游和下游。生产商或商业零售商可以与上游的供应商之间的形成供货关系比如 Dell 电脑公司与上游的芯片和主板制造商就是通过这种方式进行合作。生产商与下游的经销商可以形成销货关系比如 Cisco 与其分销商之间进行的交易。简单地说这种模式下的 B2B 网站类似于在线商店这一类网站就是企业直接在网上开设的虚拟商店。通过这样，自己的网站可以大力宣传自己的产品。用更快捷更全面的手段让更多的客户了解自己的产品，促进交易。或者也可以是商家开设的网站，这些商家在自己的网站上宣传自己经营的商品，目的也是用更加直观便利的方法促进、扩大交易。

2）综合模式

面向中间交易市场的 B2B。这种交易模式是水平 B2B。它是将各个行业中相近的交易过程集中到一个场所为企业的采购方和供应方提供了一个交易的机会像 Alibaba、TOXUE 外贸网、慧聪网、中国制造网、采道网、环球资源网等。这一类网站其实自己既不是拥有产品的企业也不是经营商品的商家，它只提供一个平台在网上将销售商和采购商汇集一起。采购商可以在其网上查到销售商的有关信息和销售商品的有关信息。

3）自建模式

行业龙头企业自建 B2B 模式是大型行业龙头企业基于自身的信息化建设程度搭建以自身产品供应链为核心的行业化电子商务平台。行业龙头企业通过自身的电子商务平台串联起行业整条产业链，供应链上下游企业通过该平台实现资讯、沟通、交易。但此类电子商务平台过于封闭，缺少产业链的深度整合。

4）关联模式

关联行业 B2B 模式是相关行业为了提升目前电子商务交易平台信息的广泛程度和准确性整合综合 B2B 模式和垂直 B2B 模式而建立起来的跨行业电子商务平台。

4. 常规流程

（1）商业客户向销售商订货首先要发出“用户订单”该订单应包括产品名称、数量等一系列有关产品问题。

（2）销售商收到“用户订单”后根据“用户订单”的要求向供货商查询产品情况发出“订单查询”。

（3）供货商在收到并审核完“订单查询”后给销售商返回“订单查询”的回答。基本上是有无货物等情况。

(4) 销售商在确认供货商能够满足商业客户“用户订单”要求的情况下向运输商发出有关货物运输情况的“运输查询”。

(5) 运输商在收到“运输查询”后给销售商返回运输查询的回答。如有无能力完成运输及有关运输的日期、线路、方式等等要求。

(6) 在确认运输无问题后销售商即刻给商业客户的“用户订单”一个满意的回答同时要给供货商发出“发货通知”并通知运输商运输。

(7) 运输商接到“运输通知”后开始发货。接着商业客户向支付网关发出“付款通知”。支付网关和银行结算票据等。

(8) 支付网关向销售商发出交易成功的“转账通知”。

5. 经营模式

目前我国比较成功的 B2B 网站却并非所有都是在线交易模式,尤其是 B2B 行业网站许多都没有做在线交易,更多是以基于交易为目的的网络营销推广和打造品牌知名度。根据对目前比较成功的 B2B 行业网站的分析研究总结了 10 种 B2B 行业网站经营模式以及相应的组合方案。

1) 以提供产品供应采购信息服务为主要经营模式的 B2B 行业网站

这类网站要建立分类齐、产品品种多、产品参数完善、产品介绍详细的产品数据库尤其是要注重产品信息的质量,要有更多最新、最真实、最准确的产品信息全面提升采购体验,吸引更多采购商和供应商来网站发布信息、浏览查找信息。主要是向中小供应商企业收取会员费、广告费以及竞价排名费、网络营销基础服务费等代表网站有中国化工网 2006 年已上市、全球五金网、中国纺织网、全球纺织网、中国设备网、中国建材网、维库电子市场网等。

2) 以提供加盟代理服务为主要经营模式的 B2B 行业网站

产品直接面对消费者的企业一般会找加盟商、代理商来销售产品一般这种企业的经营模式为设计+销售类型或设计+生产+销售类型。此类网站都是围绕品牌公司、经销商的需求来设计功能和页面。比如服装网站就要做好动态、图库、流行趋势等行业资讯内容,全面收集服装品牌信息,建立数量大、准确度高的加盟商、代理商数据库。这类网站的赢利模式主要是收品牌企业的广告费、会员费,尤其是广告费会占大部分比例。代表性的网站有中国服装网、中国家纺网、医药招商网、中国化妆品网、食品招商网、糖酒快讯等。

3) 以提供生产代工信息服务为主要经营模式的 B2B 行业网站

以生产外包服务为主的行业具有的特点。此类 B2B 行业网站盈利模式为收工厂的钱为工厂寻找更好的订单,可以提供实地看厂拍照,确保收费的主推工厂生产实力信息的真实、丰富和准确性。代表性外贸综合型网站阿里巴巴中国供应商、环球资源、中国制造网 3 个网站都已上市等,内贸行业型网站为我要印、软件项目交易网等。

4) 以提供小额在线批发交易服务为主要经营模式的 B2B 行业网站

经营这类网站要非常了解零售商的需求,要建立完善的在线诚信体系,完善的支付体系。产品种类丰富、信息详细。目前综合、大行业的网站更易成功。内贸代表性网站有阿里巴巴 1688、衣联网等。外贸代表性网站有敦煌网、全球速卖通等。这个行业目前门槛比较高,内贸领域阿里巴巴 1688 在具有很大的优势,有支付宝、淘宝店主支持。由于零售商非常分散，推广需要广撒网，阿里巴巴有充足资金支持。

5）以提供大宗商品在线交易服务为主要经营模式的 B2B 行业网站

这类网站的盈利模式主要就是收取交易佣金、提供行业分析报告、举办行业会议等。买卖双方诚信审核。支付的安全性、物流的快捷等可采用第三方合作伙伴来解决。要进入这类网站首先要选好行业，其次门槛也比较高，可以在一些新兴的市场发展。代表性的网站有金银岛网交所、浙江塑料城网上交易市场以及坐落于青岛的青岛大宗商品交易中心。

6）以提供企业竞争性情报服务为主要经营模式的 B2B 行业网站

团队核心管理层里要有行业背景否则找不到信息来源，大型企业不愿意买账。适合那些从这类网站辞职的分析员以及行业协会、商会、贸易商等同行业具有一定行业背景的人来开办。市场需求比较大，很多行业都允许几个网站生存。盈利模式包括会员费、报告销售、咨询、期刊、会议、广告费等。最具代表性的网站有我的钢铁网，2011 年已上市，卓创资讯、东方油气网、煤炭网、中农网、中华粮网、第一纺织网等。

7）以商机频道＋技术社区服务为主要经营模式的 B2B 行业网站

技术社区的盈利模式包括招聘求职服务、技术会议服务、培训学校广告、软件广告服务、设备广告等。更重要的是为商机栏目增加用户粘性，运营时要服务好技术新手和技术高手，让高手在社区展示自己和产品并能获得精神满足；让新手在这里能学知识向技术高手提问。这样技术社区才能有内在的推动力获得长远地、持续不断地发展。一般包括问答、博客、图库、招聘求职、下载、个人空间、微博、会议等栏目。目前代表性的网站有中华工控网、中国工控网、华人螺丝网、中国水泥网、猪易网等。

8）以 B2B 行业网站＋《商情期刊》、《行业大全》服务为主要经营模式

一定要注意控制成本，开始不要印刷得太多，同时多采用线下的渠道来推广。一般都是参加全国各地的展会免费派发以及通过快递免费派发给目标的读者和广告客户找到更认可纸媒的客户，发行一定要精准。盈利模式为封面、前彩页广告内插页、页眉、页脚、书签、总目录右边等广告位都可以赠送给购买前彩页及封面、封底的客户。包括访谈、软文等推广服务还能提高网站的诚信度。代表性网站有环球资源、空调制冷大市场、华人螺丝网、化妆品网、中国服装网、中华液晶网等。

9）以 B2B 行业网站＋《商情期刊》、《行业大全》＋展览、会议服务为主要经营模式

一般这类网站在举办会议的时候需要与行业高层建立好关系包括协会、地方政府、高校、科研院所举办会议的时候需要他们捧场会议才能变得更高端一些才有更多企业高层参会。可以结合 B2B 行业社区来运营，通过社区吸引行业用户的关注，然后将这些用户集中在一起开会解决一些问题。代表性的网站为空调制冷大市场冷博会、华人螺丝网上海紧固件展、中国化工网精细化工展、化妆品网、中国纱线网、国际内衣网等。

10）以 B2B 行业网站＋域名空间＋网站建设＋搜索引擎优化服务为主要经营模式

要做好这类网站要求团队有企业网站建设操作经验、行业网站运营经验、企业站搜索引擎优化排名经验。一些有企业网站建设背景、企业网络营销推广服务背景的公司在选择这种模式来建设 B2B 行业网站赢利模式也比较成熟。只是很多公司由于缺少 B2B 行业网站运营背景，结果 B2B 行业网站就成了一个摆设并未发挥实质性的推广作用。成功运营 B2B 行业网站的公司选择这样的经营模式更能成功。代表性的网站为中国化工仪器网、仪表网、中国化工网、中国纺织网等。中国化工仪器网、仪表网都是浙江兴旺宝明通网络有限公司旗

下的网站，同样服务模式的网站有24家。

B2B电子商务是伴随互联网经济发展的产物，是信息时代企业经营的主要模式，与其他电子商务模式相比，具有很强的竞争力和优越性，为网络企业及传统企业提供了无限的发展空间。相信在不远的将来，电子商务的交易平台将越发成熟，电子商务将成为我国互联网中最成熟也最具前景的一种商业应用。

习题

1. 在阿里巴巴上开通一个企业旺铺。
2. 在阿里巴巴上发布公司介绍。
3. 在阿里巴巴上发布公司供应的产品。
4. 在阿里巴巴上进行支付宝企业账户银行卡充值。
5. 简要介绍在阿里巴巴上发布询价单的方法。
6. 学会如何在阿里巴巴上进行产品询价。
7. 简述在阿里巴巴网上销售商品的流程。

第8章 电子商务物流

本章学习目的

- 掌握仓储和运输运作的基本环境和需要设置的数据。
- 了解仓储公司的财务类型和财务管理。
- 掌握物流公司的订单处理流程和处理方式。
- 了解车辆调度过程。

实验8.1 仓储实验环境设置

【实验目的】

- 了解和掌握进入仓储实践模拟平台方法。
- 学会注册公司信息。
- 学会设置实验产品、出库方式、仓库、库区、劳务价格、入库类型、出库类型等信息。
- 掌握发布库区、维护客户信息、管理申请单方法。

【实验条件】

- 个人计算机一台,基本配置:CPU Core2 以上,内存 2GB 以上,硬盘空间 20GB 以上,100 兆网卡。
- 个人计算机预装 Windows XP 操作系统和浏览器。
- 具有网络连接,可以连接 Internet 网络。

【实验内容和步骤】

本实验以南京奥派电子商务模拟软件为实验平台。

1. 进入仓储实践模拟平台

选择"电子商务物流实验"中的"仓储实践"选项卡,单击仓储管理员后面的"进入"按钮,进入仓储实践平台,如图8.1所示。

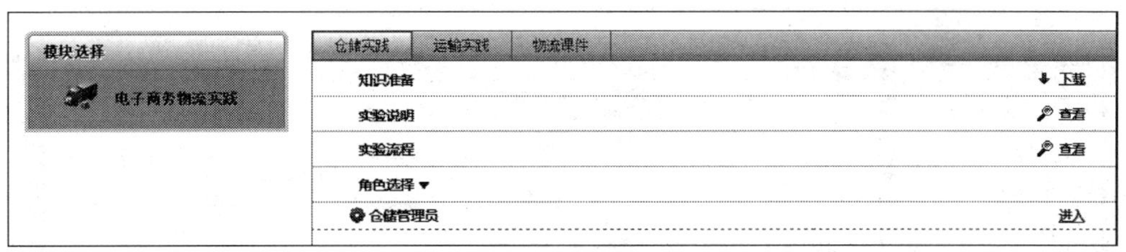

图 8.1 电子商务物流实践首页

2. 公司信息注册

物流管理首先要进行仓储公司的注册和登录，单击角色选择下的仓储管理员右侧的“进入”按钮，进入“仓储公司基本信息维护”界面，填写注册信息，填完后单击“保存”按钮，如图 8.2 所示。

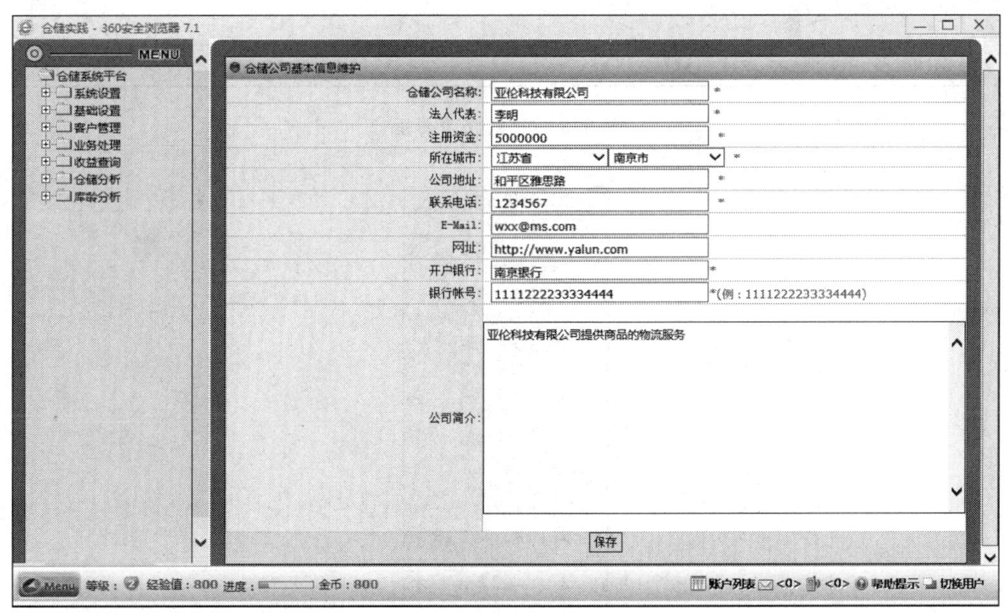

图 8.2 仓储公司基本信息维护界面

仓储公司信息如果需要修改，单击左侧列表框中的“系统设置”下的“公司信息”按钮，进入“仓储公司基本信息维护”界面在已经设置的公司信息基本上进行修改，修改好后单击“保存”按钮即可，如图 8.3 所示。

3. 设置实验产品

基础设置，包括实验产品、出库方式、仓库设置、库区设置、劳务价格、入库类型和出库类型，如图 8.4 所示。

设置实验产品。单击左侧列表框中“基础设置”下拉列表中的“实验产品”按钮，进入实验产品信息设置页面。首先，要进行产品行业管理，即添加行业。在文本框中输入行业名称、行业编码前缀、行业介绍后单击“添加”按钮即可，如图 8.5 所示。

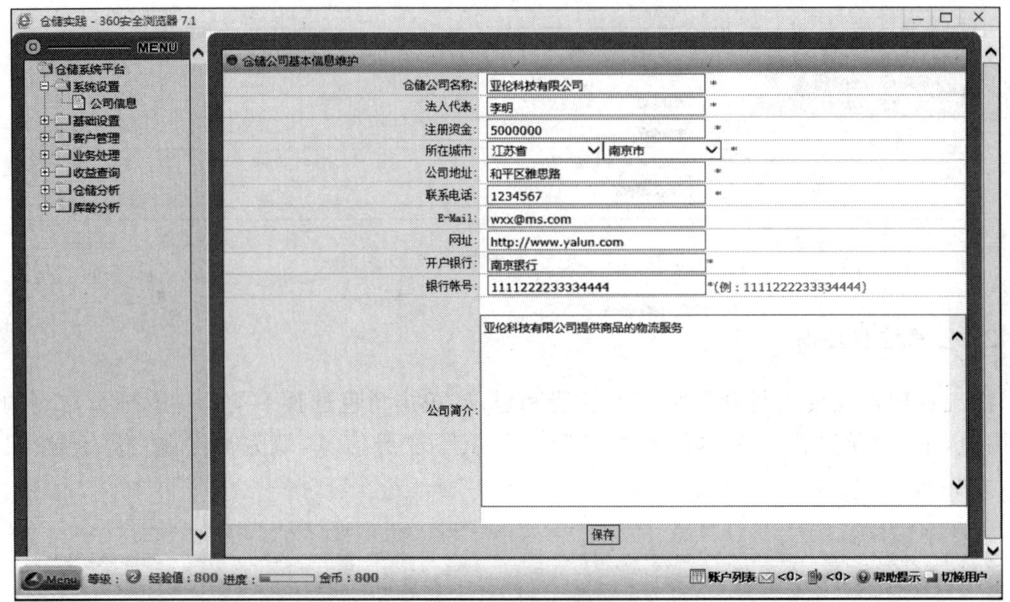

图 8.3　信息修改界面

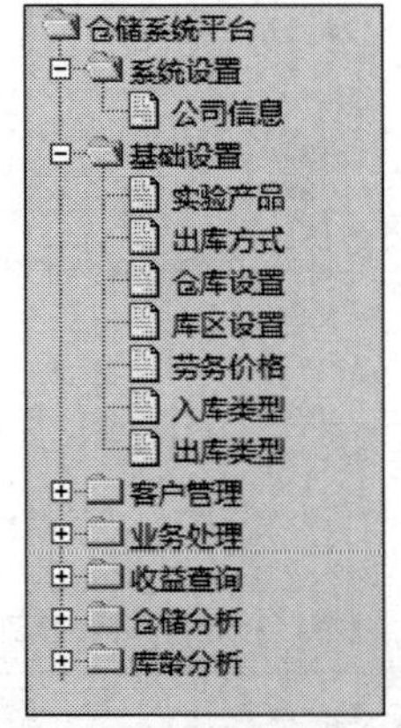

图 8.4　设置列表

添加完行业信息之后，还需添加该行业的下属产品。单击行业信息记录中“下属产品”，进入下属产品管理界面。如需查看行业说明，单击行业说明下方的按钮。如需修改行业信息，单击修改下方的按钮，如图 8.6 所示。

在弹出的页面中，单击“添加”按钮，添加下属产品，在产品信息添加界面中输入下属产品相关信息，单击“保存”按钮即可，如图 8.7 和图 8.8 所示。

4. 出库方式设置

单击左侧列表的“基础设置”下拉列表中的“出库方式”按钮，进入出库方式和出库方式维护页面。出库方式是货物在出库时可选择的几种方式，如“自提”、“送货”、“代运”’等，填写完毕后单击“添加”按钮即可，如图 8.9 所示。

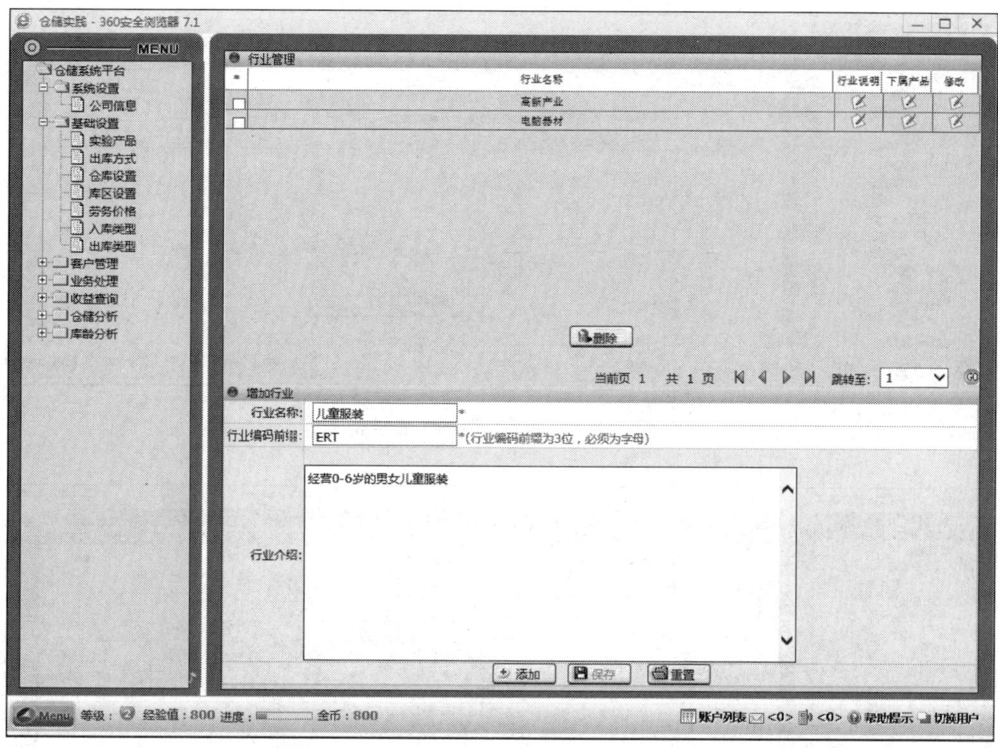

图 8.5 行业编辑界面

行业管理

*	行业名称	行业说明	下属产品	修改
☐	高新产业	✎	✎	✎
☐	电脑器材	✎	✎	✎
☐	儿童服装	✎	✎	✎

图 8.6 行业管理中行业列表

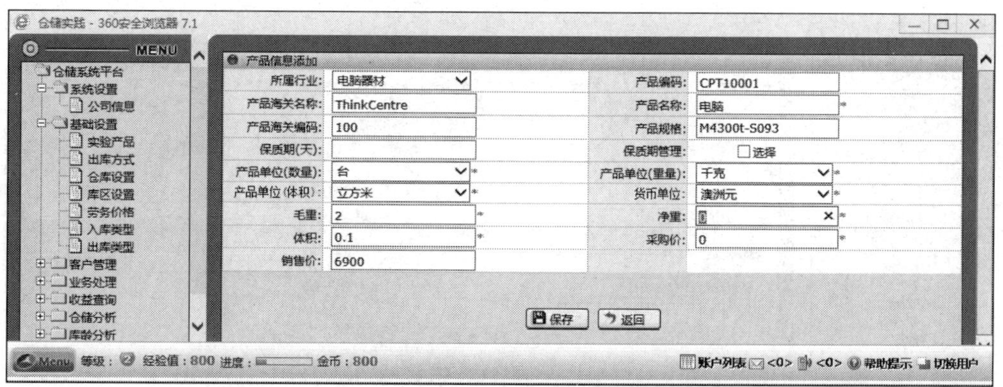

图 8.7 产品信息添加界面

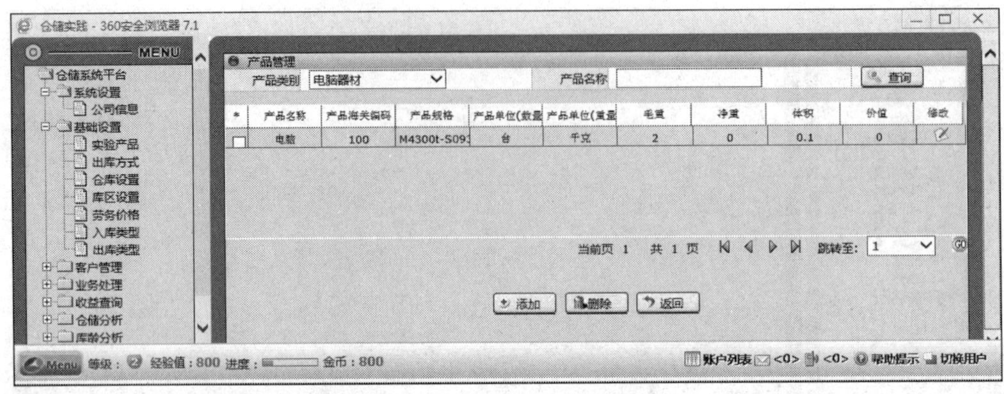

图 8.8 产品管理中产品列表

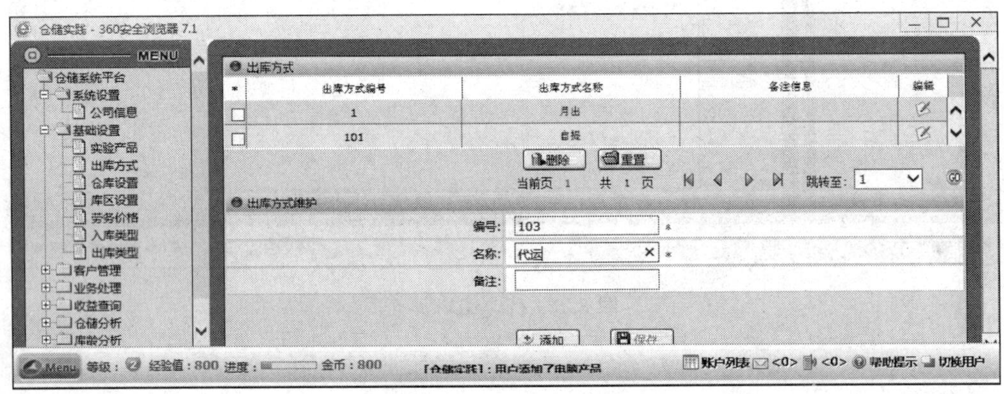

图 8.9 出库方式设置

5. 仓库设置

单击左侧列表框中的“基础设置”下拉列表中的“仓库设置”选项，进入仓库信息设置和维护页面。输入仓库的基本信息如仓库编号、仓库名称、地址、负责人以及选择前面设置的仓库类型和出库方式等内容，填写完毕后单击“添加”按钮即可，如图 8.10 所示。

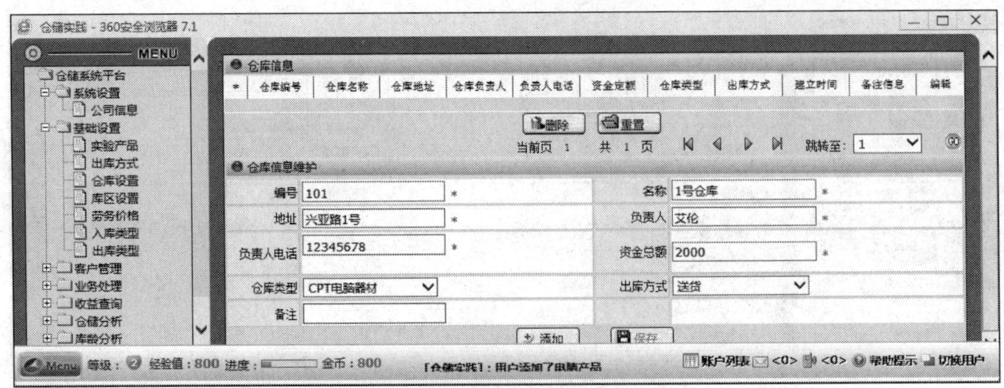

图 8.10 仓库信息维护界面

6. 库区设置

同一个仓库可以分成很多库区，库区也就是货物的具体存放位置。单击左侧列表的"基础设置"下拉列表中的"库区设置"选项，进入库区信息设置与维护界面。设置库区的编号、名称、所处仓库、容积、出租价格等信息。填好后单击"添加"按钮即可，如图 8.11 所示。

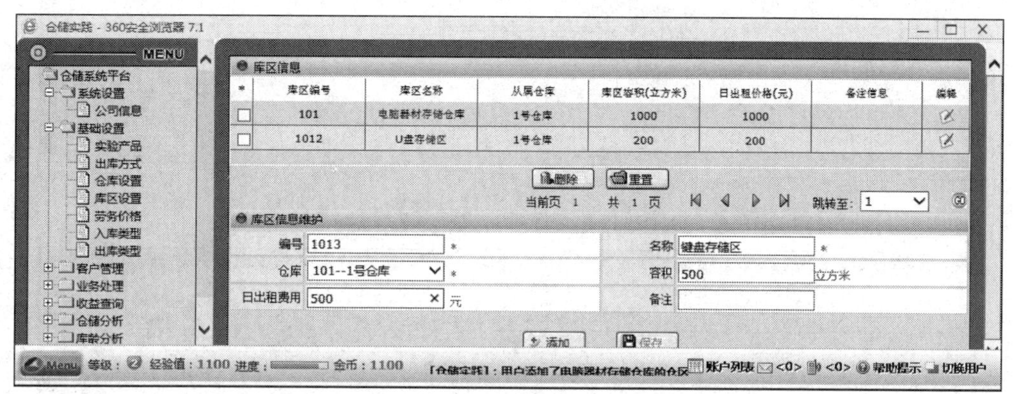

图 8.11 库区信息设置界面

7. 劳务价格设置

劳务价格是人员管理仓库活动中产生的相关费用。在此系统中计价类别一般以重量计算，当货物的体积(立方米)/重量(千克)＞50 时以体积计。单击左侧列表中"基础设置"下拉列表中的"劳务价格"选项，进入劳务费率信息维护界面，填好信息后单击"添加"按钮即可，如图 8.12 所示。

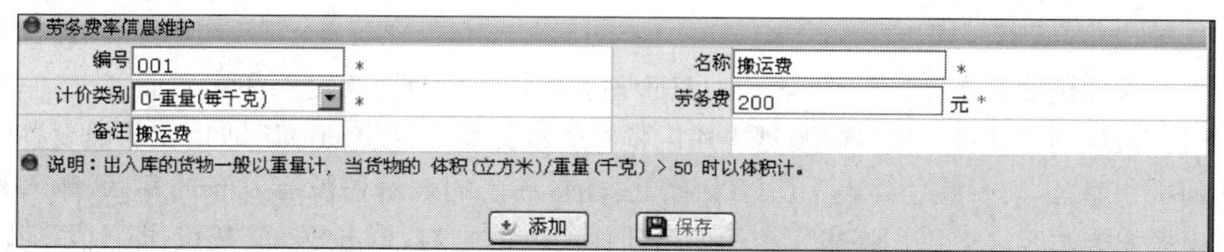

图 8.12 劳务费率信息维护界面

8. 入库类型设置

入库类型是指货物在入库时采取的入库方式，如预定入库、调整入库、盘点入库、包装入库、报废入库等方式。单击左侧列表"基础设置"下拉列表中的"入库类型"选项，进入入库类型维护界面，填好信息后，单击"添加"按钮即可，如图 8.13 所示。

9. 出库类型设置

出库类型是指货物在出库时采取的出库方式。单击左侧列表的"基础设置"下拉列表中的"出库类型"选项，进入出库类型维护界面，填好信息后单击"添加"按钮即可，如图 8.14 所示。

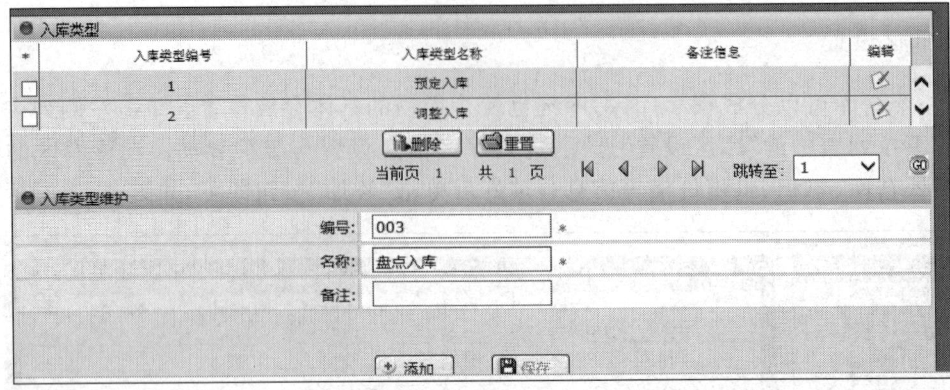

图 8.13　入库信息设置

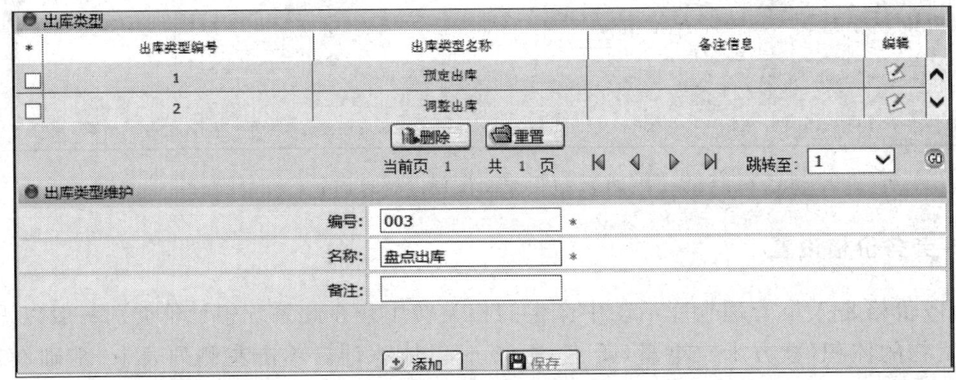

图 8.14　出库类型设置

10. 发布库区

客户管理包括发布库区管理、客户信息管理和申请单管理三部分。单击左侧列表“库户管理”下拉列表中的“发布库区”选项，进入库区发布管理界面。这里的库区即是在基础设置中所添加的所有库区，其中蓝色的表示已经发布出去的，灰色的表示还没有发布的库区，库区只有发布出去才能被客户使用。将未发布的库区前面的方框画勾，单击“发布”按钮，即可发布库区；反之，将已经发布的库区前面的框画勾，单击“收回”按钮，即取消库区发布，如图 8.15 所示。

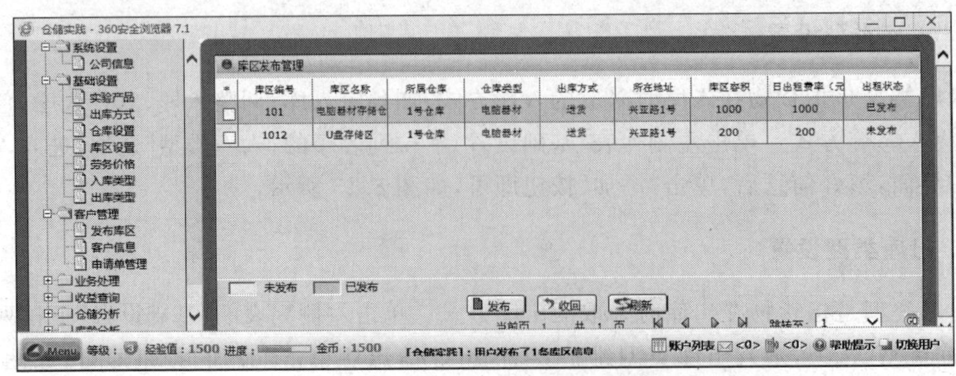

图 8.15　库区发布

11. 客户信息管理

单击左侧列表的“库户管理”下拉列表中的“客户信息”选项，进入客户信息管理界面。填好信息之后，单击“添加”按钮即可，如图 8.16 所示。

图 8.16 客户信息维护

12. 申请单管理

当其他公司想使用库区，需要填写使用库区的申请单，单击左侧列表的“库户管理”下拉列表中的“申请单管理”选项卡，在客户申请单维护界面中填写相关信息，单击“添加”按钮即可，如图 8.17 所示。

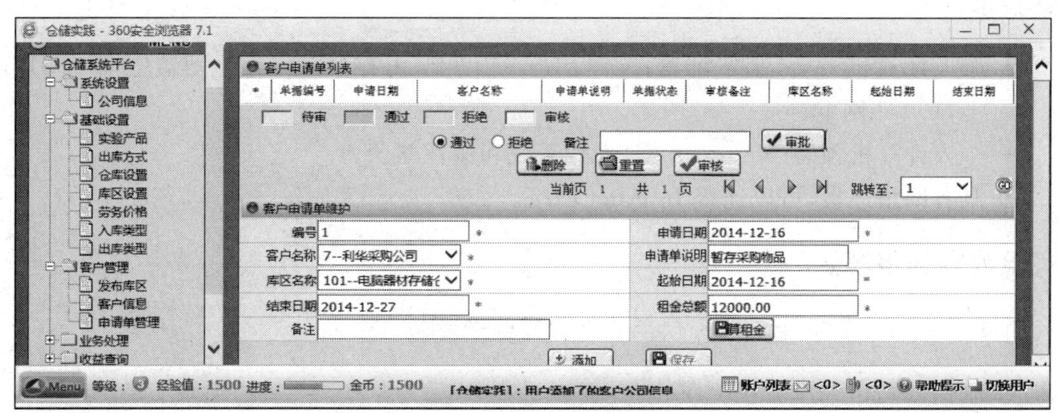

图 8.17 客户申请单设置

申请单填好后需要进行审批方可生效，对于要处理的单据可选择“通过”或“拒绝”，然后单击“审批”选项，最后单击“审核”选项。注意：审批后的单据是可以修改的，即可以重新审批进行状态更新，但是“审核”后的单据是不能修改的。审核通过的库区就可以给需求方用来存储货物了，如图 8.18 所示。

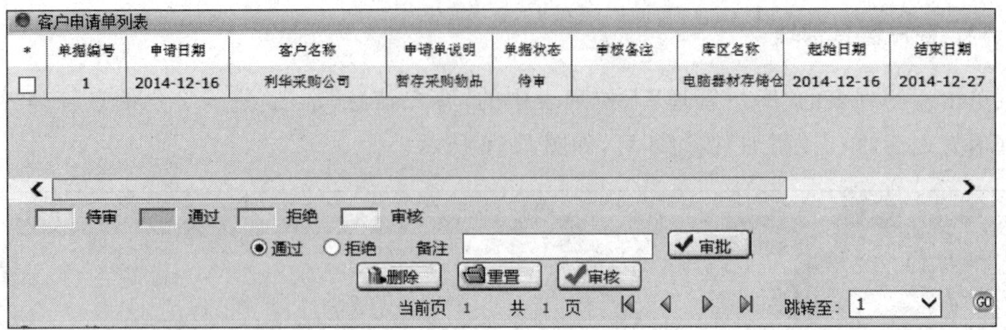

图 8.18 客户申请单列表

实验 8.2 仓储实践

【实验目的】

- 了解和掌握产品入库、出库方法。
- 学会管理调拨单、盘点单方法。
- 学会整理库存量。
- 掌握费用结算方法。
- 学会仓储公司财务类型和财务管理方法。

【实验条件】

- 个人计算机一台，基本配置：CPU Core2 以上，内存 2GB 以上，硬盘空间 20GB 以上，100 兆网卡。
- 个人计算机预装 Windows XP 操作系统和浏览器。
- 具有网络连接，可以连接 Internet 网络。

【实验内容和步骤】

本实验以南京奥派电子商务模拟软件为实验平台。

1. 仓储公司出入库流程

1）产品入库处理

单击左侧列表中的“业务处理”下拉列表“出入库”中的“入库单”选项，进入入库单管理界面，单击下方的“添加”按钮即可，如图 8.19 所示。

进入入库单编辑界面，单击备注信息，然后在备注信息下拉列表中选择入库类型，单击“保存”按钮，如图 8.20 所示，如图 8.21 所示。

在弹出的对话框中单击“确定”按钮，再单击下方的“添行”按钮，进入入库产品设置界面，如图 8.22 所示。

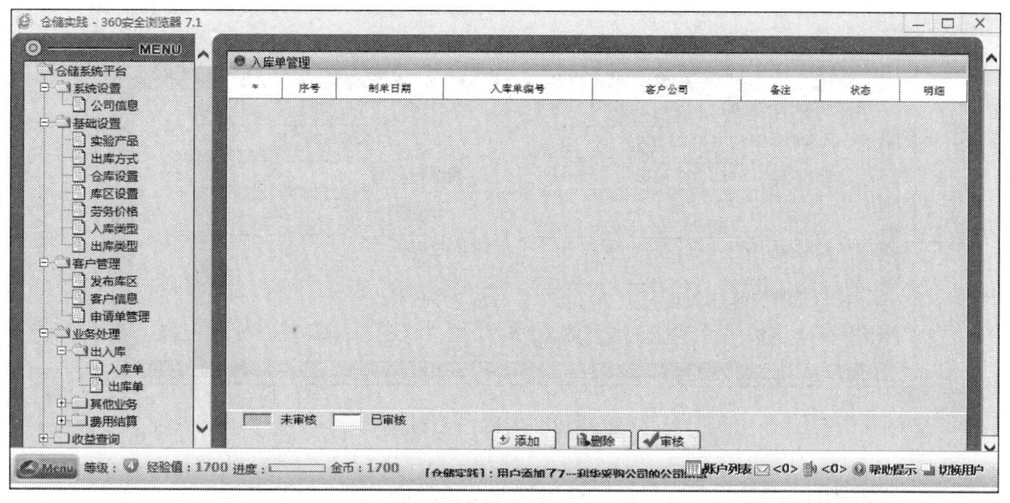

图 8.19　入库单管理

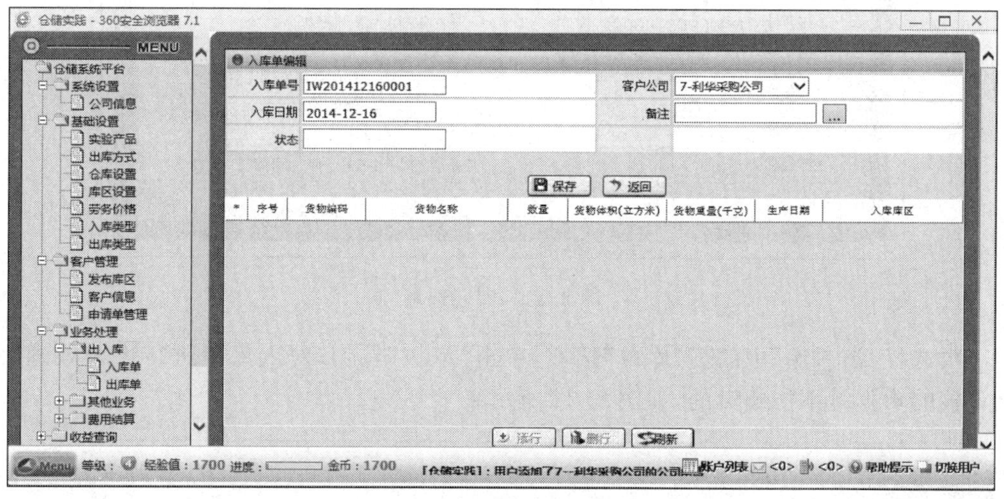

图 8.20　入库单编辑

入库单管理

*	序号	制单日期	入库单编号				
□	1	2014-12-16	IW201412160001	7-利华采购公司		未审核	查看

图 8.21　入库单管理

设置产品入库信息，选择货物名称以及入库库区，单击“确定”按钮，注意当仓库类型不符或是仓库空间不够的话，在入库库区中将没有可选库区，如图 8.23 所示。

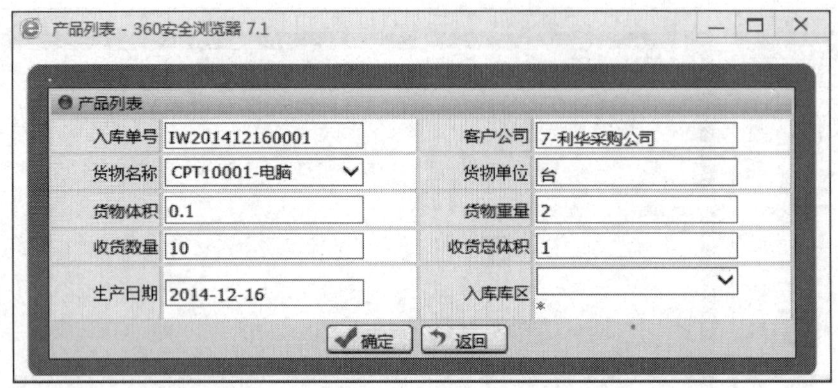

图 8.22　入库产品设置

http://192.168.1.13 - 产品列表 - Microsoft Internet Explorer

产品列表

入库单号	IW200905140001	客户公司	2-舜天采购公司
货物名称	RIG10001-安利洗发露	货物单位	瓶
货物体积	100	货物重量	100
收货数量	10	收货总体积	1000
生产日期	2009-5-14	入库库区	1-1号仓库_1号库区

确定　返回

图 8.23　库区选择

再次选择“出入库”中的“入库单”选项，单击“审核”按钮，对入库单进行申请处理，但是已经审核的单据是不能编辑的，如图 8.24 所示。

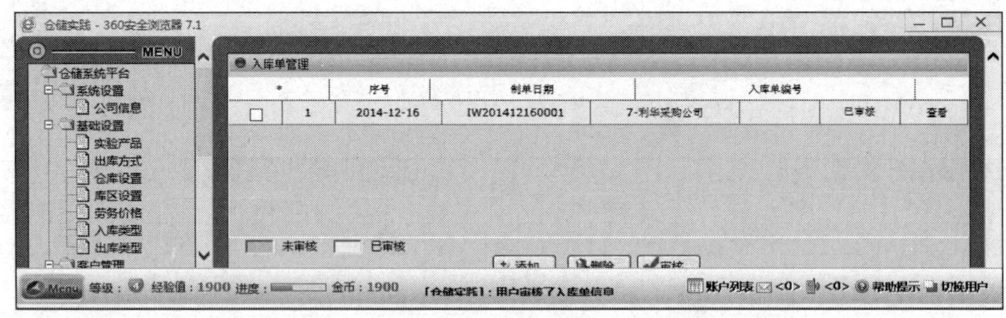

图 8.24　入库单审核

2）产品出库处理

产品出库处理操作与入库处理的操作相似，单击左侧列表中的“业务处理”下拉列表“出入库”中的“出库单”选项，进入出库单编辑界面，单击下方的“添加”按钮即可。进入出库单编辑界面，单击备注信息，然后在备注信息下拉列表中选择出库类型，单击“保存”按钮，如图 8.25 所示。

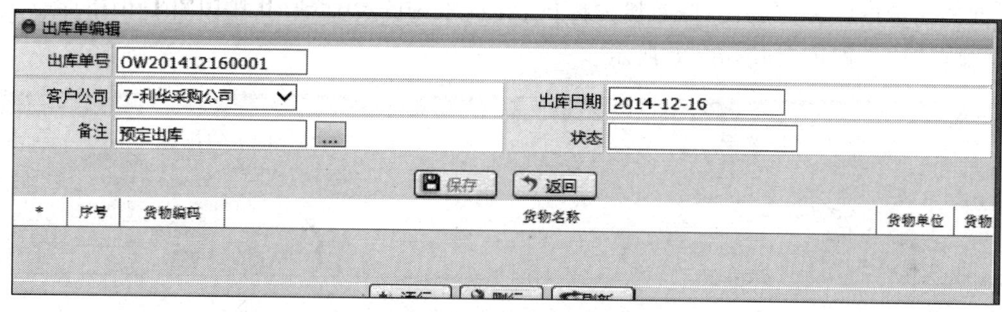

图 8.25　出库单编辑

单击下方的“添行”按钮，进入出库产品设置界面，在弹出的页面中填写发货的数量，注意发货的数量不能大于库存数量，单击“确定”按钮，再进入“出库单”，单击“审核”按钮，对出库单进行审核，审核后即生效。

3）调拨单处理

调拨单是库区中的货物调配的单据。如可将 1 号库区中的货物调到 2 号库区，首先 1 号库区和 2 号库区必须是同类型的库区并且是同一家公司申请的库区。选择左侧列表中的“业务处理”下拉列表“其他业务”中的“调拨单”，进入调拨单列表界面，单击“添加”按钮，进入产品单据信息界面，如图 8.26 所示。

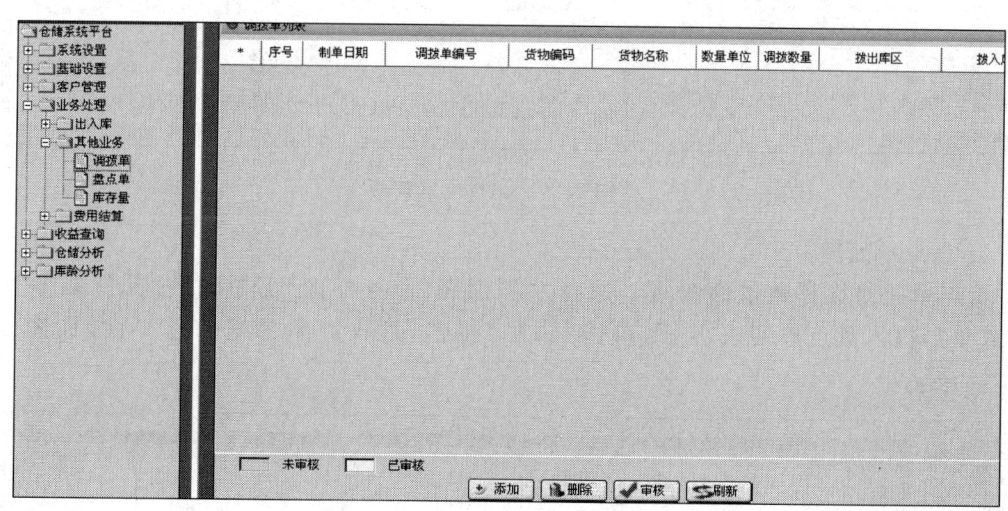

图 8.26　添加调拨单

进入产品单据信息后，单击记录信息后“调拨”按钮，进入调拨设置界面，如图 8.27 所示。

库存货物调拨

序号	库存量编号	货物编码	货物名称	数量单位	库存数量	存货库区	客户公	
1	XC201412160004	ERT10002	巴拉巴拉裙子	件	30	22-2号仓库2库区	10-鑫鑫采购有限公司	
2	XC201412160003	ERT10001	巴拉巴拉毛衣	件	20	21-2号仓库1库区	10-鑫鑫采购有限公司	
3	XC201412160002	DIP10002	显示器	台	10	12-1号仓库2库区	9-利华采购公司	
4	XC201412160001	DIP10001	主板	台	1	11-1号仓库-1库区	9-利华采购公司	

图 8.27　库存货物调拨

进入调拨设置界面后，选择要拨入库区，并且输入调拨数量，调拨数量要少于库存数量，单击“保存”按钮即可，如图 8.28 所示。

产品调拨

调拨单号	MG201412160001	调拨日期	2014-12-16
库存编号	XC201412160004	客户公司	10-鑫鑫采购有限公司
货物编号	ERT10002	货物名称	巴拉巴拉帽子
库存位置	22-2号仓库2库区	拨入库区	21-2号仓库1库区
库存数量	30	调拨数量	10
数量单位	件	备注信息	

图 8.28　产品调拨界面

再次单击“调拨单”，进入“调拨单”列表界面，此时调拨单还未审核，需要审核通过后才生效，选中所要审核的调拨单，单击“审核”按钮即可，如图 8.29 所示。

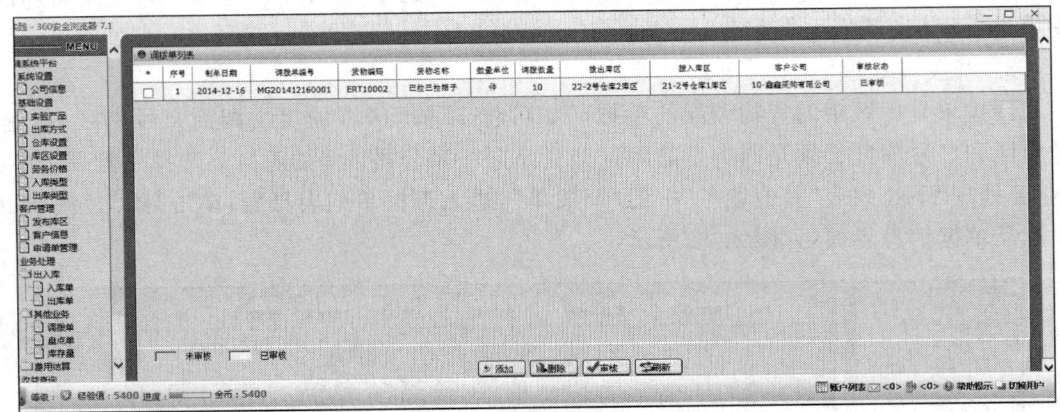

图 8.29　调拨单审核

4）盘点单处理

盘点单是对库存数量的盘点。选择左侧列表“业务处理”下拉列表“其他业务”中的“盘点单”，进入盘点单列表界面，单击“添加”按钮，进入产品单据信息界面，如图 8.30 所示。

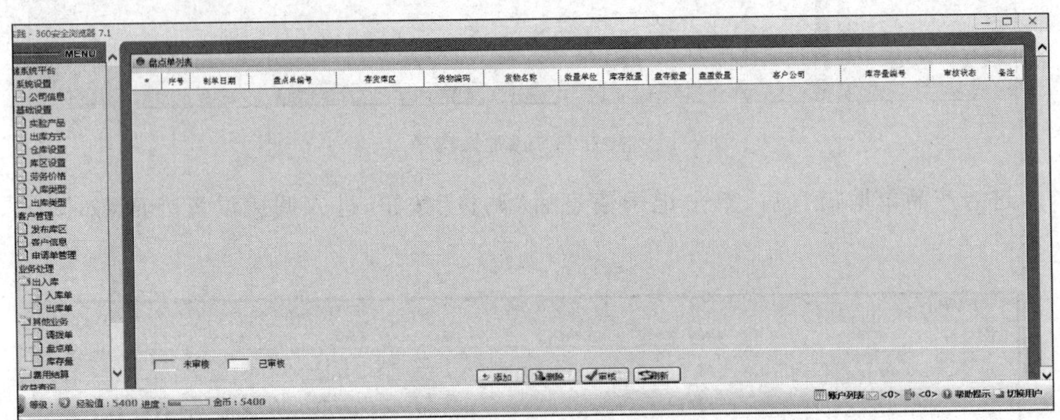

图 8.30　添加盘点单

单击记录信息后的“盘点”按钮，进入盘点设置界面，如图 8.31 所示。

库存货物盘点

序号	库存量编号	货物编码	货物名称	数量单位	库存数量	存货库区	客户公司	盘点
1	XC201412160005	ERT10002	巴拉巴拉帽子	件	10	21-2号仓库1库区	10-鑫鑫采购有限公司	
2	XC201412160004	ERT10002	巴拉巴拉帽子	件	20	22-2号仓库2库区	10-鑫鑫采购有限公司	
3	XC201412160003	ERT10001	巴拉巴拉毛衣	件	20	21-2号仓库1库区	10-鑫鑫采购有限公司	
4	XC201412160002	DIP10002	显示器	台	10	12-1号仓库2库区	9-利华采购公司	
5	XC201412160001	DIP10001	主板	台	1	11-1号仓库-1库区	9-利华采购公司	

图 8.31 库存货物盘点

在盘点设置界面中，输入盘存数量和备注信息后，单击“保存”按钮，提交盘点设置，如图 8.32 所示。

产品盘点

盘点单号	TG201412160001	盘点日期	2014-12-16
库存编号	XC201412160005	客户公司	10-鑫鑫采购有限公司
货物编号	ERT10002	货物名称	巴拉巴拉帽子
库存位置	21-2号仓库1库区	数量单位	件
库存数量	10	盘存数量	
备注信息			

保存 返回

图 8.32 产品盘点信息填写界面

提交盘点单之后需要对盘点单进行审核，再次单击“盘点单”，进入盘点单列表。在盘点单列表中，选中要审核的盘点单，单击“审核”按钮即可，如图 8.33 所示。

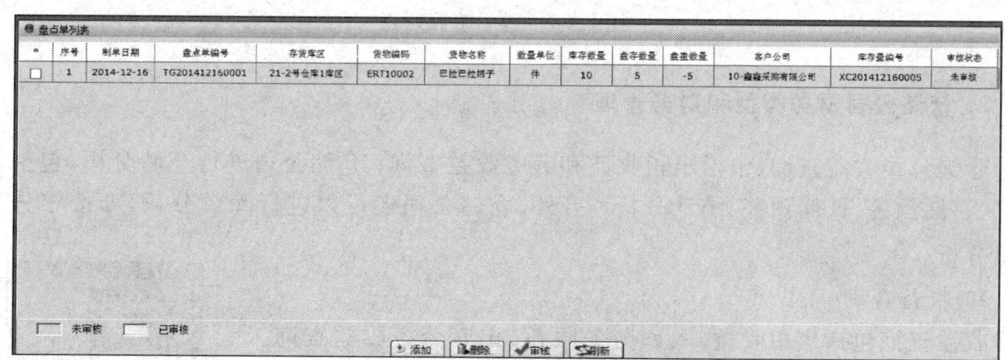

盘点单列表

	序号	制单日期	盘点单编号	存货库区	货物编码	货物名称	数量单位	库存数量	盘存数量	盘盈数量	客户公司	库存量编号	审核状态
□	1	2014-12-16	TG201412160001	21-2号仓库1库区	ERT10002	巴拉巴拉帽子	件	10	5	-5	10-鑫鑫采购有限公司	XC201412160005	未审核

图 8.33 盘点单列表

5）库存量整理

库存量整理是对库存的查询和整理操作。选择左侧列表下的“业务处理”下拉列表“其他业务”中的“库存量”选项，进入库存量整理界面，单击“整理”按钮可把已经发完货的单据自动去除，如图 8.34 所示。

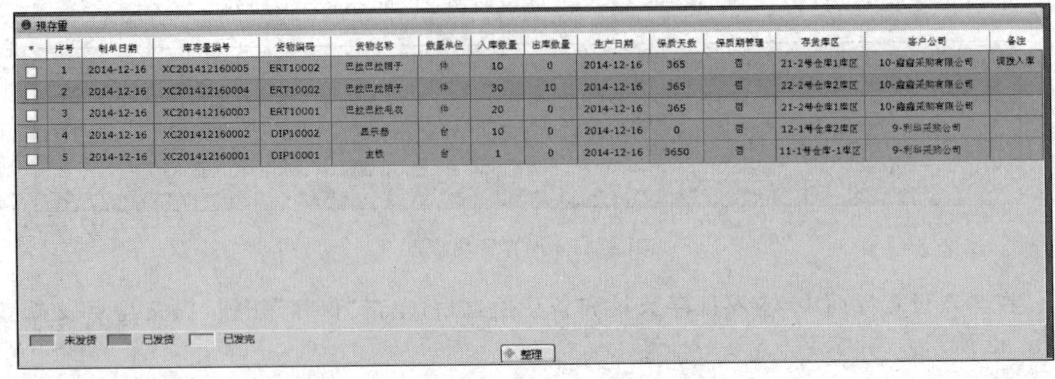

现存量

*	序号	制单日期	库存量编号	货物编码	货物名称	数量单位	入库数量	出库数量	生产日期	保质天数	保质期管理	存货库区	客户公司	备注
□	1	2014-12-16	XC201412160005	ERT10002	巴拉巴拉裙子	件	10	0	2014-12-16	365	否	21-2号仓库1库区	10-鑫鑫采购有限公司	调拨入库
□	2	2014-12-16	XC201412160004	ERT10002	巴拉巴拉裙子	件	30	10	2014-12-16	365	否	22-2号仓库2库区	10-鑫鑫采购有限公司	
□	3	2014-12-16	XC201412160003	ERT10001	巴拉巴拉毛衣	件	20	0	2014-12-16	365	否	21-2号仓库1库区	10-鑫鑫采购有限公司	
□	4	2014-12-16	XC201412160002	DIP10002	显示器	台	10	0	2014-12-16	0	否	12-1号仓库2库区	9-利华采购公司	
□	5	2014-12-16	XC201412160001	DIP10001	主机	台	1	0	2014-12-16	3650	否	11-1号仓库-1库区	9-利华采购公司	

未发货 已发货 已发完

整理

图 8.34 库存量整理界面

6）费用结算

费用单据显示的是出库、入库、出租的相关费用单据。选择左侧列表中的“业务处理”下拉列表“费用结算”中的“费用单据”，进入费用结算界面，未交费的单据可单击右侧的“催费”，可向客户催收费用，如图 8.35 所示。

费用结算

序号	单据编号	制单日期	单据名称	客户公司	费用金额	单据状态	明细	操作
1	MB201412160001	2014-12-16	出租费用单	鑫鑫采购有限公司	4800	已缴费	查看	催费
2	MB201412160002	2014-12-16	出租费用单	利华采购公司	70200	未缴费	查看	催费
3	MB201412160007	2014-12-16	出库费用单	利华采购公司	0	未缴费	查看	催费
4	MB201412160008	2014-12-16	出库费用单	利华采购公司	0	未缴费	查看	催费
5	MB201412160003	2014-12-16	入库费用单	鑫鑫采购有限公司	0	未缴费	查看	催费
6	MB201412160004	2014-12-16	入库费用单	鑫鑫采购有限公司	0	未缴费	查看	催费
7	MB201412160005	2014-12-16	入库费用单	利华采购公司	0	未缴费	查看	催费
8	MB201412160006	2014-12-16	入库费用单	利华采购公司	0	未缴费	查看	催费
合计					75000.00			

未催费 已缴费

刷新

图 8.35 费用结算列表

2. 仓储公司财务类型和财务管理

仓储公司收益查询，包括出租收益和劳务收益查询；仓储公司进行仓储分析，包括安全库存、超储预警、低储预警、统计分析；另外，仓储公司还可以进行库龄分析，即按年分析和按月分析。

1）收益查询

收益查询包括出租收益、入库劳务收益、出库劳务收益查询。出租收益查询，单击左框架“收益查询”下拉列表中的“出租收益”选项，右框中即可查看到出租收益，如图 8.36 所示。

图 8.36 可选列表项

入库劳务收益，单击“劳务收益”下拉列表中的“入库劳务收益”选项。

出库劳务收益，就单击“劳务收益”下拉列表中的“出库劳务收益”选项，下图显示的是出租收益，如图 8.37 所示。

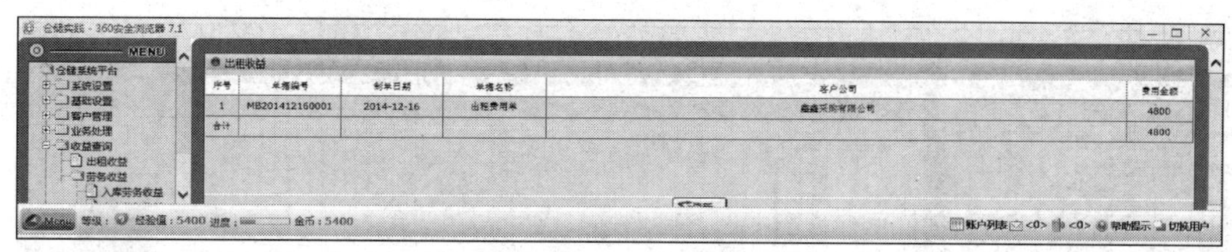

图 8.37 出租收益列表

2）仓储分析

仓储分析是对仓库的库存安全方面的统计分析，包括安全库存、超储预警、低储预警、统计分析。

(1) 安全库存。安全库存是查询库区使用比例在 10%～60%的库区情况，单击左侧列表中的"仓储分析"下拉列表中的"安全库存"选项，查看安全库存信息，如图 8.38 所示。

安全库存

序号	库区编号	库区名称	所属仓库	库区容量	已用容积	使用比例（10-60%）
1	21	2号仓库1库区	2号仓库	5	2	40%

图 8.38 显示处于安全库存的库区

(2) 超储预警。超储预警是查询库区使用比例在 60%以上的库区情况，单击左侧列表"仓储分析"下拉列表中的"超储预警"选项，可查看超储预警信息，如图 8.39 所示。

超储预警

序号	库区编号	库区名称	所属仓库	库区容量	已用容积	使用比例（ >60%）
1	22	2号仓库2库区	2号仓库	4	3	75%

图 8.39 库存处于超储预警的信息

(3) 低储预警。低储预警是查询库区使用比例在 10%以下的库区情况，单击左侧列表中的"仓储分析"下拉列表中的"低储预警"选项，可查看低储预警信息，如图 8.40 所示。

低储预警

序号	库区编号	库区名称	所属仓库	库区容量	已用容积	使用比例（<10%）
1	11	1号仓库-1库区	1号仓库	50	0.1	0.2%
2	12	1号仓库2库区	1号仓库	100	1	1%

图 8.40 库存处于低储预警信息

(4) 统计分析。统计分析是对以上三种情况的柱状图形式表示。单击左框架"仓储分析"下拉列表中的"统计分析"选项，可查看统计信息，如图 8.41 所示。

3）库龄分析

库龄分析主要是查询仓库库区的年限，主要分按年分析和按月分析两种。

(1) 按年分析。单击左侧列表中的"库龄分析"下拉列表中的"按年分析"选项，可显示按年分析图表，如图 8.42 和图 8.43 所示。

(2) 按月分析。单击左框架"库龄分析"下拉列表中的"按月分析"选项，可显示按月分析图表，如图 8.44 所示。

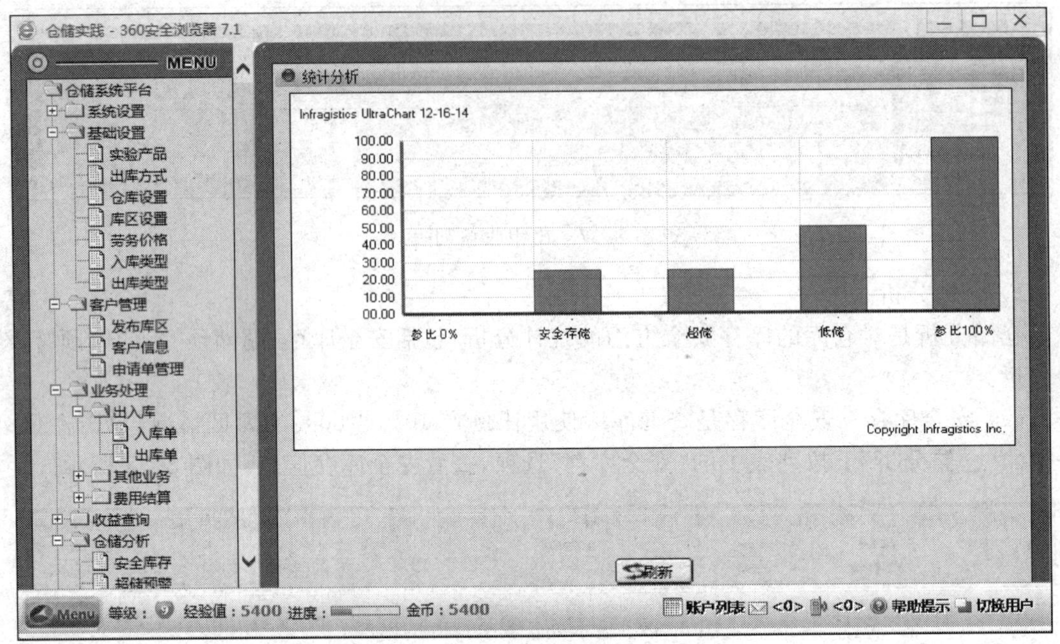

图 8.41 库存情况的统计分析

图 8.42 可选库龄分析列表

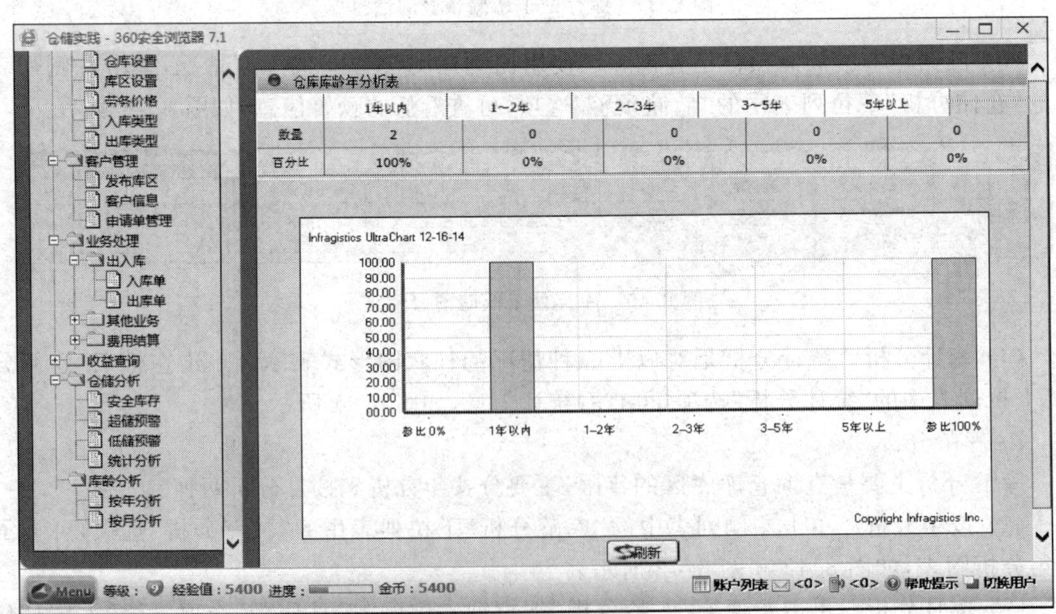

图 8.43 仓库库龄年分析列表

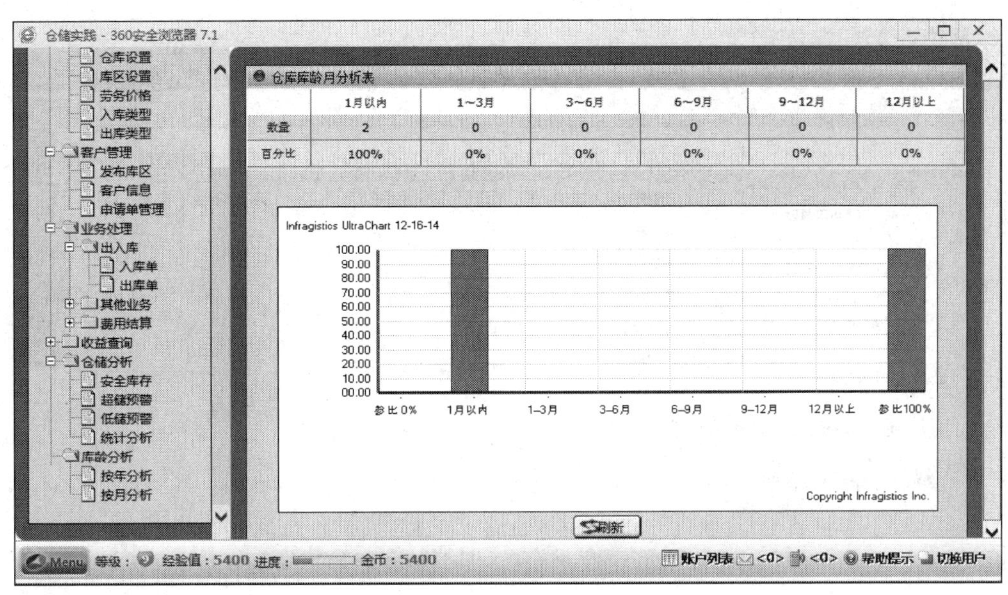

图 8.44　仓库库龄月分析表

实验 8.3　运输实验环境设置

【实验目的】

- 了解和掌握运输公司运作的基本环境。
- 学会设置运输公司运作的基础信息。

【实验条件】

- 个人计算机一台，基本配置：CPU Core2 以上，内存 2GB 以上，硬盘空间 20GB 以上，100 兆网卡。
- 个人计算机预装 Windows XP 操作系统和浏览器。
- 具有网络连接，可以连接 Internet 网络。

【实验内容和步骤】

本实验以南京奥派电子商务模拟软件为实验平台。

单击运输实践选项卡，注册运输公司基本信息，包括企业信息设置、驾驶员设置、车辆设置、途中状态设置和费用名称五个部分。

1）公司基本信息注册

进入运输实践并注册公司基本信息。选择“电子商务物流实践”中的“运输实践”选项，单击运输管理员后面的“进入”按钮，如图 8.45 所示。

系统进入运输公司基本信息维护页面，填好信息，单击“保存”按钮即可，如图 8.46 所示。

图 8.45 运输实践首页

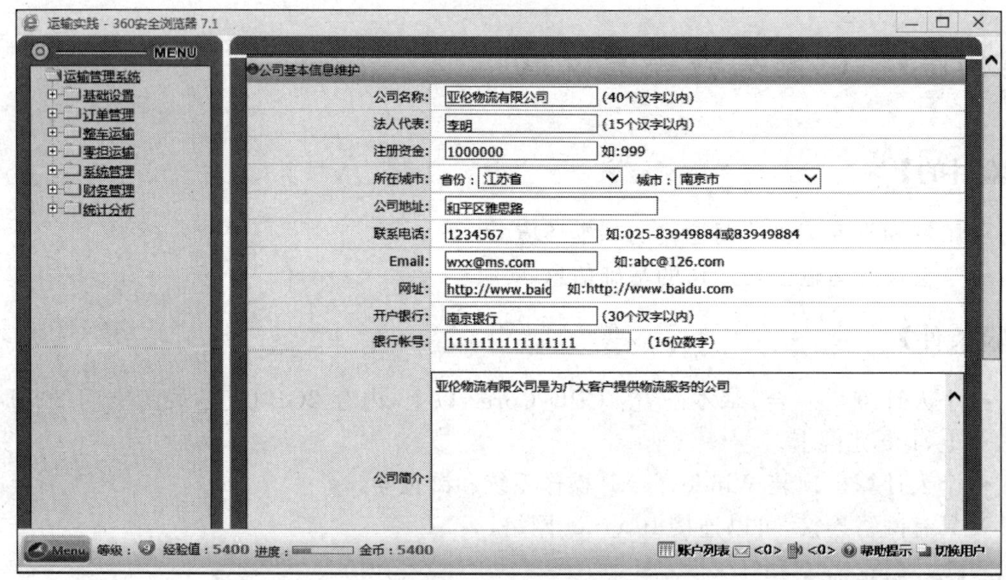

图 8.46 公司基本信息维护界面

2）基础信息设置

基础信息设置主要包括驾驶员设置、车辆设置、途中状态设置和费用名称设置，如图 8.47 所示。

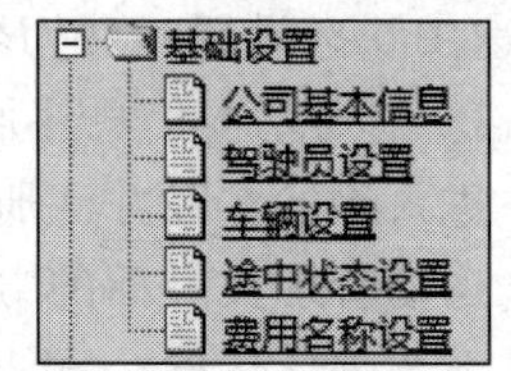

图 8.47 可选基础设置列表

（1）驾驶员设置。单击左侧列表“基础设置”下拉列表中的“驾驶员设置”选项，进入驾驶员设置界面，输入驾驶员姓名，选择性别，驾龄、联系电话，填写好后单击“保存”按钮即可，如图 8.48 所示。

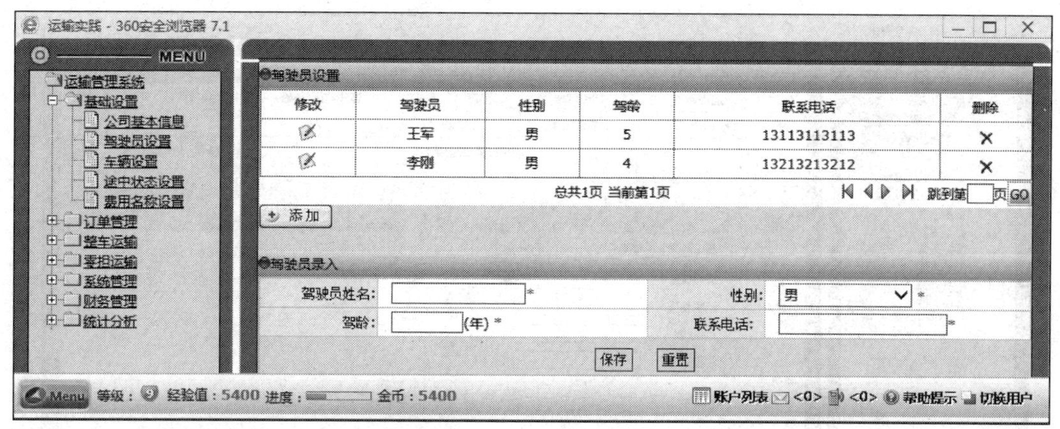

图 8.48 驾驶员设置界面

(2) 车辆设置。单击左侧列表“基础设置”下拉列表中的“车辆设置”选项，进入车辆设置界面，车辆设置包括车型的设置和该车辆相关线路的设置。输入车牌，车辆型号、车辆吨位、车辆体积、运输类型(“定时发车”是用于零担运输时运输的车辆，“即时发车”是用于整车运输时运输的车辆)、定点时间，输入基本费用，单击“保存”按钮即可，如图 8.49 所示。

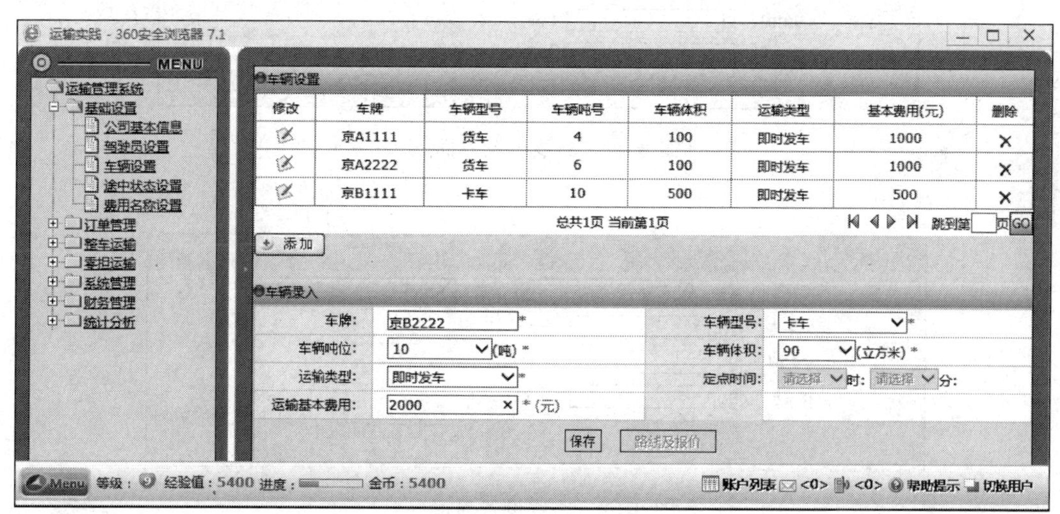

图 8.49 车辆设置界面

在路线节点录入栏中，选择起点城市和终点城市，运输路程、运输时间和运输报价，单击“保存”按钮即可，如图 8.50、图 8.51、图 8.52 和图 8.53 所示。

(3) 途中状态设置。途中状态设置是车辆运输在途中管理的状态选择，单击左侧列表“基础设置”下拉列表中的“途中状态设置”选项，进入车辆途中状态设置页面，填好状态名称后单击“保存”按钮即可，如图 8.54 所示。

(4) 费用名称设置。单击左框架“基础设置”下拉列表中的“费用名称设置”选项，进入费用名称设置界面，填好费用名称后单击“保存”按钮即可，如图 8.55 所示。

运输实践 - 360安全浏览器 7.1
MENU
运输管理系统
基础设置
公司基本信息
驾驶员设置
车辆设置
途中状态设置
费用名称设置
订单管理
整车运输
零担运输
系统管理
财务管理
统计分析
路线节点设置
修改 起点城市 终点城市 运输路程(千米) 运输时间(小时) 运输报价(元/吨) 删除
北京市市辖区 天津市市辖区 200 2 100
总共1页 当前第1页
跳到第 页 GO
添加
路线节点录入
起点城市: 请选择 省
终点城市: 请选择 省
运输路程: *(千米)
运输时间: *(小时)
运输报价: *(元/吨)
保存 返回
Menu 等级: 经验值:5400 进度: 金币:5400
账户列表 <0> <0> 帮助提示 切换用户

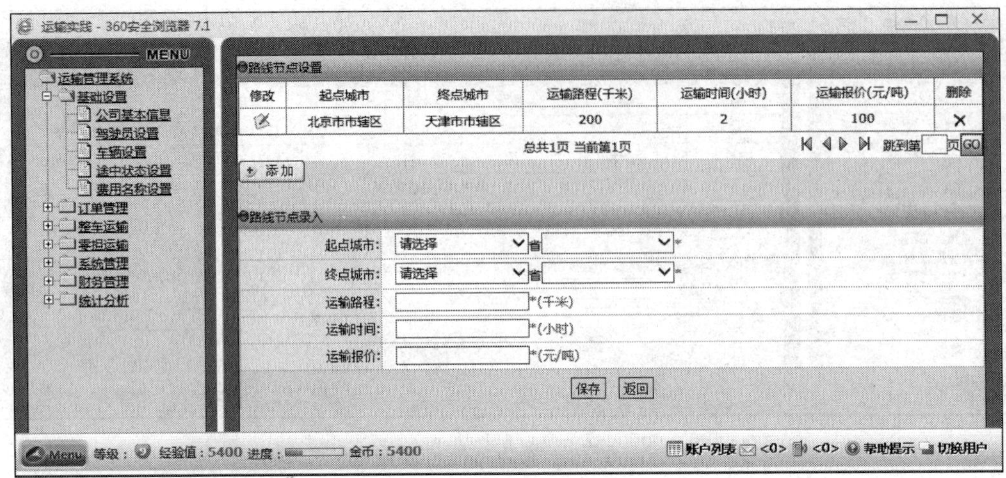

图 8.50　路线设置界面(a)

路线节点录入
节点城市: 省份: 江苏省 城市: 南京市
运输距离: 0 *(千米)
运输时间: 0 *(小时)
运输报价: 0 *(元/吨)
保存 返回

图 8.51　路线设置界面(b)

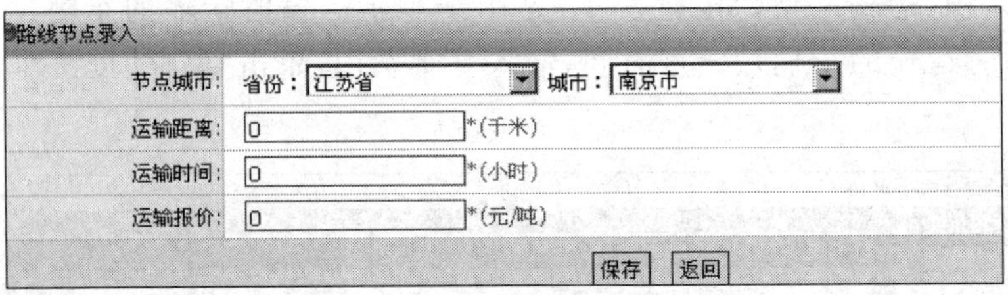

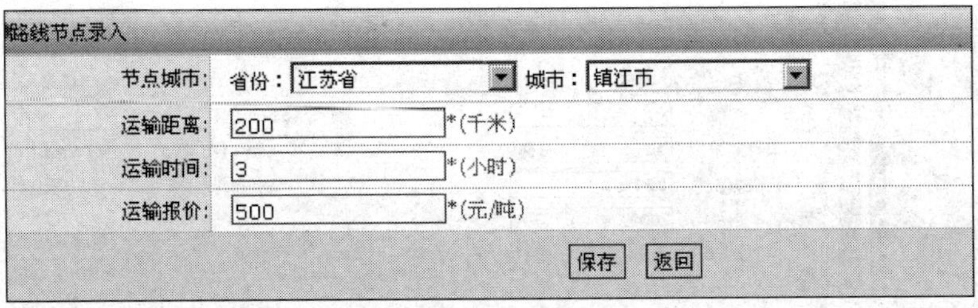

路线节点录入
节点城市: 省份: 江苏省 城市: 镇江市
运输距离: 200 *(千米)
运输时间: 3 *(小时)
运输报价: 500 *(元/吨)
保存 返回

图 8.52　路线设置界面(c)

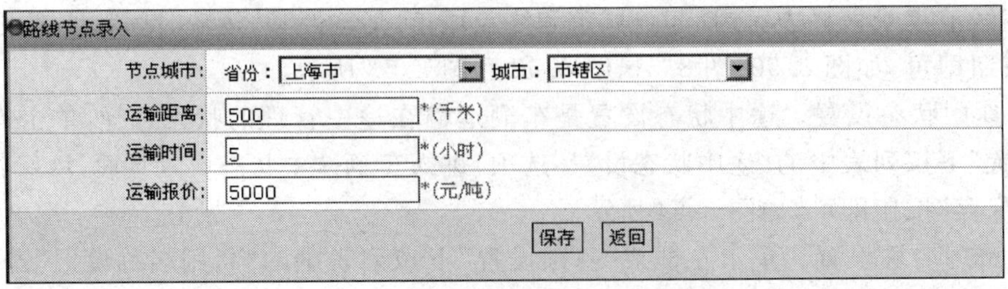

路线节点录入
节点城市: 省份: 上海市 城市: 市辖区
运输距离: 500 *(千米)
运输时间: 5 *(小时)
运输报价: 5000 *(元/吨)
保存 返回

图 8.53　路线设置界面(d)

图 8.54 途中状态设置

费用名称录入
费用名称: 加油费 *
保存
重置

图 8.55 费用名称设置

实验 8.4 运输实践

【实验目的】

- 了解和掌握运输公司订单的处理流程。
- 学会运输公司的车辆管理操作。
- 掌握系统管理员工与车辆方法。
- 学会运输公司收益组成和财务分析方法。

【实验条件】

- 个人计算机一台,基本配置:CPU Core2 以上,内存 2GB 以上,硬盘空间 20GB 以上,100 兆网卡。
- 个人计算机预装 Windows XP 操作系统和浏览器。
- 具有网络连接,可以连接 Internet 网络。

【实验内容和步骤】

本实验以南京奥派电子商务模拟软件为实验平台。

1. 运输公司订单的处理流程

1) 新增发货单

单击左侧列表“订单管理”下拉列表中的“新增发货单”选项,进入发货单管理界面,单击“新增”按钮,如图 8.56 所示。

进入发货单明细表界面,填写托运方信息、收货方信息、运输方式等信息后单击“确定”按钮即可。在下方发货单的货物明细设置界面输入货物名称、货物数量、货物总重量和货物总体积,单击“保存”按钮即可,如图 8.57 所示。

同样,也可以增加一些零担运输的发货单。填写相关信息后,单击“保存”按钮即可。

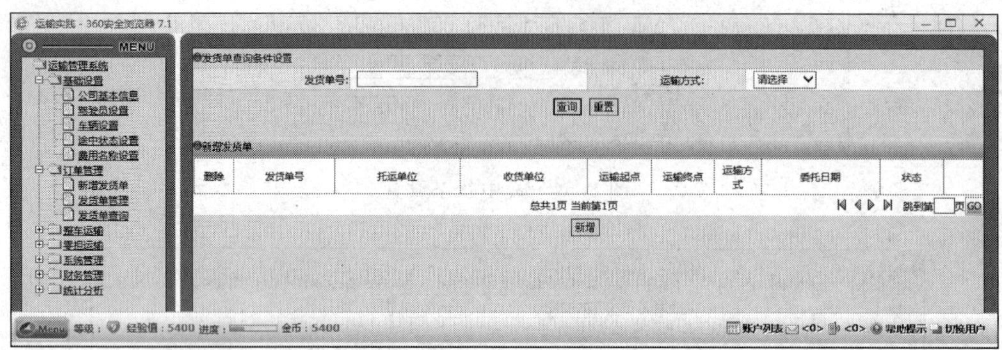

图 8.56　发货单新增设置

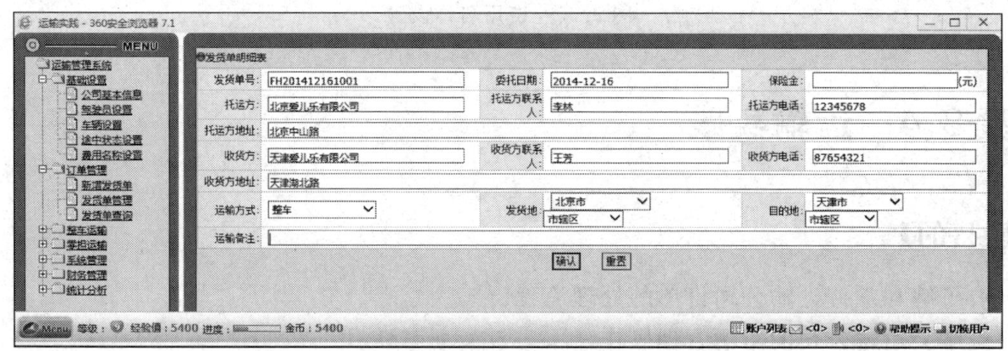

图 8.57　发货单明细设置

2）审核发货单

单击左侧列表“订单管理”下拉列表中的“发货单管理”选项，进入发货单管理界面，单击发货单后面的“查看”按钮，进入发货单明细查看界面，如图 8.58 所示。

发货单查询条件设置

发货单号:　　运输方式: 请选择

查询　重置

发货单管理

发货单号	托运单位	收货单位	运输起点	运输终点	运输方式	委托日期	状态	
FH201412161002	北京爱儿乐有限公司	天津爱儿乐有限公司	北京市市辖区	天津市市辖区	整车	2014-12-16	未确认	查看
FH201412161001	北京爱儿乐有限公司	天津爱儿乐有限公司	北京市市辖区	天津市市辖区	整车	2014-12-16	未确认	查看

总共1页 当前第1页　跳到第 页 GO

图 8.58　发货单管理界面

在发货单审核界面中，单击“确认”或是“拒绝”按钮即可，如图 8.59 所示。

发货单审核

发货单号:	FH201412161002	委托日期:	2014-12-16 0:00:00	保险金:	100 (元)
托运方:	北京爱儿乐有限公司	托运方联系人:	李林	托运方电话:	12345678
托运方地址:	北京中山路				
收货方:	天津爱儿乐有限公司	收货方联系人:	王芳	收货方电话:	87654321
收货方地址:	天津湖北路				
货物数量:	10000	总重量:	0.1 (吨)	总体积:	100 (立方米)
运输方式:	整车	发货地:	北京市市辖区	目的地:	天津市市辖区
运输备注:					

货物明细表

货物名称	数量	体积(立方米)	重量(千克)
儿童服装	10000	100	100

确认　拒绝　返回

图 8.59　发货单审核界面

3）查询发货单

单击左侧列表“订单管理”下拉列表中的“发货单查询”选项，进入发货单查询界面，单击发货单后面的“查看”按钮即可，如图 8.60 所示。

发货单查询条件设置

发货单号：　　运输方式：请选择

查询　重置

发货单查询

发货单号	托运单位	收货单位	运输起点	运输终点	运输方式	确认日期	状态	
FH201412161002	北京爱儿乐有限公司	天津爱儿乐有限公司	北京市市辖区	天津市市辖区	整车运输	2014-12-16 14:32:20	未运输	查看
FH201412161001	北京爱儿乐有限公司	天津爱儿乐有限公司	北京市市辖区	天津市市辖区	整车运输	2014-12-16 14:33:03	未运输	查看

总共1页 当前第1页　跳到第　页 GO

图 8.60　发货单查询界面

2. 运输公司的车辆管理

运输公司配货方式分为整车运输和零担运输。查看车辆调度信息、运输配车信息，对车辆发车、途中状态、到达目的地的管理。

整车运输和零担运输的操作流程雷同，下面将以整车运输为例讲解操作流程。

1）查看车辆调度信息

单击左侧列表“整车运输”下拉列表中的“车辆调度信息”选项，在车辆调度信息下可以查看即时发车的车辆状态，如图 8.61 所示。

运输单查询条件设置

运输车辆：请选择　　车辆状态：请选择

查找　重置

车辆调度信息

运输车辆	车辆型号	车辆吨位(吨)	车辆体积(立方米)	运输起点	运输终点	运输路程(千米)	状态
京A1111	货车	4	100	北京市市辖区	天津市市辖区	200	空闲中

总共1页 当前第1页　跳到第　页 GO

图 8.61　查看车辆调度信息

2）运输配车信息

单击左侧列表“整车运输”下拉列表中的“运输配车信息”选项，进入运输单管理界面。如果是未发车的运输单，在货物配车下会提示“未发车”，单击“未发车”按钮进入配车设置界面，如图 8.62 和图 8.63 所示。

运输单查询条件设置

发货单号：　　运输状态：请选择

查询　重置

运输配车信息

发货单号	托运单位	收货单位	运输起点	运输终点	生成日期	货物配车
FH201412161002	北京爱儿乐有限公司	天津爱儿乐有限公司	北京市市辖区	天津市市辖区	2014-12-16 14:32:20	未发车
FH201412161001	北京爱儿乐有限公司	天津爱儿乐有限公司	北京市市辖区	天津市市辖区	2014-12-16 14:33:03	未发车

总共1页 当前第1页　跳到第　页 GO

图 8.62　运输配车信息

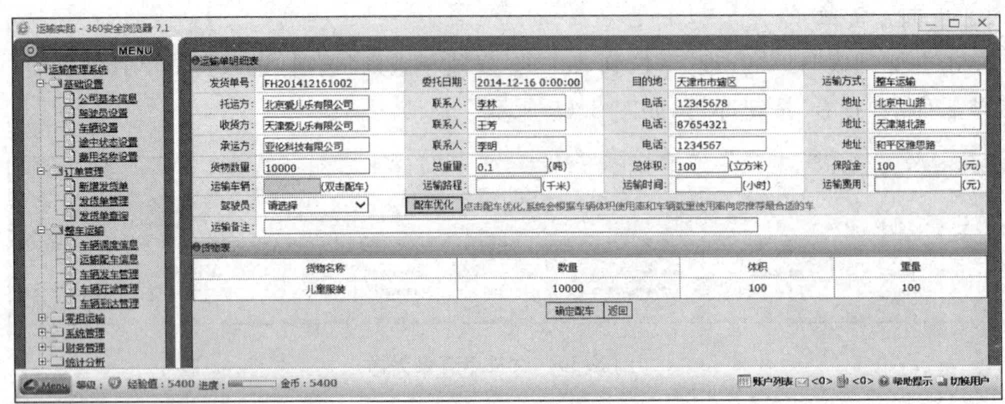

图 8.63 运输单明细

在弹出的界面中，单击“配车优化”按钮，系统会列出满足运输条件的车辆，在此选择适合的车辆，如图 8.64 所示。

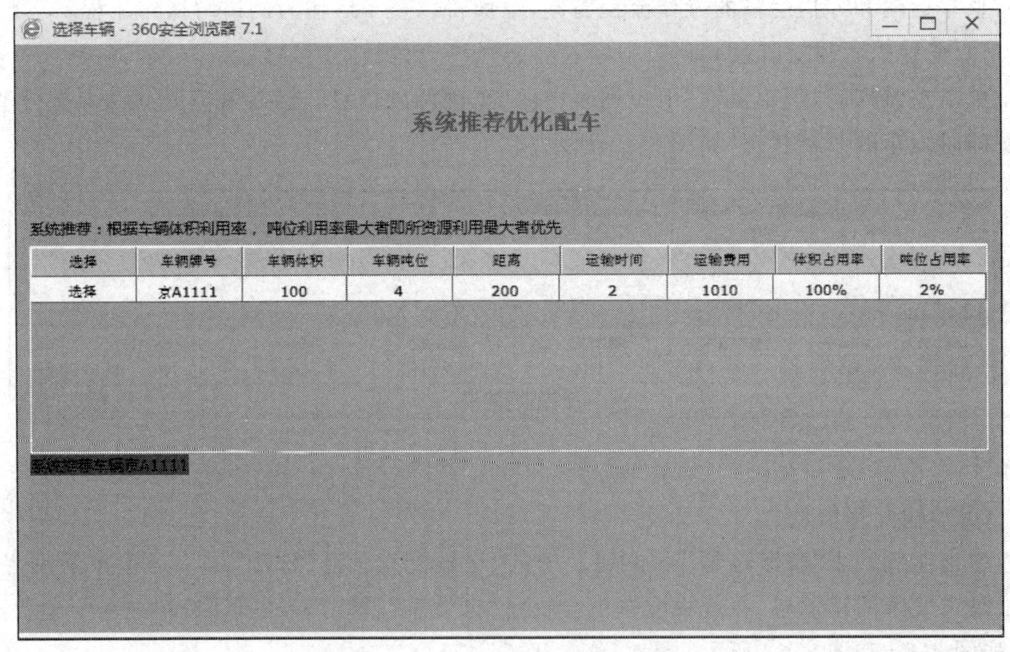

图 8.64 系统推荐的优化配车

选择驾驶员后，单击“确定配车”按钮即可，如图 8.65 所示。

3) 车辆发车管理

单击左侧列表“整车运输”下拉列表中的“车辆发车管理”选项，进入车辆发车管理界面。对于配好车的发货单，进行发车，单击发货单后面的“发车”选项，系统自动记录发车时间。如果运输车辆显示“未配车”则不能发车，要先配车，再后发车，如图 8.66 所示。

4) 车辆在途管理

单击左侧列表“整车运输”下拉列表中的“车辆在途管理”选项，进入车辆在途管理界面，单击右侧“管理”选项，进入运输状态设置界面，如图 8.67 所示。

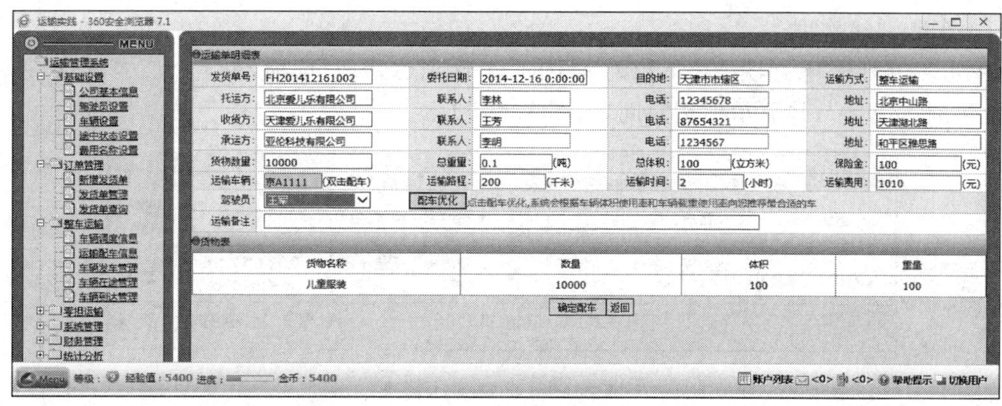

图 8.65　运输单配置

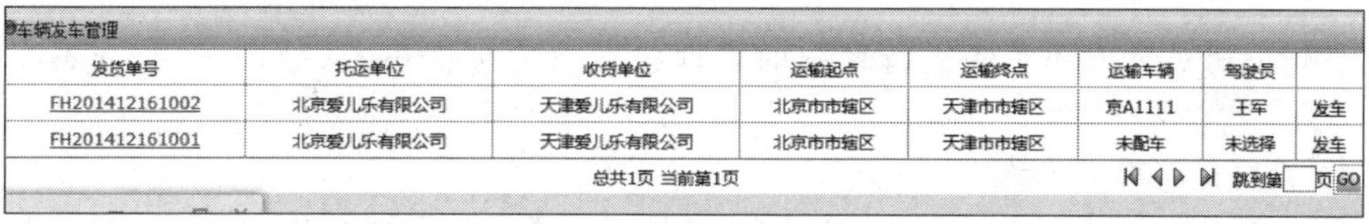

车辆发车管理

发货单号	托运单位	收货单位	运输起点	运输终点	运输车辆	驾驶员	
FH201412161002	北京爱儿乐有限公司	天津爱儿乐有限公司	北京市市辖区	天津市市辖区	京A1111	王军	发车
FH201412161001	北京爱儿乐有限公司	天津爱儿乐有限公司	北京市市辖区	天津市市辖区	未配车	未选择	发车

总共1页 当前第1页　跳到第 页 GO

图 8.66　车辆发车管理

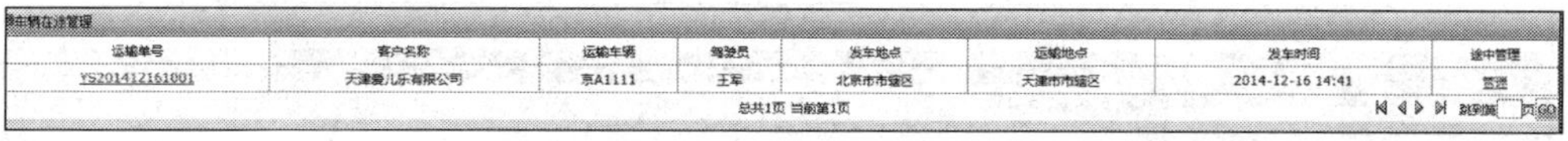

车辆在途管理

运输单号	客户名称	运输车辆	驾驶员	发车地点	运输地点	发车时间	途中管理
YS201412161001	天津爱儿乐有限公司	京A1111	王军	北京市市辖区	天津市市辖区	2014-12-16 14:41	管理

总共1页 当前第1页　跳到第 页 GO

图 8.67　车辆在途管理

设置车辆的到达城市、到达时间车辆状态等信息，当设置是运输的终点城市，系统要求输入产品的损害率，单击“保存”按钮即可，如图 8.68 所示。

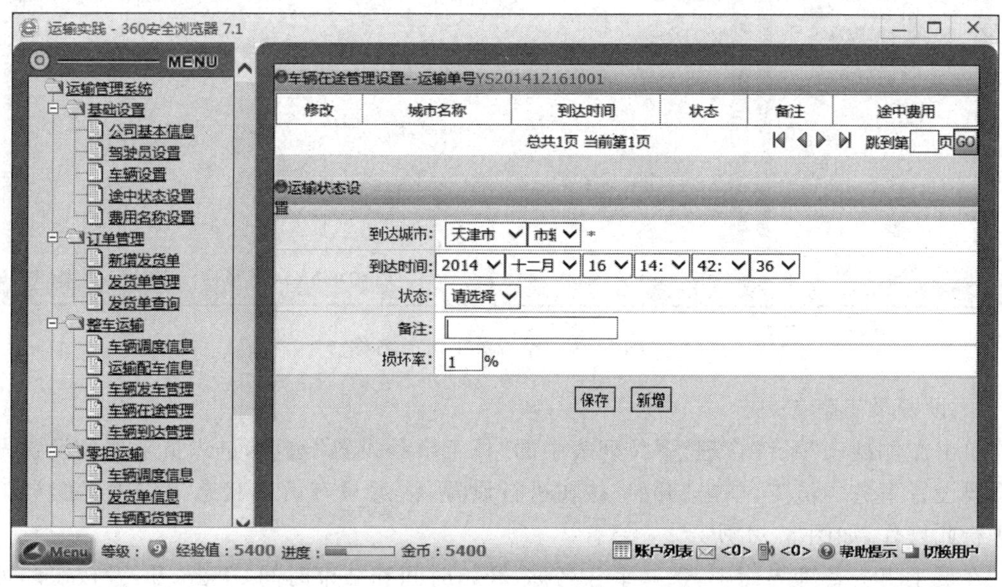

图 8.68　车辆在途设置

5）车辆到达管理

单击左侧列表"整车运输"下拉列表中的"车辆到达管理"选项，单击"到达"选项，系统提示"货物到达成功"，并显示到达时间，如图 8.69 所示。

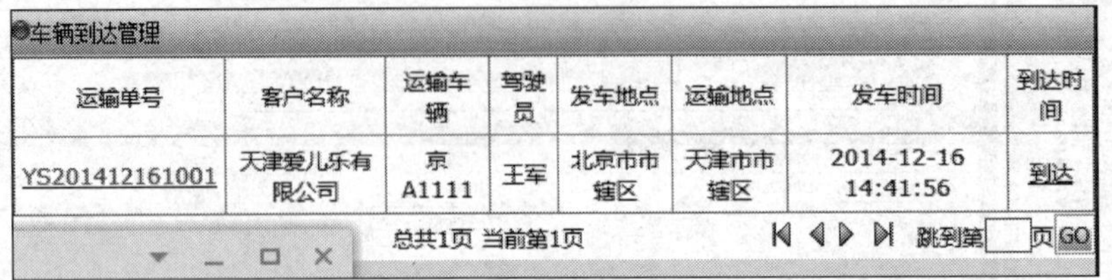

图 8.69　车辆到达管理

3. 员工与车辆的管理

运输公司对员工和车辆进行系统的管理包括设置员工事务、维护车辆、查看车辆信息等。

1）设置员工事务名称

单击左侧列表"系统管理"下拉列表中的"员工事务名称"选项，进入员工事务名称设置界面，在文本框输入员工事务名称，单击"保存"按钮即可，如图 8.70 所示。

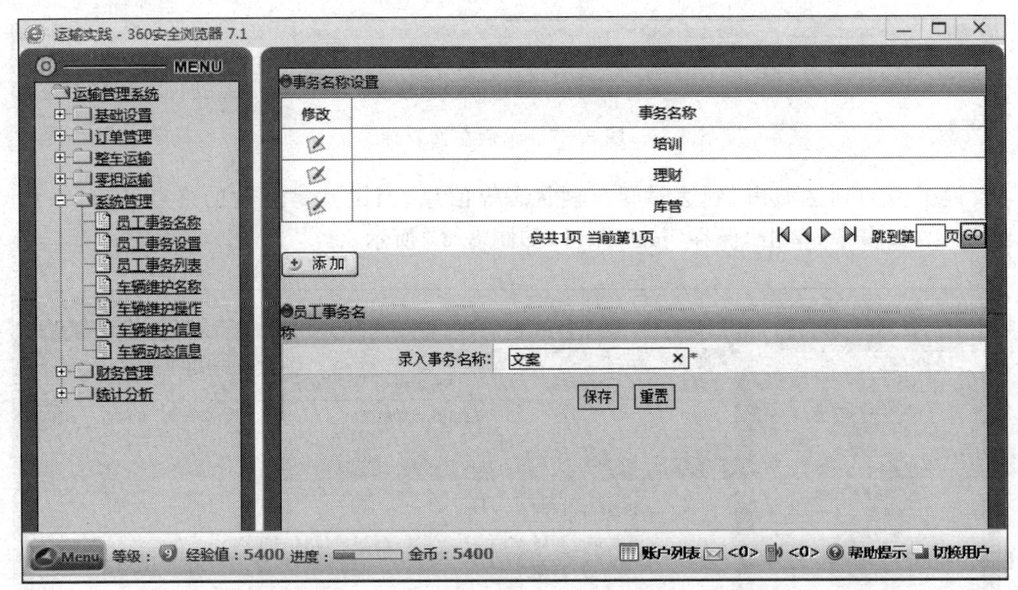

图 8.70　设置员工事务名称

2）设置员工事务

单击左侧列表"系统管理"下拉列表中的"员工事务设置"选项，进入员工事务设置界面，选择要设置事务的员工，单击"开始"按钮进行设置，注意只有员工状态为空闲中的员工，才能进行此操作，如图 8.71 所示。

在员工事务管理界面中，选择事务名称、开始时间和结束时间，单击"开始"按钮即可，如图 8.72 和图 8.73 所示。

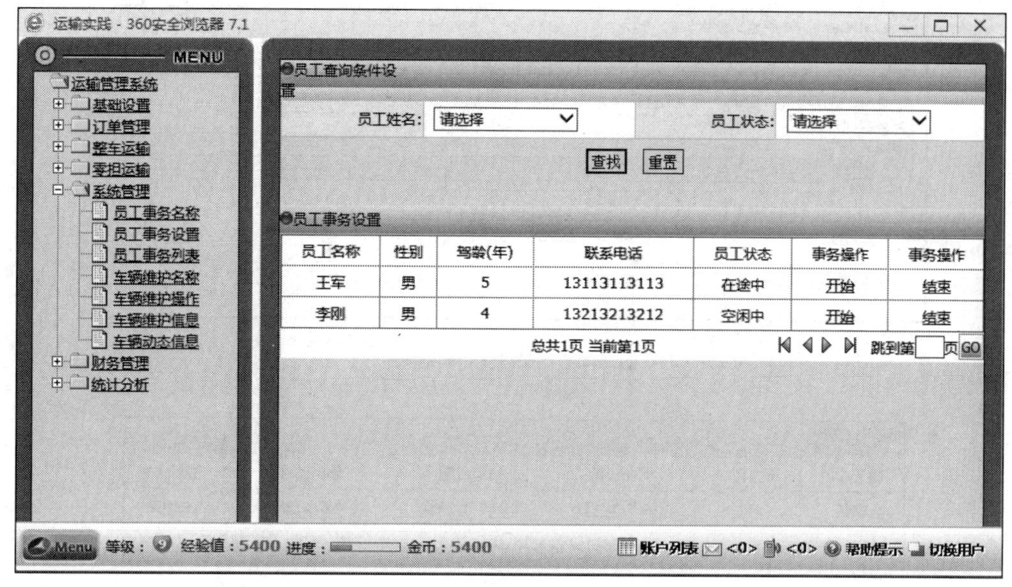

图 8.71 给员工赋予事务

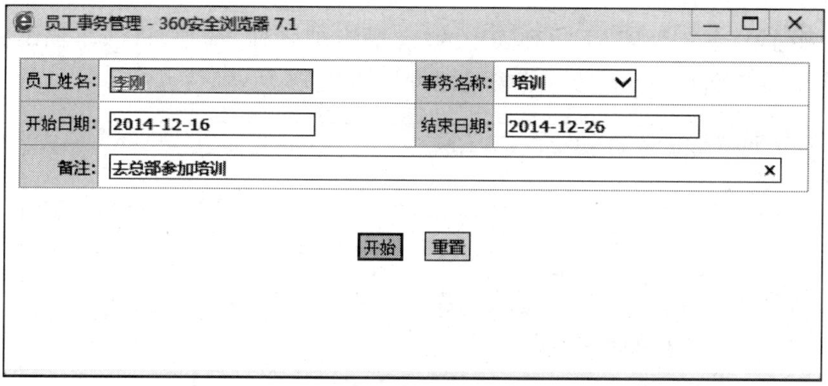

员工事务管理 - 360安全浏览器 7.1

员工姓名:	李刚	事务名称:	培训
开始日期:	2014-12-16	结束日期:	2014-12-26
备注:	去总部参加培训		

开始 重置

图 8.72 员工事务管理(a)

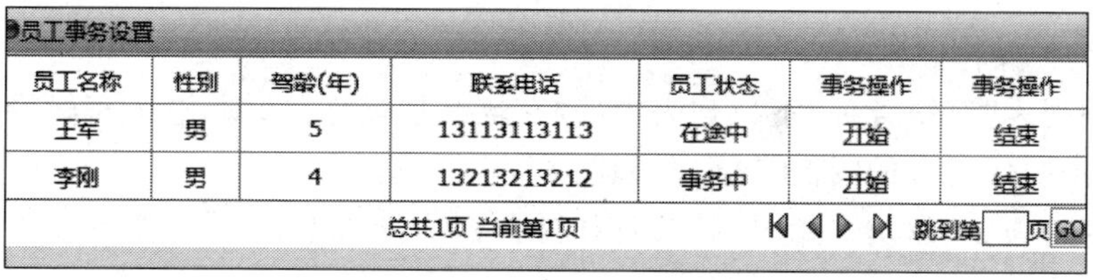

员工事务设置

员工名称	性别	驾龄(年)	联系电话	员工状态	事务操作	事务操作
王军	男	5	13113113113	在途中	开始	结束
李刚	男	4	13213213212	事务中	开始	结束

总共1页 当前第1页 跳到第 页 GO

图 8.73 员工事务管理(b)

如果结束员工事务，单击操作下方的“结束”按钮即可，注意只有到结束日期，才能结束员工事务，如图 8.74 所示。

3) 查看员工事务列表

单击左侧列表“系统管理”下拉列表中的“员工事务列表”选项，进入员工事务列表界面，如图 8.75 所示。

图 8.74 员工事务结束

员工事务列表

员工姓名	事务名称	开始日期	结束日期	事务备注	事务状态
李刚	培训	2014-12-16	2014-12-26	去总部参加培训	未结束

总共1页 当前第1页 跳到第 页 GO

图 8.75 员工事务列表

4）设置车辆维护名称

单击左侧列表“系统管理”下拉列表中的“车辆维护名称”选项，进入车辆维护名称设置界面，输入车辆维护名称，单击“保存”按钮即可如图 8.76 所示。

图 8.76 车辆设置维护

5）车辆维护操作

单击左侧列表“系统管理”下拉列表中的“车辆维护操作”选项，进入车辆维护操作界面，选择车辆，单击操作下方的“维护”选项，如图 8.77 所示。

选择保养的项目，以及开始时间和结束时间，输入维护费用等信息，单击“开始”按钮如图 8.78 所示。

如需结束车辆维护，单击操作下方的“结束”按钮即可，注意只有到结束日期，才能结束员工事务。

6）车辆维护信息查询

单击左侧列表“系统管理”下拉列表中的“车辆维护信息”选项，右框架中显示车辆维护信息列表；查看车辆动态信息，通过车辆动态信息可以查看车辆的行驶记录，单击左侧列表“系统管理”下拉列表中的“车辆动态信息”选项，查看车辆的行驶记录时，单击“详细信息”选项，即可浏览车辆的动态运输信息，如图 8.79 所示。

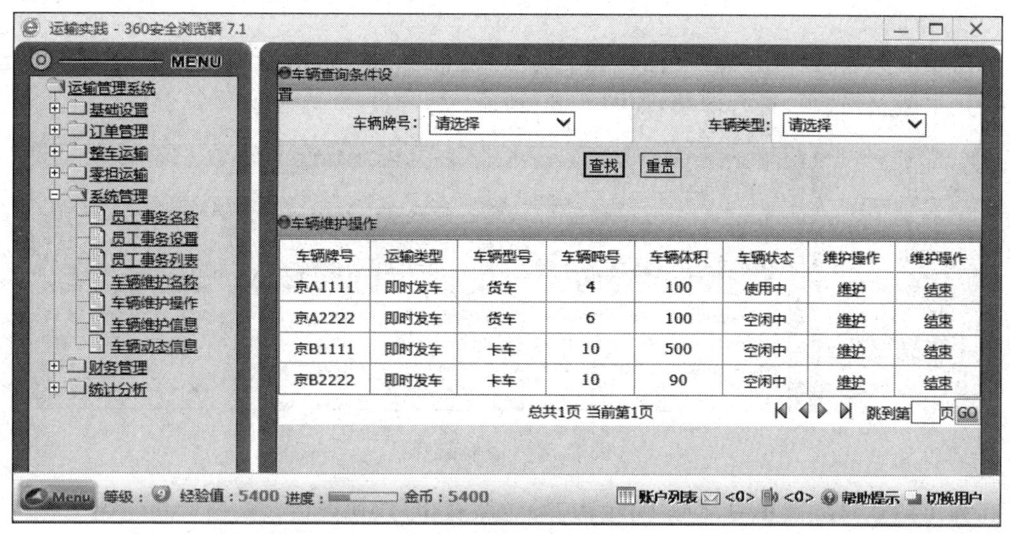

车辆牌号	运输类型	车辆型号	车辆吨号	车辆体积	车辆状态	维护操作	维护操作
京A1111	即时发车	货车	4	100	使用中	维护	结束
京A2222	即时发车	货车	6	100	空闲中	维护	结束
京B1111	即时发车	卡车	10	500	空闲中	维护	结束
京B2222	即时发车	卡车	10	90	空闲中	维护	结束

图 8.77　车辆维护操作

车辆维护开始 - 360安全浏览器 7.1

车辆牌号:	京A2222	保养项目:	请选择
开始日期:	2014-12-12	结束日期:	2014-12-23
维护费用:	1000 元	维护备注:	

开始　重置

图 8.78　车辆维护开始

运输单查询条件设置

运输单号:　　车辆牌号: 请选择

查找　重置

车辆动态信息

车辆牌号	运输单号	运输类型	发车地点	运输终点	发车时间	到达时间	
京A1111	YS201412161001	整车运输	北京市市辖区	天津市市辖区	2014-12-16 14:41:56	未到达	详细信息

总共1页 当前第1页　跳到第 页 GO

图 8.79　车辆动态信息

4. 运输公司收益组成和财务分析

运输公司进行财务管理，查看运输费用，运输费用包括运输收入和运输成本，运输公司还可以查看收益报表。财务管理，包括运输催费、查看运输收入和运输成本三个部分。

1）运输催费

单击左侧列表“财务管理”下拉列表中的“运输催费”选项，对运输中心已经完成的运输中，单击“未缴费”选项，进行催费，如图8.80所示。

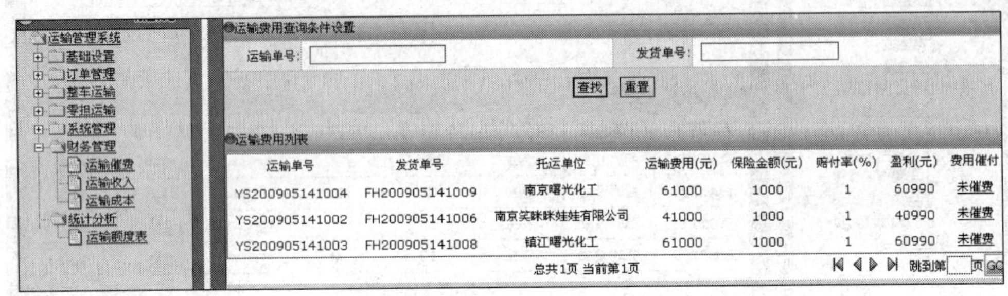

图8.80　运输催费

在弹出的运输缴费单对话框中，单击“发送缴费单”按钮即可。

2）运输收入查询

对于“已催费”的运输单，同时转化为运输收入。单击左侧列表“财务管理”下拉列表中的“运输收入”选项，即可查看运输收入情况，如图8.81所示。

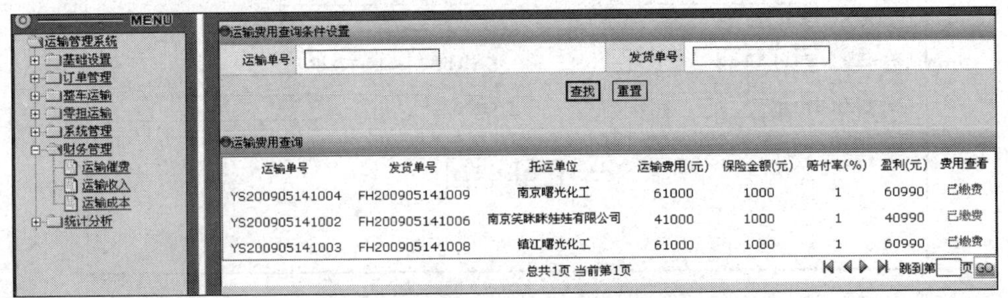

图8.81　运输收入查询

3）运输成本查询

单击左侧列表“财务管理”下拉列表中的“运输成本”选项，进入运输成本查询界面，单击费用详情下方的“查看”选项，即可查到具体的费用情况，如图8.82所示。

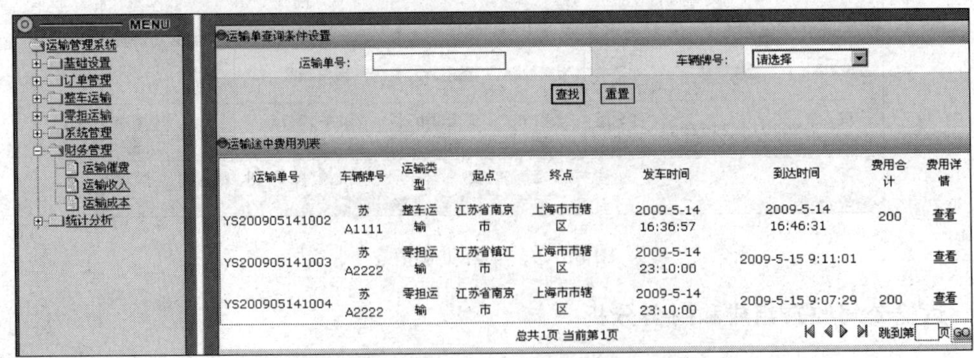

图8.82　具体费用查询

4）查看运输额度表

单击左侧列表“统计分析”下拉列表中的“运输额度表”选项，进入运输额度表查询界面，输入起始日期和终止日期，单击“查找”按钮，即可查看该段时间内的运输状况，如图 8.83 所示。

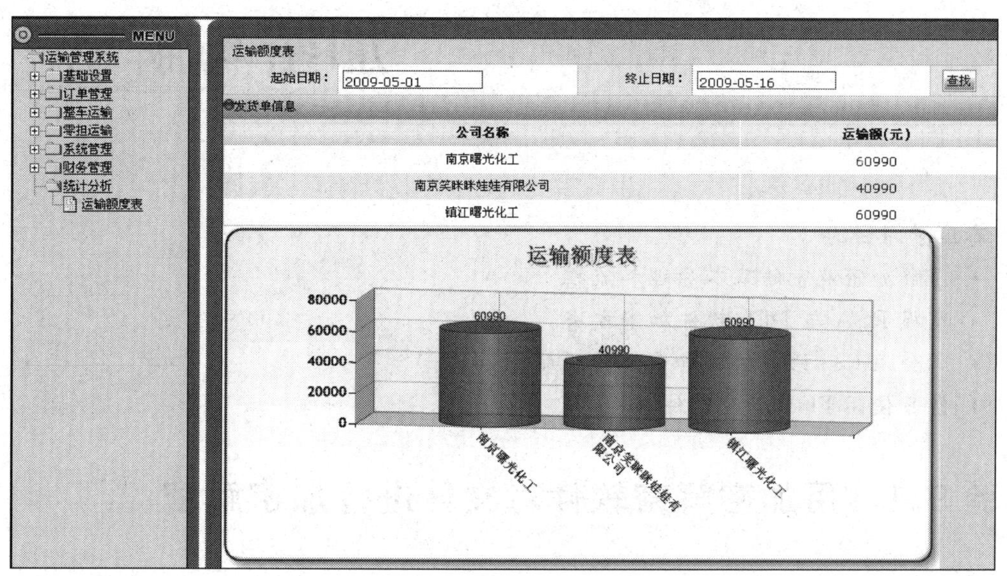

图 8.83　运输额度表制作

【相关知识】

电子商务物流又称网上物流，就是基于互联网技术，旨在创造性地推动物流行业发展的新商业模式。通过互联网，物流公司能够被更大范围内的货主客户主动找到，能够在全国乃至世界范围内拓展业务。贸易公司和工厂能够更加快捷地找到性价比最适合的物流公司。网上物流致力把世界范围内最大数量的有物流需求的货主企业和提供物流服务的物流公司都吸引到一起，提供中立、诚信、自由的网上物流交易市场，帮助物流供需双方高效达成交易。目前已经有越来越多的客户通过网上物流交易市场找到了客户，找到了合作伙伴，找到了海外代理。网上物流提供的最大价值，就是更多的机会。

习题

1. 进入仓储实践模拟平台，注册一个公司信息，并设置实验产品、出库方式、仓库、库区、劳务价格、入库类型、出库类型等信息。
2. 在仓储实践模拟平台中，掌握产品入库、出库方法。
3. 在仓储实践模拟平台中，设置运输公司运作的基础信息。
4. 在仓储实践模拟平台中，进行运输公司的车辆管理操作。

第9章 加密与解密

本章学习目的

- 了解加密解密的基本原理和流程。
- 掌握 RSA 与 DES 软件加密方法。
- 学会用 C++语言编写加密解密程序。
- 练习使用 PGP 加密软件。

实验 9.1 用加密解密软件对文件进行加密解密

【实验目的】

- 学会下载和安装加密解密软件。
- 了解和掌握用加密解密软件对文件进行加密解密。

【实验条件】

- 个人计算机一台，基本配置：CPU Core2 以上，内存 2GB 以上，硬盘空间 20GB 以上，100 兆网卡。
- 个人计算机预装 Windows XP 操作系统和浏览器。
- 具有网络连接，可以连接 Internet 网络。

【实验内容和步骤】

(1) 加解密软件的下载，下载地址 http://www.duote.com/soft/8529.html，如图 9.1 所示。

(2) 单击“立即下载”按钮，将伊神加密“eefolder.rar”下载到本地计算机上，然后解压缩运行安装应用程序进行安装，安装后会得到可执行文件。打开可执行文件，如图 9.2 所示。

(3) 想完成什么功能就单击加密软件上面的导航条，选择相应的操作。如果想进行文件目录的加密，单击“加密目录”按钮，注意，该软件一般不建议加密系统文件。单击后，会出现“浏览文件夹”窗口，选择要加密的文件夹，如图 9.3 所示。选好要加密的文件夹后，单击“确定”按钮，出现如下对话框，如图 9.4 所示。

图 9.1　加密软件下载

图 9.2　伊神加密软件主界面

在此，加密方式有两种，即伊神加密和隐藏加密，不同加密方式各有自己的特点和适应性。具体来说："伊神加密"的加密速度超快，加密后文件夹里的数据不能被复制、删除、移动。且会在原目录处生成一个漂亮的加密文件夹，方便解密，伊神加密方式比较适应于加密影音照片等媒体文件；"隐藏加密"的加密效果与伊神加密相同，但加密后彻底隐藏加密文件，安全隐秘。解密时需要在“伊神加密”主窗口里解密，建议在重装系统时先进行解密。

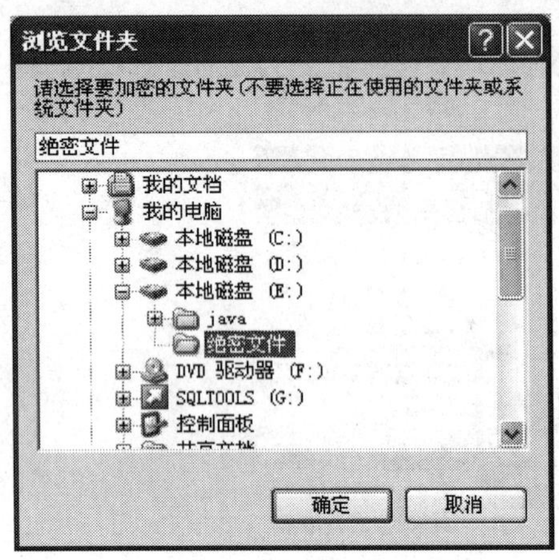

图 9.3 选择要加密文件夹

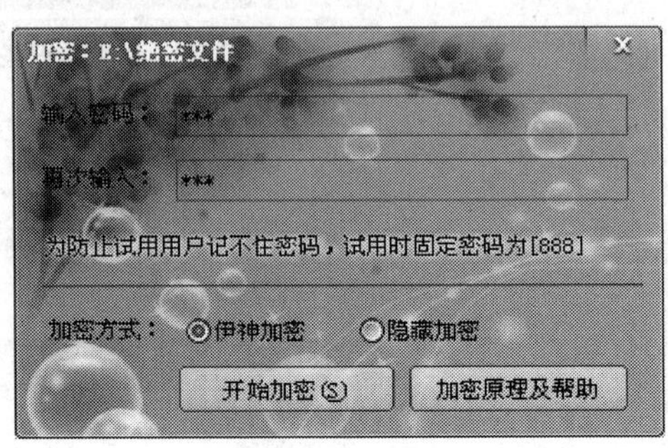

图 9.4 加密窗口

选择好加密方式后，在输入密码文本框内输入相应密码，单击“开始加密”按钮，稍等片刻会出现“恭喜你，加密成功”对话框，至此，则对文件加密成功，如图 9.5 所示。

图 9.5 加密成功界面

(4) 给文件加密后，如果想执行查看、使用文件等的操作，还需要对文件进行解密，那么利用软件进行解密的操作比较简单。双击已被加密的文件，如图 9.6 所示。会出现“解密窗口”对话框，输入相应的密码，即可，如图 9.7 所示。

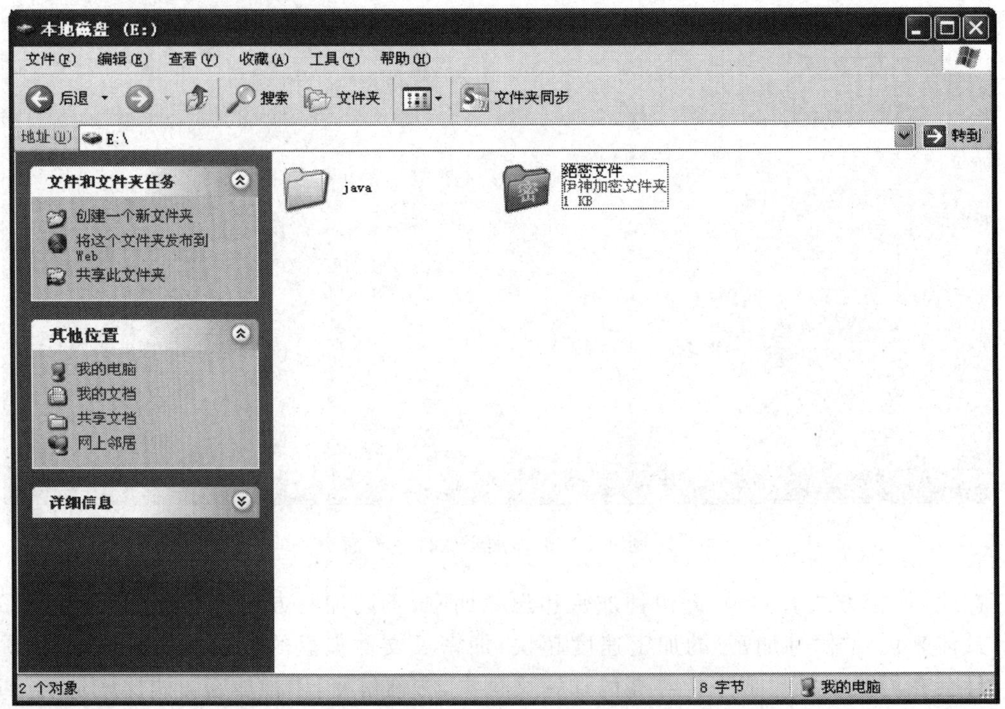

图 9.6 选择要解密文件夹

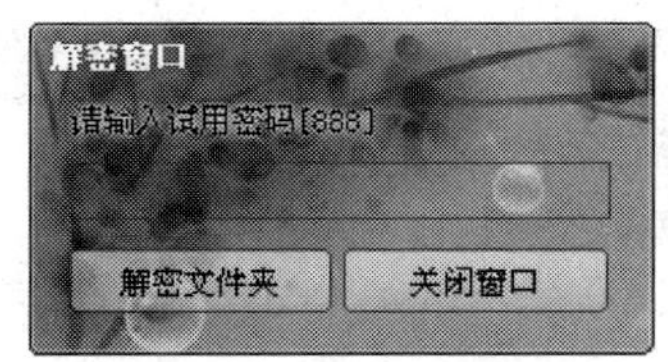

图 9.7 解密窗口

【相关知识】

当自己计算机里的文件不想让别人在不经过允许的情况下查看时，使用伊神加密软件对文件进行加密是很好的一种选择，简单而实用。

实验 9.2 利用 RSA 非对称加密算法对文件进行加密解密

【实验目的】

- 理解和掌握 RSA 产生公钥和私钥的方法。
- 掌握和验证 RSA 的加密解密过程。

【实验条件】

- 个人计算机一台，基本配置：CPU Core2 以上，内存 2GB 以上，硬盘空间 20GB 以上，100 兆网卡。
- 个人计算机预装 Windows XP 操作系统和浏览器。
- 具有网络连接，可以连接 Internet 网络。

【实验内容和步骤】

1. 下载 RSATool 软件与安装

从网上下载 RSATool 绿色版软件，运行 RSATool 演示软件，产生公钥和私钥，软件界面如图 9.8 所示。

2. 随机 RSA 密钥生成过程

为了生成符合要求的随机 RSA 密钥，请参照如下操作。

(1) 在 Number Base 下拉列表框中选择进制为十进制；

(2) 单击“Start”按钮，然后随意移动鼠标直到提示信息框出现，以获取一个随机数种子；

(3) 在“KeySize(Bits)”文本框中输入“32”；

(4) 单击“Generate”按钮生成；

(5) 复制“Prime(P)”文本框中的内容到“Public Exp.(E)”文本框；

(6) 在“Number Base”下拉列表框中选择进制为十六进制；

(7) 记录下“Prime(P)”文本框中的十六进制文本内容。

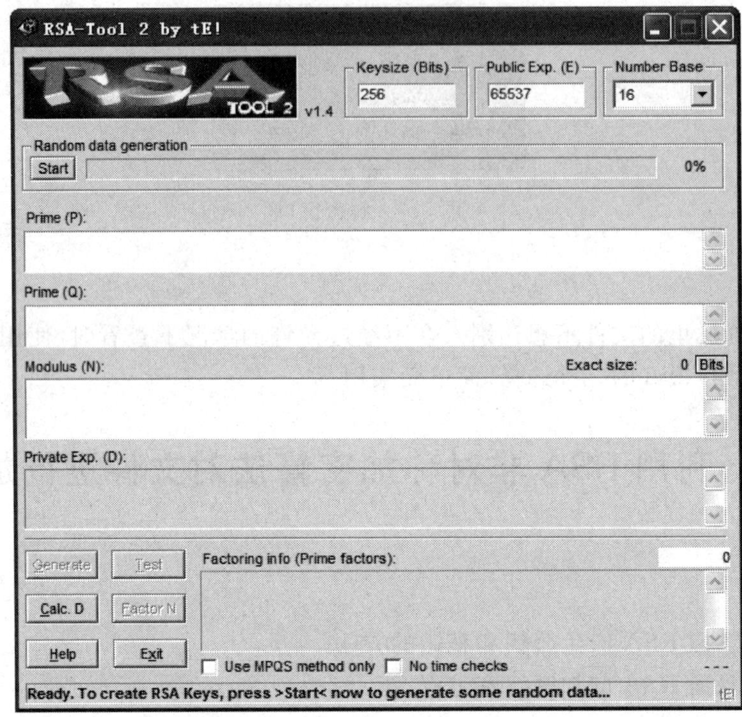

图 9.8 RSATool 演示软件界面

生成的中间过程，如图 9.9 所示。

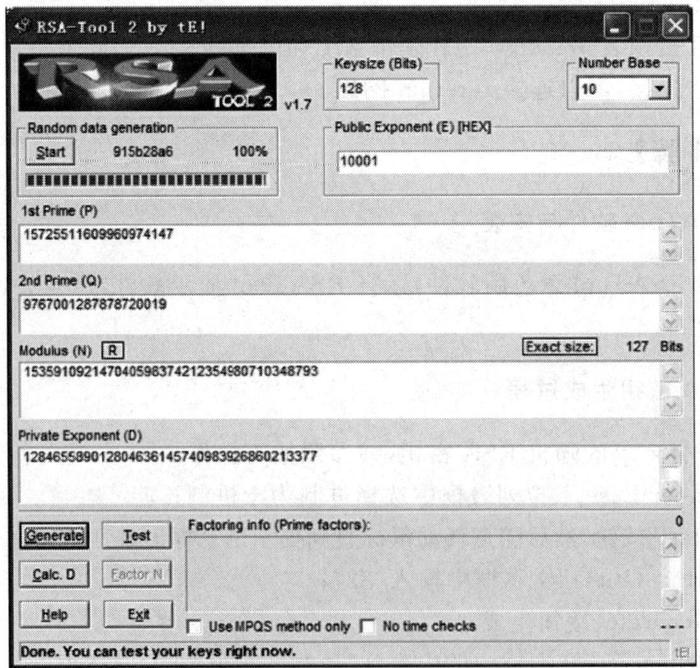

图 9.9 密钥生成中间过程

(8) 再次重复(2);

(9) 在“KeySize(Bits)”文本框中输入您所希望的密钥位数,从 32 到 4096,位数越多安全性也高,但运算速度越慢,一般选择 1024 位就足够了;

(10) 单击“Generate”按钮生成;

(11) 单击“Test”按钮测试,在“Message to encrypt”文本框中随意输入一段文本,然后单击“Encrypt”按钮加密,再单击“Decrypt”按钮解密,看解密后的结果是否和输入的一致,如果一致表示生成的 RSA 密钥可用,否则需要重新生成;

(12) 到此生成完成,“Private Exp. (D)”文本框中的内容为私钥,第 7)步所记录的内容为公钥,“Modulus (N)”文本框中的内容为公共模数,请将上述三段十六进制文本保存起来即可。

3. RSA 算法的 C++ 实现

RSA 算法要先生成一对 RSA 密钥,其中一个为私有密钥,由用户保存;另一个为公开密钥,可对外公开,也可以在网络服务器中注册,用公钥加密文件发送给个人,个人就可以用私钥解密接收。为提高保密强度,RSA 密钥至少为 500 位长,推荐使用 1024 位。RSA 算法是一种非对称密码算法,该算法需要一对密钥,使用其中一个加密,则需要用另一个才能解密。

RSA 的算法涉及三个参数,n、e1、e2。其中,n 是两个大质数 p、q 的积,n 的二进制表示时所占用的位数,就是所谓的密钥长度。e1 和 e2 是一对相关的值,e1 可以任意取,但要求 e1 与 (p－1) * (q－1) 互质;再选择 e2,要求(e2 * e1)mod((p－1) * (q－1))＝1。(n 及 e1),(n 及 e2)就是密钥对。RSA 加解密的算法完全相同,设 A 为明文,B 为密文,则:A＝B ^ e1 mod n;B＝A ^ e2 mod n;e1 和 e2 可以互换使用,即:A＝B ^ e2 mod n;B＝A ^ e1 mod n。

RSA 算法的编程思路:

(1) 确定密钥的宽度;

(2) 随机选择两个不同的素数 p 和 q,它们的宽度是密钥宽度的 1/2;

(3) 计算出 p 和 q 的乘积 n;

(4) 在 2 和 Φ(n)之间随机选择一个数 e,e 必须和 Φ(n)互素,整数 e 用做加密密钥(其中 Φ(n)＝(p－1) * (q－1));

(5) 从公式 ed ≡ 1 mod Φ(n)中求出解密密钥 d;

(6) 得公钥(e,n),私钥(d,n);

(7) 公开公钥,但不公开私钥;

(8) 将明文 P (假设 P 是一个小于 n 的整数)加密为密文 C,计算方法为:C ＝ Pe mod n;

(9) 将密文 C 解密为明文 P,计算方法为:P ＝ Cd mod n,然而只根据 n 和 e(不是 p 和 q)要计算出 d 是不可能的。因此,任何人都可对明文进行加密,但只有授权用户(知道 d)才可对密文解密。

程序实现

1) 密钥产生

```
key_produce.h                    //== 本程序提供密钥产生的一些基本数学实现
#include
```

```
class CKEY_PRODUCE
{
public:
CKEY_PRODUCE();
virtual ~CKEY_PRODUCE();
public:
int JudgePrime(unsigned int prime);     //========== 判 prime 是否为素数
//============================================== 算出 p*q 的欧拉值
intCount_N_AoLa_Num(unsigned int p, unsigned int q, unsigned int *ao_la); //========
========================================== 求两个数的最大公因数
unsigned int CountCommonData(unsigned int a, unsigned int b);
//============================================== 随机选择公钥 e
int RandSelect_e( unsigned int ao_la, unsigned int *e);
//============================================== 求 b 的 e 次方除 d 的余数
unsigned int GetOutNum(unsigned int b,unsigned int e, unsigned int d);
//============================================== 求任意大于 2 的整数的欧拉值
unsigned int CountAnyNumAola(unsigned int number);
//============================================== 产生 RSA 公_私密钥
intProduce_RSA_Key(unsigned int p,unsigned int q, unsigned int *Ke, unsigned int *Kd,
unsigned int *model);
//============================ 利用加的模等于模的加求 e*d = 1 mod model 中的 d
int OverOneNum(unsigned int e,unsigned int model, unsigned int *d);
};
key_produce.cpp              //== 本程序提供密钥产生的一些基本数学实现
CKEY_PRODUCE::CKEY_PRODUCE()
{}
CKEY_PRODUCE::~CKEY_PRODUCE()
{}
int CKEY_PRODUCE::Produce_RSA_Key(unsigned intp, unsignedint q, unsigned int *Ke,
unsigned int *Kd, unsigned int *model)
{
unsigned int ao_la;
if(Count_N_AoLa_Num(p, q, &ao_la))
{
  if(RandSelect_e(ao_la, Ke))
  {
    //*Kd=GetOutNum(*Ke, CountAnyNumAola(ao_la)-1,ao_la)
    //注: 求 Kd 还是不用 x=a^(n'的欧拉数-1) mod n' (其中 n'=(p-1)*(q-1)),因 n'的
    //欧拉数也不好求
    if(OverOneNum(*Ke, ao_la, Kd))
    {
         *model=p*q;
        return 1;
    }
  }
}
return 0;
}
int CKEY_PRODUCE::JudgePrime(unsigned int prime)
{
  unsigned int i;
```

```
    unsigned int limit = (unsigned int)sqrt((double)prime);
    for(i = 2; i <= limit; i++)
      {
      if(prime % i == 0)
        {
        return 0;
        }
  }
    return 1;
  }
int CKEY_PRODUCE::Count_N_AoLa_Num(unsigned int p, unsigned int q, unsigned int * ao_la)
 {
 if( !JudgePrime(p))
    return 0;
 if( !JudgePrime(q))
    return 0;
  * ao_la  =  (p - 1) * (q - 1);
    return 1;
}
unsigned int CKEY_PRODUCE::CountCommonData(unsigned int a, unsigned int b)
{
  unsigned int c
  if(c = a % b)
    return CountCommonData(b,c);
  else
return b;
}
int CKEY_PRODUCE::RandSelect_e(unsigned int ao_la, unsigned int * e )
{
  unsigned int tmp;
  unsigned int div;
  if(ao_la <=  2)
  {
    return 0;
  }
  srand(time(0));
  div = ao_la - 2;
  do
  {
    tmp = ((unsigned int)rand() + 90) % div + 2;
  }while(CountCommonData(tmp, ao_la)!= 1);
   * e = tmp;
  return 1;
    }
    //================================== 求 b 的 e 次方除 d 的余数
    unsigned int CKEY_PRODUCE::GetOutNum(unsigned int b,unsigned int e, unsigned int d)
    {
      unsigned int i;
      unsigned int outNum = 1;
      for(i = 0; i&lte; i++)        //========= 用了乘的模 等于 模的乘
      {
```

```
        outNum *= b;              //============== b d 如果长过 16 位,很有可能溢出
        if(outNum >= d )
        outNum %= d;
        if(!outNum)
        return outNum;
    }
        return outNum % d;
}
//============================ 利用加的模等于模的加求 e * d = 1 mod model 中的 d
int CKEY_PRODUCE::OverOneNum(unsigned int e,unsigned int model,unsigned int * d)
{
    unsigned int i;
    unsigned int over = e;
    for(i = 1; i&ltmodel;)
    {
      over = over % model;
      if(over == 1)
      {
        * d = i;
        return 1;
      }
      else
      {
        if(over + e <= model)
        {
          do
          {
            i++;
            over += e;
          }
          while(over + e <= model);
        }
        else
        {
          i++;
          over += e;
        }
      }
    }
    return 0;
  } //=================================== 求任意大于 1 的整数的欧拉值
  unsigned int CKEY_PRODUCE::CountAnyNumAola(unsigned int number)
  {
  unsigned int ao_la = 1;
  unsigned int i;  if( number <= 1)
  printf("本函数不处理 2 以下的范围!\n");
  for(i = 2; i&ltnumber  i++)
    {
      if(CountCommonData(number, i) == 1)
      ao_la ++;
    }  return ao_la;
  }
```

2）加密解密的操作

```
encryption.h//==本程序提供对文件进行加密解密的操作
class CENCRYPTION
{
public:
  CENCRYPTION();
virtual ~CENCRYPTION();
void Encrypt(UINT PublicKey, UINT mod, FILE *fipRe, FILE *fipWr,char *extrName);
void Explain(UINT PrivateKey, UINT mod, FILE *fipRe, FILE *fipWr);
void TxtEncrypt(unsigned *cipSourceTxt, int buffSize, unsigned int Ke, unsigned int model);
private:
  //==================================求b的e次方除d的余数
unsigned int GetOutNum(unsigned int b,unsigned int e, unsigned int d);
   //==================================对原文进行加密并覆盖原缓冲区
  };
encryption.cpp//==本程序提供对文件进行加密解密的操作
CENCRYPTION::CENCRYPTION()
  { }
CENCRYPTION::~CENCRYPTION()
  { }
  //==================================对原文进行加密并覆盖原缓冲区
  void CENCRYPTION::TxtEncrypt(unsigned *cipSourceTxt, int buffSize, unsigned int Ke, unsigned int
model)
{
  int i;
  for(i=0; i<buffSize; i++)
    {
      cipSourceTxt[i] = GetOutNum(cipSourceTxt[i], Ke, model);
  }
}  //==================================求b的e次方除d的余数
  unsigned int CENCRYPTION::GetOutNum(unsigned int b,unsigned int e, unsigned int d)
{
  unsignedint i;
  unsigned int outNum=1;
  for(i=0; i<e; i++)//=========用了乘的模 等于 模的乘
  {
    outNum *= b;
    if(outNum>= d)
    {
      outNum %= d;
      }
      if(!outNum)
      return outNum;
    }   return outNum%d;
 }
  void CENCRYPTION::Encrypt(UINT PublicKey, UINT mod, FILE *fipRe, FILE *fipWr ,char *extrName)
  {
     unsigned int ReSize;
     unsigned int uBuf[BUFFER_SIZE]={0,};
     charcBuf[BUFFER_SIZE];
```

```
unsigned int i;
for(i = 0; i&lt3; i++)// ===== 我认为扩展名是 3 个字符
  {
   if(extrName)// ========= 如果有扩展名，将扩展名放入 uBuf 和数据一样加密
     {
        uBuf[i] = 0;
        * ((char * )(&uBuf[i])) = extrName[i];
     }
     else
       uBuf[i] = 0;
  }
  if(extrName)// =============== 如果有扩展名，将扩展名加密
  TxtEncrypt(uBuf, 3,PublicKey,mod);
  fwrite((char * )uBuf,1, 3 * sizeof(unsigned int), fipWr);  //密文前 12 个,字节中是源文件
                                                              //的扩展名信息
  do
  {
      ReSize = fread(cBuf, 1, BUFFER_SIZE,fipRe);
      if(ReSize)
      {
          unsigned int record = 1;
          unsigned int WrNum;
          for(i = 0; i < ReSize; i++)
           {
             uBuf[i] = 0;
             * ((char * )(&uBuf[i])) = (cBuf[i])
            }
        TxtEncrypt(uBuf, ReSize,PublicKey,mod);
        WrNum = fwrite((char * )uBuf,1, ReSize * sizeof(unsigned int), fipWr);
             printf("第 %d 次写入 %d 字节!\n",record++, WrNum);
      }
    }whilc(ReSize == BUFFER_SIZE);
 }
 void CENCRYPTION::Explain(UINT PrivateKey, UINT mod, FILE * fipRe, FILE * fipWr )
 {
      unsigned int ReSize;
      unsigned int uBuf[BUFFER_SIZE]= {0,};
      char cBuf[BUFFER_SIZE];
      do
      {
          ReSize = fread(uBuf, sizeof(unsigned int), BUFFER_SIZE,fipRe);
          if(ReSize)
          {
              unsigned int i;
              unsigned int record = 1;
              unsigned int WrNum;
              TxtEncrypt(uBuf, ReSize,PrivateKey,mod);
              for(i = 0; i&ltReSize; i++)
                cBuf[i] = (char)(uBuf[i]);
              WrNum = fwrite( cBuf,1, ReSize, fipWr);
              printf("第 %d 次写入 %d 字节!\n",record++, WrNum);
```

```
        }
    }while(ReSize == BUFFER_SIZE);
    }
```

【相关知识】

RSA 算法，公共密钥加密体制采用非对称加密算法。其中，RSA 加密算法是一种典型的非对称加密算法，在公钥加密标准和电子商业中 RSA 被广泛使用。RSA 是 1977 年由罗纳德·李维斯特、阿迪·萨莫尔和伦纳德·阿德曼提出的。RSA 公开密钥密码体制，即使用公共密钥和私有密钥两个密钥。当使用公共密钥对数据进行加密时，需要使用相应的私有密钥进行解密；当使用私有密钥对数据进行加密时，需要使用相应的公共密钥进行解密。公共密钥也叫加密密钥，解密密钥也叫私有密钥。

在公共密钥密码体制中，加密密钥（即公共密钥）PK 是公开信息，而解密密钥（即私有密钥）SK 是不公开的，加密算法 E 和解密算法 D 是公开的。虽然私有密钥 SK 是由公共密钥 PK 决定的，但却无法由 PK 计算出 SK。RSA 算法将生成一对 RSA 密钥，其中之一是私有密钥，由用户保存；另一个为公共密钥，可对外公开，并且可以在网络服务器中注册。为提高保密强度，RSA 密钥不能少于 500 位长，建议使用 1024 位。但在传递信息时为了减少计算量常采用传统加密方法与公共密钥加密方法相结合的方式，如图 9.10 所示。

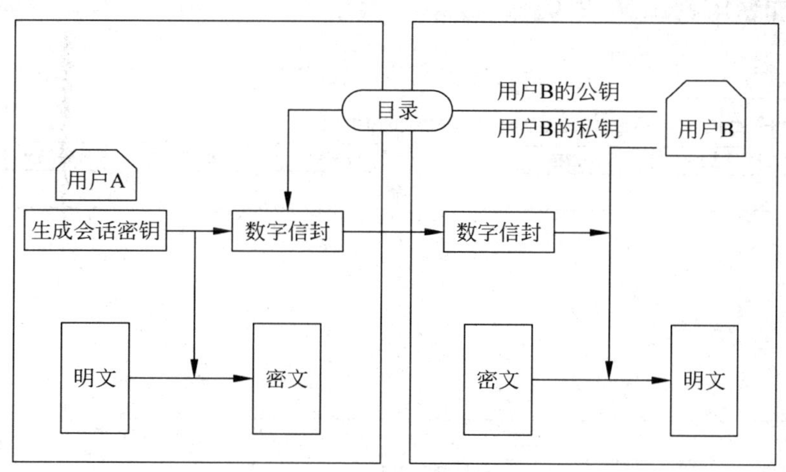

图 9.10 使用公共密钥加密和使用私有密钥解密的过程示意图

实验 9.3 利用 DES 对称加密算法对文件进行加密解密

【实验目的】

- 学会安装 DESTool 软件。
- 理解和掌握 DES 算法。
- 掌握 DES 加密流程。
- 掌握 DES 的解密流程。

【实验条件】

- 个人计算机一台，基本配置：CPU Core2 以上，内存 2GB 以上，硬盘空间 20GB 以上，100 兆网卡。
- 个人计算机预装 Windows XP 操作系统和浏览器。
- 具有网络连接，可以连接 Internet 网络。

【实验内容和步骤】

1. 通过《DESTool》演示软件进行加密解密

1）下载安装 DESTool 软件

下载 DESTool 绿色版演示软件并运行，打开之后运行界面如图 9.11 所示。该软件可支持任意长度字符串加密解密；明文、密钥可以不足 8 字节；支持回车换行，Tab 等特殊字符；密文可以选择 3 种方式显示；支持 3 重 DES；支持文件加密、解密；加密时显示进度，如图 9.11 所示。

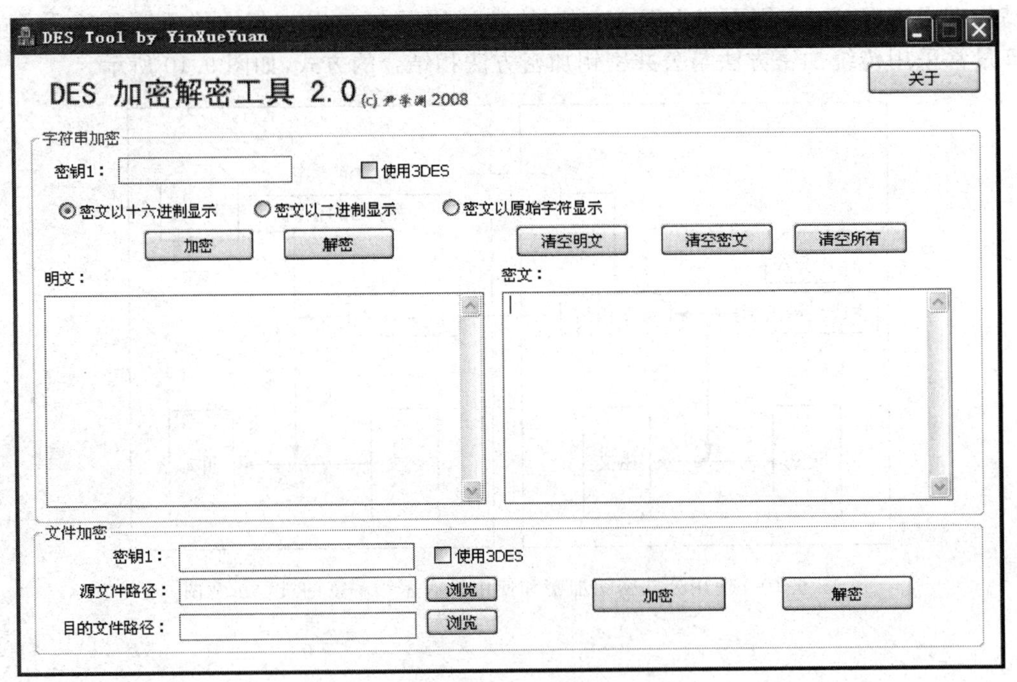

图 9.11 DES 加密软件界面

2）对字符串进行加密

在“明文”文本框中输入要加密的文本，在“密钥”文本框中输入要对明文进行加密的密钥，密文可以有三种显示方式：即密文以十六进制显示、密文以二进制显示、密文以原始字符显示。如选择以二进制显示，单击“加密”按钮，如图 9.12 所示。加密完后需要把明文清空，单击“清空明文”按钮，如图 9.13 所示。如果需要解密，在使用原有密钥的基础上对密文进行解密，只需单击“解密”按钮，如图 9.14 所示。

图 9.12 加密界面

图 9.13 明文清空界面

3）对文件进行加密

在“密钥”文本框中输入所需要的密钥，对文件进行加密需要选择源文件的路径，单击源文件路径边的"浏览",同样,需要选择加密后的目标文件路径,如图 9.15 所示。那么要执行解密操作只要求执行反操作即可。

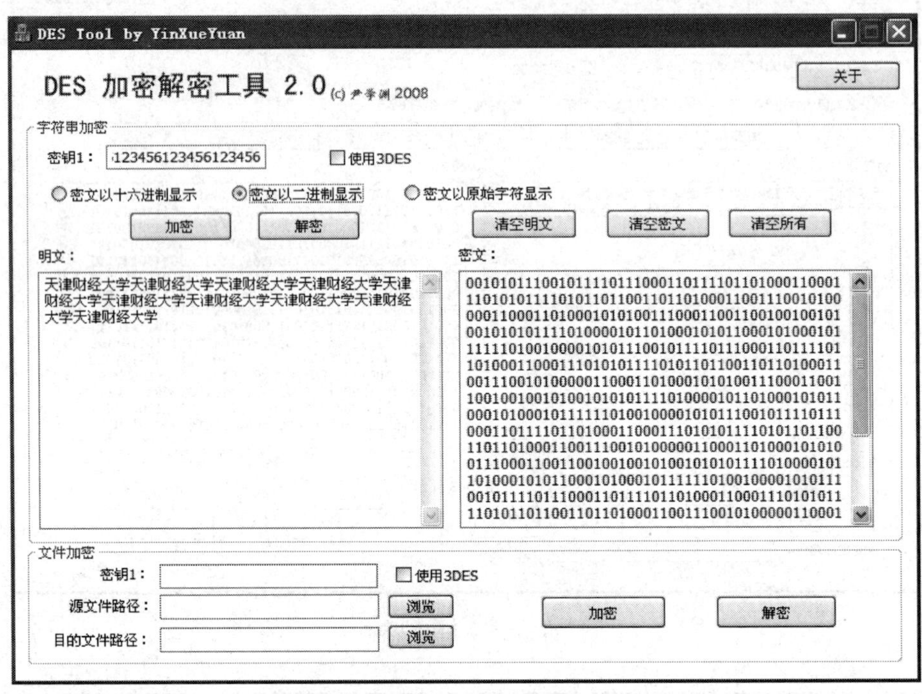

图 9.14 解密界面

图 9.15 文件加密界面

2. DES算法的C++实现

利用C++编程实现DES加密算法，选择的是用C++语言实现，通过编码实现DES算法，深入掌握算法的加密原理，理解其实际应用价值，同时要求用C++语言实现该算法，从底层开始熟悉该算法的实现过程。

如图9.16所示为DES的加密流程，其中主要包含初始置换，压缩换位1，压缩换位2，扩展置换，S盒置换，异或运算、终结置换等过程。

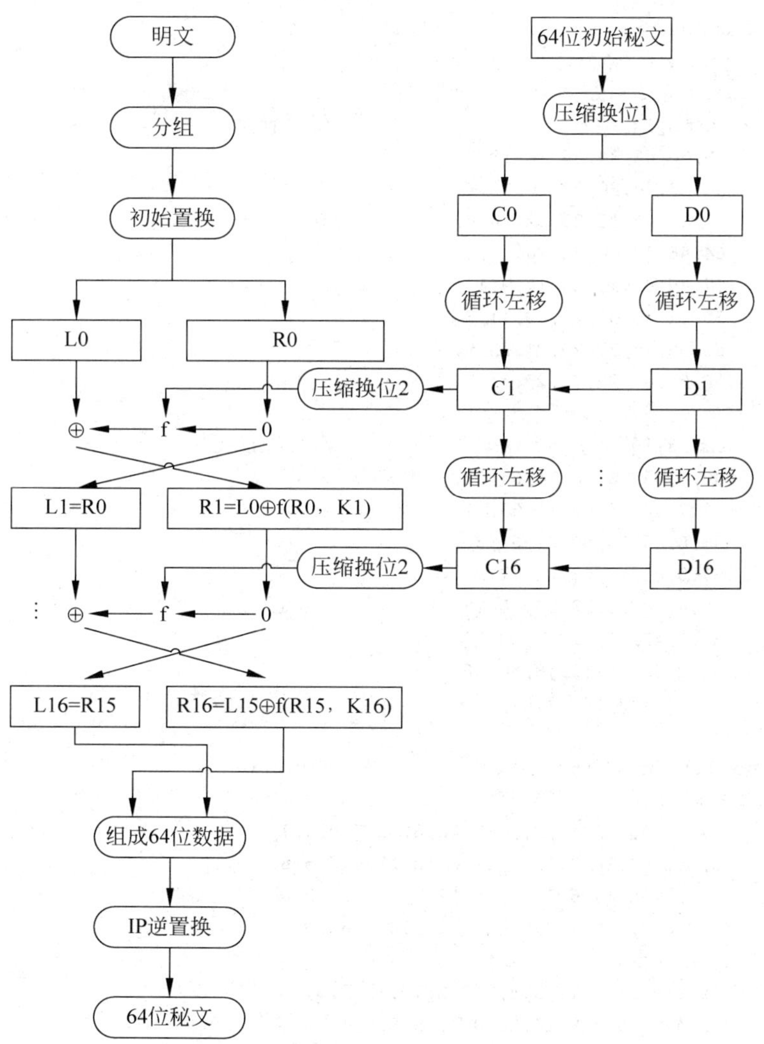

图9.16　DES的加密流程

(1) 初始置换是按照初始置换表将64比特明文重新排列次序。

(2) 扩展置换是将原32比特数据扩展为48比特数据，它主要有以下三个目的。

- 产生与子密钥相同的长度；
- 提供更长的结果，使其在加密过程中可以被压缩；
- 产生雪崩效应，使得输入的一位将影响两个替换。

(3) S盒置换是DES算法中最核心的内容，在DES中，只有S盒置换是非线性的，它比DES中其他任何一步都提供更好的安全性。

(4) 终结置换与初始置换相对应，它们都不影响DES的安全性，主要目的是为了更容易将明文与密文数据一字节大小放入DES的f算法中。

DES解密流程与加密流程基本相同，只不过在进行16轮迭代运算时，将子密钥生成的K的次序倒过来进行迭代运算。

代码实现：

```
#include <iostream>
#include <fstream>
using namespace std;
const static char ip[] = {                          //IP置换
            58,50,42,34,26,18,10,2,
            60,52,44,36,28,20,12,4,
            62,54,46,38,30,22,14,6,
            64,56,48,40,32,24,16,8,
            57,49,41,33,25,17,9,1,
            59,51,43,35,27,19,11,3,
            61,53,45,37,29,21,13,5,
            63,55,47,39,31,23,15,7
           };
const static char fp[] = {                          //最终置换
            40,8,48,16,56,24,64,32,
            39,7,47,15,55,23,63,31,
            38,6,46,14,54,22,62,30,
            37,5,45,13,53,21,61,29,
            36,4,44,12,52,20,60,28,
            35,3,43,11,51,19,59,27,
            34,2,42,10,50,18,58,26,
            33,1,41,9,49,17,57,25
           };
const static char sbox[8][64] = {                   //s_box
            /* S1 */
            14,4,13,1,2,15,11,8,3,10,6,12,5,9,0,7,
            0,15,7,4,14,2,13,1,10,6,12,11,9,5,3,8,
            4,1,14,8,13,6,2,11,15,12,9,7,3,10,5,0,
          15,12,8,2,4,9,1,7,5,11,3,14,10,0,6,13,
            /* S2 */
            15,1,8,14,6,11,3,4,9,7,2,13,12,0,5,10,
          3,13,4,7,15,2,8,14,12,0,1,10,6,9,11,5,
          0,14,7,11,10,4,13,1,5,8,12,6,9,3,2,15,
            13,8,10,1,3,15,4,2,11,6,7,12,0,5,14,9,
            /* S3 */
            10,0,9,14,6,3,15,5,1,13,12,7,11,4,2,8,
            13,7,0,9,3,4,6,10,2,8,5,14,12,11,15,1,
            13,6,4,9,8,15,3,0,11,1,2,12,5,10,14,7,
          1,10,13,0,6,9,8,7,4,15,14,3,11,5,2,12,
            /* S4 */
          7,13,14,3,0,6,9,10,1,2,8,5,11,12,4,15,
```

```
          13,8,11,5,6,15,0,3,4,7,2,12,1,10,14,9,
          10,6,9,0,12,11,7,13,15,1,3,14,5,2,8,4,
        3,15,0,6,10,1,13,8,9,4,5,11,12,7,2,14,
          /* S5 */
        2,12,4,1,7,10,11,6,8,5,3,15,13,0,14,9,
          14,11,2,12,4,7,13,1,5,0,15,10,3,9,8,6,
        4,2,1,11,10,13,7,8,15,9,12,5,6,3,0,14,
          11,8,12,7,1,14,2,13,6,15,0,9,10,4,5,3,
          /* S6 */
          12,1,10,15,9,2,6,8,0,13,3,4,14,7,5,11,
          10,15,4,2,7,12,9,5,6,1,13,14,0,11,3,8,
          9,14,15,5,2,8,12,3,7,0,4,10,1,13,11,6,
          4,3,2,12,9,5,15,10,11,14,1,7,6,0,8,13,
          /* S7 */
        4,11,2,14,15,0,8,13,3,12,9,7,5,10,6,1,
          13,0,11,7,4,9,1,10,14,3,5,12,2,15,8,6,
        1,4,11,13,12,3,7,14,10,15,6,8,0,5,9,2,
        6,11,13,8,1,4,10,7,9,5,0,15,14,2,3,12,
          /* S8 */
          13,2,8,4,6,15,11,1,10,9,3,14,5,0,12,7,
          1,15,13,8,10,3,7,4,12,5,6,11,0,14,9,2,
          7,11,4,1,9,12,14,2,0,6,10,13,15,3,5,8,
          2,1,14,7,4,10,8,13,15,12,9,0,3,5,6,11
        };
const static char rar[] = {                    //压缩置换
        14,17,11,24,1,5,
        3,28,15,6,21,10,
        23,19,12,4,26,8,
        16,7,27,20,13,2,
        41,52,31,37,47,55,
        30,40,51,45,33,48,
        44,49,39,56,34,53,
        46,42,50,36,29,32
        };
const static char ei[] = {                     //扩展置换
        32,1,2,3,4,5,
        4,5,6,7,8,9,
        8,9,10,11,12,13,
        12,13,14,15,16,17,
        16,17,18,19,20,21,
        20,21,22,23,24,25,
        24,25,26,27,28,29,
        28,29,30,31,32,1
      };
const static char Pzh[] = {                    //P 置换
        16,7,20,21,
        29,12,28,17,
      1,15,23,26,
      5,18,31,10,
      2,8,24,14,
        32,27,3,9,
```

```
            19,13,30,6,
            22,11,4,25
          };
const static char Keyrar[] = {
            57,49,41,33,25,17,9,
          1,58,50,42,34,26,18,
            10,2,59,51,43,35,27,
            19,11,3,60,52,44,36,
            63,55,47,39,31,23,15,
          7,62,54,46,38,30,22,
            14,6,61,53,45,37,29,
            21,13,5,28,20,12,4
          };
bool key[16][48] = {0},/ * rekey[16][48], * /
char key_in[8];
void ByteToBit(bool  * Out,char  * In,int bits)    //字节到位的转换
     {
       int i;
       for(i = 0; i < bits;i++)
       Out[i] = (In[i/8]>>(i % 8))&1;
     }
void BitToByte(char  * Out,bool  * In,int bits)    //位到字节转换
     {
       for(int i = 0; i < bits/8; i++)
         Out[i] = 0;
       for(i = 0; i < bits; i++)
         Out[i/8]| = In[i]<<(i % 8);                //"| = "组合了位操作符和赋值操作符的功能
     }
void Xor(bool  * InA,const bool  * InB,int len)    //按位异或
     {
       for(int i = 0; i < len; i++)
         InA[i]^ = InB[i];
     }
void keyfc(char  * In)                             //获取密钥函数
     {
       int i,j = 0,mov,k;
       bool key0[56],temp,keyin[64];
       ByteToBit(keyin,In,64);                     //字节到位的转换
       for(i = 0; i < 56; i++)                     //密钥压缩为 56 位
         key0[i] = keyin[Keyrar[i] - 1];
       for(i = 0; i < 16; i++)                     //16 轮密钥产生
       {
         if(i == 0||i == 1||i == 8||i == 15)
             mov = 1;
         else
             mov = 2;
         for(k = 0; k < mov; k++)                  //分左右两块循环左移
         {
             for(int m = 0; m < 8; m++)
             {
                 temp = key0[m * 7];
```

```
            for(j = m * 7; j < m * 7 + 7; j++)
                key0[j] = key0[j + 1];
            key0[m * 7 + 6] = temp;
        }
        temp = key0[0];
        for(m = 0; m < 27; m++)
            key0[m] = key0[m + 1];
        key0[27] = temp;
        temp = key0[28];
        for(m = 28; m < 55; m++)
            key0[m] = key0[m + 1];
        key0[55] = temp;
    }

    for(j = 0; j < 48; j++)                     //压缩置换并储存
        key[i][j] = key0[rar[j] - 1];
  }
}

void DES(char Out[8],char In[8],bool MS)        //加密核心程序,ms = 0 时加密,反之解密
{
   bool MW[64],tmp[32],PMW[64];                 //注意指针
   bool kzmw[48],keytem[48],ss[32];
   int hang,lie;
   ByteToBit(PMW,In,64);
   for(int j = 0; j < 64; j++)
   {
     MW[j] = PMW[ip[j] - 1];                    //初始置换
   }
   bool * Li = &MW[0], * Ri = &MW[32];
   for(int i = 0; i < 48; i++)                  //右明文扩展置换
     kzmw[i] = Ri[ei[i] - 1];                   //注意指针

   if(MS == 0)                                  //DES 加密过程
   {
     for(int lun = 0; lun < 16; lun++)
     {
         for(i = 0; i < 32; i++)
             ss[i] = Ri[i];
         for(i = 0; i < 48; i++)                //右明文扩展置换
             kzmw[i] = Ri[ei[i] - 1];           //注意指针
         for(i = 0; i < 48; i++)
             keytem[i] = key[lun][i];           //轮密钥
         Xor(kzmw,keytem,48);
         /* S 盒置换 */
         for(i = 0; i < 8; i++)
         {
             hang = kzmw[i * 6] * 2 + kzmw[i * 6 + 5];
             lie = kzmw[i * 6 + 1] * 8 + kzmw[i * 6 + 2] * 4 + kzmw[i * 6 + 3] * 2 + kzmw[i * 6 + 4];
             tmp[i * 4 + 3] = sbox[i][(hang + 1) * 16 + lie] % 2;
             tmp[i * 4 + 2] = (sbox[i][(hang + 1) * 16 + lie]/2) % 2;
```

```
            tmp[i * 4 + 1] = (sbox[i][(hang + 1) * 16 + lie]/4) % 2;
            tmp[i * 4] = (sbox[i][(hang + 1) * 16 + lie]/8) % 2;
        }


        for(int i = 0; i < 32; i++)           //P 置换
            Ri[i] = tmp[Pzh[i] - 1];
        Xor(Ri,Li,32);                        //异或
        for(i = 0; i < 32; i++)               //交换左右明文
        {
            Li[i] = ss[i];
        }
    }
    for(i = 0; i < 32; i++)
    {
        tmp[i] = Li[i];
        Li[i] = Ri[i];
        Ri[i] = tmp[i];
    }
    for(i = 0; i < 64; i++)
        PMW[i] = MW[fp[i] - 1];
    BitToByte(Out,PMW,64);                    //位到字节的转换
}
else                                          //DES 解密过程
{
    for(int lun = 15; lun >= 0; lun -- )
    {
    for(i = 0; i < 32; i++)
        ss[i] = Ri[i];
    for(int i = 0; i < 48; i++)               //右明文扩展置换
        kzmw[i] = Ri[ei[i] - 1];              //注意指针
    for(i = 0; i < 48; i++)
        keytem[i] = key[lun][i];              //轮密钥
    Xor(kzmw,keytem,48);
    /* S 盒置换 */
    for(i = 0; i < 8; i++)
    {
        hang = kzmw[i * 6] * 2 + kzmw[i * 6 + 5];
        lie  = kzmw[i * 6 + 1] * 8 + kzmw[i * 6 + 2] * 4 + kzmw[i * 6 + 3] * 2 + kzmw[i * 6 + 4];
        tmp[i * 4 + 3] = sbox[i][(hang + 1) * 16 + lie] % 2;
        tmp[i * 4 + 2] = (sbox[i][(hang + 1) * 16 + lie]/2) % 2;
        tmp[i * 4 + 1] = (sbox[i][(hang + 1) * 16 + lie]/4) % 2;
        tmp[i * 4] = (sbox[i][(hang + 1) * 16 + lie]/8) % 2;
    }
    for(i = 0; i < 32; i++)                   //P 置换
        Ri[i] = tmp[Pzh[i] - 1];
    Xor(Ri,Li,32);                            //异或
    for(i = 0; i < 32; i++)                   //交换左右明文
    {
            Li[i] = ss[i];
    }
```

```
            }
            for(i = 0; i < 32; i++)
            {
                tmp[i] = Li[i];
                Li[i] = Ri[i];
                Ri[i] = tmp[i];
            }
            for(i = 0; i < 64; i++)
                PMW[i] = MW[fp[i] - 1];
            BitToByte(Out,PMW,64);                    //位到字节的转换
        }
    }

void main()
    {
      char Ki[8],jm[8],final[8];
      int i0;
      cout <<"请输入密钥(8 字节): "<< endl;
      for(i0 = 0; i0 < 8; i0++)
      cin >> Ki[i0];
//    if(i0 < 8)
//      for(i0 = 0; i0 < 8; i0++)
//      cin//[i0];
      keyfc(Ki);
      cout <<"请输入明文: "<< endl;
      for(i0 = 0; i0 < 8; i0++)
      cin >> jm[i0];
      DES(final,jm,0);
      cout <<"加密后: "<< endl;                 //加密
      for(i0 = 0; i0 < 8; i0++)
      cout << final[i0];
      cout << endl;
      cout <<"解密后: "<< endl;
      DES(jm,final,1);                          //解密
        for(i0 = 0; i0 < 8; i0++)
      cout << jm[i0];
        cout << endl;
    }
```

【相关知识】

DES 算法是典型的对称加密算法，是美国 IBM 公司于 1972 年提出的对称密码体制加密算法。明文按 64 比特进行分组，密钥长 64 比特，密钥事实上是 56 比特参与 DES 运算(第 8、16、24、32、40、48、56、64 比特是校验位)分组后的明文组和 56 比特的密钥按位替代或交换的方法形成密文组的加密方法。有三个入口参数：key、data、mode。key 是加密解密时使用的密钥，data 是加密解密数据，mode 是加密解密的工作模式。当为加密模式时，明文按 64 位进行分组形成明文组，并用 key 对数据进行加密；当为解密模式时，key 解密数据，如图 9.17 所示。

对称加密的核心——通信双方共享一个密钥

A 有明文 m,使用加密算法 E,密钥 key,生成密文 c=E(key,m);

B 收到密文 c,使用解密算法 D,密钥 key,得到明文 m=D(key,c)。

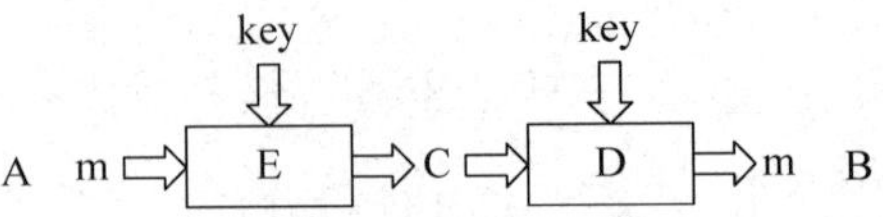

图 9.17 对称加密算法加密与解密过程

实验 9.4 PGP 加密解密

【实验目的】

- 利用 PGP 软件理解加密操作。
- 通过 PGP 软件应用实践了解软件的工作原理。
- 掌握 PGP 软件功能。

【实验条件】

- 个人计算机一台,基本配置:CPU Core2 以上,内存 2GB 以上,硬盘空间 20GB 以上,100 兆网卡。
- 个人计算机预装 Windows XP 操作系统和浏览器。
- 具有网络连接,可以连接 Internet 网络。

【实验内容和步骤】

1. 软件下载与安装

(1) 下载加密软件 PGP8.1。

(2) 双击"PGP.exe",进入安装界面,如图 9.18 所示。

图 9.18 PGP 安装界面

(3) 单击"Next"按钮，弹出"LicenseAgreement"对话框，单击"Yes"按钮，弹出"Read me"对话框，如图 9.19 和图 9.20 所示。

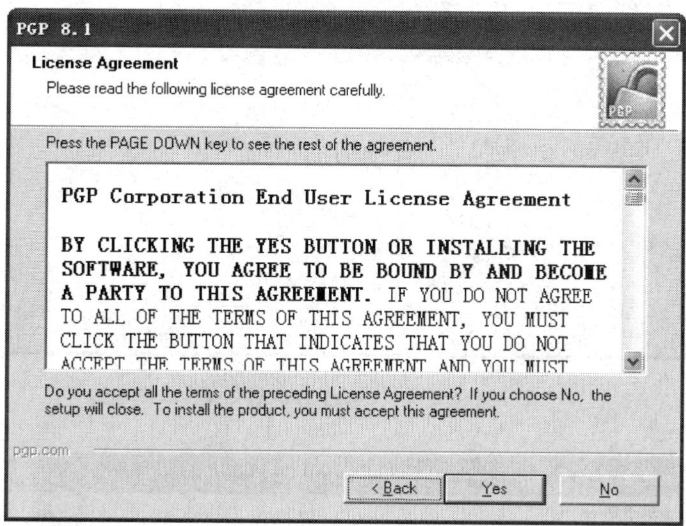

图 9.19 "LicenseAgreement"对话框

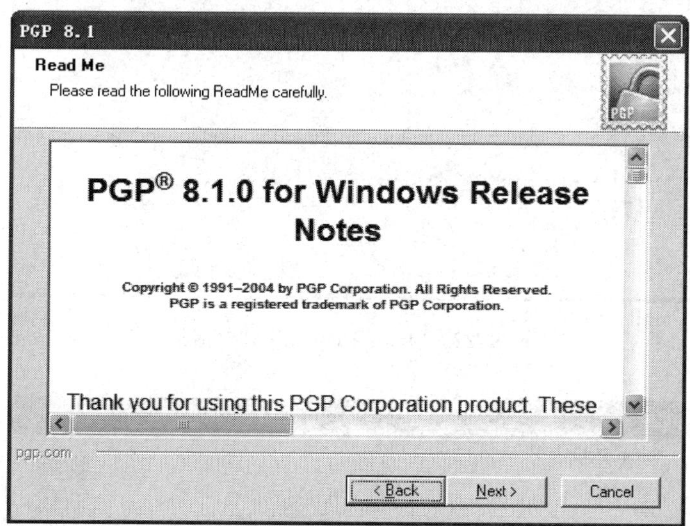

图 9.20 "Read me"对话框

(4) 单击"Next"按钮，弹出"UserType"对话框，如果是老用户，直接选择"Yes, I already have keyrings"选项卡，单击"Next"按钮；如果是新用户，需要创建并设置一个新的用户信息，选择"No, I'm a new user"选项卡，单击"Next"按钮，弹出"Install Directory"对话框，单击"Browse"按钮选择程序的安装目录，如图 9.21 和图 9.22 所示。

(5) 单击"Next"按钮，弹出"Select components"对话框，在此对话框中可以选择 PGP 组件，在此我们选择"磁盘加密组件"，"ICQ 实时加密组件"，"Outlook Express"邮件加密组件，单击"Next"按钮，弹出"StartCopying Files"对话框，单击"Next"按钮开始进行安装。安装之后，单击"finish"按钮，完成安装，如图 9.23 和图 9.24 所示，安装完之后需要重启计算机。

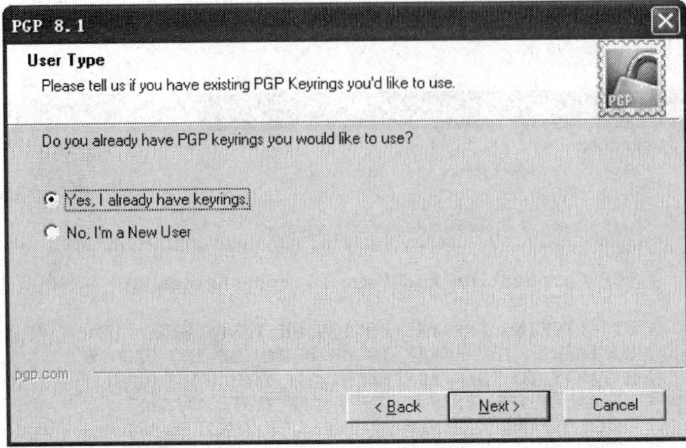

图 9.21 “UserType”对话框

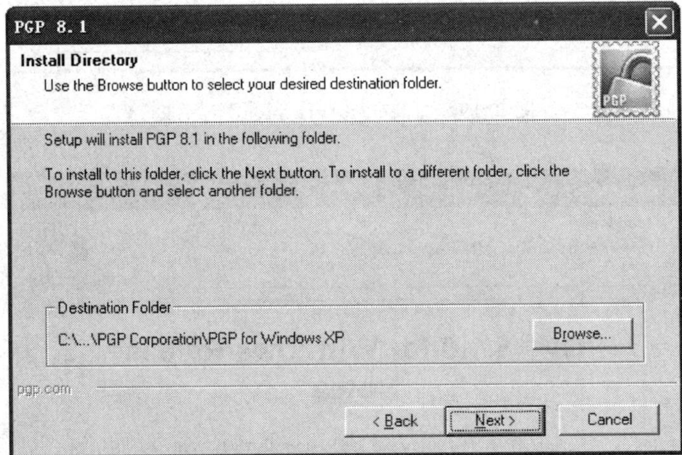

图 9.22 “Install Directory”对话框

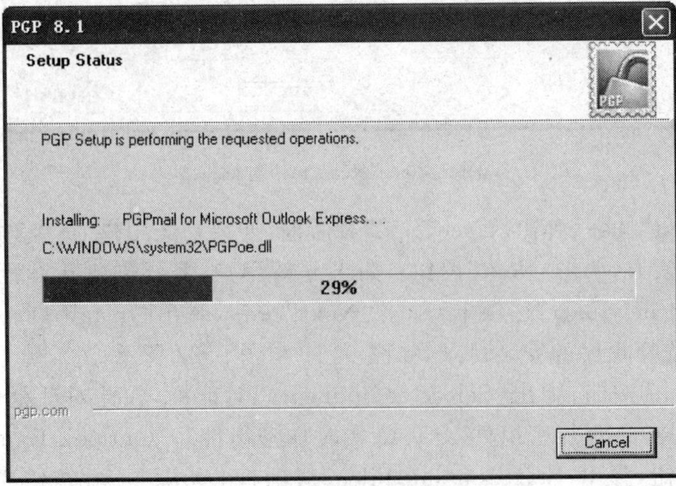

图 9.23 安装界面

图 9.24 安装完成界面

2. 创建并设置初始用户

(1) 执行“开始”→“程序”→PGP→PGPkeys，打开 PGPkeys 软件，软件界面如图 9.25 所示。

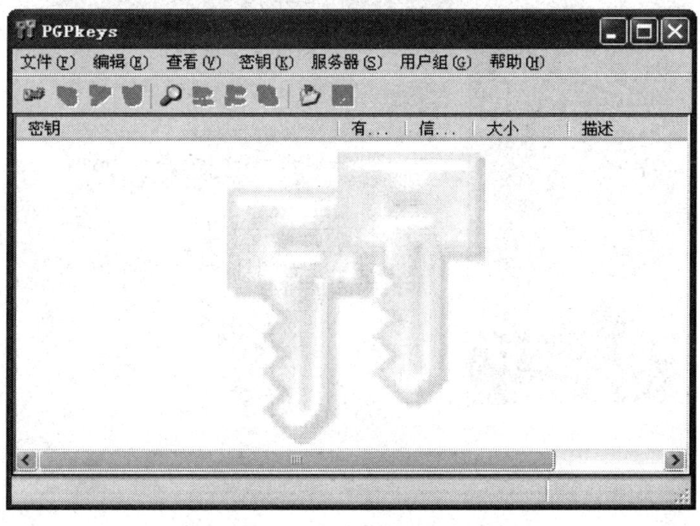

图 9.25 PGPkeys 软件界面

(2) 选择 PGPkeys 菜单项上的“密钥”→“新建密钥”，弹出“PGP 密钥生成向导”对话框，单击“下一步”按钮，弹出的对话框中需要分配姓名和电子邮箱，因为每一个密钥对都有一个与其关联的，你的姓名和电子邮箱地址让你的通信人知道他们正在使用的公钥属于你。而被关联的电子邮箱地址和你的密钥对将会使 PGP 协助你的通信人与你通信时选择正确的公钥。接下来单击“下一步”按钮，弹出“分配密码”对话框，在密码文本框中输入长度必须大于等于 8 位的密码，密码强度指示条会显示密码强度的大小。一般要选择“隐藏键入”选项，这样文本框中不会显示输入的内容，最大限度地保护密码的安全。接下来单击“下一步”按钮，启动密钥生成进程，密钥和主密钥生成之后单击“完成”，用户就创建好了，如图 9.26～图 9.32 所示。

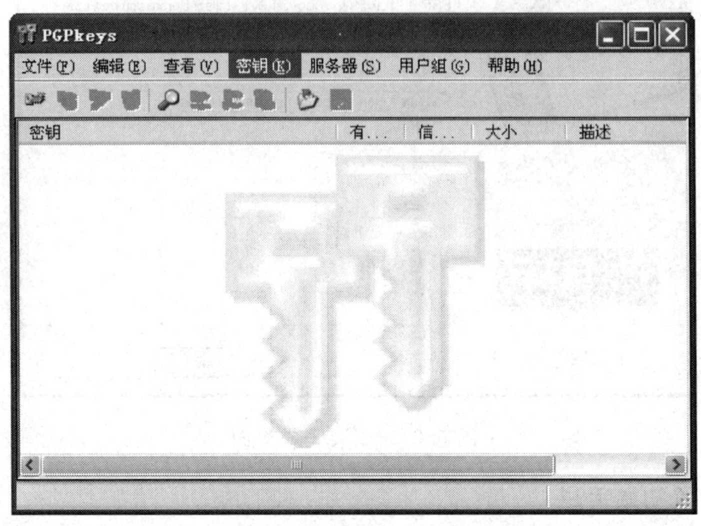

图 9.26 PGPkeys 界面

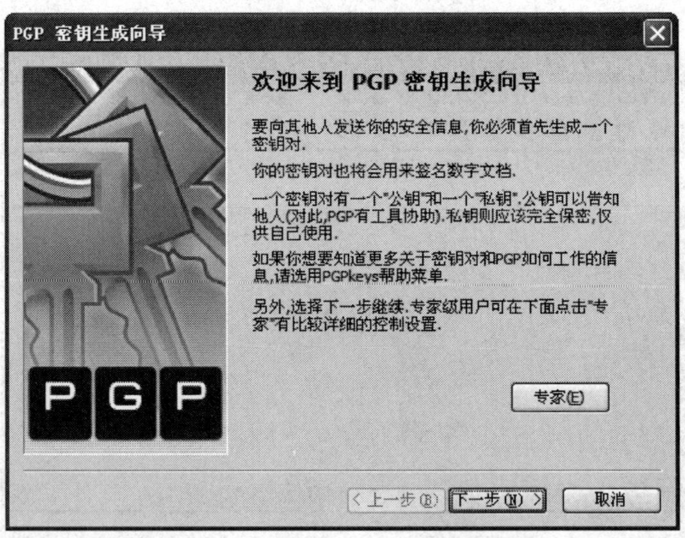

图 9.27 “密钥生成向导”对话框

3. 导出并分发公钥

另选一台计算机创建一个 test 用户，方法如上。并导出包含的公钥，导出公钥的具体过程如下。

在“PGPkeys”窗口中，右键单击创建的用户“test”，右键菜单中选择“导出”，弹出保存对话框，然后要保存的目录，选择要保存的类型为“ASCII 密钥文件（＊.asc）”再单击“保存”按钮，即可导出 test 的公钥，即 test.asc。

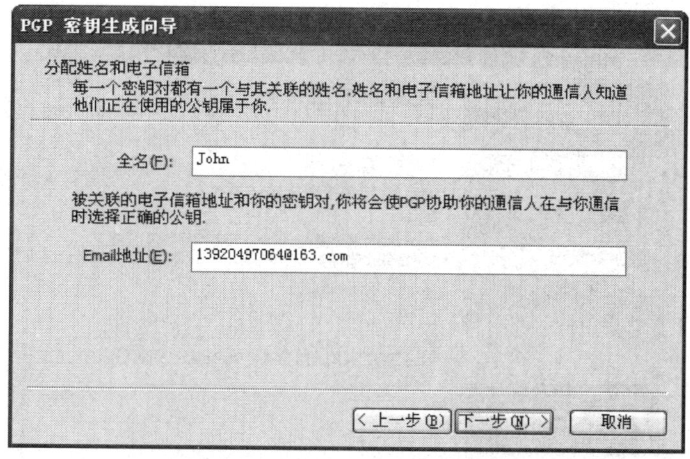

图 9.28 分配姓名和电子信箱

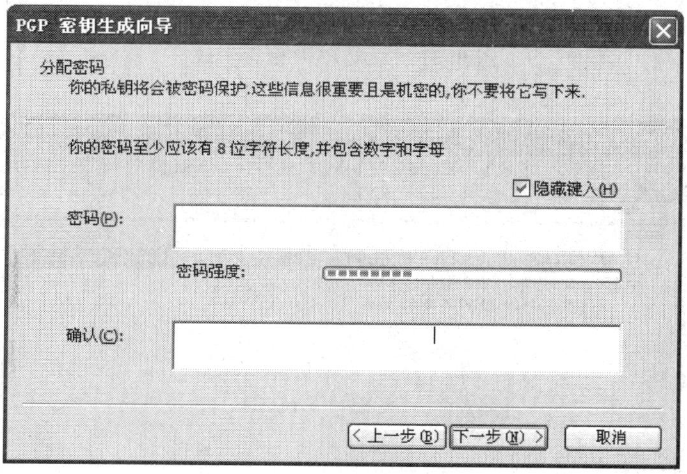

PGP 密钥生成向导

分配密码

你的私钥将会被密码保护,这些信息很重要且是机密的,你不要将它写下来.

你的密码至少应该有 8 位字符长度,并包含数字和字母

隐藏键入(H)

密码(P):

密码强度:

确认(C):

< 上一步(B) 下一步(N) > 取消

图 9.29 分配密码

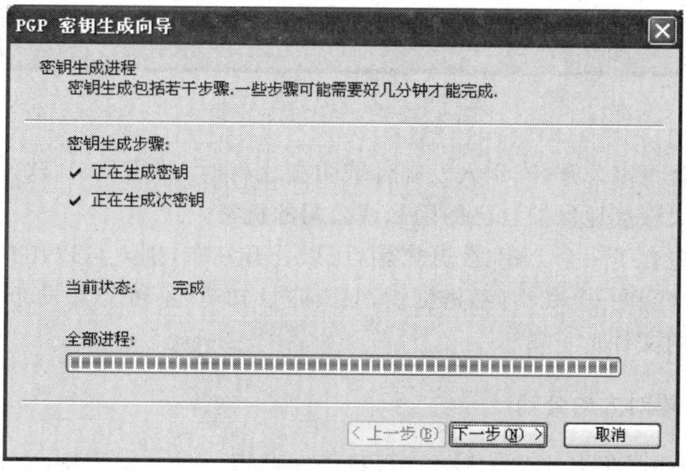

PGP 密钥生成向导

密钥生成进程

密钥生成包括若干步骤.一些步骤可能需要好几分钟才能完成.

密钥生成步骤:

✔ 正在生成密钥

✔ 正在生成次密钥

当前状态: 完成

全部进程:

< 上一步(B) 下一步(N) > 取消

图 9.30 密钥生成进程和步骤

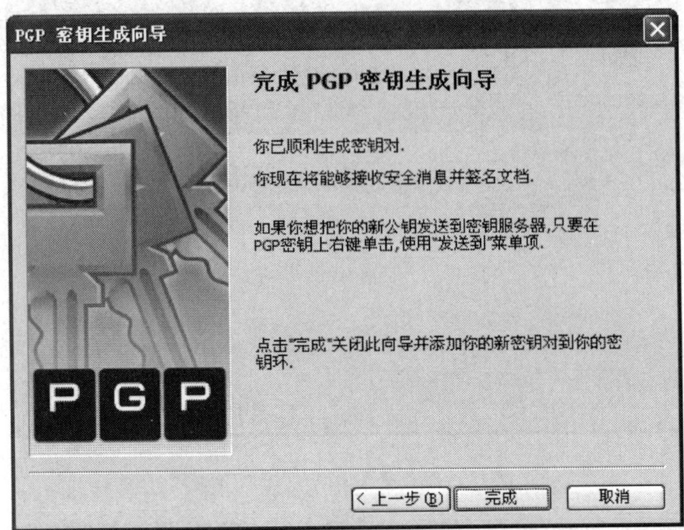

图 9.31　完成 PGP 密钥生成

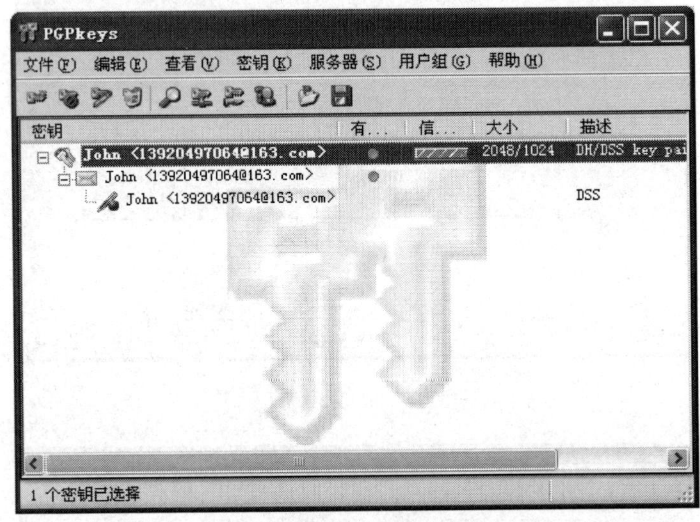

图 9.32　已经生成的密钥

公钥导出后就可以公开,当别人发邮件或重要文件时,利用 PGP 软件使用此公钥加密后再发送可以最大限度地保护自己的隐私或公司的机密。

"密钥对"中包含了一个公钥(公开密钥,可以公开发布,别人可以用这个密钥对要发给你的文件进行加密)和一个私钥(私密密钥,只有自己知道,不可公开发布,此密钥用来解密别人用公钥加密的文件)。

4. 导入并设置对方的公钥

导入公钥,双击扩展名为.asc 的公钥,我们在此以 test.asc 为例,双击后弹出"选择密钥"对话框,在此对话框中会看到公钥 test 的有效性、信任度、大小等一些基本属性,单击"导入"按钮,就可将公钥导入 PGP。打开 PGPkeys,在密钥列表中可以看到刚刚导入的密钥 test，右键单击，选择“密钥属性”选项就可以看到该公开密钥的全部信息，如图 9.33 和图 9.34 所示。

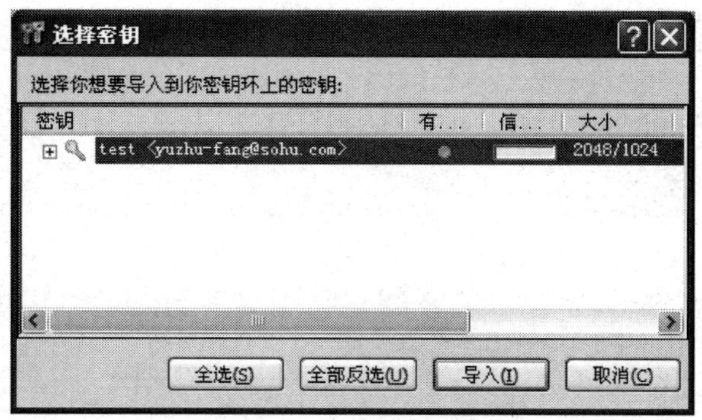

图 9.33 “选择密钥”对话框

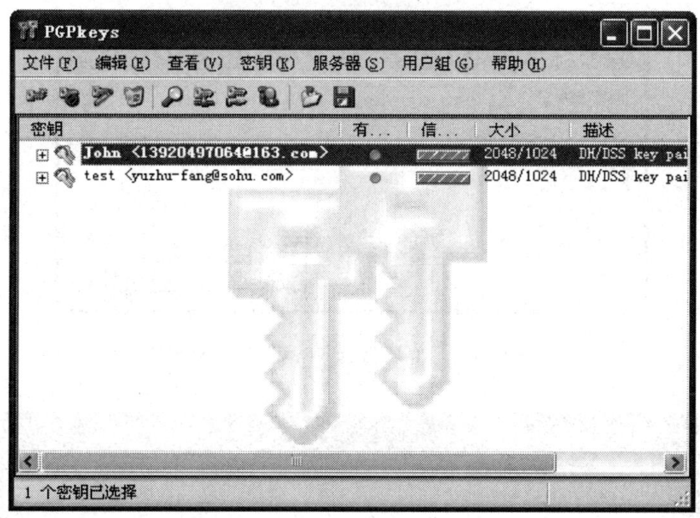

图 9.34 导入密钥

有时为了改变公钥的信任度，需要对该公钥进行签名，具体操作为右键单击“test”，选择“签名”选项，将弹出“PGP 密钥签名”对话框，单击“确定”按钮，弹出“PGP 为选择的密钥输入密码”对话框，输入要使用 test 的用户设置时的密码，在此为 John 用户设置时的密码，单击“确定”按钮，完成签名操作，至此公钥 test 被 PGP 系统认可，可以生效使用，如图 9.35 和图 9.36 所示。

5. 使用公钥加密解密文件

（1）新建一个测试文件，起名“encrypt.txt”，右键单击文件“encrypt.txt”，执行“PGP”→“加密”，弹出“PGP 外壳-密钥选择”对话框，如图 9.37 所示。

（2）在“PGP 外壳-密钥选择”对话框中，可以选择一个或多个公钥，上面的窗口是备选的公钥，下面的窗口是准备使用的公钥，在此选择“John”，然后单击“确定”按钮，经过 PGP 的加密处理，会在被加密文件的相应目录下生成一个格式为“encrypt.txt.pgp”的文件，这个文件为加密后的文件，可以用来发送。应用哪个公钥加密，就只能将该公钥发送给公钥所有者(John)，其他人无法解密，只有该公钥所有者才有解密的私钥。

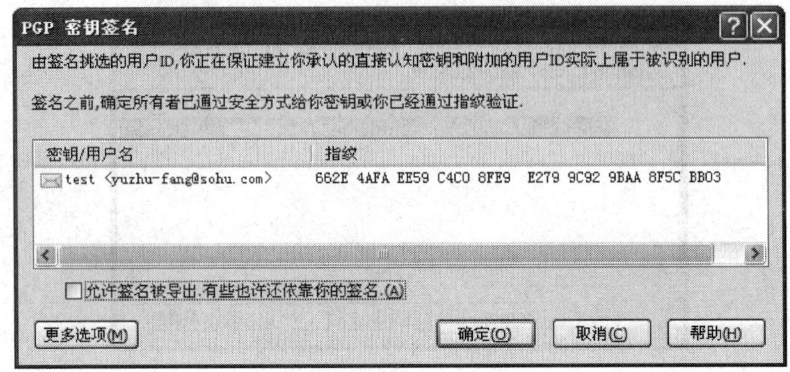

图 9.35　PGP 密钥签名

PGP 为选择的密钥输入密码
签名密钥(S)　John <13920497064@163.com> (DSS/1024)
使用密码签名密钥(P):　隐藏键入(Y)
确定(O)　取消(C)

图 9.36　PGP 为选择密钥输入密码

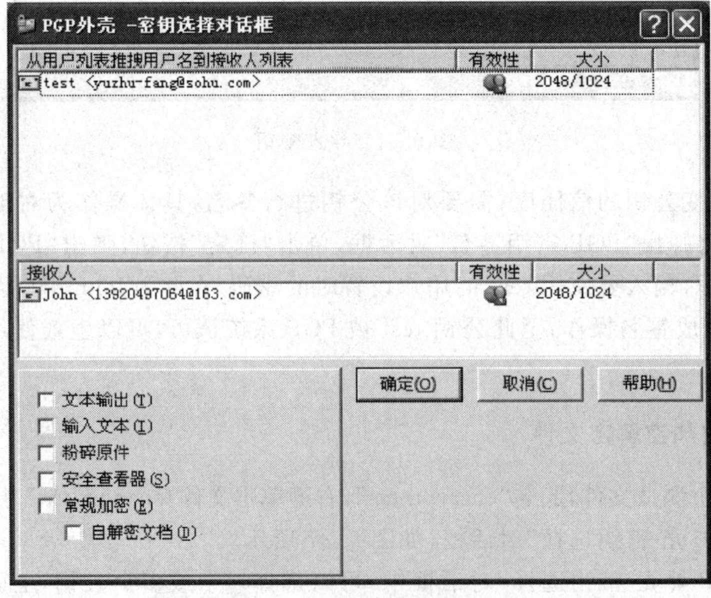

图 9.37　“PGP 外壳-密钥选择”对话框

(3) 解密 encrypt. txt. pgp 文件,右键单击该文件,在右键菜单中执行“PGP”→“解密 & 效验”,将弹出“PGP 外壳-输入密码”对话框。输入自己的私钥密码,如果正确,会将加密文件解密到指定目录,如图 9.38 所示。

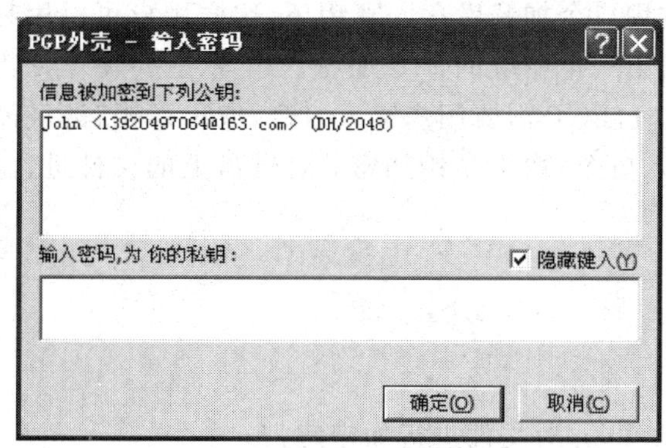

图 9.38 “PGP 外壳-输入密码”对话框

6. 安全删除文件

有时候,不希望一些重要的数据留在系统里面,而简单的删除又不能防止数据可能被恢复,此时可以采用 PGP 的粉碎功能来安全擦除数据,这项功能进行多次反复写入来达到无法恢复的效果。右键单击要删除的文件夹(或文件),在右键菜单依次执行“PGP”→“粉碎”。

7. 密钥管理

在生成密钥对后,对于私钥,需要妥善保管,丢失私钥是非常危险的。公私的发布有两种方式:一种方式是选中密钥后点“Keys”→“Export”或单击“工具”按钮,在弹出对话框输入文件名,即可生成公钥的文件,然后,我们可以把此文件发给通信对方;另一种方式,是执行 Server→Send to→Domain Server 或单击工具按钮,将公钥发送到公钥根服务器上,这样,通信对方可以通过 PGP 提供的搜索公钥的功能到公钥根服务器上去下载公钥。

【相关知识】

PGP 加密系统是采用公开密钥加密与传统密钥加密相结合的一种加密技术。它使用一对数学上相关的钥匙,其中一个(公钥)用来加密信息,另一个(私钥)用来解密信息。PGP 采用的传统加密技术部分所使用的密钥称为“会话密钥”。每次使用时,PGP 都随机产生一个 128 位的 IDEA 会话密钥,用来加密报文。公开密钥加密技术中的公钥和私钥则用来加密会话密钥,并通过它间接地保护报文内容。

PGP(Pretty Good Privacy),是一个基于 RSA 公钥加密体系的邮件加密软件。可以用它对邮件加密以防止非授权者阅读,还能对邮件加上数字签名从而使收信人可以确信邮件是你发来的。它让你可以安全地和你从未见过的人们通信,事先并不需要任何保密的渠道用来传递密钥。

PGP 中的每个公钥和私钥都伴随着一个密钥证书。它一般包含以下内容:密钥内容(用长达百位的大数字表示的密钥);密钥类型(表示该密钥为公钥还是私钥);密钥长度(密钥的长度,以二进制位表示);密钥编号(用以唯一标识该密钥);创建时间;用户标识

(密钥创建人的信息,如姓名、电子邮件等)。PGP 把公钥和私钥存放在密钥环(KEYR)文件中。PGP 提供有效的算法查找用户需要的密钥。

PGP 在多处需要用到口令,它主要起到保护私钥的作用。由于私钥太长且无规律,所以难以记忆。PGP 把它用口令加密后存入密钥环,这样用户可以用易记的口令间接使用私钥。PGP 的每个私钥都由一个相应的口令加密。PGP 主要在 3 处需要用户输入口令:需要解开收到的加密信息时,PGP 需要用户输入口令,取出私钥解密信息;当用户需要为文件或信息签字时,用户输入口令,取出私钥加密;对磁盘上的文件进行传统加密时,需要用户输入口令。

习题

1. 下载伊神加密软件,并对文件进行加密解密。
2. 下载和安装 RSATool 软件,并随机生成 RSA 密钥。
3. 下载和安装 DESTool 软件,并对字符串进行加密。
4. 下载和安装加密软件 PGP8.1,并生成 PGP 密钥。

第10章 网络营销

本章学习目的

- 了解网络营销环境的构成要素。
- 掌握网络营销环境分析方法。
- 设计网络营销问卷内容。
- 了解搜索引擎营销的基本知识。
- 掌握微博申请和管理流程。
- 掌握论坛营销的技巧及其对实现网络营销目标的作用。
- 了解许可Email营销的实现方法和后台管理功能。

实验10.1 网络营销环境分析

【实验目的】

- 了解网络营销环境的构成要素,分析网络营销环境的具体情况。
- 熟悉电子商务企业网络营销环境的概念、内容。
- 掌握如何进行网络营销环境分析。

【实验条件】

- 个人计算机一台,基本配置:CPU Core2以上,内存2GB以上,硬盘空间20GB以上,100兆网卡。
- 个人计算机预装Windows XP或Windows 7操作系统和IE6.0以上浏览器。
- 具有网络连接,可以连接Internet网络。

【实验内容和步骤】

(1) 下载中国互联网信息中心调查报告,了解网上人口环境状况,2014年底中国网络营销环境分析报告。

(2) 设定京东商城为目标网站,站在顾客的角度浏览竞争对手网站的所有信息,研究其能否抓住顾客的心理,给浏览者留下好感。研究其网站的设计方式,体会它如何运用屏幕的有限空间展示企业的形象和业务信息。注意网站设计细节方面的东西。弄清其开展业务的地理区域，以便能从客户清单中判断其实力和业务的好坏。记录其传输速度特别是图形下载的时间，因为速度是网站能否留住客户的关键因素。察看在其站点上是否有别人的图形广告，以此来判断该企业在行业中与其他企业的合作关系。对竞争对手的整体实力进行考察，全面考察对手在导航网站、新闻组中宣传网址的力度，研究其选择的类别、使用的介绍文字，特别是图标广告的投放量等。

- 用 SWOT 分析法分析其网络营销环境，并总结该网站的优势（strength）、劣势（weakness）、机会（opportunity）和威胁（threats）。
- 对企业的宏观环境资料进行分析整理，包括我国的经济状况，电子商务立法，网络安全状况和网络文化环境状况。
- 对企业的微观环境资料进行分析整理，了解企业网络、网站建设状况；信息系统建设情况；公众对该企业的认同感等。
- 企业的竞争对手调查和合作者状况分析。分析来自于竞争对手的竞争威胁和替代品威胁。
- 企业客户分析。对企业现有资料进行分析，总结该企业客户的地理分布特点和客户群，为企业制定进一步扩展市场和客户的方案。

【相关知识】

网络营销，是互联网时代的市场营销，借助网络、计算机通信和数字交互或媒体来实现企业的营销目标，但它不仅仅只通过网络进行商品或劳务买卖活动，还涉及传统市场的方方面面。

网络营销具有范围广、可视性强、公平性好、交互性强、能动性强、灵敏度高、易运作等优势。但网络形式的效果至今无法像传统媒体那样容易把握，包括网络广告所影响的区域、对象以及对象的购买力等等，不定因素多。随着计算机技术的迅速发展，企业必须紧跟技术发展步伐，否则很容易丧失营销策略的时效性和竞争优势。

网络营销环境包括宏观和微观两个方面。微观即行业环境因素，主要包括企业内部条件和供应商、营销中介、顾客、竞争者、合作者以及公众等企业开展电子商务、网络营销的上下游组织机构。企业的内部环境包括财务状况、产品线及地位、人员的数量及质量、组织结构、企业文化、资源条件等因素。企业的内部环境是企业生存和发展的灵魂，内部环境的建设也应是企业工作的重中之重，它是企业生存及走向成功的关键，也是企业树立品牌走品牌化道路的基础。不同行业企业的微观营销环境是不同的。网络营销宏观环境是指对企业网络营销活动影响较为间接的各种因素的总称，主要包括政治法律、人口、经济、社会文化、科学技术、自然地理等环境因素，如图 10.1 所示。

SWOT 分析代表分析企业优势（strength）、劣势（weakness）、机会（opportunity）和威胁（threats）。因此，SWOT 分析实际上是对企业内外部条件各方面内容进行综合和概括，进而分析组织的优劣势、面临的机会和威胁的一种方法。其中，优劣势分析主要是着眼于企业

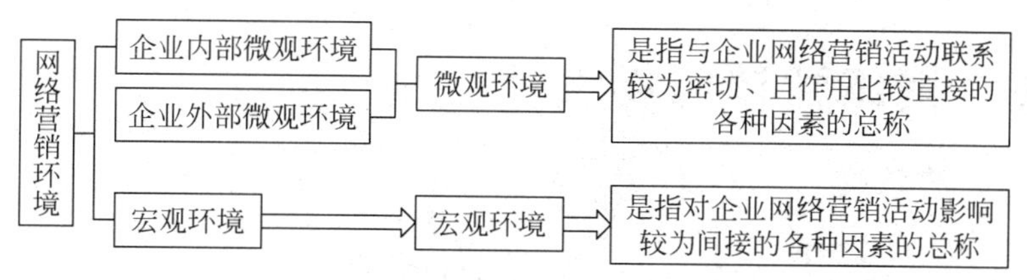

图 10.1 网络营销环境示意图

自身的实力及其与竞争对手的比较，而机会和威胁分析将注意力放在外部环境的变化及对企业的可能影响上，但是，外部环境的同一变化给具有不同资源和能力的企业带来的机会与威胁却可能完全不同，因此，两者之间又有紧密的联系。

1. 优势与劣势分析(SW)

当两个企业处在同一市场或者说它们都有能力向同一顾客群体提供产品和服务时，如果其中一个企业有更高的赢利率或赢利潜力，那么，我们就认为这个企业比另外一个企业更具有竞争优势。

竞争优势可以指消费者眼中一个企业或它的产品有别于其竞争对手的任何优越的东西，它可以是产品线的宽度、产品的大小、质量、可靠性、适用性、风格和形象以及服务的及时、态度的热情等。

2. 机会与威胁分析(OT)

随着经济、社会、科技等诸多方面的迅速发展，特别是世界经济全球化、一体化过程的加快，全球信息网络的建立和消费需求的多样化，企业所处的环境更为开放和动荡。这种变化几乎对所有企业都产生了深刻的影响。正因为如此，环境分析成为一种日益重要的企业职能。

环境发展趋势分为两大类：一类表示环境威胁，另一类表示环境机会。环境威胁指的是环境中一种不利的发展趋势所形成的挑战，如果不采取果断的战略行为，这种不利趋势将导致公司的竞争地位受到削弱。环境机会就是对公司行为富有吸引力的领域，在这一领域中，该公司将拥有竞争优势。

对环境的分析也可以有不同的角度。比如，一种简明扼要的方法就是PEST分析：即从政治(法律)的、经济的、社会文化的和技术的角度分析环境变化对本企业的影响。

法律的：垄断法律；环境保护法；税法；对外贸易规定；劳动法；政府稳定性；

经济的：经济周期；GNP趋势；利率；货币供给；通货膨胀；失业率；可支配收入；能源供给；成本；

社会文化的：人口统比收入分配；社会稳定；生活方式的变化；教育水平；消费；

技术的：政府对研究的投入；政府和行业对技术的重视；新技术的发明和进展；技术传播的速度；折旧和报废速度。

实验 10.2　网络营销问卷设计

【实验目的】

- 熟悉网络问卷的申请流程和发布方法。
- 设计网络营销问卷内容。

【实验条件】

- 个人计算机一台，基本配置：CPU Core2 以上，内存 2GB 以上，硬盘空间 20GB 以上，100 兆网卡。
- 个人计算机预装 Windows XP 或 Windows 7 操作系统和 IE6.0 以上浏览器。
- 具有网络连接，可以连接 Internet 网络。

【实验内容和步骤】

(1) 访问问卷星网站 http://www.sojump.com/，首页如图 10.2 所示。

图 10.2　问卷星首页

① 注册新用户，如图 10.3 所示。

② 完成注册以后，登录并创建新问卷，如图 10.4 所示。

③ 有 4 种问卷创建方式可供选择，根据需要自行选择，如图 10.5 所示。

图 10.3 注册新用户

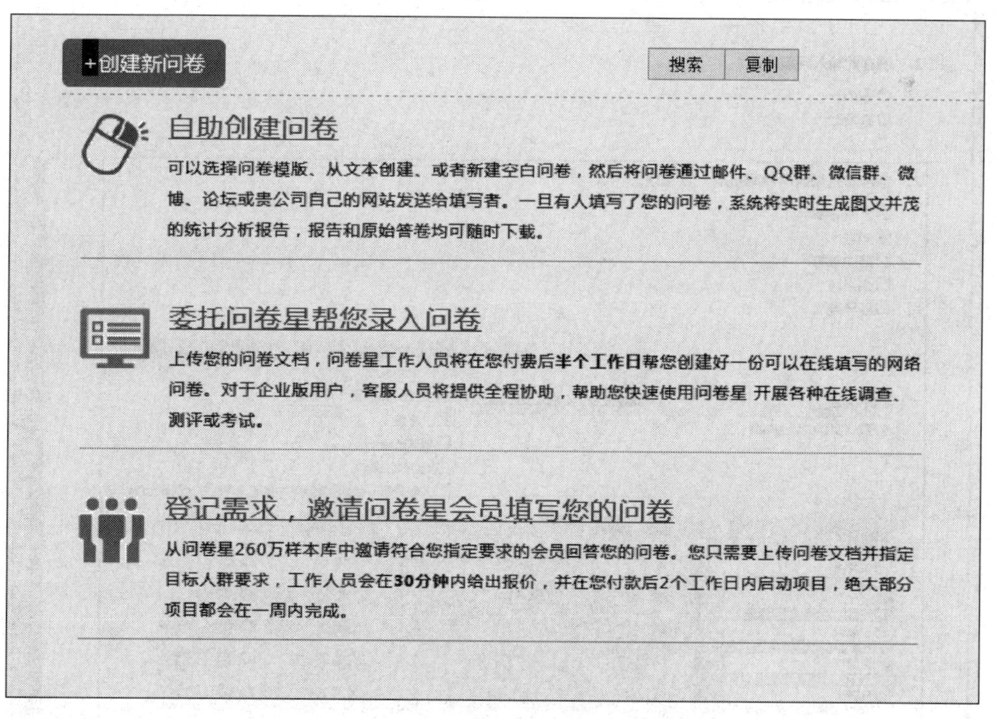

图 10.4 登录并创建新问卷

④ 选择创建空白问卷，并输入问卷名称，例如：网络营销问卷，单击“确定”按钮出现如下对话框，在此有很多题型可供选择，如图 10.6 所示。

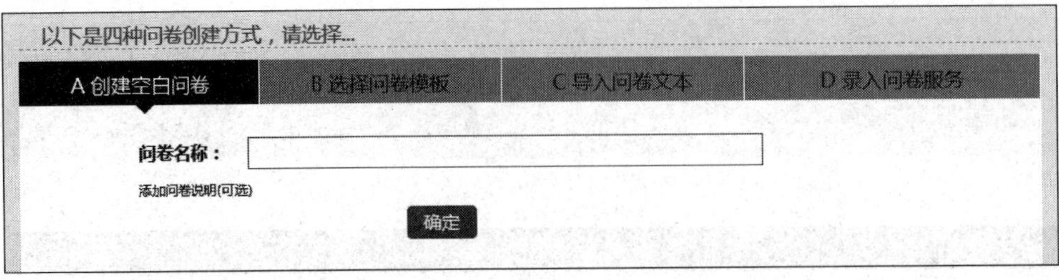

图 10.5　四种问卷创建方式

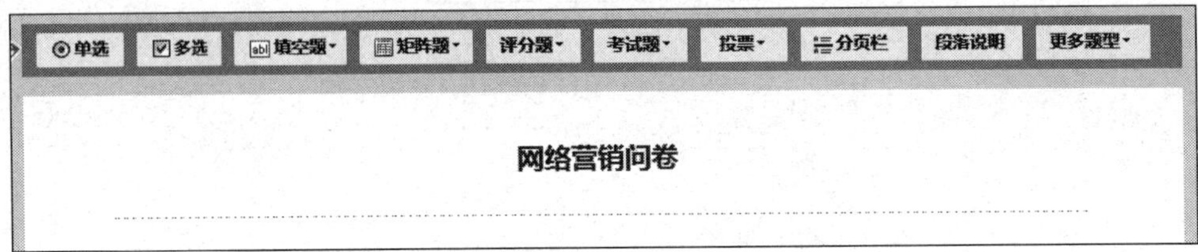

图 10.6　题型示意

⑤ 单击“多选”按钮，出现如下对话框，输入题目标题，并设计选项依次输入，如图 10.7 所示。

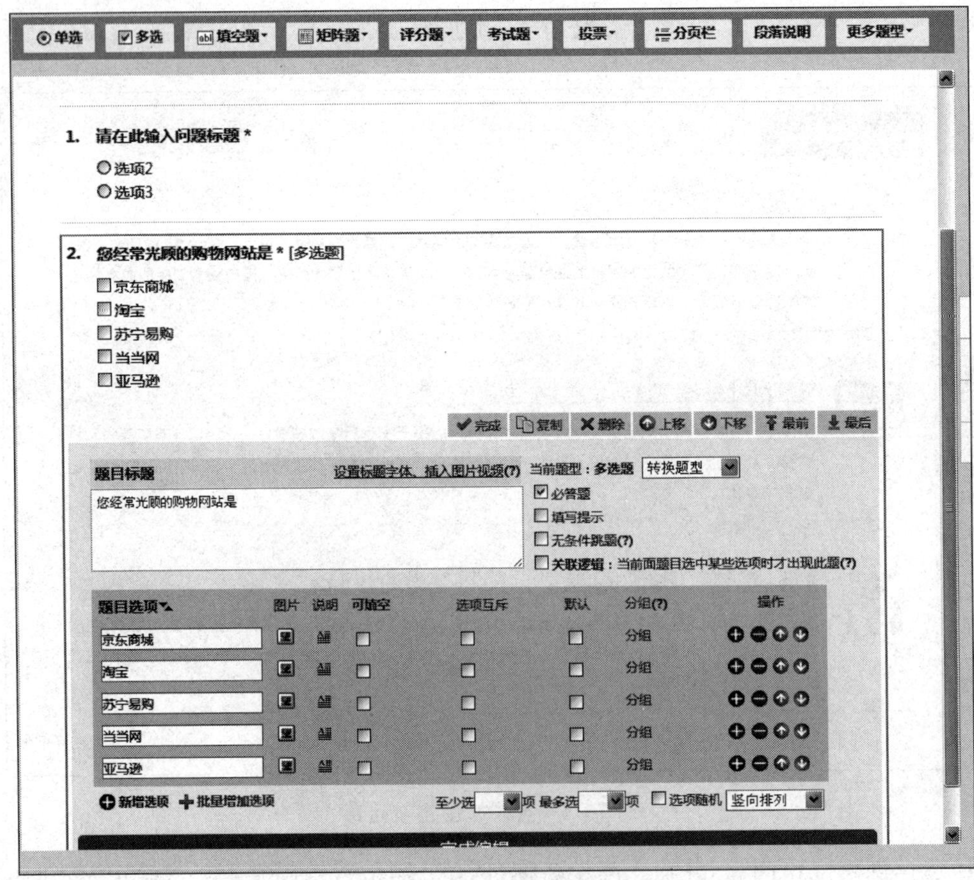

图 10.7　多选题

⑥ 关联逻辑，将第 5 题与第 2 题关联，当第 2 题的选择出现"京东商城"时，才出现第 5 题，如图 10.8 所示。

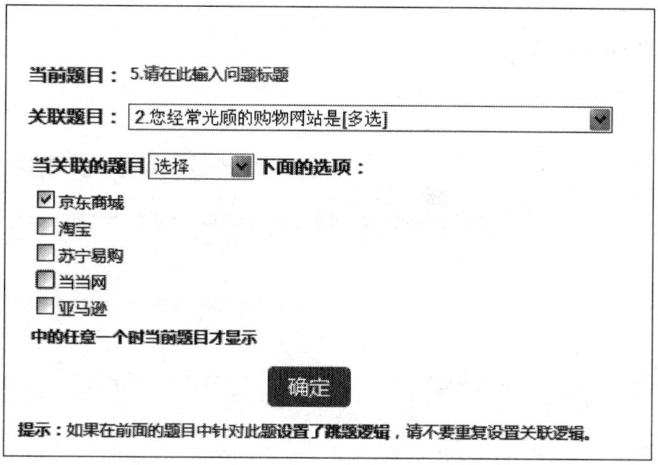

图 10.8　关联逻辑示意

⑦ 点分页栏，会出现第 2 页，如图 10.9 所示。

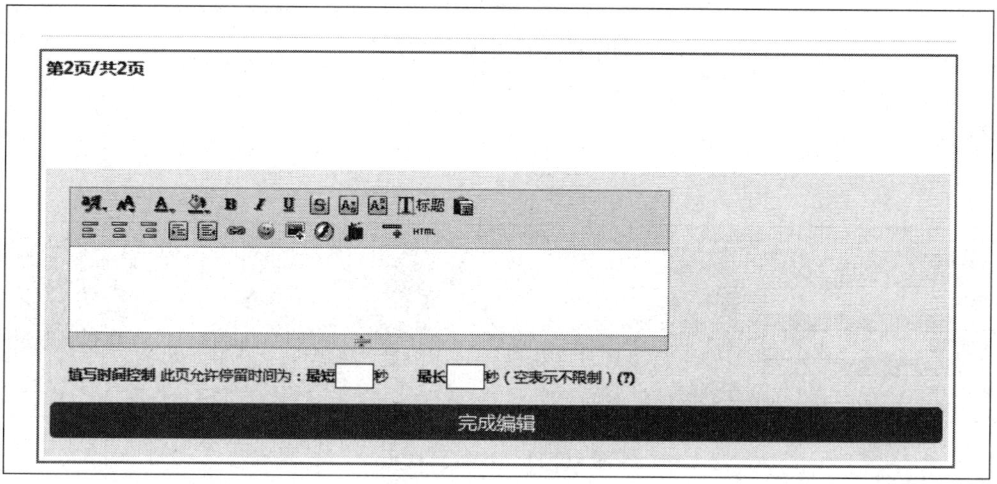

图 10.9　分页

⑧ 单击多选题，出现新的一题，可以设为必答题，如图 10.10 所示。

⑨ 编辑选项的含义，如图 10.11 和图 10.12 所示。

其中：蓝色"＋"表示在该选项下面插入一个新的选项；红色"－"表示删除当前选项(最少保留两个选项)；绿色向上箭头表示将当前选项上移一个位置；绿色向下箭头表示将当前选项下移一个位置。

⑩ 也可以插入填空题，如下图中的第 3 题，如图 10.13 所示。

⑪ 当所有的问题都设计完成后单击"完成编辑"按钮，出现以下页面，在此可以选择继续编辑问卷或者发布问卷，如图 10.14 和图 10.15 所示。

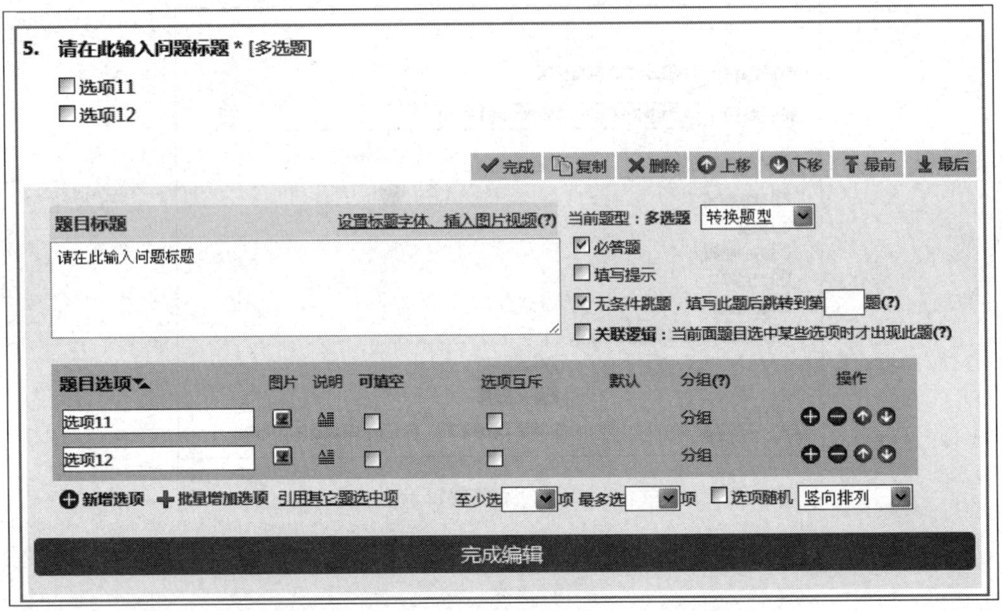

图 10.10 设置必答题

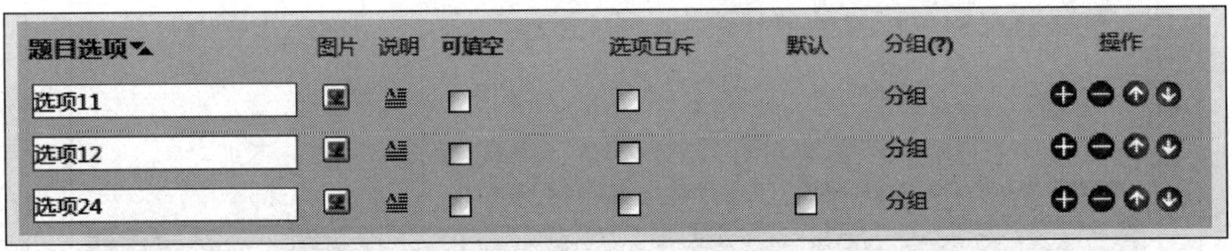

图 10.11 各编辑选项

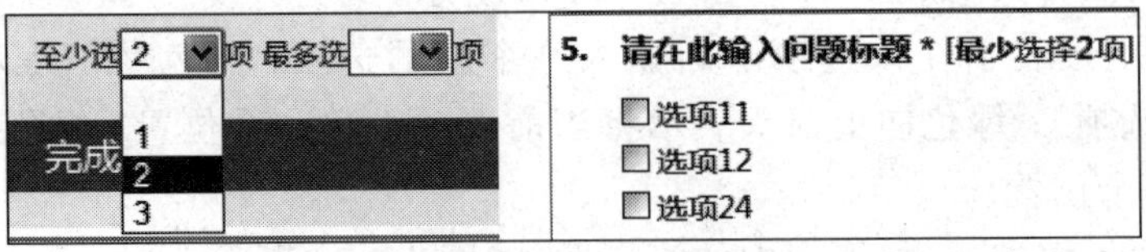

图 10.12 至少选几项，最多选几项

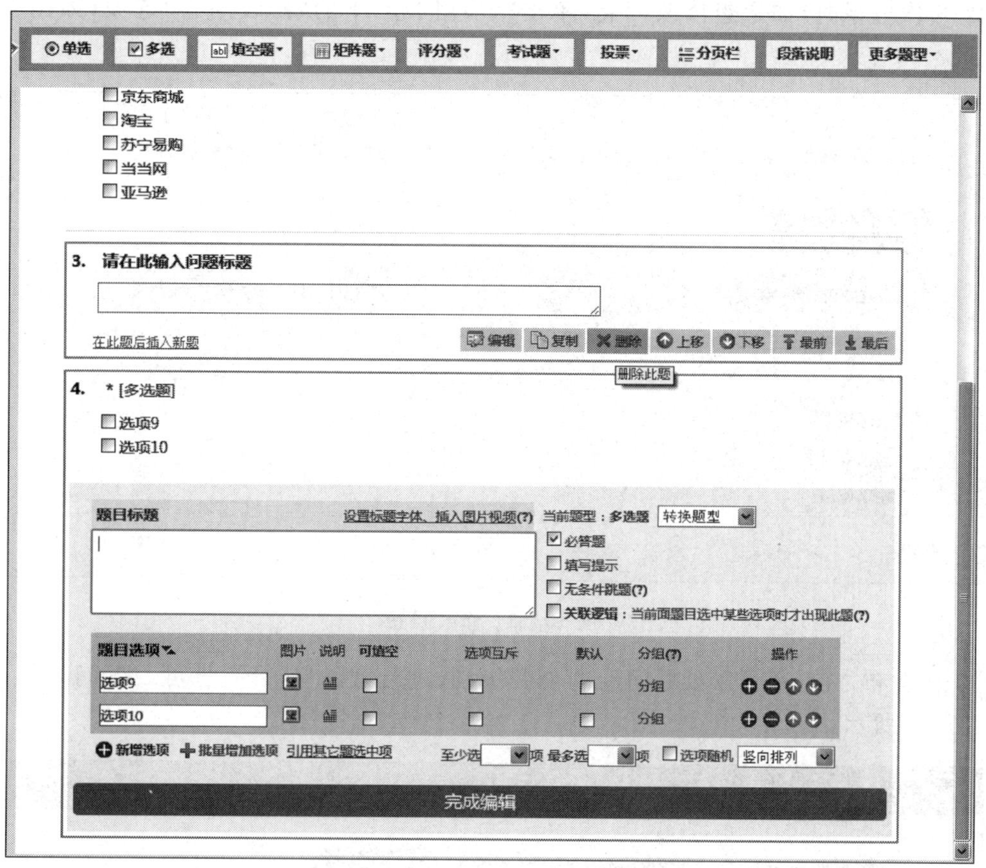

图 10.13　设计填空题

图　10.14

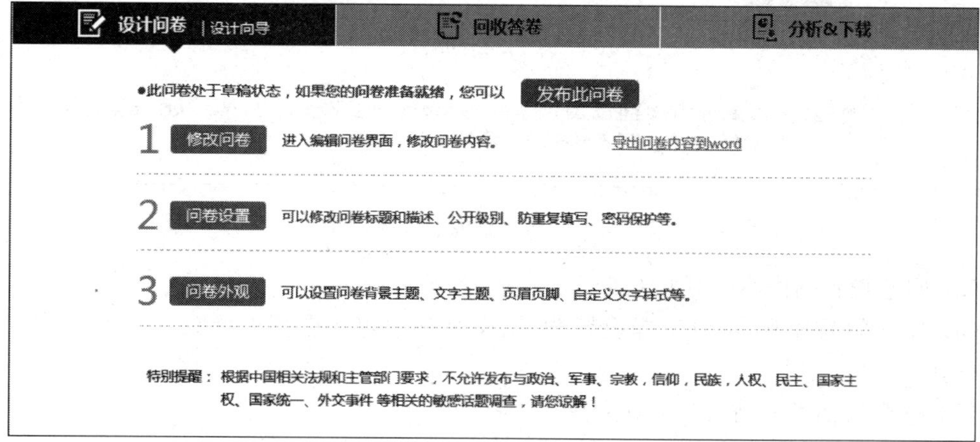

图 10.15　完成编辑发布问卷

⑫ 再次登录时，如果想修改问卷，单击“设计问卷”下的“修改问卷”选项，如图 10.16 所示。

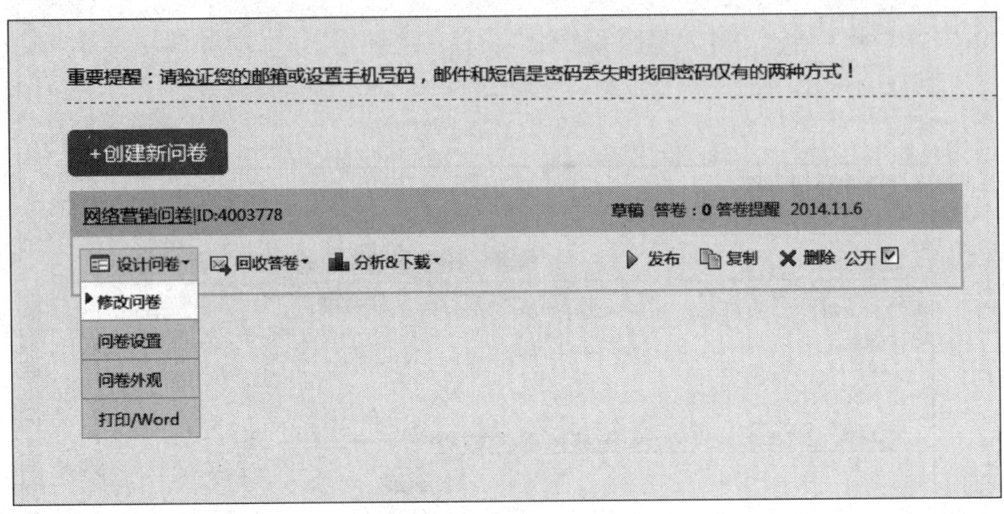

图 10.16 修改问卷

⑬ 在发布之前，还可以设置问卷的公开级别，进行密码保护等，也可设置问卷的外观，如图 10.17 所示。

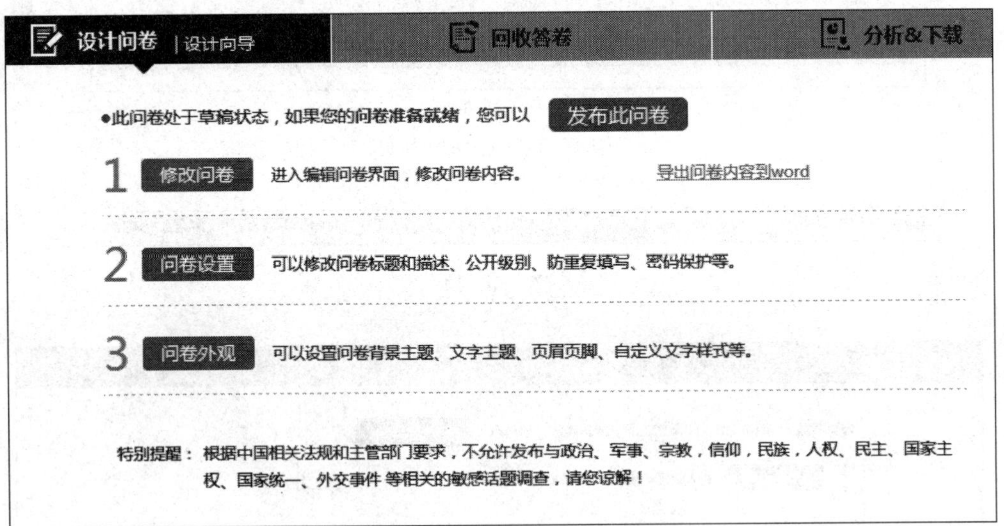

图 10.17 设置问卷公开级别等

(2) 问卷设置的内容，如图 10.18 所示。

(3) 设计问卷外观，可以选择设置背景、文字样式等。也可选择默认外观，如图 10.19 所示。

至此一个营销类的网络问卷就做好了。

问卷信息

1、问卷名称：网络营销问卷

2、问卷说明：点击修改问卷说明　展开修改+

3、答题权限：☐ 允许断点续答 (?) ☐ 允许提交答卷前预览答卷

4、定时开始：☐ 开始时间

5、定时结束：☐ 结束时间 ☐ 设置最大答卷数

6、提交答卷后的处理方式：◉ 显示感谢信息或提示信息

您的答卷已经提交，感谢您的参与！　展开修改+

○ 跳转到指定网址　此功能只对企业版用户开放　立即升级

○ 按条件处理(可发送邮件和短信)　此功能只对企业版用户开放　立即升级

保存设置

安全及权限

1、密码设置：◉ 不设置 ○ 设置　密码保护设置对于免费版不可用　立即升级

2、公开级别：问卷内容：○ 不公开(内部调查，不想被搜索引擎检索，最好同时设置密码保护) ◉ 公开 ☑ 允许转发到微博

统计信息：○ 不公开 ◉ 公开 ○ 部分公开

详细信息：◉ 不公开 ○ 部分公开

公开级别设置对于免费版不可用　立即升级

3、防重复填写：☐ 提交答卷时使用验证码（防止刷票）

☐ IP地址限制

☐ 同一电脑/手机限制

提示：您可以使用批量发送邮件、密码列表等功能来跟踪每个用户填写状态并确保用户只能填写一次。

保存设置

显示设置

1、显示项设置：☑ 显示问卷名 ☐ 答卷数 ☐ 显示上一页 ☑ 二维码　进度条：○ 不显示 ◉ 按题目 ○ 按页显示

2、提示语言：◉ 简体中文 ○ 英文 ○ 繁体中文

3、按钮自定义：提交按钮文字：提交答卷　上一页文字：上一页　下一页文字：下一页

保存设置

图 10.18　设计问卷内容

图 10.19　设计问卷外观

实验 10.3　无网站网络营销方法之搜索引擎营销

【实验目的】

- 掌握搜索引擎作为网络营销工具获取商品/服务信息的特征。
- 了解搜索引擎营销的基本知识。
- 训练学生熟练应用搜索引擎进行网络营销的技能。

- 认识搜索引擎作为网络营销工具的作用及其信息传递的特点。
- 了解网站建设的专业性对搜索引擎营销的影响。

【实验条件】

- 个人计算机一台,基本配置:CPU Core2 以上,内存 2GB 以上,硬盘空间 20GB 以上,100 兆网卡。
- 个人计算机预装 Windows XP 操作系统和浏览器,记事本。
- 具有网络连接,可以连接 Internet 网络。

【实验内容和步骤】

1. 搜索引擎的机理以及商业搜索引擎及工具软件的使用

(1) 从备选商品/服务名称中选择一种,假设你希望购买这种商品/服务,或者希望了解更多相关信息。

(2) 利用该关键词分别在 3~5 个常用搜索引擎中进行检索,本次实验分别选用"百度""搜狗""360 搜索"作为不同平台的搜索引擎,观察检索结果第一页的信息差异情况。

例如,以"米奇保温杯"为关键字搜索以上三种搜索引擎,得到的结果如图 10.20、图 10.21 和图 10.22 所示。

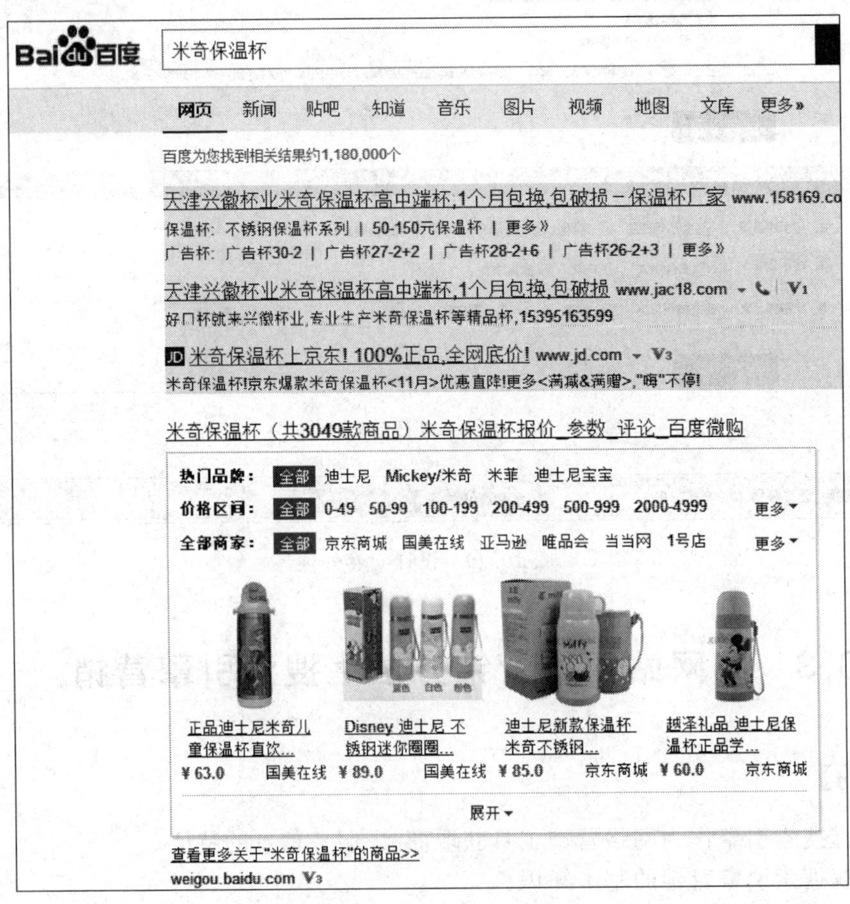

图 10.20 百度搜索结果

搜狗搜索 新闻 网页 微信 新 问问 图片 视频 音乐 地图 购物 更多>>

米奇保温杯 搜狗搜索

天津米奇保温杯 尽在淘宝 www.taobao.com 搜狗推广
米奇保温杯,网络购物第一站.百万商家,8亿优质特价商品.足不出户,轻松一站式购物!

米奇 保温杯 1号店官网,货到付款,全网底价! www.YHD.com
买米奇 保温杯,1号店0利润促销中,百万在线商品任您选,满额免运费!

杨波注塑厂-米奇保温杯 www.688pifa.com
永康市石柱杨波注塑厂,米奇保温杯专业生产加工保温杯、玻璃杯、塑料杯等

米奇保温杯_全网比价_价格趋势-搜狗购物搜索

正品创意不锈钢儿童迪士尼真空保温杯米..
¥39
天猫

正品迪士尼米奇不锈钢儿童保温杯 男女士.
¥36
评论(174) 苏宁易购

特价包邮 正品迪士尼保温杯防漏米奇水杯..
¥67 4.5折
销量(373) 淘宝

正品 迪士尼子弹头保温杯 米奇儿童真空...
¥36
评论(1) 国美在线

与米奇保温杯相关的选购:

品牌: 迪士尼/disney 米奇/mickey 迪士尼disney

gouwu.sogou.com - 2014-11-27

精品米奇保温杯团购信息大全-搜狗团购导航 认证

今日推荐导购:

[正品SOSO]仅售28元抢购198元2014迪士尼米奇不锈钢酷派子弹头保温杯/水杯500ML,磨砂黑、磨砂银、磨砂红、磨砂蓝四种颜色任意选择!优质不锈...

去看看 ¥28 ~~¥198~~ 1.41折 6610人已购买

[123特卖网]仅29元抢购原价199元的迪士尼米奇... ¥29 | ~~¥199~~ | 1.5折

图 10.21 搜狗搜索结果

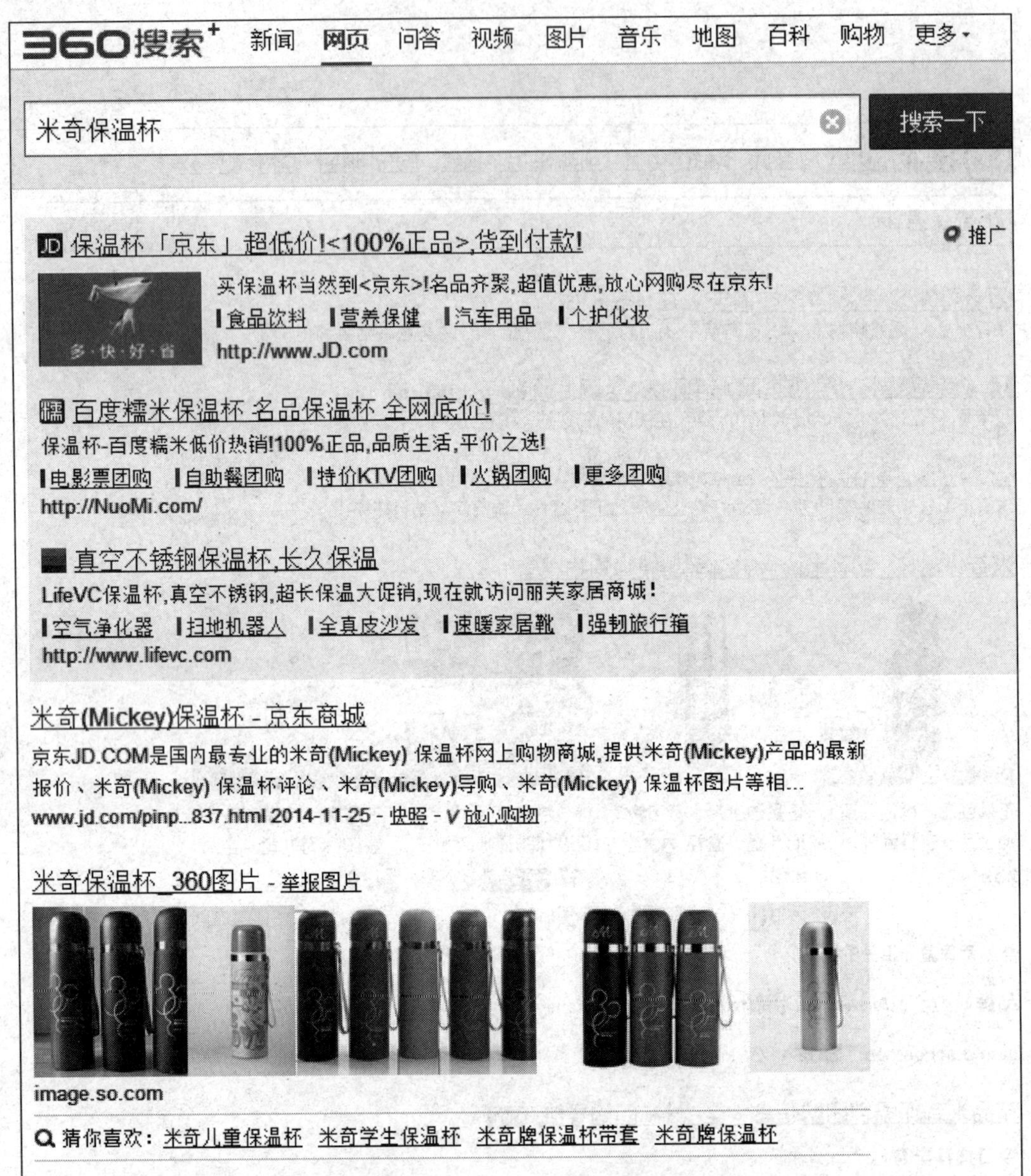

图 10.22 360 搜索结果

(3) 从检索结果中选择一个你感兴趣的网页,单击进入该网站。

(4) 对比该网页在搜索引擎检索结果中的信息,是否可以在网站上立即发现这些相关信息更为详细的内容,比较这几个网站提供的搜索功能的优劣。

2. 分析网站商业价值的方法与技巧

(1) 利用 Alexa(www. alexa. com)提供的网站排名服务功能,对有关网站进行各种数据的分析,研究该网站的商业价值。输入“www. baidu. com,”单击“Go”选项,出现如图 10.23 所示页面,可以看出此网站在全球和中国本土的排名等统计信息。

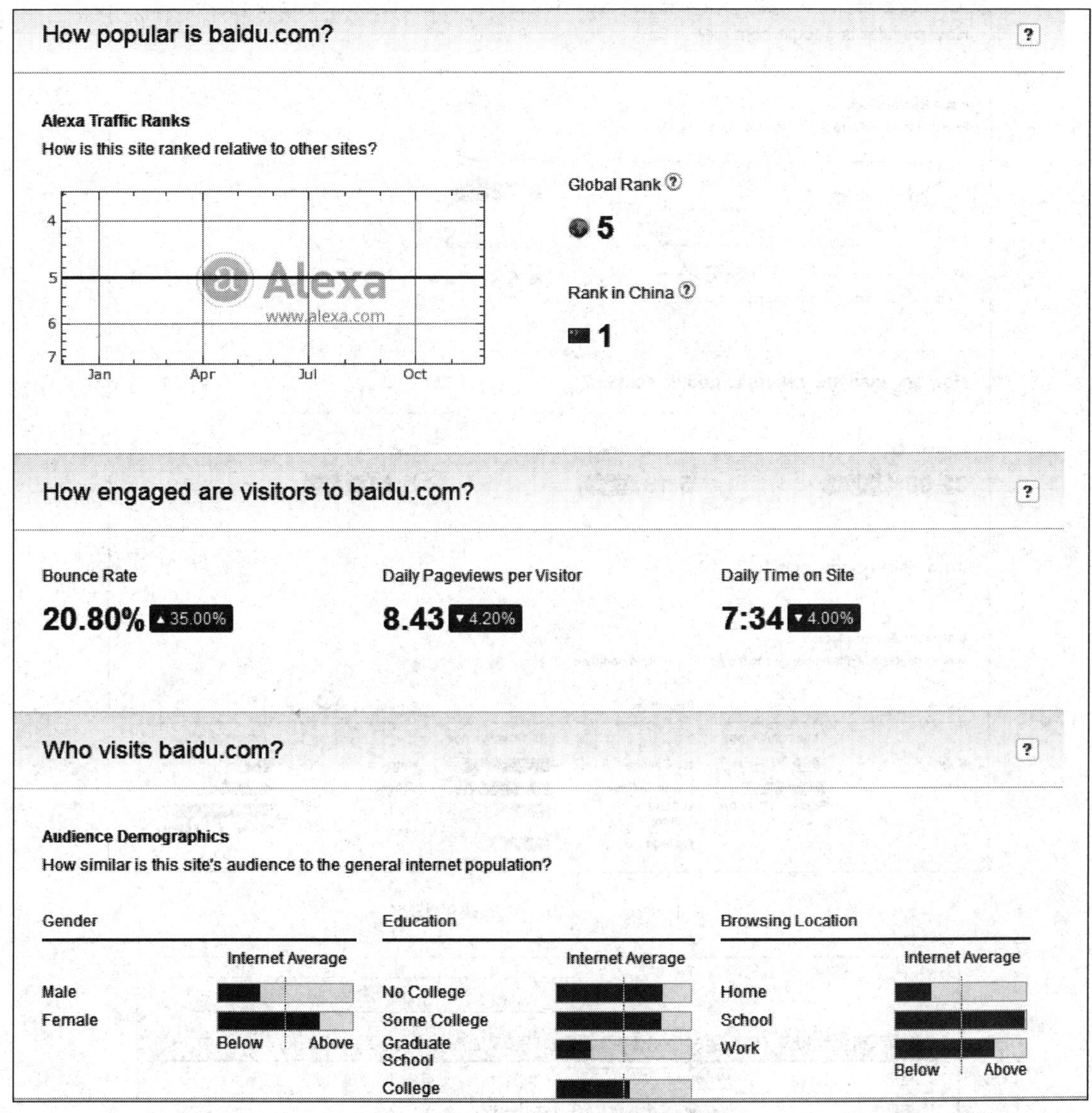

图 10.23 百度在全球和中国排名

（2）再输入“google.hk”，得到的结果如图 10.24 所示。

3. 搜索引擎上进行注册的方法与技巧

以某网络营销模拟教学系统试用版为例，掌握在搜索引擎上进行注册的方法与技巧，体验搜索引擎营销用户和商家操作流程。

（1）搜索引擎用户登录，如果是第一次登录，先注册。填好信息后，单击“提交”按钮，如图 10.25 所示。

（2）进入搜索引擎服务商界面，选择信息审核下的用户审核，如图 10.26 所示。

（3）列出申请的用户，选择需要审核的用户，单击“审核通过”或“审核拒绝”按钮，如图 10.27 所示。

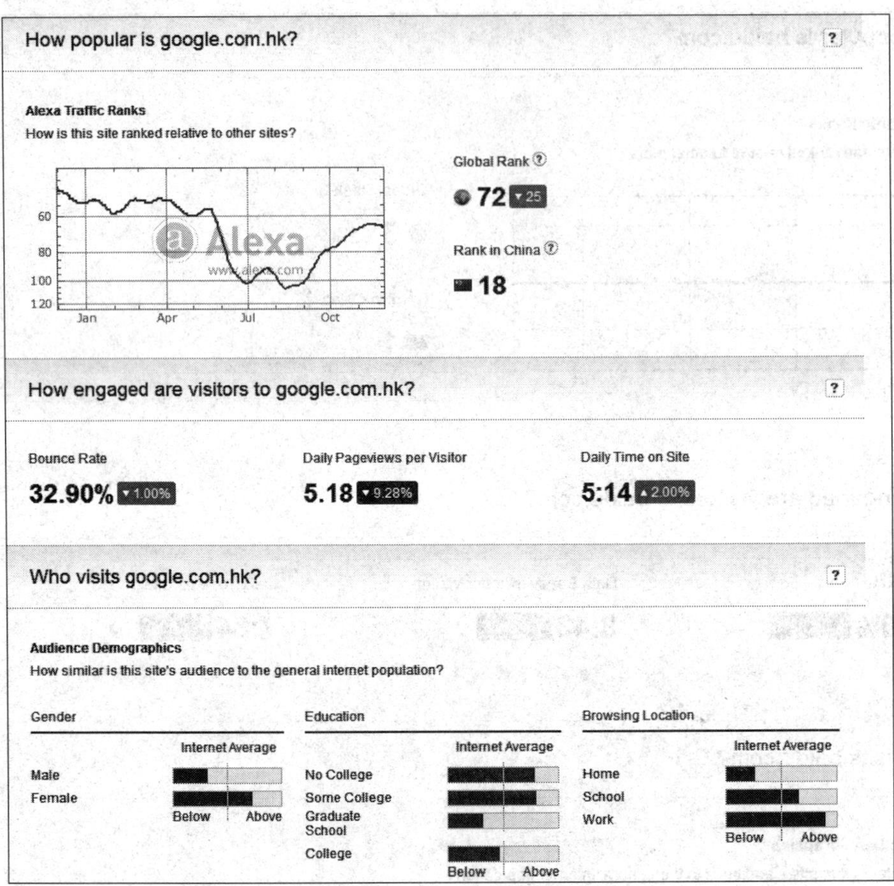

图 10.24　google 在全球的排名

用户注册

请您填写用户注册信息（带 * 的选项为必填项），请务必填写真实信息，以便为您提供服务。

* 用户名	wangming	（中英文均可）此用户可以注册。
* 密码	••••••	（至少六位）
* 校验密码	••••••	
* Email 地址	1@1qq.com	（最常用的邮件地址）
* 联系人姓名	王明	（推广负责人真实姓名）
* 公司（或网站）名称	三星电子	（必须与网站上出现公司名称一致）
* 网站URL地址	http://www.baidu.com	（必须与提交关键字时所对应网站URL地址一致）
* 通信地址	1hao	（必须与网站上出现的联系地址一致）
邮政编码	210000	
* 联系电话	023-1234567	（必须与网站上出现的联系电话一致）
传真号码	023-1234567	
接受用户协议	☑ 我已阅读并声明接受用户服务协议	

请点击这里阅读用户服务合同

提交

图 10.25　用户注册界面

图 10.26 服务商菜单

	用户名	用户密码	联系人姓名	公司/网站名称	网站URL	联系电话	总投资额	审核状态
☑	wangming	123456	王明	三星电子	http://www.baidu.com	023-1234567	没有缴费	未审核

记录总数：1 总页数：1 当前页：1 [1]

审核通过 审核拒绝

图 10.27 用户审核

(4) 输入申请的用户名和密码,登录搜索引擎系统。进入搜索引擎系统后,出现如图 10.28 所示功能模块。

图 10.28 用户功能菜单

(5) 首先进入分组管理,设置关键字类别,如图 10.29 所示。

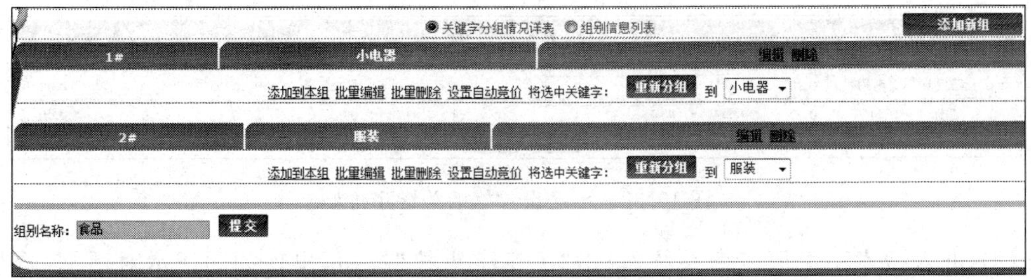

图 10.29 设置关键字类别

(6) 在关键字管理下选择添加关键字并分组,填好后单击“下一步”按钮,如图 10.30 所示。

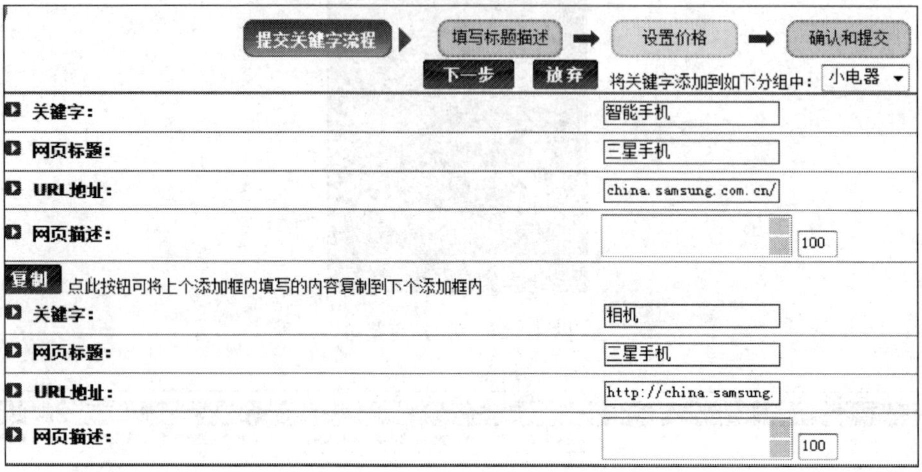

提交关键字流程 ▶ 填写标题描述 ➡ 设置价格 ➡ 确认和提交

下一步 放弃 将关键字添加到如下分组中: 小电器

关键字:	智能手机
网页标题:	三星手机
URL地址:	china.samsung.com.cn/
网页描述:	100

复制 点此按钮可将上个添加框内填写的内容复制到下个添加框内

关键字:	相机
网页标题:	三星手机
URL地址:	http://china.samsung.
网页描述:	100

图 10.30 添加关键字并分组

(7) 设置竞价价格,如图 10.31 所示。设置好价格后单击“下一步”按钮,如图 10.32 所示单击确定。

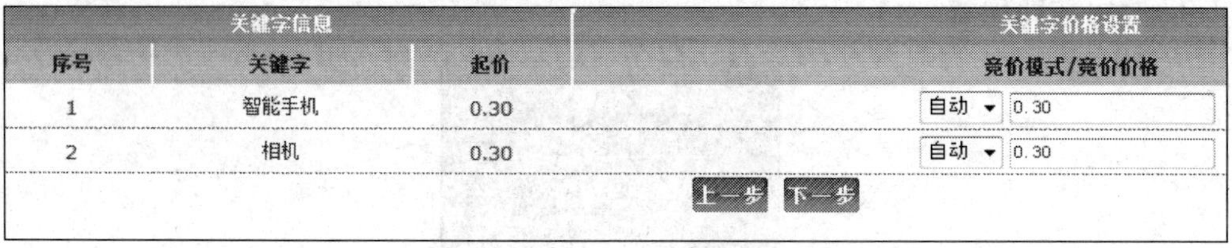

关键字信息			关键字价格设置
序号	关键字	起价	竞价模式/竞价价格
1	智能手机	0.30	自动 0.30
2	相机	0.30	自动 0.30

上一步 下一步

图 10.31 设置竞价价格

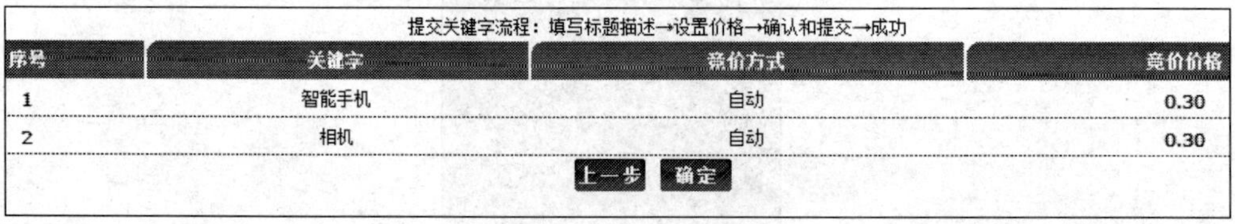

提交关键字流程:填写标题描述→设置价格→确认和提交→成功

序号	关键字	竞价方式	竞价价格
1	智能手机	自动	0.30
2	相机	自动	0.30

上一步 确定

图 10.32 竞价价格设置成功

(8) 完成后单击“管理关键字”按钮可以看到提交的关键字,可以对其价格进行改动,如图 10.33 所示。

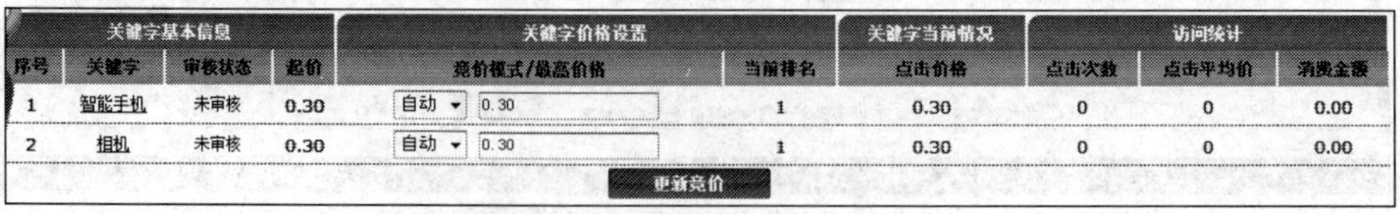

关键字基本信息				关键字价格设置		关键字当前情况	访问统计		
序号	关键字	审核状态	起价	竞价模式/最高价格	当前排名	点击价格	点击次数	点击平均价	消费金额
1	智能手机	未审核	0.30	自动 0.30	1	0.30	0	0	0.00
2	相机	未审核	0.30	自动 0.30	1	0.30	0	0	0.00

更新竞价

图 10.33 已经设置好的关键字价格

(9) 进入搜索引擎服务商系统,单击“关键字审核”按钮,出现如图所示对话框,选择对应的关键字,单击“审核通过”按钮,如图 10.34 所示。

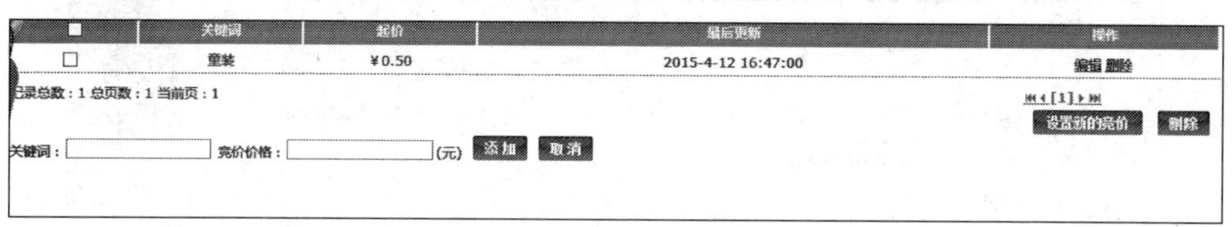

☐	关键词	网页标题	URL地址	关键词描述	审核状态	竞价类型
☐	相机	三星手机	http://china.samsung.com.cn/	三星相机介绍	未审核	自动
☐	智能手机	三星手机	http://china.samsung.com.cn/	三星手机介绍	未审核	自动

录总数：2 总页数：1 当前页：1

审核通过 审核拒绝

图 10.34　关键字审核

(10) 单击“竞价价格管理”按钮，设置新的竞价，可以对关键字设置价格。也可以对已经设好的关键字进行编辑和删除操作，如图 10.35 所示。

☐	关键词	出价	最后更新	操作
☐	童装	¥0.50	2015-4-12 16:47:00	编辑 删除

己录总数：1 总页数：1 当前页：1

设置新的竞价 删除

关键词：　竞价价格：(元) 添加 取消

图 10.35　竞价价格管理

(11) 完成以上步骤后，企业就可以对设定的关键字进行搜索验证。例如输入关键字“手机”，则出现如图 10.36 所示页面，可以链接到之前输入的地址。

-- 三星手机 --

手机

http://218.244.139.168/WebMarket/Pro_Search/NavigaterToURL.aspx?type=4&InfoID=13&Url=http%3a%2f%2fchina.samsung.com.cn%2f&ExamID=1_apteacher_2015040211071778043_54927

图 10.36　搜索引擎验证

实验 10.4　无网站网络营销方法之博客营销

【实验目的】

- 了解和掌握微博申请和管理流程。
- 认识微博的特点和对实现营销目标的作用。

【实验条件】

- 个人计算机一台，基本配置：CPU Core2 以上，内存 2GB 以上，硬盘空间 20GB 以上，100 兆网卡。
- 个人计算机预装 Windows XP 操作系统和浏览器，记事本。
- 具有网络连接，可以连接 Internet 网络。

【实验内容和步骤】

具体步骤包括：注册博客(微博)，登录，设计内容模块，策划编写博客内容，开展网络营销推广。

1. 登录

登录新浪微博 http://blog.sina.com.cn/。

2. 注册新用户

可以自行选择手机或邮箱注册。若已经有账号,选择直接登录,如图 10.37 所示。

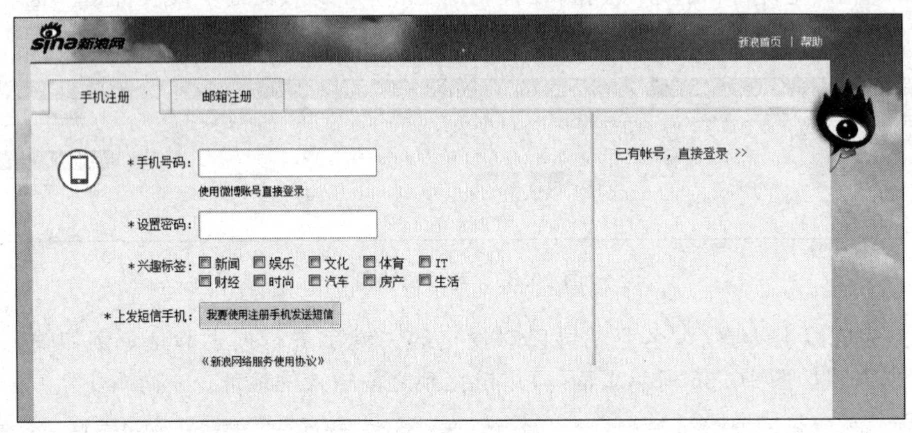

图 10.37 新浪微博登录注册

3. 设计一个微博营销广告

策划编写博客内容,例如可以发布一些图片配上简单的文字,如图 10.38 和图 10.39 所示。

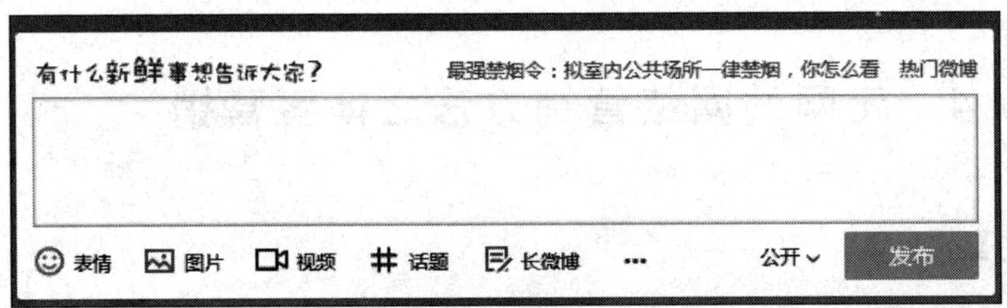

图 10.38 编辑微博内容

4. 开展网络营销推广

(1) 精心策划微博内容:根据要推广对象的特点,编辑带有文字、图片、音视频、链接等丰富内容的微博,可以使之变成很有价值的软文。

(2) 增加粉丝数量。

增加自然粉丝数的方法有以下几个。

- 内容要优质:真实、新鲜、好奇、吊胃口。
- 频度要适当:不能太少,也不能一分钟发几十条,每天控制在 5~10 条,可以有效避免一些粉丝因反感刷屏者而取消收听你。
- 时间把握:早上 8:30,公车一族(手机用户关注);10:30,上午工作间歇(电脑用户关注);中午 12:30,午间休息(手机、电脑用户齐关注);下午 4:30,临下班时间(上

图 10.39 配有图片的微博

班族电脑用户关注)；20～22 点，晚上上网娱乐时间(此条考虑专人维护)。

- 参与热门话题：多参与热门话题讨论，从而带来更多的关注；当然你也可以发起一些活动或话题主动邀请对象参与。

【相关知识】

微博，即微博客(MicroBlog)的简称，是一个基于用户关系的信息分享、传播以及获取平台，用户可以通过 Web、WAP 以及各种客户端组建个人社区，以 140 字左右的文字更新信息，并实现即时分享。在现阶段，物质生活水平的提升和生活节奏的加快，碎片块时间得以发挥重要的作用，微博以短小精悍的面貌展现在世人面前，它将更符合人们的心理、生活节奏和生活方式。而微博营销，就是借助微博这一平台进行的包括品牌推广、活动策划、个人形象包装、产品宣传等一系列的营销活动。

实验 10.5 无网站网络营销方法之论坛营销

【实验目的】

- 了解或掌握社交网络的发展现状。
- 训练或培养学生利用网站交互性进行沟通交流的技能。
- 掌握论坛营销的技巧及其对实现网络营销目标的作用。

【实验条件】

- 个人计算机一台，基本配置：CPU Core2 以上，内存 2GB 以上，硬盘空间 20GB 以上，100 兆网卡。
- 个人计算机预装 Windows XP 操作系统和浏览器，记事本。

• 具有网络连接,可以连接 Internet 网络。

【实验内容和步骤】

具体步骤包括:注册/登录,发表主题,浏览主题,回复帖子,发表投票,浏览投票,参与投票。本书以市场营销论坛圈为例。

(1) 登录以商会友商友圈首页,如图 10.40 所示。

图 10.40 以商会友商友圈首页

(2) 单击“论坛圈”选项,选择自己想进入的论坛。例如,进入市场营销论坛圈,如图 10.41 和图 10.42 所示。

图 10.41 进入市场营销论坛

(3) 单击“申请加入”按钮,会自动弹出登录对话框,如图 10.43 所示。

marketing management
市场营销
商友圈
市场营销论坛圈
1.4万
成员
23.4万
人气
申请加入

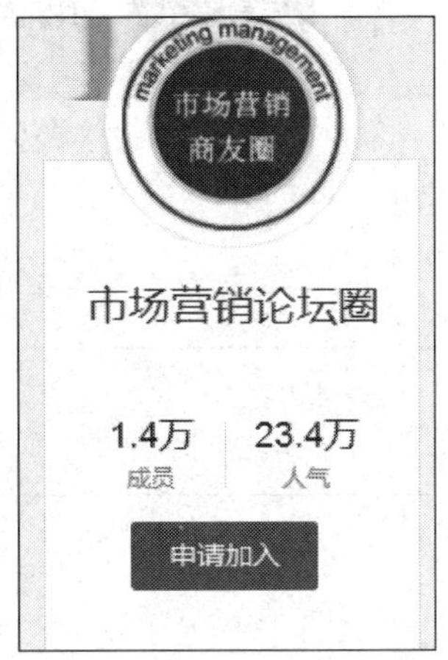

图 10.42 申请加入市场论坛营销圈

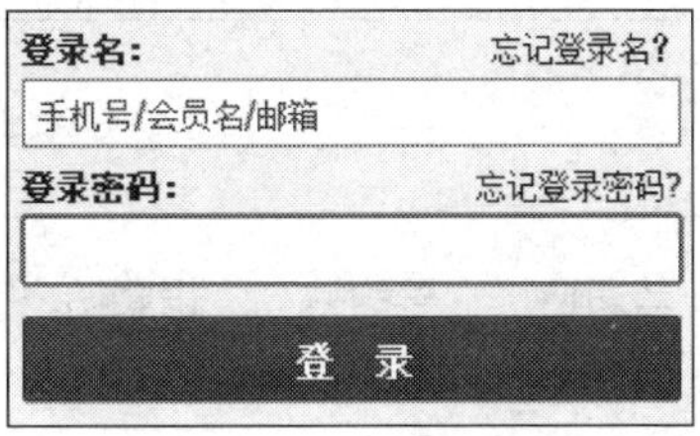
登录名:
忘记登录名?
手机号/会员名/邮箱
登录密码:
忘记登录密码?
登 录

图 10.43 登录界面

(4) 用淘宝用户名登录,出现补充联系信息对话框,如图 10.44 所示。

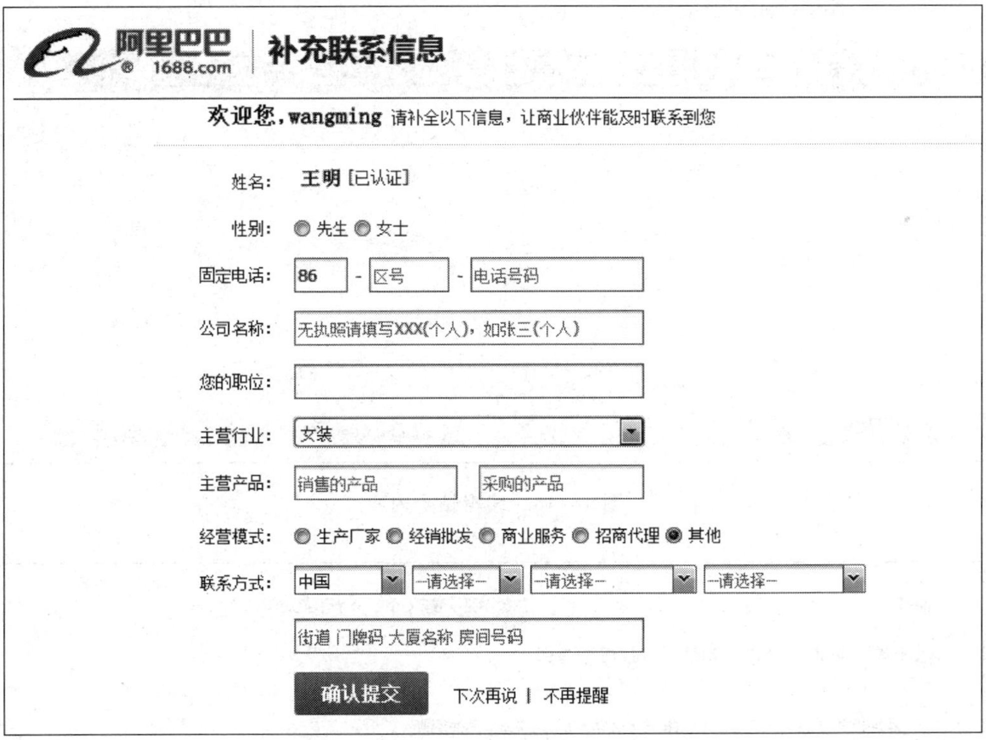
阿里巴巴
1688.com
补充联系信息
欢迎您,wangming 请补全以下信息,让商业伙伴能及时联系到您
姓名: 王明 [已认证]
性别: 先生 女士
固定电话: 86 - 区号 - 电话号码
公司名称: 无执照请填写XXX(个人),如张三(个人)
您的职位:
主营行业: 女装
主营产品: 销售的产品 采购的产品
经营模式: 生产厂家 经销批发 商业服务 招商代理 其他
联系方式: 中国 --请选择-- --请选择-- --请选择--
街道 门牌码 大厦名称 房间号码
确认提交
下次再说 | 不再提醒

图 10.44 补充联系信息

(5) 填好资料后,确认提交。回到论坛首页,单击“我要发帖”按钮,如图 10.45 所示。

(6) 编辑帖子的内容并发表,如图 10.46 所示。

(7) 给自己的帖子输入标签,以便更好地营销,如图 10.47 所示。

(8) 图 10.48 是论坛中存在的帖子,可作为参考。

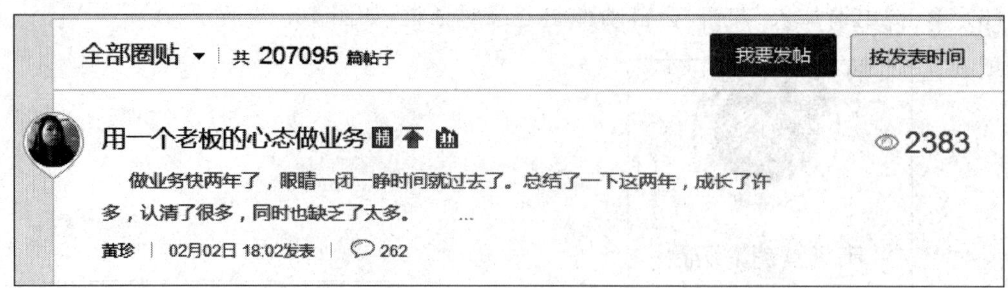

图 10.45　发帖

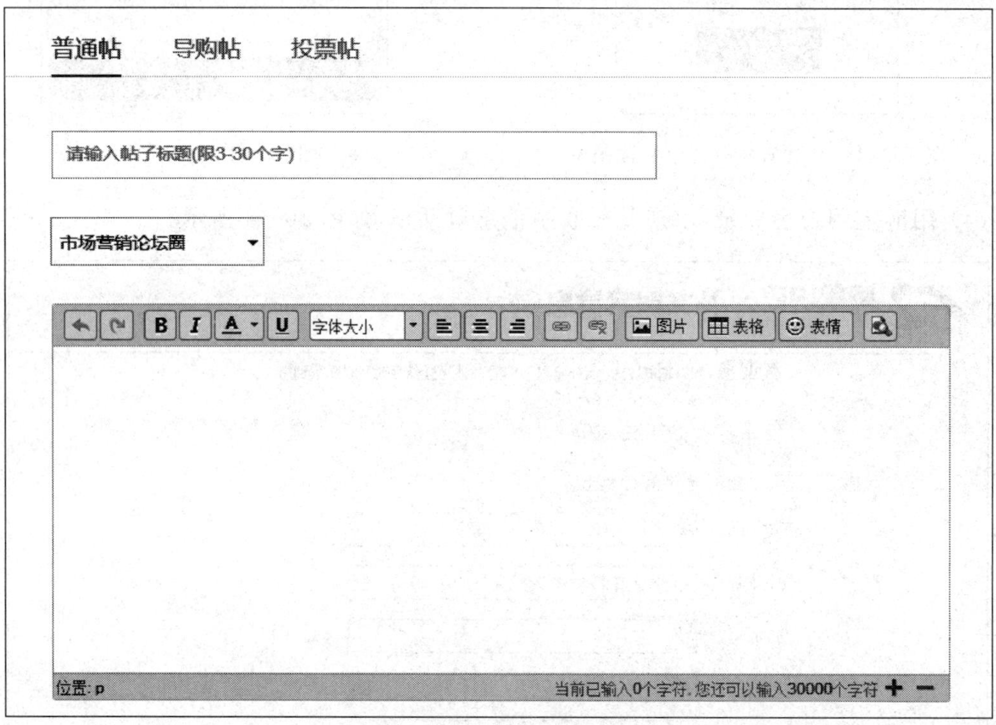

图 10.46　编辑帖子内容

童装
空格分隔，最多5个，每个不超过6个字
常用推荐： 电商 | 童装 | 资讯 | 小技巧 | 新品
＋ 添加推荐产品
您无权限发布推荐产品，请阅读相关规则
禁止评论
同时发表到我的阿里-商友动态
发表

图 10.47　给帖子加标签

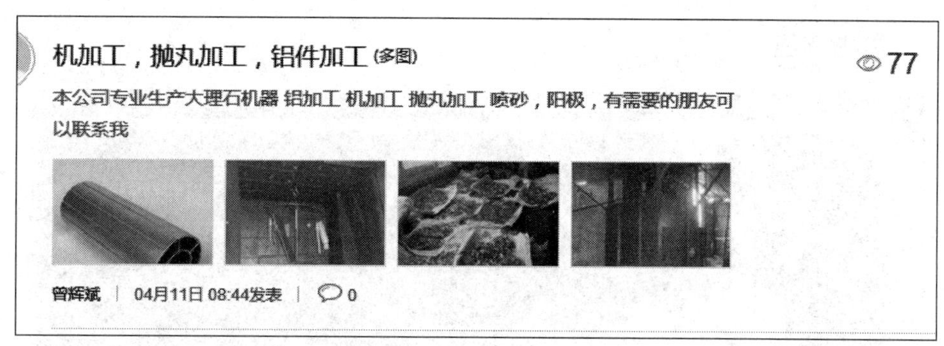

图 10.48 参考贴

(9) 发了帖子以后要跟踪效果，进行评论，保持帖子的热度。

【相关知识】

论坛营销就是企业利用论坛这种网络交流的平台，通过文字、图片、视频等方式发布企业的产品和服务的信息，从而让目标客户更加深刻地了解企业的产品和服务。最终达到企业宣传企业的品牌、加深市场认知度的目的。

实验 10.6 无网站网络营销方法之 E-mail 营销

【实验目的】

- 了解和掌握许可 E-mail 营销在网络营销中的作用。
- 训练或培养学生设计一个含有自定主题的邮件列表说明及订阅功能的网页。
- 了解许可 E-mail 营销的实现方法和后台管理功能。

【实验条件】

- 个人计算机一台，基本配置：CPU Core2 以上，内存 2GB 以上，硬盘空间 20GB 以上，100 兆网卡。
- 个人计算机预装 Windows XP 操作系统和浏览器，记事本。
- 具有网络连接，可以连接 Internet 网络。

【实验内容和步骤】

1. 邮件提供商网站浏览

首先选择浏览几个有代表性的邮件提供商网站，了解其运行机制和邮件营销流程。例如，绿邮网(http://www.greenedm.com/)，RichCloud(http://www.richmail.asia/buy.html)，易邮通(http://www.trendsun.com/page/easyedm/index.html?utm_source=baidu&utm_medium=search&utm_term=pc)等，如图 10.49、图 10.50 和图 10.51 所示。

图 10.49　绿邮网

图 10.50　RichCloud

图 10.51　易邮网

2. 模拟练习邮件营销过程

(1) 以某电子商务模拟系统为例，首先利用 E-mail 搜集器，收集符合条件的收件人，例如想向教师推荐教材教具相关的产品，则以关键字“教师”进行搜索，从结果中选出需要发送邮件的对象，添加到通讯录，如图 10.52 所示。

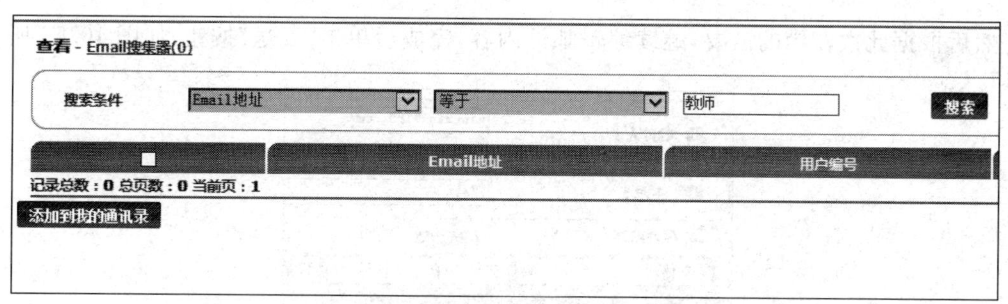

图 10.52　E-mail 搜集器

(2) 利用 E-mail 模板管理功能，编辑邮件模板，确定主题以及内容，设定字体，字号，字体颜色等，如图 10.53 所示。

完成后单击“添加”按钮，便生成了一个邮件模板。

(3) 单击“写邮件”按钮，信件内容可以自己编辑，也可以选择从模板加载，如图 10.54 所示。

选中需要的模板，单击“导入”按钮，则会出现之前保存的模板内容，如图 10.55 所示。

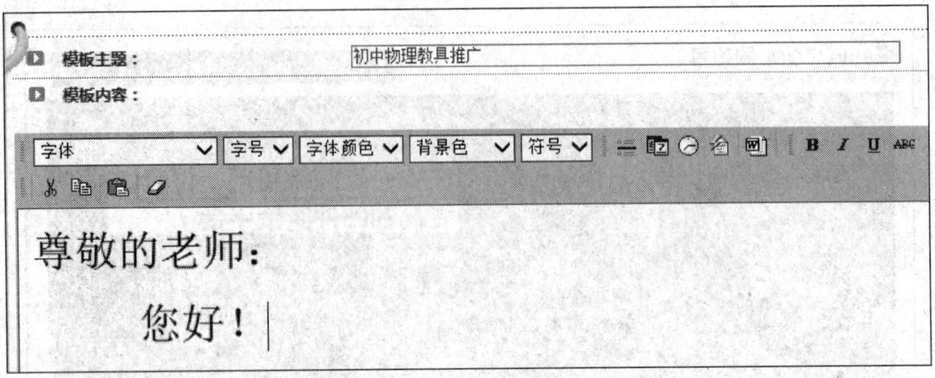

图 10.53　E-mail 模板管理

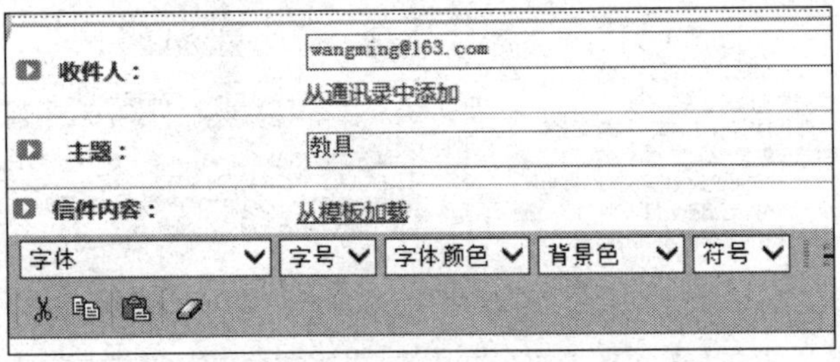

图 10.54　写邮件

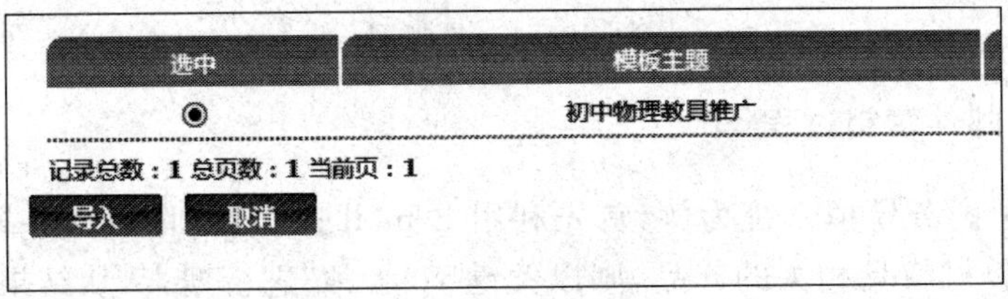

图 10.55　导入模板

然后根据此次营销的需要,继续编辑邮件内容,完成后单击“发送”按钮,如图 10.56 所示。

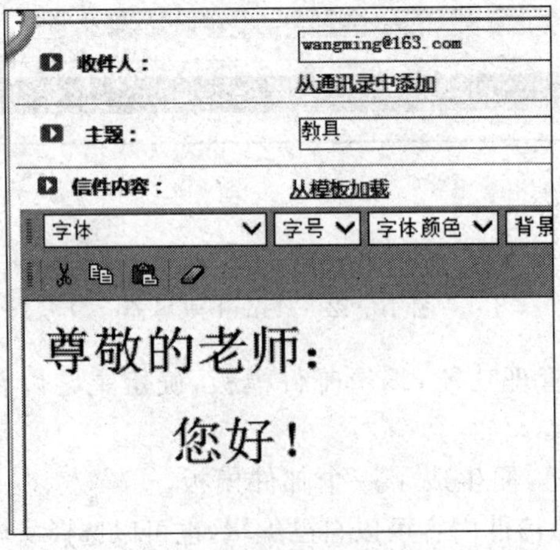

图 10.56　导入之前设置好的模板并编辑邮件

(4) 在收信箱功能下，可以给邮件分类，根据邮件的内容分为营销信件，咨询信件等，便于统计，如图 10.57 所示。

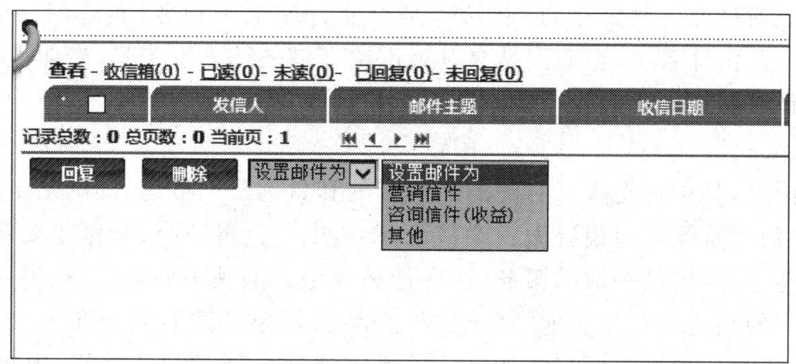

图 10.57　邮件分类

(5) 在效果跟踪功能下，可以看到发出的和收到的信的类型比例等统计信息，如图 10.58 所示。

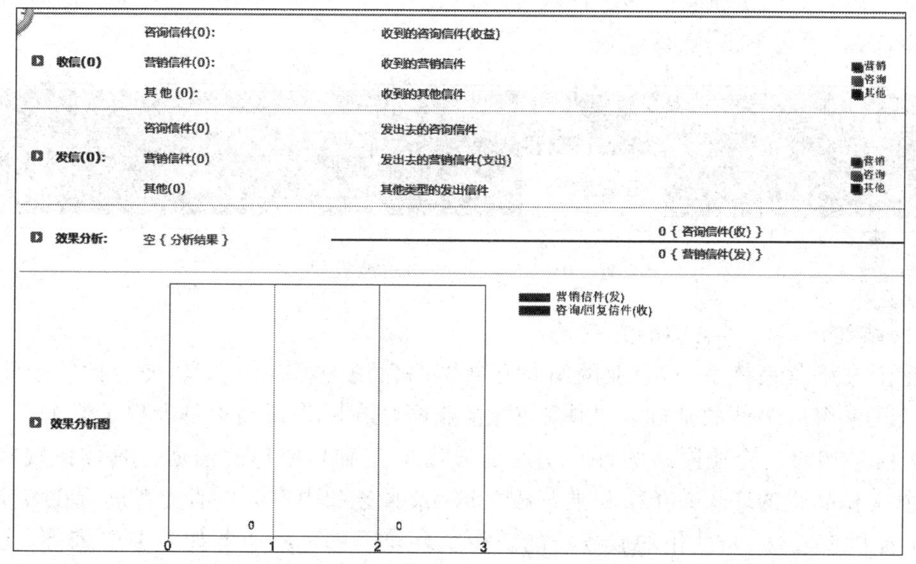

图 10.58　邮件统计信息

【相关知识】

随着网络技术发展和其他科学技术的进步，越来越多的产品将在网上销售，越来越多的企业开始利用自己的网站进行网络营销。在虚拟的网络环境下，如何进行建立和管理自己的网站，并利用网站进行产品开发、品牌管理、网络服务将成为企业满足顾客并实现网络营销成功的关键。网络营销有基于网站的网络营销和无网站网络营销。

1. 基于网站的网络营销

预计 2016 年全球过半人口成为网民，人数将达 30 亿。巨大的上网人数，将近全球总人口的 1/3,带来了巨大的商机。在欧美国家,90%以上的企业都建立了自己的网站。通过 NNT 流量网络寻找自己的客户、寻找需要的产品,这已经成为了习惯。

网站是企业通过互联网的平台和门户,是企业开展电子商务,实施网络营销的重要条件。在整个网络营销体系中,企业网站是开展网络营销的综合性工具,专业性的企业网站是网络营销效果得以保证的基础。

1) 网站定位

任何一个网站,必须首先具有明确的建站目的和目标访问群体,即网站定位。目的应该是定义明确的,而不是笼统地说要做一个平台,要搞电子商务,应该清楚主要希望谁来浏览,具体要做到哪些内容,提供怎样的服务,达到什么效果。网站是面对客户、供应商、消费者还是全部?主要目的是为了介绍企业、宣传某种产品还是为了试验电子商务?如果目的不是唯一的,还应该清楚地列出不同目的的轻重关系。建站包括类型的选择、内容功能的筹备、界面设计等各个方面都受到网站定位的直接影响,因此网站定位是企业建立网络营销网站的基础。浏览三星的官方网站 http://www.samsung.com/cn/estore/,可以看到三星网站上将产品分为个人及家用,商用两部分,并且有自己的网上商城。在网上商城,有对多种产品的介绍。还有专门提供售后服务的板块,设计十分合理,如图 10.59 所示。网站功能模块分类明确,商品种类丰富,操作简便。

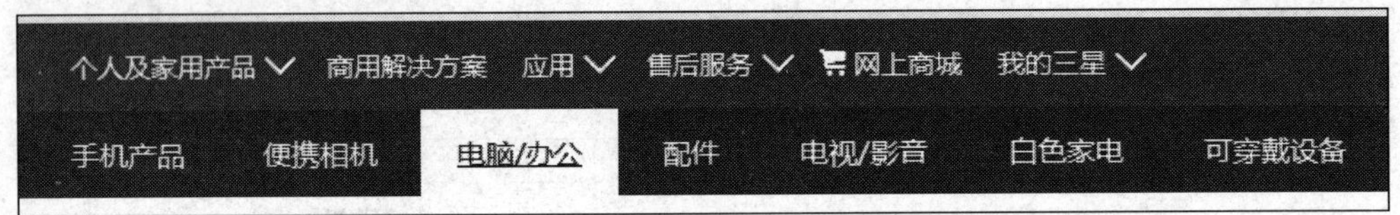

图 10.59 三星网站功能模块

2) 网站建设对网络营销的影响

在整个网络营销体系中,企业网站是开展网络营销的综合性工具,专业性的企业网站是网络营销效果得以保证的基础。具体来说,企业网站在网络营销中具有以下影响。

(1) 信息沟通。企业网站的首要功能是强化了企业与用户的沟通。具体体现在:加深用户对企业和品牌的印象;介绍和推荐相关产品、服务和内容;与消费者进行在线交流。

(2) 提供交互性、个性化的服务功能。传统环境下的一些服务如业务咨询等,往往需要人员的参与,但在互联网上就可以采用自动化的手段为消费者提供交互性和个性化的服务,计算机的处理降低甚至替代了服务人员的参与,进而降低了成本,同时也提高了企业与消费者双方的效率。

(3) 进行市场调研。通过市场调研,从中发现顾客需求动向和行为变化,是企业市场营销活动的重要内容,也是制定营销组合的重要依据。互联网由于其信息流通的特征,为企业开展市场调研提供了便利场所。这种网络调研不但高效、低成本,同时还能起到扩大企业及其网站知名度的作用。达成在线交易或实现网上销售。互联网将分散在全球的消费者与企业联系起来,跨越了空间障碍,也提供了更广泛的选择机会和选择方式。同时大大降低了交易成本和提高交易效率。

3) 网址的推广方式和手段

(1) 搜索引擎推广方法。搜索引擎推广是利用搜索引擎、分类目录等具有在线检索信息功能的网络工具进行网站推广的方法。

(2) 电子邮件推广方法。以电子邮件为主要的网站推广手段,常用的方法包括电子刊物、会员通信、专业服务商的电子邮件广告等。

(3) 资源合作推广方法。通过网站交换链接、交换广告、内容合作、用户资源合作等方式,在具有类似目标网站之间实现互相推广的目的,其中最常见的资源合作方式为网站链接策略,利用合作伙伴之间网站访问量资源合作互为推广。在其他网站做链接可以带来更多的访问量。

(4) 信息发布推广方法。将有关的网站推广信息发布在其他潜在可能访问的网站上,利用用户在这些网站获取信息的机会实现网站推广的目的,适用于这些信息发布的网站包括在线黄页、分类广告、论坛、博客网站、供求信息平台、行业网站等。信息发布是免费网站推广的常用方法之一。

(5) 网络广告推广方法。网络广告是常用的网络营销策略之一,在网络品牌、产品促销、网站推广等方面均有明显作用。网络广告的常见形式包括:BANNER 广告、关键词广告、分类广告、赞助式广告、E-mail 广告等。

对于一个技术水平较低、规模较小、实力较弱,对互联网缺乏深入认识与投资信心的企业来说,借助现有的网络资源,或与其他网站合作,开展网络营销活动,不失为一种稳妥的经营之道。通过对互联网作用、优势的逐步深入了解,企业才可能逐步走上建立自己网站的网络营销活动之路。对于大多数传统企业来说,网络营销活动中,经历这个阶段还是有必要的。

首先,一般的电子商务类网站都有免费区域,初上网站的会员可以通过第三方的电子商务交易平台发布或搜寻供求信息。可以选择进入一个第三方的交易平台网站,申请免费注册,然后进行简单的查询;如果企业想获得进一步的信息资料,如外商的联系方式,或想得到更进一步的增值服务,则需要申请交费注册为正式会员,然后根据联系方式直接与用户联系。其次,企业在自己没有网站的情况下,也可以在互联网上开展市场调查、公共关系、网上广告等各种类型的营销活动。第三是企业也可以直接利用第三方的交易平台建立企业主页。如,在注册成为 B2B 平台网站的专业会员后,利用第三方交易平台及其技术力量,建立企业黄页或企业主页,企业用户就可以搜索找到有关企业的信息,从而增加交易机会,实现信息的互动和交易愿望的双向沟通。但显而易见,此类服务仍然是有限的,好比企业在一座电子商厦中租用了一个门面,优点是有人给你提供物业管理服务,简便易行,缺点是企业所能开展的营销活动受所提供服务的限制,而且也不利于企业的长远发展和建立企业自己独立的电子商务、网络营销品牌和形象。

2. 无站点网络营销

没有建立自己的企业网站,也可以利用一定的方法开展网络营销,这种网络营销方式称为无站点网络营销。没有建立企业网站可分为两种情形:一种是企业暂时没有条件或者认为没有必要建立网站;另一种是不需要拥有网站即可达到网络营销的目的,如临时性、阶段性的网络营销活动,或者因为向用户传递的营销信息量比较小,无须通过企业网站即可实现网络营销的信息传递。

主要有以下方法。

1）信息发布

作为互联网的基本职能之一，企业可以借助各种网络资源发布自己企业信息和产品信息，达到宣传和促销的目的，信息发布是目前网络宣传推广的一种重要形式。可供发布的平台主要有：供求信息平台、分类广告、黄页服务、网络社区等。

2）供求信息平台

供求信息平台是目前应用最为普遍和有效的三大网络推广方式之一。目前，国内成熟的B2B供求平台如阿里巴巴，无论从会员注册数量还是会员的活跃程度都是当之无愧的国内霸主。其服务分为收费会员和免费会员。免费会员可以自主发布各种供求、合作、代理信息，可上传产品图片。可以通过查询销售某类产品的供应商信息进行市场调研等商业数据整理。同时提供免费当然较简单的模板网站。

3）网络分类广告

网络分类广告是网络广告中比较常见的形式，分类广告具有形式简单、费用低廉、发布快捷、信息集中、便于查询等优点。分类广告有两大类：专业的分类广告网站和综合性网站开设的频道或栏目，如搜狐分类信息，中华网等。

4）网上黄页

在线黄页服务来源于电话号码黄页，简单说就是企业名录和简介，通常具有一个网页，企业用来发布基本信息，如产品介绍、企业新闻、联系方式，可以发布一定数量的文字和图片信息。与电话黄页相比，在线黄页有更多的优越性，如企业信息可以随时更新，便于用户检索等。

5）微博营销

微博具有门槛低、随时随地分享、快速传播、实时搜索等产品等特点，同时还具有"发布、评论、转发、关注"四大功能。通过微博可以把产品信息及时传播，使粉丝了解并广为传之。

6）网络社区营销

网络社区包括BBS/论坛、讨论组，聊天室等形式的网上交流空间。同一主题因为集中了具有共同兴趣、爱好的访问者，有了众多人的参与，不仅具备了交流的功能，实际上也成为一种营销场所和工具。

7）邮件营销

电子邮件营销是在用户事先许可的前提下，通过电子邮件的方式向目标用户传递有价值信息的一种网络营销手段。E-mail营销有三个基本因素：基于用户许可，通过电子邮件传递信息，信息对用户是有价值的。三个因素缺少一个，都不能称之为有效的电子邮件营销。因此，真正意义上的电子邮件营销也就是"许可电子邮件营销"。基于用户许可的E-mail营销与滥发邮件不同，许可营销比传统的推广方式或未经许可的E-mail营销具有明显优势，比如可以减少广告对用户的滋扰、增加潜在客户定位的准确度，增强与客户的关系，提高品牌忠诚度等。

8）搜索引擎营销

搜索引擎营销就是基于搜索引擎平台的网络营销，利用人们对搜索引擎的依赖和使用习惯，在人们检索信息的时候尽可能将营销信息传递给目标客户。搜索引擎营销追求最高的性价比，以最小的投入，获得最大的来自搜索引擎的访问量，并产生商业价值。

除了上面介绍的主要无站点网络营销方法之外，还可以通过多种方式来达到宣传的目的，如赞助某些网站的活动或电子刊物的相关栏目、利用专业服务商或者合作伙伴的营销资源发布广告等等。事实上，在建立了企业网站之后，这些无站点网络营销方法通常仍然是有效的，通过与网站相结合，往往可以发挥更好的效果。

习题

1. 如何提高网络问卷的访问率和参与率？

2. 如果同一关键词在不同搜索引擎中检索的结果有较大差异，分析是什么原因造成这种差异，这种状况对网络营销信息传递产生哪些影响？

3. 搜索引擎检索结果中的信息为什么吸引你的注意并促使单击进入网页，对此有什么启发？

4. 在你选择进入的网站中，是否能获得你期望的信息和服务？

5. 如何提高微博营销的效果，提出几点开展微博营销推广的方法。

6. 通过论坛营销的方法适合何种产品和服务的营销？

7. 如何在论坛营销中提高帖子的关注度？

8. 你认为许可 E-mail 营销在网络营销中是否有效？

9. 如何获得许可 E-mail 营销中的地址资源？

第11章 网络广告

本章学习目的

- 掌握电子支付申请流程。
- 熟悉和了解网络广告服务商功能。
- 熟悉和了解网络广告投放平台和投放形式。
- 了解各种投放形式的优缺点。
- 熟悉和了解网络广告投放流程。
- 了解和熟悉 Fireworks 软件功能。

实验 11.1 电子支付实践

【实验目的】

- 掌握电子支付申请流程。
- 电子支付实践。

【实验条件】

- 个人计算机一台，基本配置：CPU Core2 以上，内存 2GB 以上，硬盘空间 20GB 以上，100 兆网卡。
- 个人计算机预装 Windows XP 操作系统和浏览器。
- 具有网络连接，可以连接 Internet 网络。

【实验内容和步骤】

本实验以某电子商务模拟平台为实验平台。

1. 企业开户

(1) 企业账户申请，如图 11.1 为电子支付实践界面。

填写企业名称，所在城市，营业执照号，经办人姓名，证件类型，账户交易密码等信息完成后单击“申请”按钮，如图 11.2 所示。

(2) 进入银行柜台界面，单击“审批通过”按钮，如图 11.3 和图 11.4 所示。

进入银行柜台，输入存款金额，如图 11.5 和图 11.6 所示。

图 11.1 电子支付实践界面

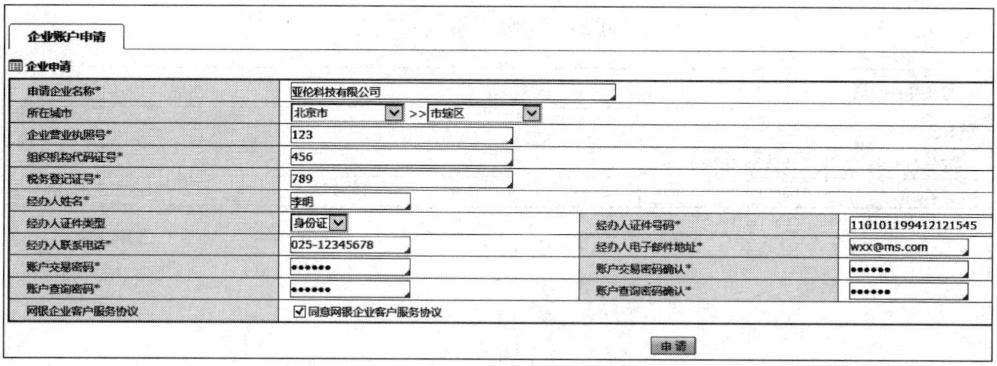

图 11.2 企业账户申请

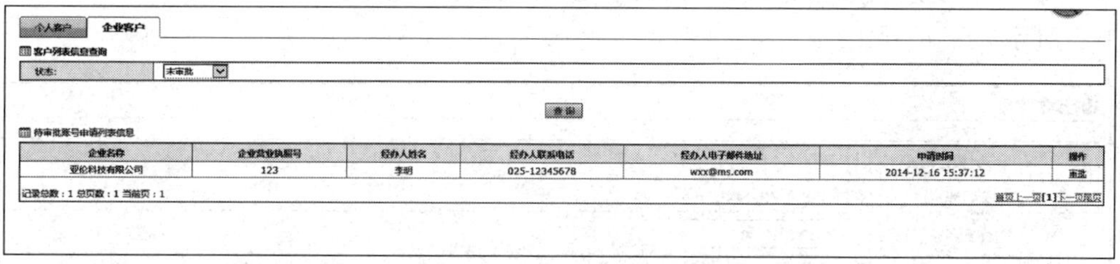

图 11.3 银行柜台界面

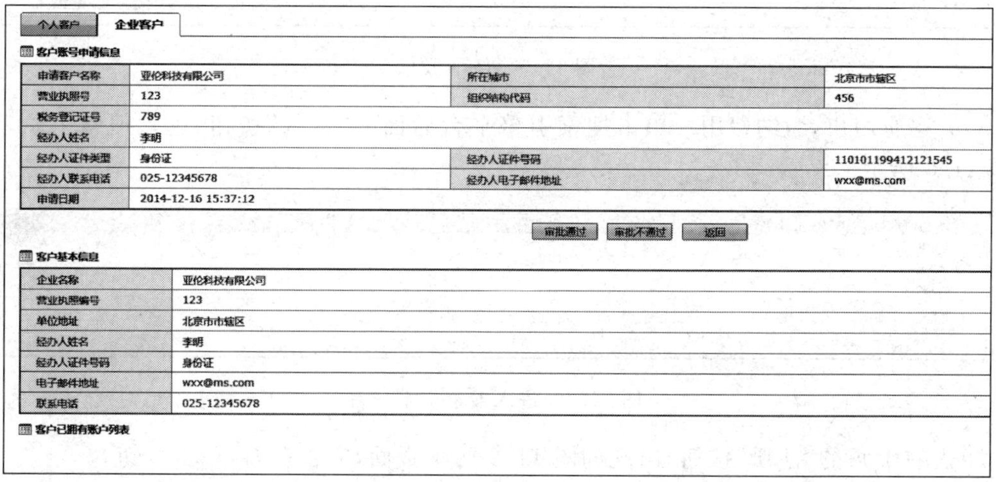

图 11.4 单击审批通过

图 11.5 进入银行柜台

图 11.6 输入存款金额

2. 支付实践

(1) 以进入搜索引擎服务商平台为例，单击“支付管理”选项，单击“新增账户”选项，如图 11.7 所示。

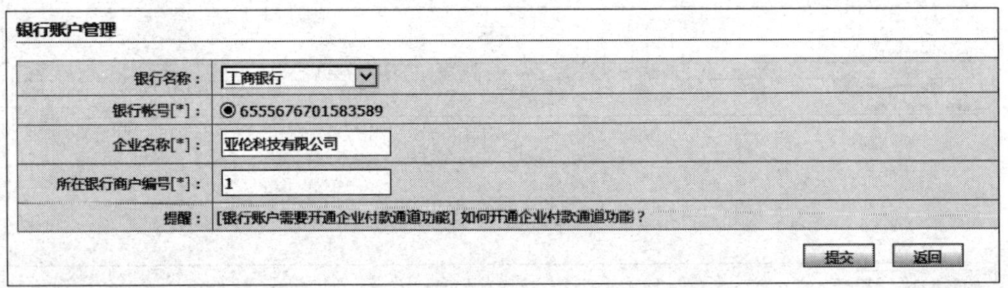

图 11.7 新增账户

(2) 注册用户，缴纳费用。单击搜索引擎平台后面的“进入”按钮，进入搜索引擎首页，如图 11.8 所示。

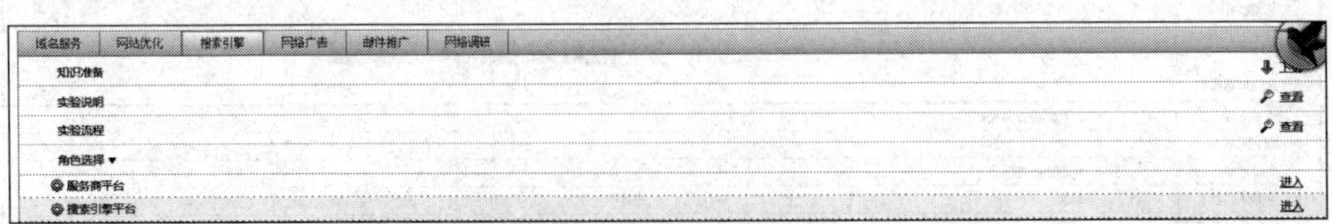

图 11.8 进入搜索引擎平台

单击右上角的“注册”按钮，出现如图 11.9 所示页面，完善资料，单击按钮。

单击图 11.10 中的“缴纳费用”选项，在弹出的页面中，输入缴费金额，单击“去银行支付”选项，完成支付，如图 11.11 所示。

SEARCH™
奥派 - 专业的搜索引擎!

请您填写用户注册信息（带 * 的选项为必填项），请务必填写真实信息，以便为您提供服务。

用户注册

用户名： * （中英文均可）
密码： *
校验密码： *
电子邮箱：wxx@ms.com * （最常用的邮件地址）
联系人姓名：李明 * （推广负责人真实姓名）
公司（或网站）名称：亚伦科技有限公司 * （必须与网站上出现公司名称一致）
网站 URL 地址： * （必须与提交关键字时所对应网站URL地址一致）
通信地址：和平区雅思路 * （必须与网站上出现的联系地址一致）
邮政编码：300222
联系电话： * （必须与网站上出现的联系电话一致）
传真号码： （必须与网站上出现的传真号码一致）
接受用户协议：我已阅读并声明接受奥派用户服务协议
请点击这里阅读奥派用户服务合同

注册　取消

Allpass © 版权所有 2007 allpass.com.cn

图 11.9　注册新用户

图 11.10　缴纳费用

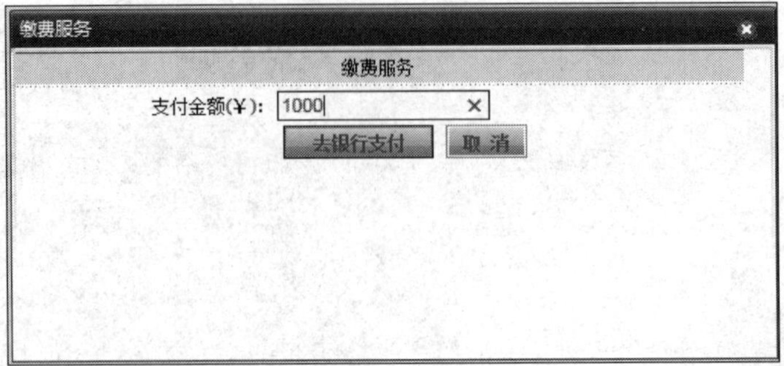

图 11.11 支付

实验 11.2 网络广告服务商平台实践

【实验目的】

- 熟悉和了解网络广告服务商功能。
- 网络广告商角色实践。

【实验条件】

- 个人计算机一台，基本配置：CPU Core2 以上，内存 2GB 以上，硬盘空间 20GB 以上，100 兆网卡。
- 个人计算机预装 Windows XP 操作系统和浏览器。
- 具有网络连接，可以连接 Internet 网络。

【实验内容和步骤】

本实验以某网络营销模拟软件为实验平台。进入服务商平台，进行会员管理、关键字管理、竞价管理、消息管理、留言管理、高级管理、支付管理等一系列操作。

1. 会员管理

进入服务商平台，单击左侧"会员管理"按钮，出现注册的用户，可以查看用户信息，也可选择用户，给其发邮件，或者将用户删除，如图 11.12 所示。

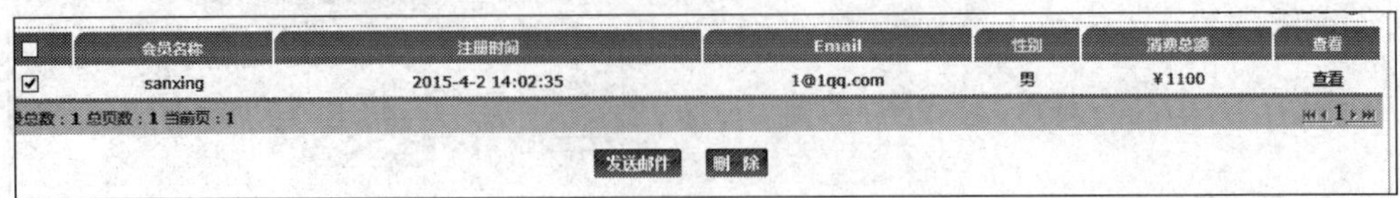

图 11.12 会员管理

选中其中的某个用户，单击"发送邮件"按钮，就会出现如图 11.13 所示对话框，编辑邮件内容。

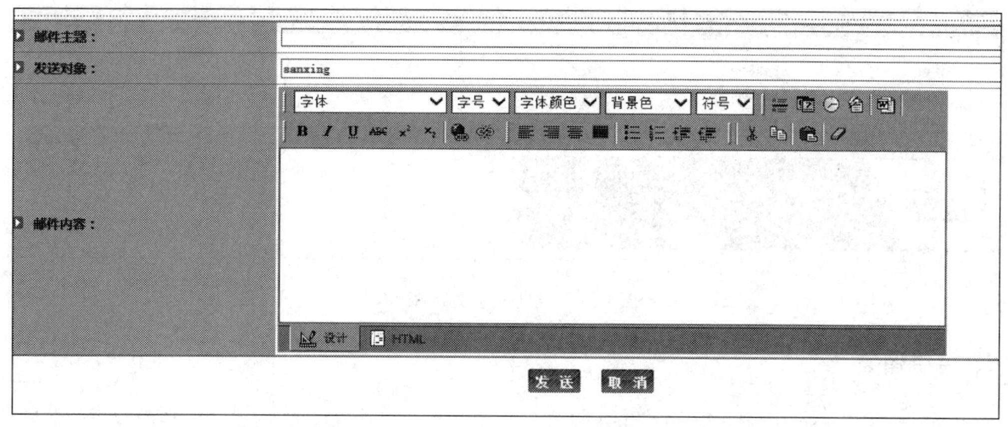

图 11.13　给用户发送邮件

2. 报价管理

单击“报价管理”选项卡，在这里可以编辑各种广告的价位，单击不同的选项卡，编辑不同页面的广告费用，如图 11.14 所示。

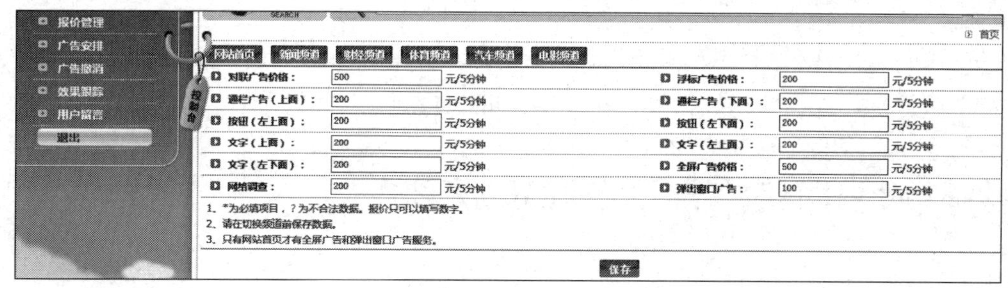

图 11.14　管理报价

3. 广告撤销

对于一些过期的广告，或者不合格的广告，单击“确定”按钮，就会取消广告，如图 11.15 所示。

网站首页　新闻频道　财经频道　体育频道　汽车频道　电影频道

	公司名称	会员名称	频道	广告位置	支付时间	支付价格	查看
○	三星电子	apstu002	网站首页	对联广告价格	2015-4-2 14:05:45	￥500	查看
○	三星电子	apstu002	网站首页	浮标广告价格	2015-4-2 15:22:04	￥200	查看
○	三星电子	apstu002	网站首页	通栏广告（上画）	2015-4-2 15:30:55	￥200	查看
○	三星电子	apstu002	网站首页	按钮（左上画）	2015-4-2 15:36:01	￥200	查看

记录总数：4 总页数：1 当前页：1

确定

图 11.15　广告撤销

4. 广告效果跟踪

单击效果跟踪，会列出已经发布的广告，单击其中的一条“查看”，就可以出现此条广告的效果，如图 11.16 所示。

公司名称	会员名称	频道	广告位置	点击数	查看
三星电子	apstu002	网站首页	按钮（左上面）	0	查看
三星电子	apstu002	网站首页	通栏广告（上面）	0	查看
三星电子	apstu002	网站首页	浮标广告价格	0	查看
三星电子	apstu002	网站首页	对联广告价格	0	查看

记录总数：4 总页数：1 当前页：1

图 11.16　广告效果跟踪

5. 用户留言

用户留言部分，列出了所有的用户留言，单击“查看”按钮，可以看到用户留言的具体内容，如图 11.17 所示。

公司名称	会员名称	留言标题	留言时间	查看
三星电子	apstu002	网络广告的形式	2015-4-9 11:08:22	查看

记录总数：1 总页数：1 当前页：1

会员名称：apstu002（三星电子）

留言标题：网络广告的形式

留言内容：网络广告的形式还会有增加吗？价格会是多少？？

图 11.17　用户留言

实验 11.3　网络广告平台和投放形式

【实验目的】

- 熟悉和了解网络广告投放平台和投放形式。
- 各种投放形式优缺点比较。

【实验条件】

- 个人计算机一台，基本配置：CPU Core2 以上，内存 2GB 以上，硬盘空间 20GB 以上，100 兆网卡。
- 个人计算机预装 Windows XP 操作系统和浏览器。
- 具有网络连接，可以连接 Internet 网络。

【实验内容和步骤】

1. 网络广告投放平台浏览

（1）登录 http://www.s-tad.com/html/products_413.html，时空广告首页，如图 11.18 所示。时空传媒是一家提供综合传播服务的全媒体广告资源运营商。将媒体资源、创意制作、品牌代理、公益传播、活动策划有机整合，为客户提供全面品牌传播服务。时空传媒拥有选择、开发、营销优质电视、广播、报纸、户外、网络媒体广告资源等功能。代理合作的广告资源约有 2000 多家媒体，覆盖近 10 亿中国受众人群以及 1500 万户海外家庭受众。

图 11.18　时空广告首页

(2) 在其首页的主要位置列出了其代理的主流网络媒体，有优酷、土豆、爱奇艺、新浪等，如图 11.19 所示。

图 11.19　广告时空代理的主流网络媒体

(3) 选择感兴趣的媒体,可以查看其广告价格,媒体简介和媒体分析,例如进入新浪板块,则出现如图 11.20 所示的广告报价。

新浪网络广告2014Q4-2105Q1报价单

通栏

频道	页面	产品名称	售卖单位	刊例价
新浪首页	首页	首页两轮播1000*90通栏03	天	240000
		首页底部三轮播1000*90通栏	天	60000
		首页两轮播1000*90通栏01	天	430000
		首页两轮播1000*90通栏02	天	300000
		首页顶部四轮播1000*90通栏	天	450000
		首页顶部五轮播1000*90通栏	天	450000
		首页顶部五轮播非定向1000*90通栏(CPM天)	CPM天	100
		首页顶部五轮播定向1000*90通栏(CPM天)	CPM天	100
		首页两轮播1000*90通栏04	天	180000
		首页1000*90通栏05	天	150000
新闻中心	新闻首页	新闻首页顶部两轮播1000*90通栏	天	350000
		新闻首页顶部三轮播定向1000*90通栏(CPM天)	CPM天	90
		新闻首页顶部三轮播非定向1000*90通栏(CPM天)	CPM天	90
		新闻首页顶部三轮播1000*90通栏	天	350000
		新闻首页要闻下两轮播1000*90通栏02	天	150000
		新闻首页国内新闻下三轮播1000*90通栏03	天	90000
		新闻首页国际新闻下两轮播1000*90通栏04	天	120000
		新闻首页体育新闻下两轮播1000*90通栏05	天	100000
		新闻首页财经新闻下两轮播1000*90通栏06	天	90000
		新闻首页非定向1000*90通栏01(CPM天)	CPM天	60
	新闻高清图最终页	新闻高清图最终页(含军事)两轮播1000*90悬停通栏(天)	天	45000
	正文评论通发页	正文评论通发页底部585*90通栏	天	50000
	正文通发页	正文通发页评论下方640*180通栏	天	350000
	财经首页	财经首页两轮播1000*90通栏02	天	200000
		财经首页两轮播1000*90通栏04	天	100000
		财经首页顶部三轮播1000*90通栏	天	250000

图 11.20　新浪网广告报价

2. 网络广告投放形式实践

本实验以某网络营销模拟软件为实验平台。

广告用户登录系统,选择广告投放,填写公司名称、经营类型、广告标语、选择投放频道、广告位置等信息,并进行预览,最终确定自己所需要的广告形式。以下是几种主要的投放形式。

(1) 全屏广告,如图 11.21 和图 11.22 所示。

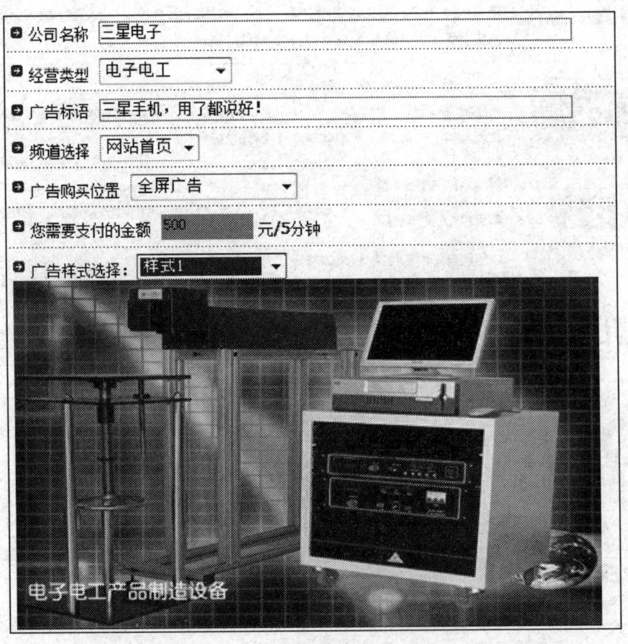

图 11.21　全屏广告申请预览

图 11.22　京东首页的全屏广告

(2) 浮标广告，如图 11.23 和图 11.24 所示。

公司名称 三星电子
经营类型 电子电工
广告标语 三星手机，用了都说好！
频道选择 网站首页
广告购买位置 浮标广告
您需要支付的金额 200 元/5分钟
广告样式选择：样式1

图 11.23　浮标广告申请预览

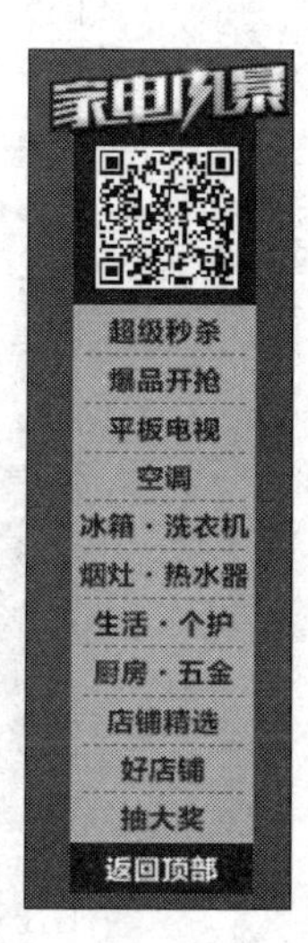

图 11.24　京东首页的浮标广告

(3) 通栏广告，如图 11.25 和图 11.26 所示。

公司名称 三星电子
经营类型 电子电工
广告标语 三星手机，用了都说好！
频道选择 网站首页
广告购买位置 通栏广告（上面）
您需要支付的金额 200 元/5分钟
广告样式选择：样式1
金百泽
KING BROTHER

图 11.25　通栏广告申请预览

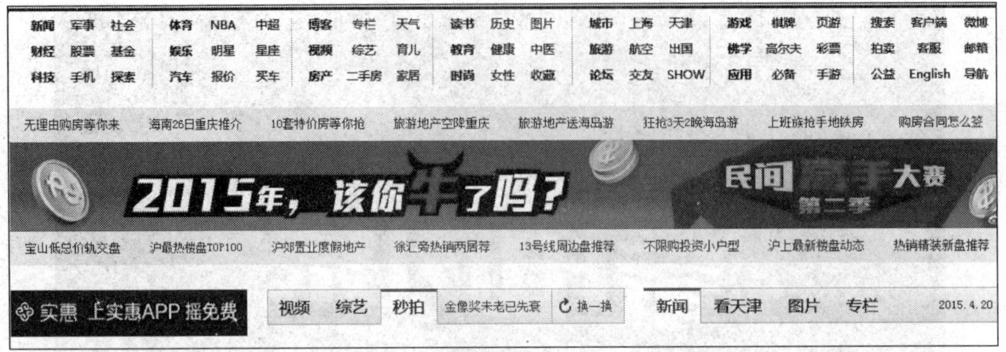

图 11.26 新浪网首页的通栏广告

(4) 弹出广告,如图 11.27 和图 11.28 所示。

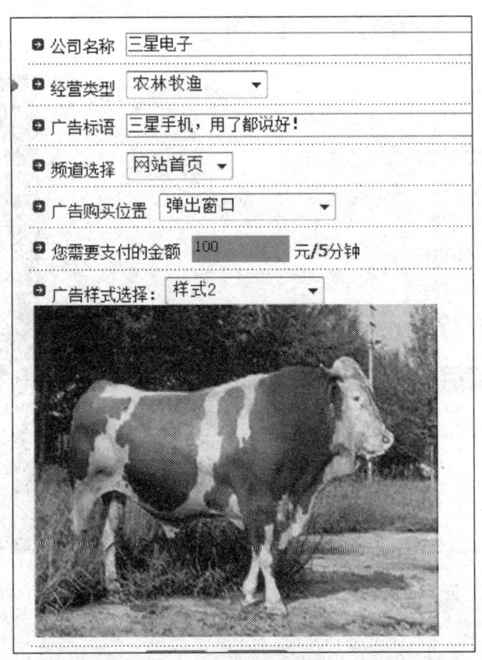
公司名称 三星电子

经营类型 农林牧渔

广告标语 三星手机，用了都说好！

频道选择 网站首页

广告购买位置 弹出窗口

您需要支付的金额 100 元/5分钟

广告样式选择：样式2

图 11.27 弹出广告申请预览

图 11.28 新浪网首页的弹出式广告

（5）对联广告。如图 11.29、图 11.30 所示。

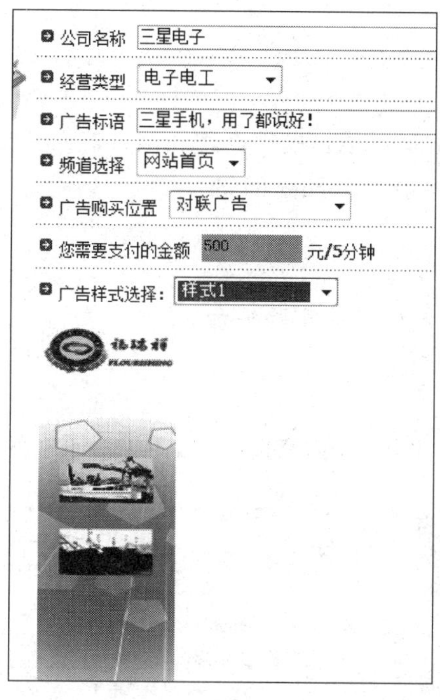

图 11.29　对联广告申请预览

图 11.30　新浪网首页的对联广告

实验 11.4　网络广告投放实践

【实验目的】

- 熟悉和了解网络广告投放流程。
- 网络广告投放实践。

【实验条件】

- 个人计算机一台，基本配置：CPU Core2 以上，内存 2GB 以上，硬盘空间 20GB 以上，100 兆网卡。
- 个人计算机预装 Windows XP 操作系统和浏览器。
- 具有网络连接，可以连接 Internet 网络。

【实验内容和步骤】

本实验以某网络营销模拟软件为实验平台。

1. 用户登录

如果是新用户，则单击"注册新用户"按钮，如图 11.31 和图 11.32 所示。

图 11.31 用户登录界面

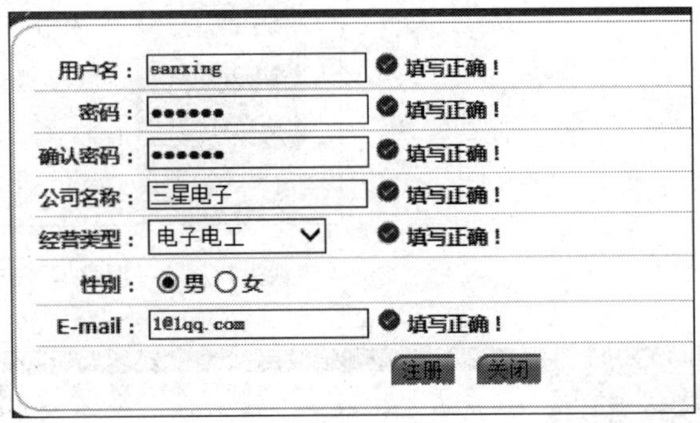

图 11.32 新用户注册

注册完毕后单击"广告报价"选项，出现网络广告的形式和价格，如图 11.33 所示，将鼠标放在相应的广告上，就会显示出广告的类型，规格和价格信息。有全屏广告，对联广告，弹出广告，通栏广告，按钮广告，文字链接广告等形式。

2. 广告申请

单击左侧的"广告申请"按钮，就会出现广告申请页面，如图 11.34 所示。填写"公司名称"，"经营类型"，"设计广告标语"，选择"广告投放的频道"，"广告购买位置"，"支付金额"，"广告的样式"等信息，选择了广告样式后会在下方出现预览效果，如图 11.35 所示，用户可以根据自己的需要再次修改各选项。

全都设定好了后，单击"确定"按钮，出现如图 11.36 所示对话框，单击"确定"按钮，等待服务商审核。

单击"广告管理"选项，就会显示已经申请的广告，可以看到是否发布，也可进行撤销操作，如图 11.37 所示。

3. 服务商审核新申请的广告

进入网络广告服务商平台，服务商功能如图 11.38 所示。

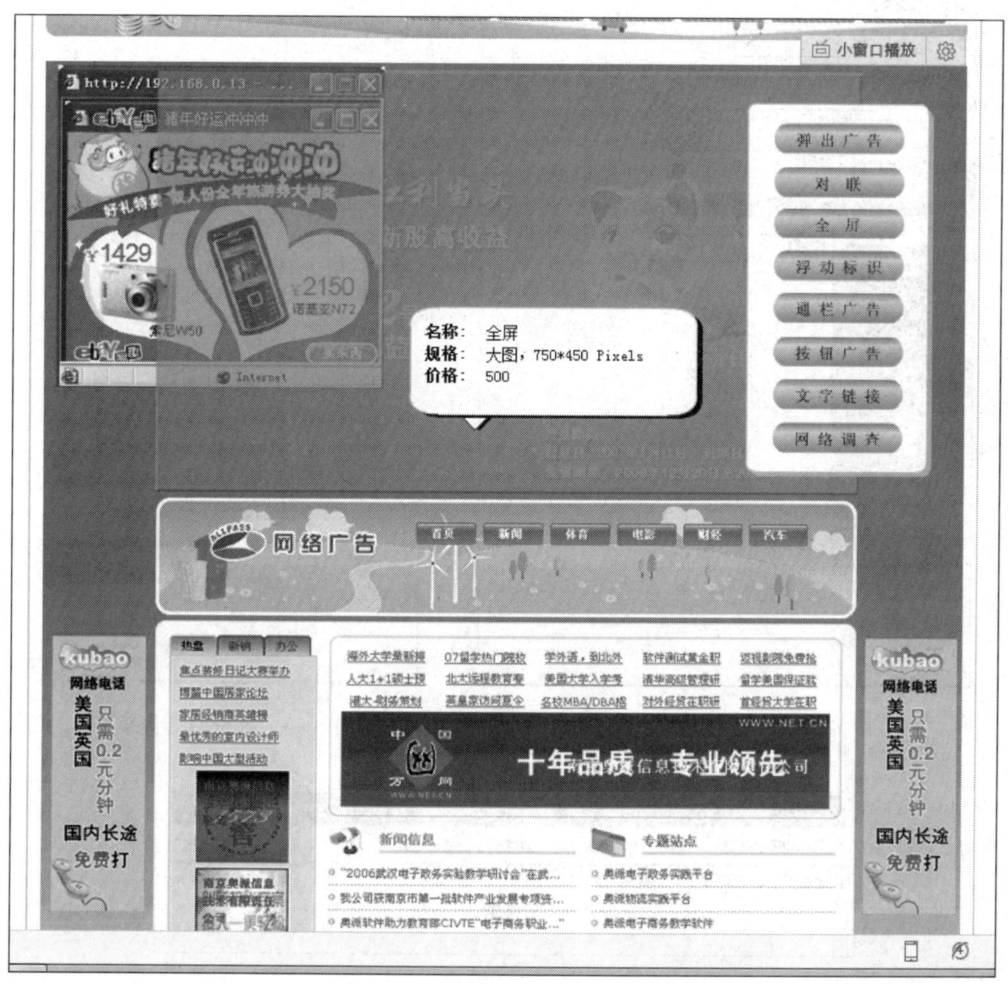

图 11.33　广告形式和价格展示

图 11.34　广告申请

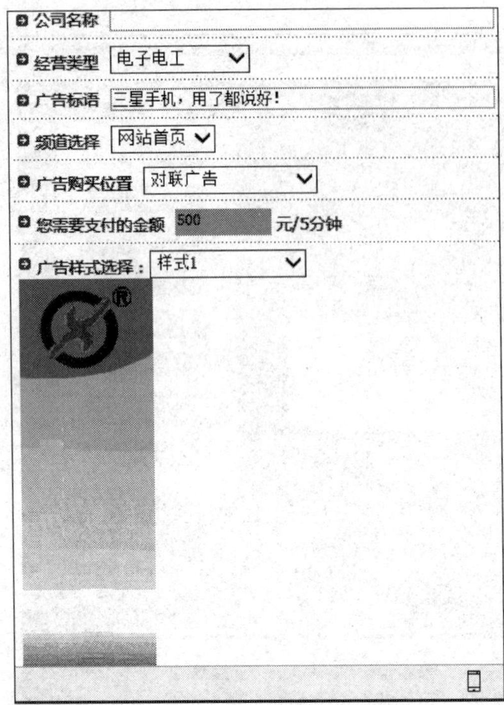

图 11.35 广告效果预览

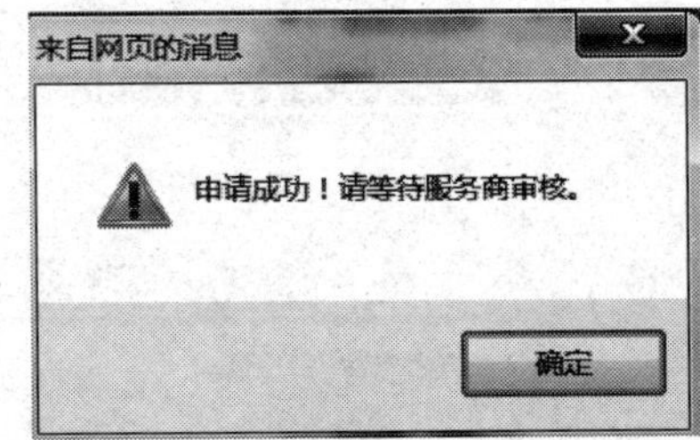

图 11.36 等待服务商审核

	频道	广告位置	支付时间	支付价格	状态
○	网站首页	对联广告价格	2015-4-2 14:05:45	¥500	未发布

图 11.37 广告管理

图 11.38 网络广告服务商功能

单击“广告安排”选项，就会出现如图 11.39 所示所有用户申请的广告，选择需要发布的广告，并确定。

网站首页	新闻频道	财经频道	体育频道	汽车频道	电影频道	
	公司名称	会员名称	频道	广告位置	支付时间	支付价格
◉	三星电子	apstu002	网站首页	对联广告价格	2015-4-2 14:05:45	¥500

记录总数：1 总页数：1 当前页：1

确定

图 11.39 服务商发布广告

进入用户平台，单击“广告管理”选项，可以看到广告状态已经变成“已发布”，此后，就可以跟踪广告效果，根据效果调整广告的投放平台，广告标语，位置，付费方式等，如图 11.40 所示。

	频道	广告位置	支付时间	支付价格	状态
○	网站首页	对联广告价格	2015-4-2 14:05:45	¥500	已发布

记录总数：1 总页数：1 当前页：1

撤消

图 11.40 广告管理

4. 查看广告效果

进入网站首页，就可以看到刚发布的对联广告，如图 11.41 所示。

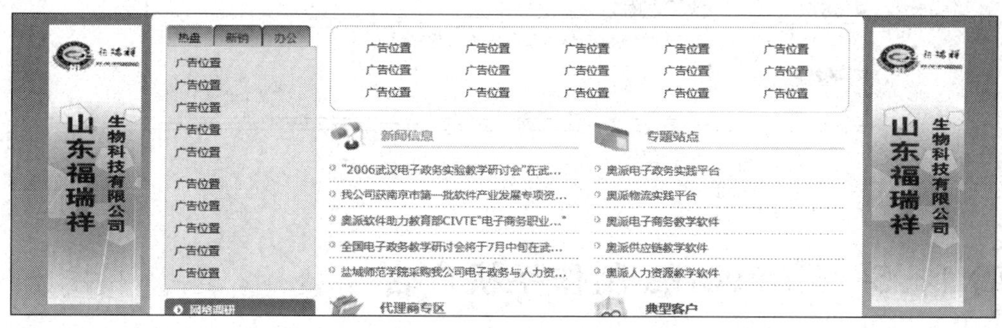

图 11.41 网络广告效果

如果对某条广告效果不满意，则单击“广告管理”选项，会出现已经申请的广告，包括广告位置，支付时间，价格以及发布的状态等等。选中其中的某条广告，单击“撤销”按钮，就会将此条广告撤销了，如图 11.42 所示。

	频道	广告位置	支付时间	支付价格	状态
○	网站首页	对联广告价格	2015-4-2 14:05:45	¥500	已发布
○	网站首页	浮标广告价格	2015-4-2 15:22:04	¥200	已发布
○	网站首页	通栏广告（上面）	2015-4-2 15:30:55	¥200	已发布
○	网站首页	按钮（左上面）	2015-4-2 15:36:01	¥200	已发布

记录总数：4 总页数：1 当前页：1

撤消

图 11.42 网络广告撤销

5. 用户留言

单击“网络留言”选项，可以在这里给服务商留言，输入标题和内容，选择“确定”按钮，如图 11.43 所示。相应地，服务商会看到客户的留言并给予回复，如图 11.44 所示。

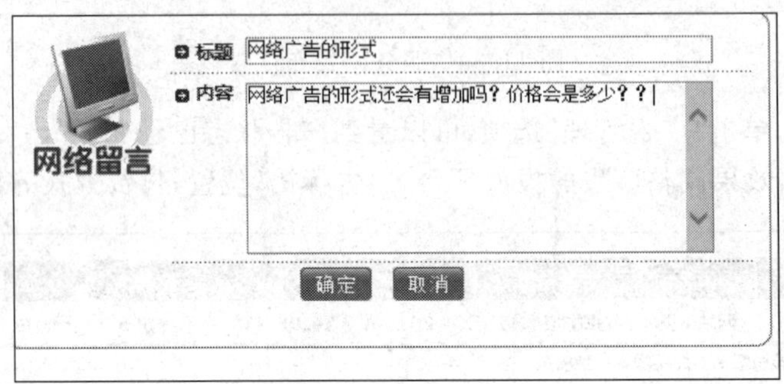

图 11.43 用户留言

公司名称	会员名称	留言标题
三星电子	apstu002	网络广告的形式

总数：1 总页数：1 当前页：1

会员名称：	apstu002（三星电子）
留言标题：	网络广告的形式
留言内容：	网络广告的形式还会有增加吗？价格会是多少？？

图 11.44 商家查看用户留言

实验 11.5 Fireworks 制作手机广告

【实验目的】

- 了解和熟悉 Fireworks 软件功能。
- 广告制作实践。

【实验条件】

- 个人计算机一台，基本配置：CPU Core2 以上，内存 2GB 以上，硬盘空间 20GB 以上，100 兆网卡。
- 个人计算机预装 Windows XP 操作系统和浏览器，记事本。
- 具有网络连接，可以连接 Internet 网络。

【实验内容和步骤】

(1) 首先建立 650×650 像素的画布。设置底色为黑色，在画面中间画一个 300×200

像素的矩形，并在属性面板设置 Feather 羽化值为 100，如图 11.45 所示。

（2）设置填充，单击 Gradient/渐变→Folds/折叠渐变，渐变色由红到白。单击图形上的渐变控点，拉成水平状，整个图案现在看起来类似一张羽化过的条形码，如图 11.46 所示。

图 11.45　画个矩形并羽化

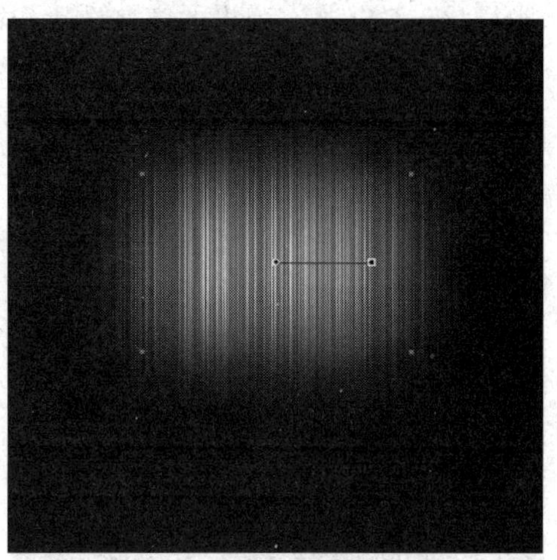

图 11.46　折叠渐变

（3）现在把渐变色改为由黑到白，并转为点阵图，如图 11.47 所示。

（4）直接在点阵图上右键调出菜单，选择 Transform/变形→Skew/斜切，选中底边的控点向外拉伸到近屏幕边缘。现在有个很大的梯形已经远远超出画布范围，横跨屏幕。单击属性面板把图形宽度改成 60 像素，再把它拖到画布中间来，这就是我们要的第一束光的原型，如图 11.48 所示。

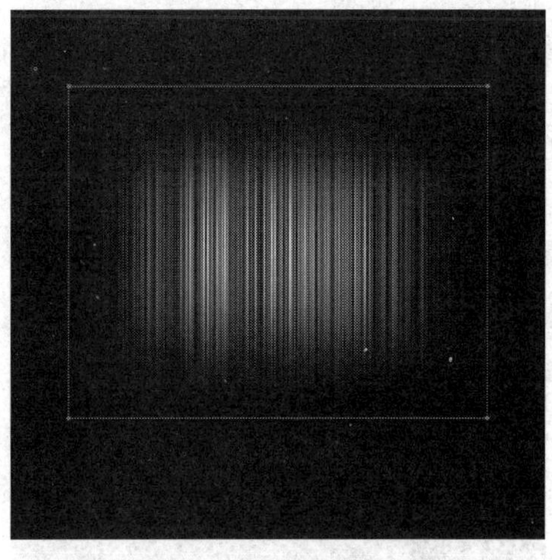

图 11.47　点阵图

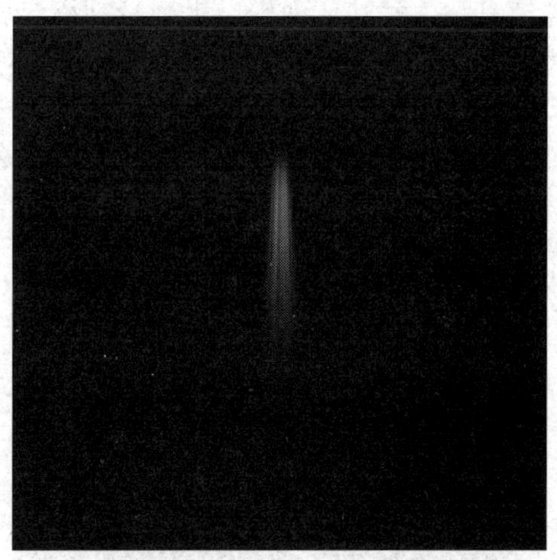

图 11.48　光束原型

（5）单击 Edit/编辑→Clone/克隆或快捷键 Ctrl＋Shift＋D 原位克隆一份，右键选择 Transform/变形→Rotate 180°/旋转 180 度。把两束光沿相反方向摆成一线，对齐。单击 Modify/修改→Symbol/元件→Convert to Symbol/转化成元件，或快捷键 F8 直接将这两个组合图建立成图形元件，如图 11.5 所示。

(6) Ctrl＋Shift＋D 原位克隆这份元件，并在克隆出来的元件上单击右键，选择 Transform/变形→Rotate 180°/旋转 180 度。目前虽然看不出有什么明显变化，这是为下一步的旋转补间作准备。选中这两个元件，单击 Modify/修改→Symbol/元件→Tween Instances/补间实例，在弹出的窗口设置步数值 21，并取消勾选 Distribute to frames/分散到帧。实现的效果就如同这个蒲公英的样子，如图 11.50 所示。

图 11.49 两束光形成

图 11.50 蒲公英图形

(7) 因为这个旋转补间的最上层是重合的，所以可以把最上层的元件删除。单击 Select/选择→Select All/全选，或者直接快捷键 Ctrl＋A，把所有补间的元件都选起来。单击 Modify/修改→Symbol/元件→Break Apart/打散，或者使用快捷键 Ctrl＋Shift＋B。把蒲公英变成每一分支都可以单独移动的点阵图，如图 11.51 所示。

(8) 因为这朵蒲公英的形状太圆了，要做成所需要的爆炸样式还需要分别调整每个分支的位置。调整的宗旨是让发散的光束有参差不齐的层次。总之沿着每个光束的方向向内或向外移动。注意光束的指向始终对准蒲公英的中心，如图 11.52 所示。

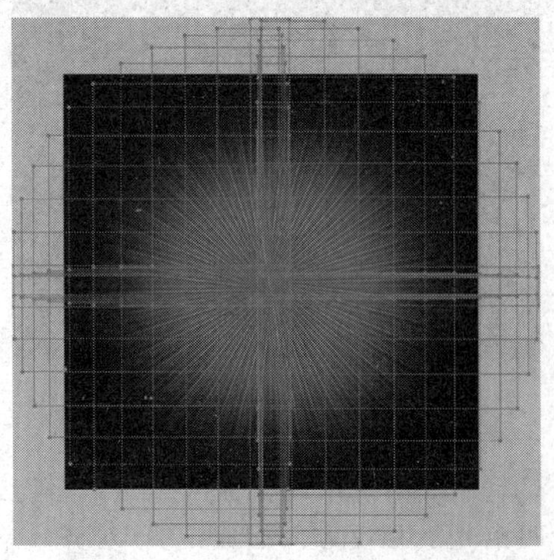

图 11.51 点阵图

图 11.52 调整分支的位置

(9) 几分钟后，整个迸发的光球打底已经完成。确定不需要再修改后，把分散在各层的点阵图再群组起来。然后把这一组在层面板上将这层隐藏起来。接下来开始为光球赋予五彩光环。在画布上画出与画布同等大小的方形，填充渐变方式为 Cone 锥形，单击色彩图示，调出填充渐变色面板。在预设选项下，色彩选择 Spectrum/光谱，如图 11.53 所示。

(10) 现在把光谱图的图层混合模式改成 Multiply/正片叠底。画布上现在看不到光谱的锥形图了。没关系，暂时也先把它隐藏。回到先前做好的光球原型，Ctrl＋Shift＋D/原位克隆。在克隆出来的这层，把图层混合模式改为 Additive/添加。光束开始变亮，如图 11.54 所示。

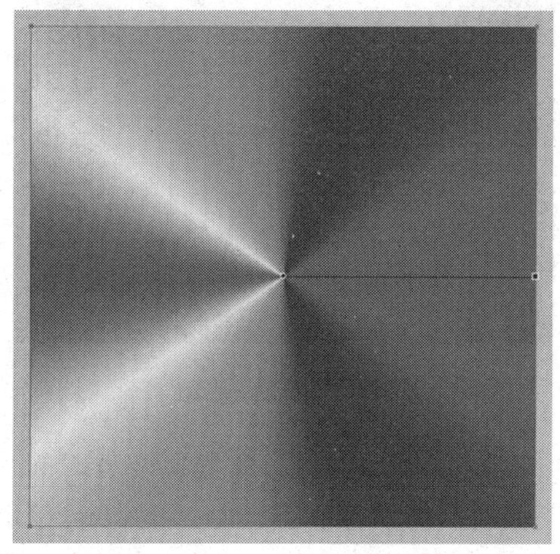

图 11.53 渐变正方形

图 11.54 光束变亮

(11) 选中新克隆出来的图层，再接再厉，再克隆两个新层出来。并把最上层克隆的图层混合模式改为 Reflect/反射。这一步是为了把光束的对比进一步加强，图 11.55 所示。

(12) 现在可以打开之前隐藏起来的光谱图看效果了，如图 11.56 所示。

图 11.55 进一步加强光束的对比

图 11.56 重叠效果

(13) 回到图层底部选中最初的光球原型,Ctrl+Shift+D/原位克隆。把克隆出来的图层拉到光谱图层上面,右键选择 Transform/变形→Numeric Transform/数值变形。在弹出的对话窗口输入百分比为 90,如图 11.57 所示。

(14) 同样原理再克隆两次,把每次新克隆的图层混合模式改成 Additive/添加。热力四射的彩光底图就完成了,如图 11.58 所示。

图 11.57 克隆图层

图 11.58 完成图

(15) 接下来再加点镜头光点的装饰。直接用钢笔线条的笔触改,这样比较省时间。笔触的选择是 30 像素白色,Random/随机→Dots/点状。具体数值在 Stroke Options/笔触选项的 Advanced/进阶中改过。由于 Fireworks 的笔触选项基调没有六角形,就用正方形代替了,如图 11.59 所示。

(16) 环境光效完成,放上预先准备好的素材图,如图 11.60 所示。

图 11.59 镜头光点装饰

图 11.60 完成图

至此,手机广告图案制作完成。

【相关知识】

网络广告就是在网络上做的广告。通过网络广告投放平台来利用网站上的广告横幅、文本链接、多媒体的方法，在互联网刊登或发布广告，是通过网络传递到互联网用户的一种高科技广告运作方式。与传统的四大传播媒体相比，网络广告具有得天独厚的优势，是实施现代营销媒体战略的重要一部分。网络广告是主要的网络营销方法之一，在网络营销方法体系中具有举足轻重的地位，事实上多种网络营销方法也都可以理解为网络广告的具体表现形式，并不仅仅限于放置在网页上的各种规格的 Banner 广告，如电子邮件广告、搜索引擎关键词广告、搜索固定排名等都可以理解为网络广告的表现形式。因特网是一个全新的广告媒体，速度最快效果很理想，是中小企业扩展壮大的很好途径，对于广泛开展国际业务的公司更是如此。

1. 网络广告的投放形式

1）按形式分

（1）横幅广告：这是网上使用最多的广告，是网页上出现的一个显示静态或动态图形的矩形对象，嵌有广告主网站的链接。

（2）弹出式广告：即用户打开或关闭一个窗口时出现一个广告窗口，该窗口没有浏览器常规的控制工具，唯一关闭广告的办法就是点击窗口右上角的关闭窗口控制。

（3）弹底式广告：是在弹出式广告之后紧跟一个命令恢复浏览器窗口，这样就将广告窗口放在用户浏览器之后，等用户关闭浏览器后就会看到广告。

（4）插页式广告：在用户单击链接打开页面，出现的不是想打开的页面，而是插页式广告的窗口（插在两个页面之间），多数插页式广告会自动关闭，接着在原浏览器窗口中显示用户想打开的页面。

（5）媒体广告：又叫活动式广告，指在原页面（不是新打开窗口）上浮动的图形。

2）按媒介分

（1）网幅广告（包含 Banner、Button、通栏、竖边、巨幅等）。网幅广告是以 GIF、JPG、Flash 等格式建立的图像文件，定位在网页中大多用来表现广告内容，同时还可使用 Java 等语言使其产生交互性，用 Shockwave 等插件工具增强表现力。劣势：费用高，一般企业无力承受。

静态的网幅广告就是在网页上显示一幅固定的图片，它也是早年网络广告常用的一种方式。它的优点就是制作简单，并且被所有的网站接受。它的缺点也显而易见，在众多采用新技术制作的网幅广告面前，它就显得有些呆板和枯燥。事实也证明，静态网幅广告的点击率比动态的和交互式的网幅广告低。

动态网幅广告拥有会运动的元素，或移动或闪烁。它们通常采用 GIF89 的格式，其原理就是把一连串图像连贯起来形成动画。大多数动态网幅广告由 2 到 20 帧画面组成，通过不同的画面，可以传递给浏览者更多的信息，也可以通过动画的运用加深浏览者的印象，它们的点击率普遍要比静态的高。而且，这种广告在制作上相对来说并不复杂，尺寸也比较小，通常在 15k 以下。正因为动态网幅广告拥有如此多的优点，所以它是目前最主要的网络广告形式。

(2) 文本链接广告。文本链接广告是以一排文字作为一个广告,单击可以进入相应的广告页面,比如百度推广,谷歌广告等。这是一种对浏览者干扰最少,但却较为有效果的网络广告形式。有时候,最简单的广告形式效果却最好。劣势:费用低,效果不好,目标用户群不明确。

(3) 电子邮件广告。电子邮件广告具有针对性强、费用低廉的特点,且广告内容不受限制。特别是针对性强的特点,它可以针对具体某一个人发送特定的广告,为其他网上广告方式所不及。劣势:电子邮件广告给用户的感觉不是很前卫。

(4) 与内容相结合的广告。广告与内容的结合可以说是赞助式广告的一种,从表面上看起来它们更像网页上的内容而并非广告。在传统的印刷媒体上,这类广告都会有明显的标示,指出这是广告,而在网页上通常没有清楚的界限。优势:广告提供方与网站内容提供方,双方共同分担费用,既可以丰富网站内容,又可以提高用户访问量。劣势:寻找互补的网站内容是最难的,小网站之间的网站内容合作,从流量角度考虑用户访问量会比较低,但是小网站与门户网站合作,费用其实也不低。

(5) 插播式广告(弹出式广告)。访客在请求登录网页时强制插入一个广告页面或弹出广告窗口。它们有点类似电视广告,都是打断正常节目的播放,强迫观看。插播式广告有各种尺寸,有全屏的也有小窗口的,而且互动的程度也不同,从静态的到全部动态的都有。浏览者可以通过关闭窗口不看广告(电视广告是无法做到的),但是它们的出现没有任何征兆,而且肯定会被浏览者看到。劣势:用户比较反感。

(6) Rich Media。一般指使用浏览器插件或其他脚本语言、Java 语言等编写的具有复杂视觉效果和交互功能的网络广告。这些效果的使用是否有效,一方面取决于站点的服务器端设置,另一方面取决于访问者浏览器是否能查看。一般来说,RichMedia 能表现更多、更精彩的广告内容。劣势:视频广告投放门户类网站效果比较好,费用高;投放到小网站,效果比较差。

(7) 互动游戏式广告。在一段页面游戏开始、中间、结束的时候,广告都可随时出现,并且可以根据广告主的产品要求,为之量身定做一个属于自己产品的互动游戏广告。以及最新的 FLASH,电影开头结束广告。

(8) 漂浮广告。在网页上下左右不断飘动的图片广告。

(9) Web 2.0 时代的新型网络广告。博客广告、社区定位式广告、口碑式广告、体验式广告、软件广告。

(10) 专栏广告。即在网站主页某一区域划分为某一品牌专属广告位,其中宣传多条广告内容,即在网站主页某一区域划分为某一品牌专属广告位,其中宣传多条广告内容,广告形式主要以文字链接+按钮广告为主,也有配有通栏广告的形式。以单独成套的页面形式出现,表现形式多样,重大事件作为切入点进行报道。信息丰富,同时可不断更新信息,能实现简单网站功能。

(11) 对联广告。指利用网站页面左右两侧的竖式广告位置而设计的广告形式,以 GIF、JPG 等格式建立图像文件,以长纵形式出现在页面两侧。这种广告形式可以直接将客户的产品和产品特点详细地说明,并可以进行特定的数据调查、有奖活动。不干涉使用者浏览页面,注目焦点集中有助于吸引访问者点阅,有效地传播广告相关讯息。

(12) 悬停广告。一般是指在网民拖动滚动条时,广告可以跟着移动,确保浏览过程。

其变化很多，大小上一般是很小的矩形或者方形。

(13) 浮层广告。画面打开后进行播放，完成后收成浮动图标，可重播。浮动图标可置于页面侧缝或页面左侧。

2. 网络广告投放详细流程

随着互联网的发展，当网络成为一个主流的媒体。网络广告投放主要有以下流程：

(1) 受众人群分析。做网络广告投放首先要针对产品做受众人群的分析工作从年龄、性别、收入、职业等方面的数据进行统计，分析出他们经常会访问的网站，然后去分析他们的访问的动机是否和广告投放目的相符。举例来说，我们分析出我们的受众人群是20～25岁的女性，月收入为2000～3000元的普通公司文员。她们年轻富有活力，购物欲很强，但是收入却不高，她们更喜欢去购物网或者团购网站、交友类网站、女性、时尚网站等。

(2) 受众行为分析。经过受众人群分析，我们基本可以得出我们的受众喜欢浏览哪些网站。但是种类很多，对于普通的广告主是不可能全部都去投放的，而且这样投放也不是特别地精准。这时候需要逐个分析我们的受众访问这些网站的目的是什么，根据她们的行为来判断是否和我们投放广告的目的是否相关。如果她们是来看美容资讯你就不要指望她们能去购买杯子或者一些漂亮的餐具，虽然它们的受众可能都是这群人。如果是卖香水或者是面膜倒可以试试。

(3) 目标网站筛选。通过前两项的分析，我们已经可以大致锁定某些类型的网站作为广告投放目标。这时候我们要选择出几个具体将要投放广告的网站，选择的条件重点是要看网站的访问量，需要注意的是如果你投放的是二级页面，一定不要被整个网站的访问量忽悠了。选择广告投放目标的原则上是越多越好，这样就可以通过大量的比较工作选择出性价比最高的，但是由于工作量的原因，一般来说是1∶5的比率，就是投放一个网站要找到5家网站作为候选。由于广告模式还没有确定，是按单击付费，还是按时间付费，还是按销售提成？如果我们的广告模式不能被投放目标接受，那可以选择其他的网站。

(4) 广告投放细节确定。当广告投放目标网站确定后我们要回过头来确定广告投放的细节问题。首先要明确投放广告的目的，有单纯地提高访问量(品牌认知)，有想提高会员注册量，有想获得潜在客户信息，有想直接产生销售。这基本就可以确定我们用哪种广告投放模式。接着我们确定哪些投放主体，这些是根据受众和网站性质决定的。投放时间是根据投放模式和广告预算来定的，如果是传统的投放方式一般是以一个月为一个周期，以提成的模式投放也是每月结算。

(5) 广告投放洽谈。当诸多的细节被确定后，我们需要和我们选择的广告投放目标网站进行洽谈，最重要的就是广告的价格。因为可能有公司主办的网站，也可能有个人主办的网站。所以价格上差别很大。个人网站相对可谈的弹性就更大一些。当广告价格，投放时间，预期效果都确定后，最好以合同的方式进行约定，合同撰写要尽量的详细，除了前面说的条件以外，要把网站的访问量，域名的相关信息也要进行备案。需要注意的是一定要把预期效果和停止广告的条件写清楚，以免后期有争议。

(6) 广告文案制作。要想广告的效果好，最好请专业的广告公司来设计广告。

(7) 广告正式投放和后续跟踪。正式开始投放广告之后的后续跟踪工作也是十分重要的，如果能在过程发现问题可以避免更多的损失。至少要以周为单位做数据分析，来考评网络广告投放的效果。可以在广告投放过程中做出一些软性的调整，比如更换文案，调整投放位置等方式。

3. 网络广告投放时的注意事项

(1) 预留一定的测试时间。由于网络广告技术含量高，相关环节较多，为避免广告投放中发生不应有的错误，应在广告投放前测试：广告播放是否正常、广告链接是否正确、数据库是否正常运作、广告监测系统能否正常计数，保证正常投放。

(2) 广告创意的更换。同一广告创意投放久了，会造成网民疲劳，点击率下降，建议二周更换一次创意。但如果是新品牌的推广，希望增强品牌记忆度，可以采取同一创意、固定广告位、长期投放，培养用户的浏览习惯。

(3) 必要的投放管理与优化。投放前对创意进行测试，尤其是大型投放；在广告投放之初建立必要的备份方案，以保证在投放效果出现波动时进行替换与弥补；对活动网站进行详细地流量检测，客观评估不同媒介组合所贡献的曝光与受众行动的质量。

习题

1. 结合中国电子支付的发展现状，分析电子支付安全隐患并提出解决方法。
2. 网络广告服务商该在哪些方面为用户提供服务以提高自身的竞争力？
3. 各种形式的网络广告的优点和缺点是什么？
4. 网络广告投放过程中有哪些需要注意的问题？投放平台该如何选择？
5. 如何评价网络广告文案的优劣？

【实验条件】

- 智能手机一部,基本配置:CPU Core2 以上,内存 2GB 以上,存储空间 16GB 以上,个人计算机一台。
- 手机安装 Android 4.0 以上或 iOS 4.0 以上系统和微信 5.0 以上版本。
- 具有网络连接,可以连接 Internet 网络。

【实验内容和步骤】

1. 平台建立

(1) 首先申请个人微信号和微信公众平台,一个手机移动端,一个计算机 PC 端。手机申请微信号不再赘述,主要讲述申请微信公众号流程。登录 http://weixin.qq.com/,进入微信首页,单击公众平台,进行注册,注册后登录邮箱激活,然后继续完善信息登记,如图 12.1 所示。

主体类型 如何选择主体类型?

政府	媒体	企业	其他组织	个人

个人类型包括:由自然人注册和运营的公众帐号。暂不支持个人进行微信认证。

主体信息登记

身份证姓名

名字为1到10个中英文

信息审核成功后身份证姓名不可修改;如果名字包含分隔号"·",请勿省略。

身份证号码

身份证格式不正确,或者年龄未满18周岁,请重新填写。

请输入您的身份证号码。一个身份证号码只能注册5个公众帐号。

身份验证 请先填写运营者身份信息

运营者信息登记

运营者手机号码 获取验证码

图 12.1 完善信息登记

(2) 一般商家和品牌推广的企业选择微信公众平台的订阅号比较好,服务号是偏重于利用后台数据入口接入公司一些服务类型的项目,比如:订票、查询等。企业号主要适用于企业、政府、事业单位或其他有需求的组织开通,如图 12.2 所示。服务号和企业号推送的消息,直接显示在微信对话列表中;订阅号推送的消息,显示在微信对话列表中

“订阅号”文件夹中。选择订阅号之后要进行认证，认证订阅号后有菜单栏，可以更方便地跟粉丝互动。

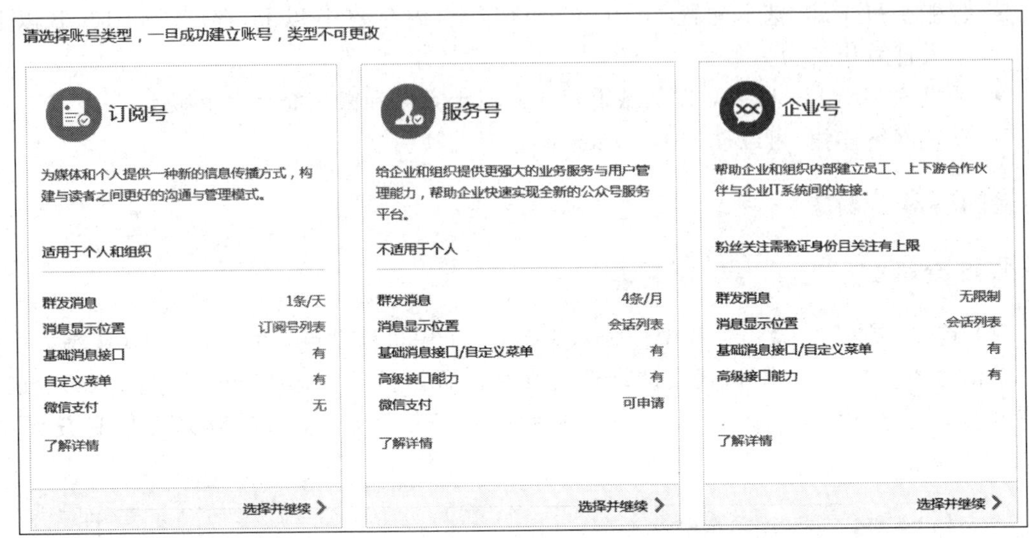

图 12.2　订阅号、服务号、企业号

结合微信的消息群发功能，微信公众平台的主要功能的定位如下。

群发推送：公号主动向用户推送重要通知或趣味内容。

自动回复：用户根据指定关键字，主动向公号提取常规消息，FAQ。

一对一交流：公号针对用户的特殊疑问，为用户提供一对一的对话解答服务。

(3) 申请好之后，首先要先完善好个人微信和微信公众平台的内容，还要设置好自动回复功能。这点对品牌形象比较重要。自动回复有被添加自动回复，消息自动回复和关键词自动回复三种，都要设置好，如图 12.3 和图 12.4 所示。

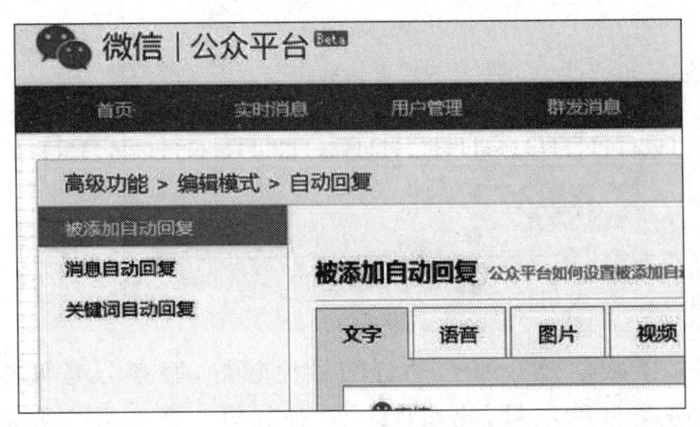

图 12.3　自动消息回复设置

图 12.4　自动消息回复

其次，要重新设置一下后台。有了菜单栏，利用高级功能设置，可以设置简单链接和回复，比如：链接企业的APP、微社区、精彩互动、往期内容等。有资本的企业可以进行平台的二次开发，如图12.5和图12.6所示。

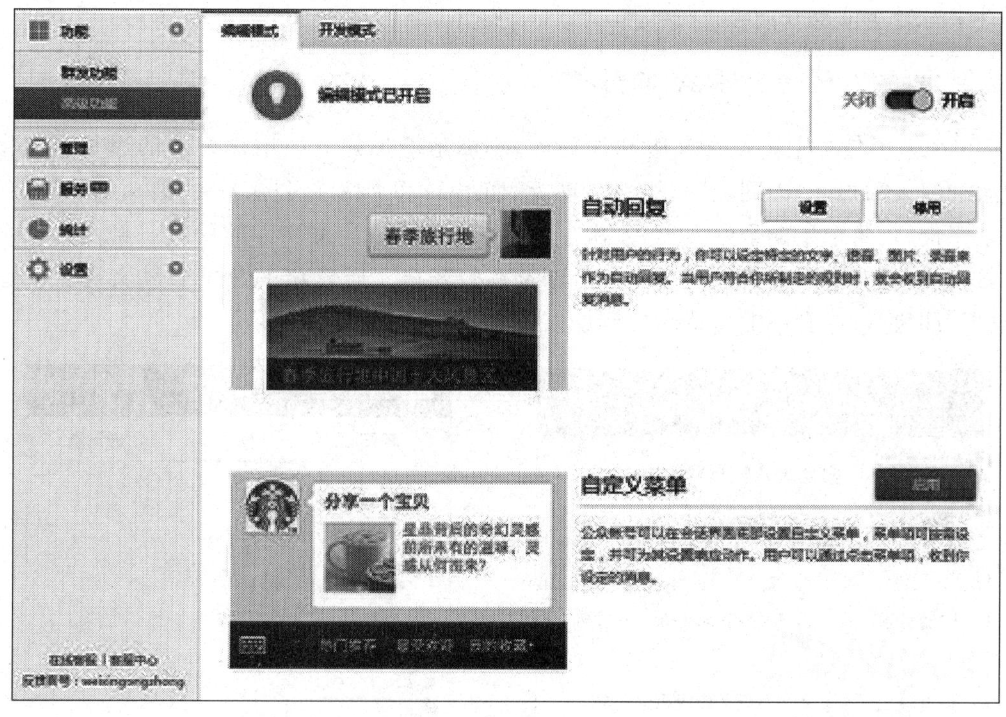

图12.5　高级功能展示

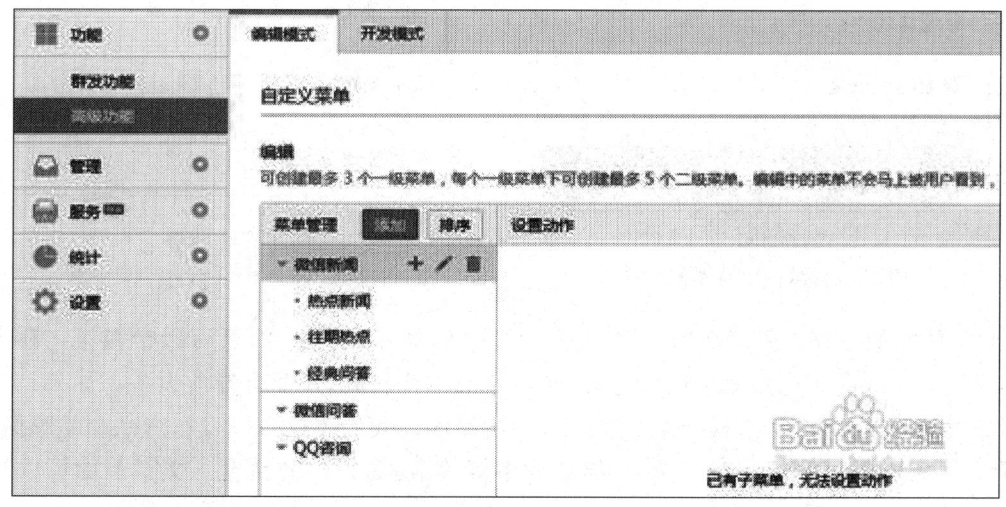

图12.6　自定义菜单

可以在设置里面绑定一个私人微信号，利用微信公众号助手群发消息，随时查看消息群发状态，如图12.7所示。

微信公众平台无法主动添加好友，只能被他人添加为好友，通过认证的用户可以在微信公众平台选择搜索。在微信中选择朋友们→添加朋友→扫描二维码→把需要关注用户的二维码图案置于取景框内→添加关注的人。添加关注成为粉丝后，所关注的用户即可通过微信公众平台发送消息互动。

2. 个人微信和公众账号结合营销

(1) 个人微信号主要负责客服和加粉丝，不断地增加好友。增加好友的途径有从微信里的附近的人添加、个人朋友圈、线下活动等，如图 12.8 所示。公众平台做好活动策划的宣传和软文推广，每个星期最好发 3～4 次左右的软文推广，让关注你的粉丝了解更多。久而久之，这些粉丝对你的忠诚度上升，也会转为你的客户。当公众平台发表软文到个人微信后，也要及时把这些有用的文章转发到朋友圈，让更多的粉丝看到。

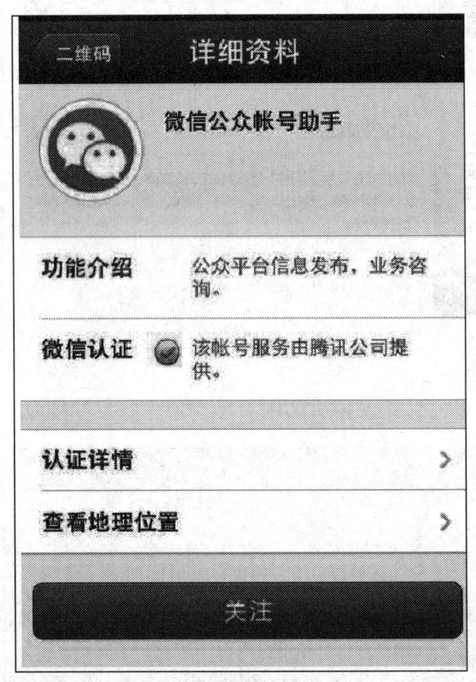

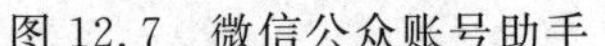
图 12.7 微信公众账号助手

图 12.8 通过附近的人添加好友

(2) 软文的发表不要太泛滥，一次 3～4 篇为好，最好带些图片，还可以带视频。利用多媒体宣传公司或介绍产品效果比较好，但是制作成本比较高，还要有专业设备。如果是制作粗糙的视频就不要发了，这样会给品牌带来负面影响。我们不仅可以发布产品和品牌信息，还可以发些有用生活知识、新闻热点、笑话故事等等，提高粉丝的粘度。文章前面可以写上一些引导关注的标语。

(3) 个人微信是很好的客服、沟通、交流工具。可以发送语音、照片、文字等信息。我们针对产品的特点，主动地寻找这类销售群体。比如女装，我们面对的是女性，当有新款打折的时候我们可以主动告知她们，如果想发图片给对方，建议是先上传到电脑的公众平台，以图文的形式发到自己个人的微信号上，再转发给对方，这样发送的信息量比较大，也让对方一目了然，如图 12.9 所示。

图 12.9 群发图文消息

(4) 个人微信号加友方式比较简单，可以通过手机号码、QQ 号码，这样我们可以更加精确地锁定营销人群。比如：做本地服务的，可以搜索本地的电话号码加为微信好友。微信公众平台就比较被动，需要被人关注。但是若能很好利用个人微信与微信公众平台结合做移动端的营销，也会有很大的收获。

【相关知识】

微信在国内的用户数量已经突破了 6 亿，而且微信公众平台的注册用户数也有好几百万。这么庞大的用户数量，用个人微信结合微信公众平台做营销，该方法和技巧不仅适合线下大部分店面做微信营销，而且也适合公司的品牌推广和销售营销。本实验介绍了申请微信公众平台的流程和使用方法以及营销技巧。

实验 12.5 微信支付

【实验目的】

- 掌握微信支付申请流程。
- 微信支付实践。

【实验条件】

- 智能手机一部，基本配置：CPU Core2 以上，内存 2GB 以上，存储空间 16GB 以上，个人计算机一台。
- 手机安装 Android 4.0 以上或 iOS 4.0 以上系统和微信 5.0 以上版本，银行卡一张。
- 具有网络连接，可以连接 Internet 网络。

【实验内容和步骤】

1. 开通微信支付

(1) 手机登录微信，单击右下角的“我”按钮，如图 12.10 所示。单击“钱包”选项，进入我的钱包。

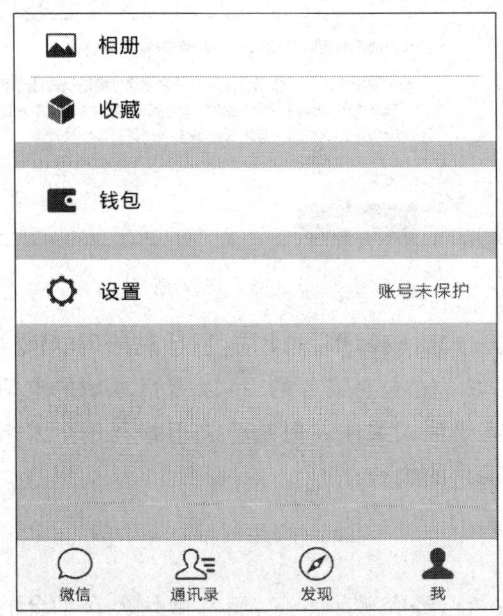

图 12.10 登录微信

可以看到有转账，刷卡，钱包等功能，下方还列出了很多快捷应用。如果是第一次使用微信支付，则单击右上角“功能”按钮，弹出功能选项单，单击“我的银行卡”按钮，如图 12.11 所示，进入银行卡页面。

(2) 输入银行卡卡号，如图 12.12 所示，单击下一步，填写银行卡信息，添加银行卡的类型，填写银行卡的有效期，持有人姓名，身份证号码，及手机号码，如图 12.13 所示，填完后单击下一步，进入验证手机号页面，自动识别手机验证码，如图 12.14 所示，单击下一步，进入设置支付密码页面，设置支付密码，自动进入第二次输入密码页面，如图 12.15 所示。设置好添加的银行卡后，微信就绑定了银行卡，那么以后涉及的微信支付将从这张卡来扣款。这就是微信支付。

图 12.11 添加银行卡

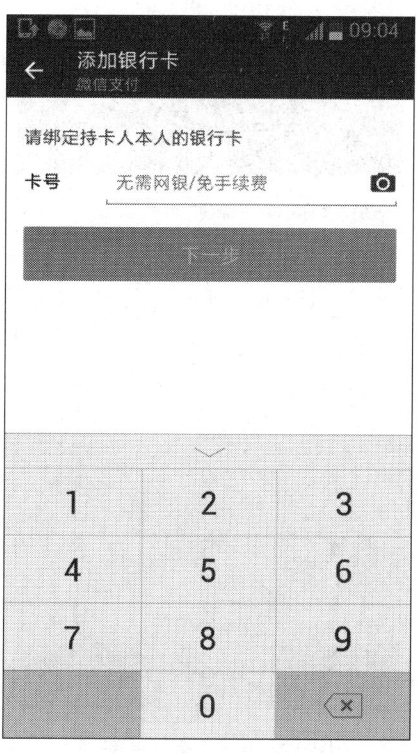

图 12.12 填写银行卡卡号

图 12.13 填写银行卡信息

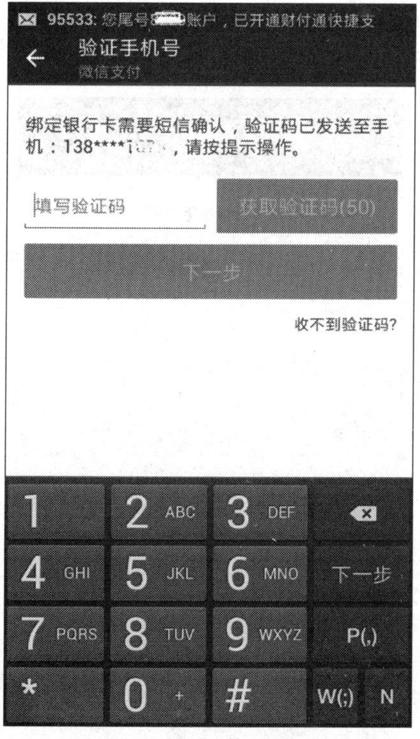

图 12.14 验证手机

(3) 微信支付功能。

转账功能：扫二维码，面对面收钱，方便省时，大大简化了操作过程，如图 12.16 所示。

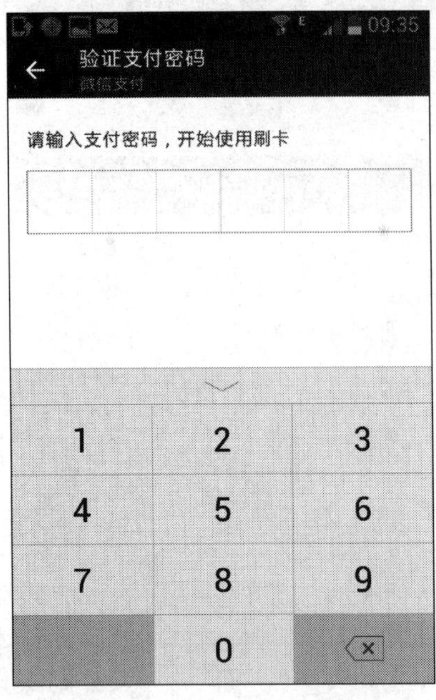

图 12.15 设置支付密码

图 12.16 面对面收钱

刷卡功能：输入支付密码，生成二维码，用户展示条码，商户扫描后，完成支付，如图 12.17 所示。

微信钱包，可以看到零钱和已绑定的银行卡，也可以继续添加银行卡，如图 12.18 所示。

图 12.17 刷卡支付功能

图 12.18 微信钱包

2. 微信支付实践

进入图12.19中的京东精选，选择想要购买的东西，加入购物车生成订单，单击微信支付完成付款，如图12.20所示。

图12.19　微信支付APP

图12.20　微信支付付款

【相关知识】

微信支付是由腾讯公司旗下知名移动社交通信软件微信及第三方支付平台财付通联合推出的移动支付创新产品。微信的支付和安全系统由腾讯财付通提供支持。财付通是持有互联网支付牌照并具备完备的安全体系的第三方支付平台。

2014年9月26日，腾讯公司发布的腾讯手机管家5.1版本为微信支付打造了“手机管家软件锁”，在安全入口上独创了“微信支付加密”功能，大大提高微信支付的安全性。

用户只需在微信中关联一张银行卡，并完成身份认证，即可将装有微信app的智能手机变成一个全能钱包，之后即可购买合作商户的商品及服务，用户在支付时只需在自己的智能手机上输入密码，无须任何刷卡步骤即可完成支付，整个过程简便流畅。

目前微信支付已实现刷卡支付、扫码支付、公众号支付、APP支付，并提供企业红包、代金券、立减优惠等营销新工具，满足用户及商户的不同支付场景。本实验将介绍微信支付的申请办法和使用方式。

习题

1. 移动电子商务特点有哪些？
2. 简述 Android 系统的优势。
3. iOS 系统特性主要包括哪些？
4. iOS 与 Android 的区别是什么？
5. 如何提高公众账号的知名度和关注度？
6. 微信营销还有哪些方式？
7. 微信支付和支付宝比较，各有什么优缺点？

第13章 电子商务综合案例

本章学习目的

- 了解物流系统化和网络化的背景、新趋向。
- 了解我国网上商店面临的物流问题。
- 了解我国网上商店的物流解决方案。
- 分析电子商务成功案例的原因。
- 分析电子商务失败案例的原因。

实验 13.1 物流网络化与网络化时代的物流

【实验目的】

- 了解物流系统化和网络化的背景。
- 了解和掌握物流系统化、网络化的新趋向。

【实验条件】

- 个人计算机一台,基本配置:CPU Core2 以上,内存 2GB 以上,硬盘空间 20GB 以上,100 兆网卡。
- 个人计算机预装 Windows XP 操作系统和浏览器。
- 具有网络连接,可以连接 Internet 网络。

【实验内容和步骤】

1. 物流系统化和网络化的背景

现在,顾客消费水平不断提高,企业之间的竞争日益加剧,加之社会经济环境的巨大变化,使得整个市场需求的不确定性大大增加。

当代物流面临社会经济、产业、技术等方面的环境变化,多品种、少批量化已成为经济社会物流的典型特征。环境变化对物流产生的影响,大致可列举以下 5 点。

1) 僵硬将被弹性取代

与物流量的增长相比,更为突出的是“商品零星化、高频率的配送作业、服务竞争的激烈化(例如,要求迅速、准确、廉价,提供信息服务等)”。

2）物流与商流处理一体化

以往的物流处于生产与销售之后的从属地位，而现在已变成与商流同时处理，甚至事前处理的商流、物流一体化。通过接收订单、向供应商订货、库存保管、配送的一系列“看板”方式，实现今日订货、明日交货的“理想物流”。快速反应已成为现代物流的重要特征，空间将被时间取代。

3）物流产业化

由于人们已认识到物流是“第三利润源”，物流产业化已成为物流发展的必然。物流也像商品一样得到开发，出现了物流的多样化、多方位化、多业态化，如快件运输公司、物流增值网等。

4）第三方物流（综合物流业）的登场

在社会经济从规模经济向复合化发展的时代，物流企业的功能复合化、综合化是必然的。承担储存保管、流通加工、运输配送、代理等一揽子作业的物流企业和物流网络已经崭露头角。

5）供方市场向需方市场的竞争变化

在市场经济中，物流也由供方市场向需方市场转变，竞争非常激烈。集团间的竞争已成为服务网络的竞争；同时，由于其他行业渗透（如无店铺销售等），使不同行业间的竞争也激烈起来。更令人振奋的是，物流网络与 Internet 相结合的网络化物流，已逐渐显露出其网络产业的效应。

总之，迈向 21 世纪的物流，已不仅是体现企业战略的“商务物流”，而是面向整个社会的“供应链物流”，进而在全球化市场的激烈竞争中形成多元化网络所必须的“全球物流”。

2. 物流系统化、网络化的新趋向

1）流通业的连锁经营对物流配送提出了网络化的要求

连锁经营作为一场流通业的革命已席卷全球。连锁超市以连锁制为轴心，以广泛的门店网络为市场依托，以中央采购制及配送中心来开发销售利润和物流利润，以直接的市场信息向加工制造业渗透，发展自己的定牌商品来获取生产利润，是商流、物流、信息流“三流”高度集成的流通业态。

为了满足消费者购买的变化，要求物流运营必须通过多品种、小批量、高频率地配送大大降低库存。采用 POS（销售时点信息管理系统）、EOS（电子订货系统）和配送网络体系来支撑及时制物流（JIT）的需求。

上海华联超市公司拥有商场（门店）500 多家。由于每个连锁店每次要货品种多、批量小、几千种商品需拆零，配送中心的多功能化和配送的网络化显得格外重要。商场可通过电话拨号上网，向配送中心点菜，实现订货电子化。上海华联超市根据“区域成片开发”的战略，实施了“建立区域配送中心，掏筑以上海为龙头、采用扇形辐射面，步步为营向前推进的配送网络体系”的策略和措施。例如，在南京建立了中转型的配送中心；杭州地区因距离上海的路程不足 250 公里，采用“虚拟配送中心”。批发业为了满足零售业“多品种、小批量、高频率、迅速、准确”的配送要求，大型化、集约化、信息化的配送中心和配送体系的再构筑已成为迫切需要，这也为物流业的发展提供了绝好的机遇。

日本菱食公司的“配送体系再构筑”就是一个十分成功的例子。20世纪90年代，连锁商业在日本获得突飞猛进的发展，日本食品批发商——菱食公司抓住了这个机遇，按照“供应链物流”的思想，建立了可供“一揽子采购”，并提供一系列物流服务的食品供配货网络体系。公司的年销售额也由此突破了330亿日元。

有一家大型连锁超市公司原先向23家食品批发商进货，采用菱食公司的“一揽子物流”后，一下子减少到5家，加工食品销售额的75%由菱食公司一家承担，成本大幅度下降。由于采用计算机订货，实现无纸化作业，取消了验货环节，缺货率也明显下降。由于多频率、小批量的物流需要较高的物流成本，为了向消费者提供价廉的商品，必须重新构筑新的流通框架，降低从生产直至消费者手中的整个流通的综合成本。为了实现这个共同目标，生产厂、批发商、零售商应齐心协力，用“供应链”的思想，构筑新的流通体系。

菱食公司的战略是建立由区域性配送中心RDC和前端性配送中心FDC结合而成的物流网络体系。FDC是承担整箱商品的配货、配送任务的物流中心。RDC是具备拆零、分包装等流通加工功能的区域性集约化配送中心。

客户发来的订单，由计算机按照是否满整一箱进行分档。以箱为单位的配货作业由FDC进行，不满整箱的，由RDC处理，经拆零拣选、拼箱后，接不同的客户进行理货，用大型载货汽车进至各FDC，在那里与FDC配好货的整箱商品一起配送到各门店。目前，该公司在日本境内已形成了拥有9个RDC和55个FDC的物流网络。

2）制造业越来越重视构筑供应链

制造业把物流看作企业综合系统的一环，与市场营销战略研究同步，构筑适应消费者要求的销售物流。具体地讲，将制造业与流通业的订货网络联网，并利用第三方物流，配置多功能、高教化的物流网络据点，与零售业直接连接，形成从接受订货到将货送到客户手中的物流作业高效化流程。

3）物流业界系统化的最显著趋向是物流网络化

当前，物流业面临的问题是：物流时间的延长、物流过程的复杂、物流成本的增加、库存管理和风险的不确定性。要缓解这些矛盾，唯一的途径是实现物流网络化。

日本国内货物运送以汽车运输为主，日本政府在全国主要地区建立了24个公路货物集散中心，并与高速公路形成干线物流网络。他们在东京四周近郊建设了和平岛、板桥、足立、葛西四个规模巨大的货物集散中心，平均每天进出载货汽车2万辆。其中，日本东京的和平岛公路货物集散中心由40多家运输企业租用，有中转点1516个，遍及全日本中小城镇，形成一个全国性的运输、配送网络。长途运输载货汽车可采用在高速公路上夜间运输、夕发朝至、来回双程运输等方式，并与市内短途运输载货汽车、铁路、港口和空运相结合，织成一个高效率的配进网络。

再如，美国干货储藏公司在芝加哥、达拉斯、亚特兰大等三地分别建一个大型配送中心，形成了连接三地的区域性配送网络，并在客户附近再选点建立卫星型配送据点，相互只有一天的路程。由大型载货汽车将货物送到配送据点，再用小型载货汽车从配送据点向客户进货，既合理又方便。整个配送系统不但将货物往外输送，同时也集中货物，形成“集散功能”。

实验 13.2 我国网上商店的物流解决方案

【实验目的】

- 了解我国网上商店面临的物流问题。
- 了解如何借鉴日本 7-11 便利店的物流模式。
- 掌握我国网上商店的物流解决方案。

【实验条件】

- 个人计算机一台，基本配置：CPU Core2 以上，内存 2GB 以上，硬盘空间 20GB 以上，100 兆网卡。
- 个人计算机预装 Windows XP 操作系统和浏览器。
- 具有网络连接，可以连接 Internet 网络。

【实验内容和步骤】

1. 我国网上商店面临的物流问题

电子商务的崛起，促成了亚马逊（Amazon）网上书店的巨大成功。特别是近年来，各商家如雨后春笋般地建起了各种网上商场、网上超市。现在，在线贸易中的信息流已通过互联网实现了；资金流的安全是当今 IT 业内的热点问题；但对于物流，由于有其特殊性，一直没有很好地解决，成为电子商务的一大瓶颈。

物流是完成电子商务完整交易过程的一个非常重要的环节，它是实现整个交易过程的最终保证。试想，消费者在网上浏览后，轻松单击完成了网上购物，但所购货物迟迟不能进到手中，甚至出现了买电视机送茶叶的情况；还有货物送到后出现质量或其他售后服务等问题，怎么办？这是目前网上商店无法解决的，却是传统商业的优势所在。世界上最大的网上书店——亚马逊网上书店可谓是电子商务领域的先锋，然而，最近它也一改以前零库存著称的商业作风，开始兴建大规模的储物仓库，并在全球分设配送中心，完善自己的物流配送系统。同时它还隐隐感到一个强有力对手的存在，零售业巨头——沃尔玛。沃尔玛也开始涉足网上销售，虽然沃尔玛只把它当作信息浏览的窗口，也并未大规模开展网上销售，但亚马逊感到巨大的挑战来自沃尔玛遍布全球的由卫星通信联起的商品配送体系和遍布各地的销售网点。由此可见，物流能力已日渐成为商业企业的核心竞争力。20 年或 30 年后，随着信息技术的发展、无人售货机（店）的发展和普及，物流的完善与否是决定现代商业企业生存与发展的最关键因素。

但在我国，各网上商店要快速建成适应电子贸易节奏的现代化物流模式还存在着很大的障碍。

1）我国现代物流发展起步晚，物流技术落后

作为一个发展中国家，我国物流业起步晚、水平低，在引进电子商务时，并不具备能够支

持电子商务活动的现代化物流水平。

2）进行现代化物流建设，强大的资金投入是其必要的后盾

但我国企业资金紧缺，筹资渠道狭窄，因此常会陷入欲发展没有资金、不发展没有规模效应的两难困境。

3）现存的商业配送中心建设滞后

商业的配送中心应是实现管理上9个统一的核心。配送是网上商店经营的中心环节，它一端连着厂商，另一端连着店铺，处于中心和枢纽地位。目前我国商业企业配送中心建设滞后表现在如下几个方面。

(1) 统一配送率不高。当前我国商业企业的配送中心对分店经营的所有商品进行配送比率大多数在50%～60%之间，最好的在80%～90%之间。

(2) 配送规模较小。据调查，我国平均一个配送中心配送20个店铺，平均每辆车承担2～3个店铺的送货，而日本的连锁店一个配送中心平均负责配送70个分店，只需4～5辆车。

(3) 配送技术落后，效率低下。多数连锁企业机械化水平低，计算机应用很有限，离国外以机电一体化、无纸化为主要特征的配送自动化、现代化相差甚远。特别要指出的是随着网络技术、电子商务各种技术的发展，零售业中物流技术日益成为其核心竞争力，其重要性日益明显。

4）物流管理人才缺乏，管理水平滞后

据统计，我国第三产业中高新技术含量仅占6.29%，商业系统仅占2.0%，我国商业系统具有大专以上学历的各类专门人才只占3%左右。从业人员素质低下严重制约着商业管理水平的提高。

2. 日本7-11便利店的物流模式借鉴

日本7-11的巨大成功，对我国迅速建立起网上商店的现代物流模式提供了很好的借鉴意义。7-11的成功在于其高水平的经营之道。可总结出以下几方面。

1）店小货精，提高单品销售额

各店经理只能销售“推荐名单”上的商品，以保证能上7-11货架的都必须是畅销品。

2）强化“推荐名单”的管理

7-11与超市、便利商店及其他个体零售形式的主要区别是如强对“推荐名单”的管理，这点也可能是7-11成功的关键所在。首先，禁止7-11的任何加盟店自己与供应商做交易；第二是一口对外，只有7-11的总部可以与供应商联系，并制定“推荐名单”；第三是“推荐名单”中的商品，只要销售结果不好，立即停止销售。这样一来，商品销售好坏，完全取决于其受欢迎程度，与供应商的推销水平没有太大关系。

3）协助预测市场，共同开发新商品

由于7-11具有的优势地位，使许多制造商（尤其是饮料业）在推出新产品前，一定要把样品拿到7-11征求意见：商品推出能否畅销，如果畅销大概要生产多少等等。事实已证明，7-11的预测往往非常可靠，已成为新商品热门与否的重要参考指标。很多制造商是在听取7-11意见后再做出如何生产的决定的。由于许多新商品的推出，完全是制造商不断征

求 7-11 意见，并不断修正新商品内容，几经反复的结果，所以从某种意义上说，许多新商品的推出是 7-11 和制造商的“共同开发”的结果。

4）加强资讯力度，主动创造市场

市场的资讯管理主要依赖于销售时点管理系统(POS)。7-11 总部严格按该系统了解市场动态，并作出决策。只要发现销售不好的商品立即撤下货架，排除在“推荐名单”之外。

3. 我国网上商店的物流解决方案——结合传统商业的物流模式

结合日本 7-11 便利店成功经验和我国的商业发展的具体情况，我们提出了适应我国当前情况的网上商业物流模式——与传统商业相结合。

如图 13.1 所示，物流模式一的流程包括：

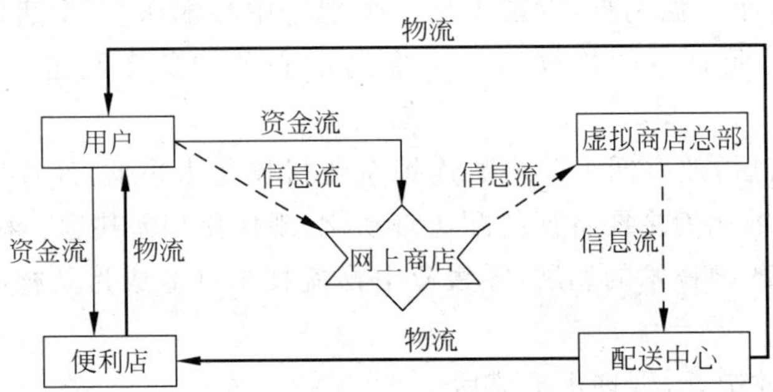

图 13.1 物流模式一

(1) 用户通过 Internet 在网上商店浏览物品，订货，网上支付或到网上商店标出的小区便利店中付款，同时可根据自己的情况要求送货到家或到相应便利店中自行取货。

(2) 网上商店通过虚拟总部向配送中心发送送货通知。

(3) 配送中心对用户或用户指定的小区便利店进行货物配送。

(4) 用户收到配送中心送货或自己到小区便利店取货。

(5) 遇到有关问题后，可通过网上协商，或到小区便利店解决。

如图 13.2 所示，物流模式二的流程包括：

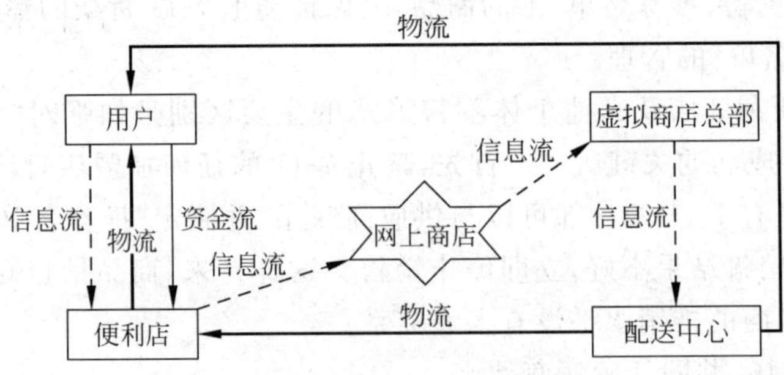

图 13.2 物流模式二

(1) 用户到便利店订货，支付。

(2) 便利店通过 Internet 通知网上商店用户的订货信息。

(3) 网上商店通过 Internet 向配送中心发送配货要求。

(4) 配送中心按订单要求将货物直接送到用户家中,或送到小区便利店中,由用户自行取走。

(5) 发生货物纠纷后,用户可以到该小区便利店解决。

由上两种模式来看,传统便利店将在整个系统中发挥重要作用。便利店将不仅是网上商业企业的单店,而且将成为电子商务中的小配送点。店内不仅可卖"推荐名单"上的商品,而且还可借鉴"万众大和"的经营模式,"网上看形,便利店看实物,配送中心送货"。即店中只摆放样品,而顾客可通过网上查询或到便利店中看实物,然后,直接在网上或到便利店中订购,配送中心再根据订单送到消费者指定的便利店或消费者家中。

在现阶段,网络、网站运营商与传统商业企业合作无疑是一个很好的发展方向。这种模式可轻松解决现阶段电子商务的三座大山。"网上支付"可到便利店中取货时付款。"网络安全"问题因交易只是部分在网上交易,特别是支付可以不在网上进行,所以,安全问题可大大减小,而物资配送也可解决。同时还解决了现阶段从事电子商务的 IT 企业所无法解决的诸如退货或其他售后服务等问题。这种物流模式可以大大降低现阶段由于电子商务的不健全而给网上购物用户带来的不安全感,是网上商店在电子商务成熟前可以采用的过渡物流模式。另外,这种模式投资少,见效快,小区便利店随处可见,企业所做的只是将其纳入自己的分销网,当然还需要制定一系列的规章制度,以保证自己的顾客确实在每个便利店中都会得到满意的服务。

实验 13.3　电子商务成功案例

【实验目的】

- 了解戴尔(Dell)公司供应链管理成功的原因。
- 了解海尔电子商务成功的因素。

【实验条件】

- 个人计算机一台,基本配置:CPU Core2 以上,内存 2GB 以上,硬盘空间 20GB 以上,100 兆网卡。
- 个人计算机预装 Windows XP 操作系统和浏览器。
- 具有网络连接,可以连接 Internet 网络。

【实验内容和步骤】

1. 戴尔公司供应链管理

戴尔公司(Dell Computer)(NASDAQ:DELL)(港交所:4332),是一家总部位于美国德克萨斯州朗德罗克的世界五百强企业。创立之初公司的名称是 PC's Limited,1987 年改为现在的名字。戴尔以生产、设计、销售家用以及办公室计算机而闻名,不过它同时也涉足高端计算机市场,生产与销售服务器、数据储存设备、网络设备等。戴尔的其他产品还包括了 PDA、软件、打印机等计算机周边产品。

现在,计算机产业的每家企业都以戴尔为楷模。戴尔公司的飞速发展是美国高技术企业经营管理的一个奇迹,被行家视为推动美国个人计算机业发展的一种动力。

市场要求经历了更便宜(成本合理化)、更好(质量管理)、更快(物流管理/时间与速度的竞争)的变化,戴尔经营的最大特色就是强调速度:制造快、销售快、盈利快,也就是"速度决定一切"。时间竞争是以减少非增值时间的方法来寻求企业经营的一种手段。时间竞争者的特征:有能力比竞争对手用更短的时间开发产品与服务;有能力比竞争对手用更短的时间交付产品和服务;有能力比竞争对手更有效地减少内部提前期。所以说,戴尔是一个真正的时间竞争者。在戴尔奇迹的背后,隐含着先进的物流与供应链战略思想及其管理运作方式的支持。

1) 供应链管理基础知识

(1) 供应链是物流向上和向下的延伸,包括了满足顾客需求直接或间接涉及的所有环节,不仅包括制造商和供应商,而且包括运输商、仓库、零售商和顾客。

供应链是一个动态系统,它包括不同环节之间持续不断的信息流、产品流和资金流。而如何合理地管理信息流、产品流和资金流,则是供应链取得成功的关键。供应链的每个环节都执行不同的程序,并与其他环节相互作用与影响。典型的供应链可能包括很多不同的环节,如图 13.3 所示。

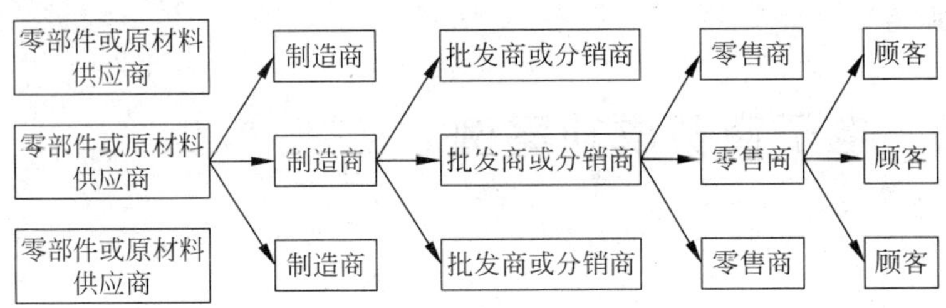

图 13.3 供应链环节

供应链活动从顾客定购开始,并在心满意足的顾客为其采购活动付款时结束。任何一个供应链存在的主要目的都是为了满足顾客需求,并在这一过程中盈利。需要注意的是供应链的盈利应该着眼于整条供应链的整体盈利而不仅仅是现在大多数供应链企业所注重的其自身环节的盈利,因为事实证明把注意力放在获取个别环节的利润上将会减少供应链的整体赢利,不利于供应链的长期稳定发展。

(2) 供应链运营的驱动要素有 4 个:库存、运输、设施、信息。

① 库存是指供应链中所有的原材料、流程中的半成品和制成品。传统的库存管理仅仅是对自身库存物资的数量管理与控制,它们往往只是着眼于自身的库存水平的最低与库存持有费用的最少,而把库存物资往其上游或下游实行转移。

而供应链下的库存管理则应把视野从自身扩大到由供应商、制造商、批发商和零售商组成的供应链网络上来,和它们之间充分交换库存信息,相互协调,共同管理库存,实现整体库存水平的下降,甚至有可能实现零库存。

库存之所以在供应链中存在是因为供需不匹配。如果需求是持续稳定的而供给能力又完全可以满足需求的话,库存就没有存在的必要了,然而现实的情况是需求很难精确地预测到,所以库存的存在成为一种必要,以应付供不应求的状况。因此库存在供应链中发挥的重要作用是保障需求(由于有现成的产品,顾客的需求能够在顾客需要时得到满足,而不会因为缺货导致顾客流失)。库存的另外一个显著作用是利用生产和销售中存在的规模效益降低成本。库存对供应链中的物流周转时间也有显著影响。物流周转时间是指物资流入供应链到物资流出供应链的那段时间。此外,库存还会显著影响销售速度,即向最终消费者销售产品的速度。如果库存量用 I 表示,物流周转时间用 T 表示,销售速度用 R 表示,这三者的关系可用以下的 Little 法则清楚地加以表示：I＝RT。

可见,生产经营离不开库存,但是库存是一把双刃剑,如果对库存管理得不恰当,也会带来严重的经济损失,因为库存是供应链的主要成本来源,它的改变会在很大程度上影响供应链的赢利水平和反应能力。因此,供应链管理下的库存控制,应在动态中达到最优化的目标,在满足顾客服务要求的前提下,力求尽可能地降低库存,提高供应链的整体效益。

② 运输是指为了使物品从生产者手中转移到消费者手中而发生的物品的空间位移。因为产品很少能在同一地点进行生产和消费,所以运输在每一条供应链中都发挥着极为重要的作用。运输费用是供应链成本的重要组成部分。运输方式的选择对供应链的反应能力和赢利水平有很大影响。快速运输能提高供应链的反应能力,却会降低供应链的赢利水平。所以厂商是否有必要选择快速运输,需要在反应能力和赢利水平之间作出权衡。厂商所采用的运输方式还影响到供应链中的库存水平和设施布局。

因此,在运输环节,常常进行运输方式、运输路线和运输工具的选择。按照运输合理化的要求必须在全面计划的基础上,制定科学的、距离较短的货运路线,选择经济、迅速、安全的运输方式和适宜的运输工具。

③ 设施是指供应链网络中物资储存、装配或制造的地方。它们是库存商品运输的目的地或来源地。在设施体系中,库存商品或者转换成另一种形式(制造),或者在运往另一个阶段(仓储)之前存放起来。

因此,主要设施可分为两类：一是生产场所；二是储备场所。供应链的设施决策包括生产、储藏或运输相关设施的区位及每样设备的容量和作用。

设施决策也称供应链网络设计决策。它包括：设施功能,设施区位,容量配置,市场和供给配置。无论设施的功能如何,有关设施选址、功效和弹性的决策对供应链运营有着显著影响,因为它决定了供应链的构架,并为利用库存、运输和信息资源来降低供应链成本,提高其反应能力设置限制因素。

④ 信息包括整条供应链中有关库存、运输、设施及顾客的资料和分析。信息很有可能是供应链运营中最大的驱动要素,因为它直接影响其余每个要素：信息联系着供应链的不同阶段,使各个阶段相互协调,并对整条供应链利润最大化起重要作用；信息对供应链中各个阶段的日常运营来说也很重要,例如,生产日程安排利用需求信息制定生产计划,使工厂能够用高效率的方式生产出满足需求的产品；仓储管理体系利用信息明确标出库存量大小,这是厂商决定是否需要发出新的订单以补充库存的依据。

2) 戴尔供应链

具体到戴尔而言,其供应链仅包括顾客、戴尔及其供应商。供应链如图 13.4 所示。

其中排除了中间商(批发商、分销商和零售商)的存在而从顾客手里直接拿到订单,这一环节的省略大大减少了各种分销渠道的费用(排除了中间商对利润的瓜分),产品成本大幅度降低,为 Dell 公司的低价竞争奠定了基础(Dell 公司把这种节约下来的费用以低价的形式返还给顾客,从而使其产品更具竞争力)。同时这也与戴尔在销售方面所采取的直销模式相配合。

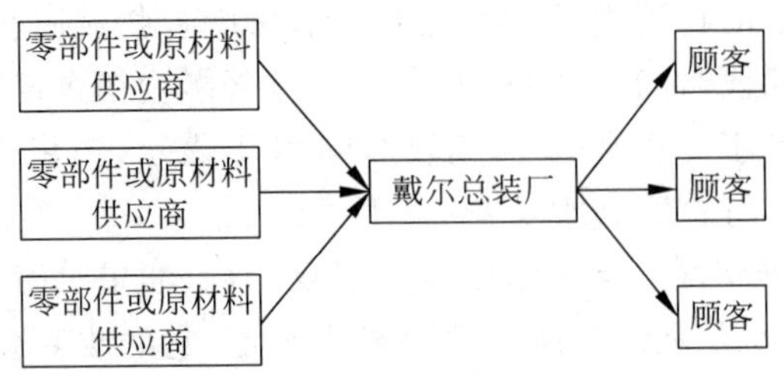

图 13.4 戴尔供应链

(1) 戴尔的库存策略。高技术企业的一条经验规则是,产品投放市场延迟 6 个月就会导致大约 30%的毛利或市场份额损失。因为高技术产品的技术发展快,市场寿命不断缩短,产品贬值快,积压就意味着亏损。身处电脑业前沿的戴尔公司深知这一事实。因此戴尔公司根据这一产品特性安排其库存策略:坚持按订单生产和采用通用零部件策略,以及提高需求预测精度,努力实现零库存。

① 坚持按订单生产。戴尔公司并不保有任何的生产成品库存,坚持按订单生产,因为戴尔公司按订单生产的过程极其快捷高效。由于戴尔公司具有极为畅通的客户信息联系渠道(电话、Internet),因此,客户的每一条需求信息都能得到公司的及时反应;客户的订单一到手,公司马上投入生产装配。在戴尔公司内部,从产品设计、开发,接受订单,到生产装配、检验,到送货和技术服务,形成了一套不同于别人的"快速反应系统",在接到订单后能够做到按客户要求 36 小时内完成生产装配,从接受订单到产品送达客户手中的时间不超过 5 天。这样,虽然没有现成的产品可以直接发货给客户,但是戴尔公司仍然拥有很高的反应能力(为此,业界赠送戴尔公司一个新词汇:戴尔速度 Dellocity－Dell Velocity),并且因为产成品是具体根据客户自己制定的订单进行组装的,从而更能符合客户的个性化需求。此外,戴尔公司从专业分工考虑,不从事零部件制造,而是选择一批合作伙伴向其供货。大约 30 家零部件供应商为其提供 75%的直接物料采购需求,这些零部件供应商必须在其周围设厂或仓库,并保有 8～10 天的库存量以保证按小时要求供货,仅包装箱每天就需供货 6 次,这样戴尔可以快速地从其就近供应商手中得到订单所需的零部件,能高效率地完成订单生产,并且更为重要的是,这还降低了戴尔自身所需要保有的零部件库存量,从而在库存这一环节极大地降低了供应链的成本。而这些供应商所保有的库存量一旦超过 10 天,戴尔就会和他们共同协作以降低供应商库存,因为无论是顾客,还是戴尔,还是这些供应商都不能接受陈旧的零部件。同时,戴尔对供应商的挑选非常严格,有一套自己的质量和性能标准,并按照这套标准建立起"供应商报告卡"制度用于每天对其供应商的表现进行跟踪检测,以保证戴尔电脑的高品质。

② 采用通用零部件策略。戴尔公司向顾客出售几千种不同配置的个人电脑。一种极端的选择是,将各种零部件都设计成只与某一具体配置的性能要求相匹配。在这种情况下,戴尔公司生产每种不同产品都要使用不同的存储器、硬盘驱动器、调制解调器和其他零部件。另一种选择是,设计通用零部件,这样,不同的零部件组合就会形成不同的产品,比如戴尔公司分别使用 3 种不同的处理器、存储器和硬盘驱动器就可以组合出 3C31＝27 种不同

的个人电脑。如果没有通用零部件,那么任何零部件的需求不确定性与使用该零部件的产成品的需求不确定性是一致的。假设每件产成品由多个零部件组成,那么需求不确定性会很高,从而引起高水平的安全库存。如果设计出通用零部件,那么每种零部件都可以用于多种产成品。此时,每种通用零部件的需求量是使用该零部件的所有产成品的需求量的总和。这样,通用零部件的需求量比任何产成品的需求量更容易预测,从而降低了供应链所需保有的通用零部件的库存量。

③ 提高需求预测精度。产生库存的本质原因来源于需求的不确定性。如果能够提高需求预测的精确度,那么对库存的减少将有实质性的帮助。戴尔公司每两个小时对全球每个生产厂的生产线做一次生产计划,并且没有在任何一个厂区设置仓库和保有库存。取而代之的是,他们能够根据实际的需求订单来及时安排原材料送货。戴尔之所以能做到这一点,来源于它所采用的先进的生产计划软件:①V3 系统(订单分配系统)用于安排入厂、出厂和库存管理,在接到订单之后,迅速地将顾客订单安排到具体的生产线,与此同时,通过 Internet 通知供应商将所需的零部件送去那条生产线,而近在咫尺的供应商能够在 90 分钟之内将所需原材料运送到位。V3 系统和 DSi2(Dell 的供应商需求计划模块)系统通过整合,对装配线的生产能力进行优化配置,将库存从 20 天降到了 6 天。②i2(需求计划模块)用于当接收到零部件时,及时地协调物资需求和安排生产计划,使戴尔可以清晰地看见供给和需求的趋势。戴尔的订单直接来自于客户,不需要中间商进行层层传递,故而能够提供稳定的物资流动,加上戴尔公司对自己所拥有产能的精确分析,这就使需求具有了高度的可预见性。同时,订单的处理速度极其快速,也使得戴尔及其供应商不用面对大量的、不稳定的需求难题。

戴尔正是通过坚持按订单生产、采用通用零部件和提高需求预测精度这三个策略,实现了“零库存”。公司 1998 年仅有 2.5 亿美元的零部件库存,利润却高达 168 亿美元,年库存周转率为 50 次。据调研数据,戴尔每天制造超过 50 000 台电脑,但是却只需保有 4 天的库存量,而它大部分的竞争对手却必须保有 20~30 天的库存量以保证供给,如:COMPAQ 的存货天数为 26 天,一般 PC 厂商的库存时间为 2 个月,而中国 IT 巨头联想集团是 30 天。如此少量的库存使得戴尔可以比其他竞争对手以快得多的速度将最新的技术提供给客户,同时也保证了较高的资金流动率和较低的商业风险。

(2) 戴尔的运输策略。对于任何一家公司来说,有两类运输成本必须考虑:内生成本和外生成本。公司从供应商处运回补给订货,就会发生内生运输成本;公司将产品送达顾客,就会发生外生运输成本。

戴尔公司利用航空运输从亚洲运送零部件(内生运输成本),利用包裹运输向客户运送 PC 机(外生运输成本)。虽然航空运输的价格最昂贵,但是考虑到电脑零部件的价值/重量比高,储存成本占其总成本的最大份额,故而戴尔公司在将运输成本(反应能力)和储存成本(赢利水平)相互对比的基础上,选择了价格昂贵的航空运输。由于戴尔公司采用网络和电话订购的直销模式,要求具备较高的反应能力,因此包裹运输无疑是运送小件的、对时间敏感的 PC 的首选,因为包裹运输能为戴尔提供快速、可靠的递送,并且还可以加速戴尔的库存流通、追踪订货状况。通过追踪订货状况,戴尔可以将货物状况提前通知给客户。

(3) 戴尔的设施策略。戴尔公司在全球仅设立了 5 个生产基地,所有的顾客定购货物都由这些地方发出。之所以建立如此少的生产基地是为了能够通过聚集效应提高顾客需求量的预测精度从而降低库存,并且减少设施方面的固定投资,扩大流动资金的比例,增强自身的竞争力。并且,在运用电子商务进行直销的情况下,戴尔也无须设立实体的分销和零售机构,而利用顾客参与订单发送,则降低了管理设施成本。

(4) 戴尔的信息策略。戴尔和大多数 PC 制造商的不同之处在于,它投资建立直接面向顾客的销售渠道,通过电话或者互联网直接从顾客那儿获取订单,在接到顾客订单后再进行组装,而其他的 PC 制造商则先组装产品,然后再将产品卖给批发商,经由批发商把产品卖给经销商或顾客,这样就会导致积压在各个环节的大量库存的出现,且推陈出新的速度也会受到限制。

由于个人电脑的购买通常是有计划的,所以大多数顾客愿意等待产品的递送,而戴尔公司正是以这一顾客群体作为他们网上销售的主要目标。戴尔通过互联网提供大量不同型号的电脑,顾客可以按照个人的喜好,自行选择电脑的不同组装方式。这种个性化的策略,使戴尔公司能提供与顾客具体要求最为接近的产品,以满足顾客的具体需求。

此外,戴尔公司也与它的供应商一直保持着紧密的联系,正如戴尔总裁 Michael Dell 所言:"亲近你的朋友,更要亲近你的供应商。"戴尔公司所实施的 DSi2 系统使得供应商能够察看自己生产的零部件的订单(共享顾客需求信息)以及戴尔公司目前该零部件的库存水平,从而这些供应商能够尽可能准确地按照顾客需求及其预测制定自己的生产计划,缓解牛鞭效应。

利用戴尔和顾客之间顺畅的信息流以及戴尔与其供应商之间的信息流,戴尔及其供应商能比大多数的 PC 制造商更快地了解顾客的实际需求和个性化需求,从而对顾客需要的变化有更快的市场反应能力,并据此更新产品以满足新的需求。

戴尔公司充分运用互联网,以更快的速度将新产品投放市场,以吸引那些不惜高价追求最新技术的顾客。相对于传统 PC 制造商在新产品到达顾客之前必须先充实各级销售商的库存,推陈出新太慢的情况,戴尔却可以在最新电脑模型组装出来之后马上通过互联网向顾客推荐。

戴尔公司通过互联网提供弹性的价格来增加收入。戴尔公司的销售人员每天根据零部件的供需情况调整价格,以现有资源实现公司的利润最大化。此外,有些零部件的库存过剩,公司便降低含有这种零部件的电脑价格,以刺激销售。

通过互联网,戴尔公司在个人电脑售出几天内就可收回货款。而戴尔公司却用传统支付方式向供应商付款,一般在一定期限内支付。这样,即使是在戴尔公司库存水平较低,流动资本为负数时,戴尔公司依然能够维持运营。而包括分销商和零售商的 PC 制造商则几乎不可能达到这一效果。

电子商务使戴尔公司可以在少数几个地点集中布局仓储设施,通过聚集效应降低库存量,但是由于电脑的空间聚集效益有限,所以库存的降低也是有限的。而戴尔公司之所以能保持非常低的库存量,主要是因为戴尔通过互联网接收订单,订单的传送速度大为提高,而在订单接收之后再进行组装,则无须事先保有库存。通过快速的反应机制,戴尔实现了库存量的最小化,并且最大限度地满足了顾客的具体需求,达到了供需匹配的完美境界。

3) 戴尔供应链启示

戴尔成功经验主要为我们提供以下三点启示。

(1) 供应链的设计与管理直接影响到企业的发展。近年来商业社会的竞争态势已经发生了根本变化。企业之间的竞争由原来的在技术上展开已经逐渐转移到在供应链上展开。企业比以往任何时候都更加重视供应链的设计和管理。戴尔的成功经验告诉我们，先进合理的供应链模式可以有效降低生产成本、提高生产效率、增加税后利润及更好地服务顾客，最终极大地提高了企业的竞争力。近年来，欧美企业纷纷掀起流程再造运动，其实质都是企业对自身供应链的一种调整，以便在今后发展中形成更强的竞争力。因此，我们的企业应该对供应链的设计与管理工作给予高度重视。学习和借鉴发达国家企业的成功经验，组建起企业发展相适应的供应链体系，从而提高企业的竞争力。

（2）企业之间良好的合作关系是供应链管理的关键所在。为了保证直销模式的顺利运作，戴尔公司依赖先进的网络信息技术，与供应商实时共享一切重要的客户与生产信息。原配件供应商大多将自己的仓库建在戴尔工厂的附近，保证生产所需原件在20分钟之内可以运到其装配车间。戴尔的技术设计小组全部配有供应商的工程师，在推出新产品时这些工程师会常驻戴尔，以保证新产品的顺利推出。为了维持这种相互信任、高度默契的企业关系，戴尔公司严格挑选供应商，逐步减少供应商的数量，同时努力与供应商建立长期合作关系。

（3）借鉴国外先进的供应链管理方式因地制宜、实事求是。在引进国外先进的供应链管理经验的同时，我们有必要对其方法的特点和我国企业的实际情况进行客观地分析，避免陷入盲目的误区。

2. 海尔电子商务概述

1）海尔集团简介

创立于1984年崛起于改革大潮之中的海尔集团，是在引进德国利勃海尔电冰箱生产技术成立的青岛电冰箱总厂基础上发展起来的。在海尔集团首席执行官张瑞敏“名牌战略”思想的引领下，海尔经过几十年的艰苦奋斗和卓越创新，从一个濒临倒闭的集体小厂发展壮大成为在国内外享有较高美誉的跨国企业。海尔集团从无到有、从小到大、从弱到强、从国内到海外的发展业绩，可以浓缩在下面这组数字中：

2002年海尔实现全球营业额711亿元，是1984年的20 000多倍；2002年，海尔跃居中国电子信息百强之首。

25年前，工厂职工不足800人；2002年，海尔不仅职工发展到了3万人，而且拉动就业人数30多万人。

1984年只有一个型号的冰箱产品，目前已拥有包括白色家电、黑色家电、米色家电、家居集成在内的86大门类13 000多个规格品种的产品群。在全球，很多家庭都是海尔产品的用户。

用户的忠诚度是与海尔产品的美誉度紧紧联系在一起的，几十年间，海尔的无形资产从无到有，2002年海尔品牌价值评估为489亿元，跃居中国第一品牌。海尔产品依靠高质量和个性化设计赢得了越来越多的消费者。2003年，海尔获准主持制定四项国家标准，标志着海尔已经将企业间竞争由技术水平竞争、专利竞争转向标准上的竞争。在国内市场，海尔冰箱、冷柜、空调、洗衣机四大主导产品均拥有30%左右的市场份额。在海外市场，据全球权威消费市场调查与分析机构EUROMONITOR最新调查结果显示，海尔集团目前在全球白色电器制造商中排名第5，海尔冰箱在全球冰箱品牌市场占有率排序中跃居第一。海尔集团坚持走出国门创名牌，目前，已建立起一个具有国际竞争力的全球设计网络、制造网络、营销与服务网络。现有设计中心18个，工业园10个（其中国外2个，分别位于美国和巴基斯坦；国内8个，其中5个在青岛，合肥、大连、武汉各有一个，海外工厂13个）。营销网点58 800个，服务网点11 976个。海尔产品已进入欧洲15家大连锁店的12家、美国10家大连锁店的9家。在美国、欧洲初步实现了设计、制造、营销三位一体的本土化布局。其中国外最大的工业园在美国南卡州，2000年3月，美国本土生产的海尔冰箱已经进入美国消费者的家庭。2002年，海尔海外十三个工厂全线运营。

随着海尔国际化战略的推进，海尔与国际著名大公司之间也从竞争向多边竞合关系发展。2002年1月8日和2月20日分别与日本三洋公司和中国台湾声宝集团建立竞合关系，实现优势互补、互换市场、资源共享、双赢发展。

2002年3月4日，海尔买下纽约中城格林尼治银行大厦这座标志性建筑作为海尔在北美的总部，表明海尔品牌已初步得到了美国消费者的认可，海尔要在美国扎下根去。

2002年海尔实现海外营业额10亿美元，是中国家电业出口创汇最多的企业。

海尔十八年来的高速发展，最主要的就是靠创新。海尔的创新三原则即创新的目标、本质和途径分别是：创新的目标就是创造有价值的订单，创新的本质就是创造性的破坏，创新的途径就是创造性的借鉴和模仿。

在海尔的创新体系中，战略创新起着关键作用。

在1984年到1991年名牌战略期间，别的企业上产量，而海尔扑下身子抓质量，7年时间只做一个冰箱产品，磨出了一套海尔管理之剑："OEC管理法"，为未来的发展奠定了坚实的管理基础；

在1992年到1998年的多元化战略期间，别的企业搞"独生子"，海尔走低成本扩张之路，吃"休克鱼"，建海尔园，"东方亮了再亮西方"，以无形资产盘活有形资产，成功地实现了规模的扩张。

在1998年至今的国际化战略阶段，别的企业认为海尔走出去是"不在国内吃肉，偏要到国外喝汤"；而海尔坚持"先难后易"、"出口创牌"的战略，搭建起了一个国际化企业的框架。

2002年，海尔通过在产业领域创出的品牌的信誉进入金融业，在金融领域迅速启动，发展顺利，海尔控股的青岛商业银行进入良性发展，2002年成立的保险代理公司，海尔纽约人寿保险合资公司，财务公司，为进入国际资本市场奠定基础，为集团日后的发展搭建更为广阔的舞台。

18年前，海尔名不见经传；18年后，海尔美誉飘香：美国《家电》杂志统计显示海尔是全球增长最快的家电企业；英国《金融时报》评选"亚太地区声望最佳企业"，海尔名列第七；美国科尔尼管理顾问公司也将海尔评为"全球最佳运营企业"。同时，张瑞敏也获得了中国企业家目前在全球范围内的最高美誉，1999年12月7日，英国《金融时报》评出"全球30位最受尊重的企业家"，张瑞敏荣居第26位。2002年12月26日出版的美国《远东经济评论》公布亚太最佳企业排名，海尔位居中国最佳企业第一名。2003年1月，著名的英国《金融时报》发布了2002年全球最受尊敬企业名单，海尔雄居中国最受尊敬企业第一名。2003年8月美国《财富》杂志分别选出"美国及美国以外全球最具影响力的25名商界领袖"，在"美国以外全球最具影响力的25名商界领袖"中，海尔集团首席执行官张瑞敏排在第19位。

海尔集团是一个以家电为主，集科研、生产、贸易及金融各领域为一体的国际化企业。

2000 年实现全球营业额 406 亿元，实现利税 30 亿元；品牌价值达到 300 亿元；目前已拥有包括白色家电、黑色家电、米色家电在内的 69 大门类 10 800 多个规格品种的产品群；在海外建立了 38 000 多个营销网点，产品已销往世界上 160 多个国家和地区，2000 年实现出口创汇 2.8 亿美元。

2）海尔的电子商务理念

海尔向电子商务领域进军，是以虚实结合的策略为指导。在推进电子网络的同时，不断夯实商务基础。他认为，"对于电子商务，最重要的不是在于投资网络，而是在于建立自己的物流体系、商流体系、资金流体系。这样可以形成数倍的增长，原来的基础在进入电子商务时可以迅速得到扩大。"

海尔从两方面为进入电子商务领域做好准备了。一是准备好电子商务在外界需要的必备条件：配送网络和支付网络。目前，海尔在大城市设有营销网点一万多个，并深入到全国六万多个村庄，建立起庞大的销售网络；支付网络是和中国建设银行合作的，在全国各地均可用建行的网络支付、结算，款项可以立即转入海尔的账户。

海尔的第二是调整企业内部的组织结构，使其能够适应外部电子商务的要求。电子商务与其他商务最大的不同就是个性化需求，所以上述工作都做好之后，最关键的一点就是要满足用户个性化的需求。

（1）海尔集团于 2000 年 3 月 10 日投资成立海尔电子商务有限公司，这是中国国内家电企业第一个成立电子商务公司的企业。

（2）2000 年 4 月 18 日海尔电子商务平台开始试运行。到 2000 年 9 月底，B2C，B2B 交易总额超过 12 亿元，今年有望达到 15 亿元人民币。

（3）海尔全国 B2B 商务合作交易会上仅空调产品 2001 年订货就达到 157 亿元。

（4）2002 年的每日访问人数已达到 4 万人次；各种业务、咨询的外部 Internet 邮件目前每日高达 150 封。

（5）目前强调了国际化、平台化、集团化的特点，将海尔集团网站，海尔分公司网站、海尔电子商城网站的进一步提升、海尔物流等网站集合于一体，形成海尔网站集群，如图 13.5 所示。

海尔集团总裁张瑞敏说："拿到上网入场券是参与新经济最起码的条件，海尔要以对全球用户忠诚换取全球的知名品牌，争取新经济时代的生存权。

网络将打破传统经济下以国界划分的经济区域，而使所有企业都面对世界经济一体化的冲击。在由网络搭建的全球市场竞争平台上，企业优势被无情地放大，优者更优，劣者更劣。"

3）海尔的 B2C 应用

面对个人消费者，海尔可以实现全国范围内网上销售业务。消费者可以在海尔的网站上浏览、选购、支付，然后可以在家里静候海尔的快捷配送及安装服务。

从 2000 年 4 月 18 日试运行以来，到 7 月中旬，海尔 B2C 网站实现电子商务交易总额达 400 万元，月交易额超过 120 万元。对海尔来说，交易额还不是最重要的，最重要的是注册的大量用户信息，用户对海尔的信任和忠诚度是海尔最大的财富。海尔的个性化定制改变过去的批量生产为批量定制。用户在海尔网站上进行采购和个性化定制的数量与日俱增。

海尔 B2C 网站采用了 CA 智能化集成的电子商务平台 Jasmine ii(Jasmine Intelligent

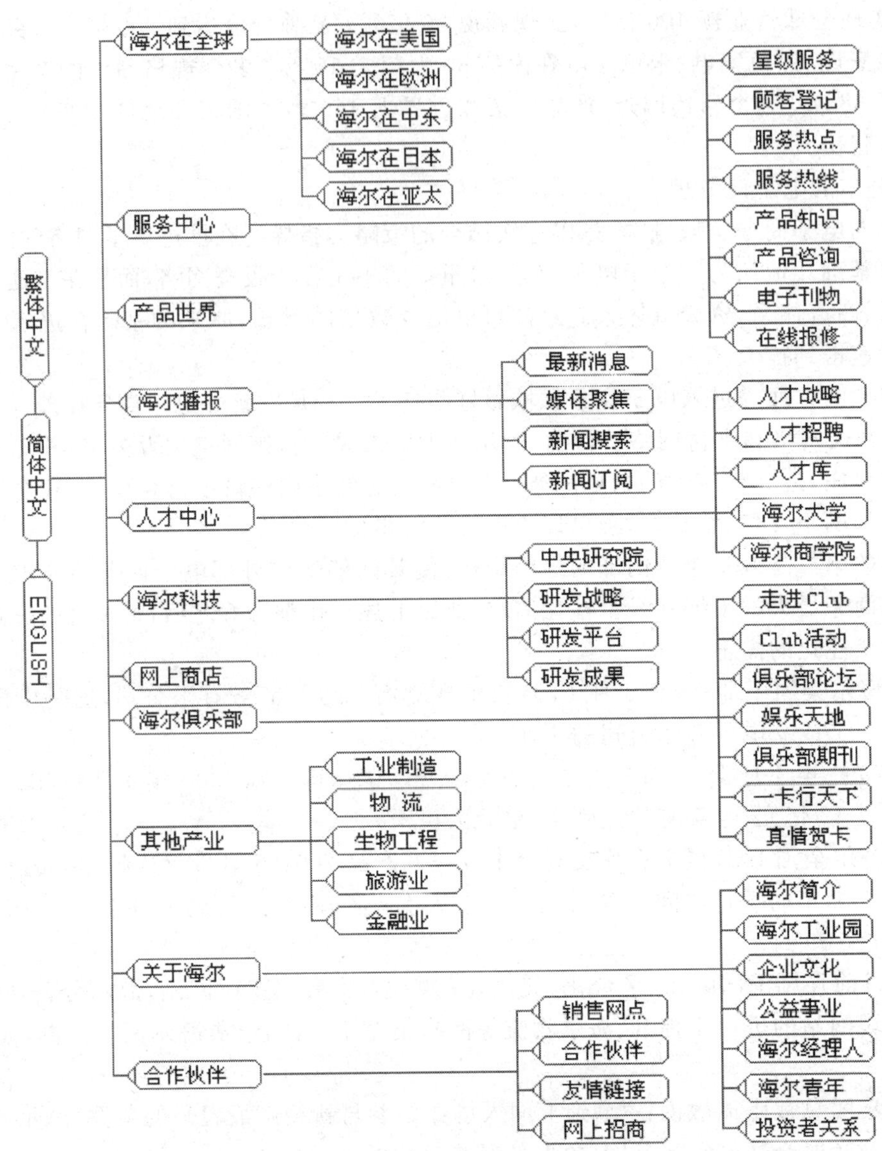

图 13.5 海尔网站集群

Information Infrastructure),使多媒体技术、对象数据库技术和 Web 技术相结合,构成了一个含有大量文字、图像、录像信息、并可与三维虚拟场景交互的多媒体数据库应用系统,实现了基于 Web 的产品定制与导购功能。海尔 B2C 网站配置图如图 13.6 所示。

(1) 在线直销(B2C)。海尔网上商城(www.ehaier.com)是完全由海尔集团公司负责建设、维护与经营的。它利用海尔现有的销售、配送与服务体系,为广大用户提供优质的产品销售服务。海尔集团直接对用户订单负责。

全国每个地区包括农村的消费者都可以从海尔网上商城购物,海尔利用与顾客最近的海尔经销商和售后机构给用户提供服务。

顾客可以通过海尔网上商城系统,直接订购看中的商品,再通过海尔现有的销售、配送与服务体系,由送货上门或邮寄两种方式得到购物。(除了医药产品、数码产品、《海尔兄弟》

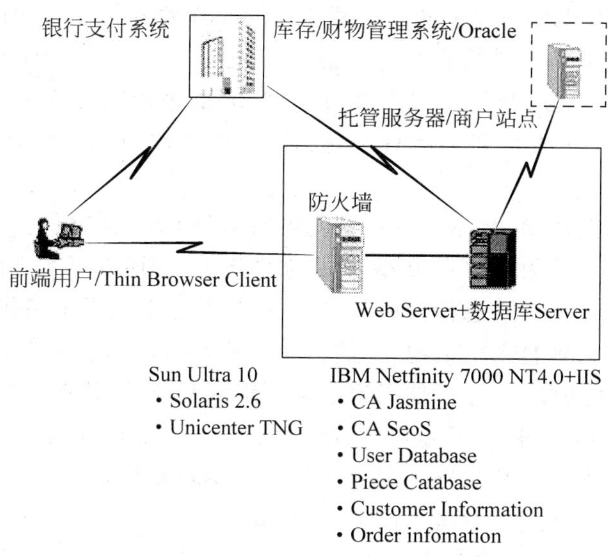

图 13.6 海尔 B2C 网站配置图

等采用邮寄以外,其他都采取送货上门的配送方式。)

银行网上支付:目前海尔网上商城提供招商银行(全国范围)、工商银行(全国范围)的网上支付业务,用户在线支付成功后海尔能够通过系统立即查看到支付信息,然后安排配送。(除了在线支付,海尔同样采用货到付款、银行电汇和邮政汇款的方式。)

(2) 网上制订服务(B2C)。海尔及富个性化的创造理念,使客户可以在任何地方通过互联网享受海尔的网上制订服务,随意的组合自己需要的组件。

① 产品制订。海尔最先开始的是冰箱的制定服务。海尔针对用户的需要,预先设计了多个套餐,客户也可以选配自己喜欢的产品组件,系统会进行自动报价,直到客户满意为止。定制完成,输入个人和收货信息,就可以等待产品的直接送到。

② 服务制订。同产品制订类似,客户也可以详细选择需要的服务项目。以空调服务制订为例,客户可以从空调移机、加装饰板、清洗保养等十几个服务项目中选出自己需要的服务,系统会整体报价。

(3) 网上服务中心(B2C)。海尔的用户数据库及直接对顾客公开的网上服务中心可以有如下应用。

① 顾客登记。客户填写客户登记表的内容我们将存放到顾客服务数据库中,客户服务人员将会跟踪客户的产品使用情况,为客户提供解决方案,帮助客户了解产品的具体情况。

② 产品知识。客户可以查询到海尔不同类产品的购买、使用、维护方面的小知识。

③ 产品咨询。客户对海尔的产品及其他方面有任何疑问,可以在线填写表单,我们会通过邮件或电话解答。

④ 电子刊物。客户可以订阅海尔新闻、市场活动、产品知识等免费电子刊物。

⑤ 在线报修。客户购买的海尔产品有任何问题,可以在线填写报修表单,海尔会主动与您联系。

4) 海尔的 B2B 应用

以通过电子商务手段更进一步增强海尔在家电领域的竞争优势,不靠提高服务费来取得赢利，而是以提高在 B2B 的大量的交易额和 B2C 的个性化需求方面的创新。

2000 年 3 月 10 日，海尔投资成立电子商务有限公司。4 月 18 日海尔电子商务平台开始试运行，6 月份正式运营。截止到 12 月 31 日，B2B 的采购额已达到 77.8 亿，B2C 的销售额已达到 608 万。海尔的电子商务为什么魅力四射？用户为什么会有如此大的热情，可以看这样 1 个例子。

从网上给亲人送台冰箱，北京消费者吴先生的弟弟下个月结婚，吴先生打算买一台冰箱表达当哥哥的情意。可是弟弟住在市郊，要买大件送上门，还真不太方便。海尔作为国内同行业中第一家做电子商务的信息传来后，吴先生兴冲冲地上网下了一张订单，弟弟在当天就收到了冰箱。弟弟高兴地打来电话说，他们家住 6 楼，又没有电梯，但送货人员却把这么大的冰箱送到了家里，太方便了，今后他买家电也不用跑商场了，就在海尔网站上买！

优化供应链取代本公司的(部分)制造业，变推动销售的模式为拉动销售模式。提高新经济的企业的核心竞争力。海尔电子商务从两个重要的方面促进了新经济的模式运作的变化。一是从 B2B(企业对企业)的电子商务来说，它促使外部供应链取代自己的部分制造业务；通过 B2B 业务，仅给分供方的成本的降低就收益 8%～12%。从 B2C 的电子商务的角度，它促进了企业与消费者的继续深化地交流，这种交流全方位提升了企业的品牌价值。

一位供应商在通过 Internet 与海尔进行业务后给海尔来了一封信：我是一家国际公司的中国业务代表，以前我每周都要到海尔，既要落实订单，还要每天向总部汇报工作进展，非常忙碌。有时候根本顾不上拓展新的业务。自从海尔启用电子商务采购系统后，可以在网上参加招投标、查订单、跟踪订单等工作，大大节省了人力、物力和财力，真是一个公开、公平、高效的平台。而且我也有更多的时间来了解海尔的需求，并为公司又谈下了一笔大生意，得到了公司的表扬。……更重要的是，我作为中国人也为海尔而自豪，我们总部也是刚刚采用类似的系统，而在中国海尔已经运作起来了，与海尔合作体现了国际的先进手段和效率！

把商家也变成设计师，“个性化”不会增加成本。海尔电子商务最大的特点就是个性化。去年我们在内部就提出了与客户之间是零距离，而此前客户的选择余地是有限的，这对厂家有利，现在一上网，用户要定制他自己的产品，这并不是所有企业都能做到的。

要做到与客户之间零距离，不能忽视商家的作用。因为商家最了解客户需要什么样的商品，要与客户之间零距离，就要与商家之间零距离，让商家代替客户来定制产品。B2B、B2C 的模式符合实际情况，也帮我们培养了一大批海尔产品用户的设计师。

海尔提出的商家、消费者设计商品理念，是有选择的，我们不可能让一个普通的商家或消费者代替专家纯粹从零开始搞设计，这样他们不知从何下手，我们也难以生产。我们现共有冰箱、空调、洗衣机等 58 个门类的 9200 多个基本产品类型，这些基本产品类型，就相当于 9200 多种“素材”，再加上提供的上千种“佐料”——2 万多个基本功能模块，这样我们的经销商和消费者就可在我们提供的平台上，有针对性地自由地将这些“素材”和“佐料”进行组合，并产生出独具个性的产品。

当然，我们这种 B2B 的模式若只定位在某一地方就肯定不行，因为成本太大了，我们是着眼于全球市场，这样需求就大大地增加，成本就大大地降低。一般来讲，每一种个性化的产品如产量能达到 3 万台，一个企业就能保证盈亏平衡，而事实上海尔的每一种个性化的产品的产量都能达到 3 万台以上。这成本平摊下来，商家和消费者所得到的产品价格的增长是很微小的。

5）海尔物流“一流三网”同步模式的趋势

海尔的物流改革是一种以订单信息流为中心的业务流程再造，通过对观念的再造与机制的再造，构筑起海尔的核心竞争能力。

海尔物流管理的“一流三网”充分体现了现代物流的特征：“一流”是以订单信息流为中心；“三网”分别是全球供应链资源网络、全球配送资源网络和计算机信息网络。“三网”同步流动，为订单信息流的增值提供支持。

(1) 一流三网。在海尔，仓库不再是储存物资的水库，而是一条流动的河。河中流动的是按单采购来生产必需的物资，也就是按订单来进行采购、制造等活动。这样，从根本上消除了呆滞物资、消灭了库存。

目前，海尔集团每个月平均接到6000多个销售订单，这些订单的品种达7000多个，需要采购的物料品种达26万余种。在这种复杂的情况下，海尔物流自整合以来，呆滞物资降低了73.8%，仓库面积减少50%，库存资金减少67%。海尔国际物流中心货区面积7200平方米，但它的吞吐量却相当于普通平面仓库的30万平方米。同样的工作，海尔物流中心只有10个叉车司机，而一般仓库完成这样的工作量至少需要上百人。

(2) 海尔获得了快速满足用户需求的能力。海尔通过整合内部资源优化外部资源，使供应商由原来的2336家优化至840家，国际化供应商的比例达到74%，从而建立起强大的全球供应链网络。GE、爱默生、巴斯夫、DOW等世界500强企业都已成为海尔的供应商，有力地保障了海尔产品的质量和交货期。不仅如此，海尔通过实施并行工程，更有一批国际化大公司已经以其高科技和新技术参与到海尔产品的前端设计中，不但保证了海尔产品技术的领先性，增加了产品的技术含量，还使开发的速度大大加快。另外，海尔对外实施日付款制度，对供货商付款及时率达到100%，这在国内，很少有企业能够做到，从而杜绝了“三角债”的出现。

(3) JIT的速度实现同步流程。由于物流技术和计算机信息管理的支持，海尔物流通过3个JIT，即JIT采购、JIT配送和JIT分拨物流来实现同步流程。

目前通过海尔的BBP采购平台，所有的供应商均在网上接受订单，使下达订单的周期从原来的7天以上缩短为1小时内，而且准确率达100%。除下达订单外，供应商还能通过网上查询库存、配额、价格等信息，实现及时补货，实现JIT采购。

为实现“以时间消灭空间”的物流管理目的，海尔从最基本的物流容器单元化、集装化、标准化、通用化到物料搬运机械化开始实施，逐步深入到对车间工位的五定送料管理系统、日清管理系统进行全面改革，加快了库存资金的周转速度，库存资金周转天数由原来的30天以上减少到12天，实现JIT过站式物流管理。

生产部门按照B2B、B2C订单的需求完成以后，可以通过海尔全球配送网络送达用户手中。目前海尔的配送网络已从城市扩展到农村，从沿海扩展到内地，从国内扩展到国际。全国可调配车辆达1.6万辆，目前可以做到物流中心城市6～8小时配送到位，区域配送24小时到位，全国主干线分拨配送平均4.5天，形成全国最大的分拨物流体系。

计算机网络连接新经济速度在企业外部，海尔CRM(客户关系管理)和BBP电子商务平台的应用架起了与全球用户资源网、全球供应链资源网沟通的桥梁，实现了与用户的零距离。在企业内部，计算机自动控制的各种先进物流设备不但降低了人工成本、提高了劳动效率，还直接提升了物流过程的精细化水平，达到质量零缺陷的目的。计算机管理系统搭建了海尔集团内部的信息高速公路，能将电子商务平台上获得的信息迅速转化为企业内部的信息，以信息代替库存，达到零营运资本的目的。

（4）积极开展第三方分拨物流。海尔物流运用已有的配送网络与资源，并借助信息系统，积极拓展社会化分拨物流业务，目前已经成为日本美宝集团、AFP集团、乐百氏的物流代理，与ABB公司、雀巢公司的业务也在顺利开展。同时海尔物流充分借力，与中国邮政开展强强联合，使配送网络更加健全，为新经济时代快速满足用户的需求提供了保障，实现了零距离服务。海尔物流通过积极开展第三方配送，使物流成为新经济时代下集团发展新的核心竞争力。

（5）流程再造是关键观念的再造。海尔实施的现代物流管理是一种在现代物流基础上的业务流程再造。而海尔实施的物流革命是以订单信息流为核心，使全体员工专注于用户的需求，创造市场、创造需求。

海尔的物流革命是建立在以"市场链"为基础上的业务流程再造。以海尔文化和OEC管理模式为基础，以订单信息流为中心，带动物流和资金流的运行，实施三个"零"目标（质量零距离、服务零缺陷、零营运资本）的业务流程再造。构筑核心竞争力物流带给海尔的是"三个零"。但最重要的，是可以使海尔一只手抓住用户的需求，另一只手抓住可以满足用户需求的全球供应链，把这两种能力结合在一起，从而在市场上可以获得用户忠诚度，这就是企业的核心竞争力。这种核心竞争力，正加速海尔向世界500强的国际化企业挺进。

6）海尔电子商务启示

（1）公司再造理论的提出为海尔业务流程再造和新流程观念的确立提供了指导思想。传统的职能型结构是依据专业化分工设计所形成的，在这种组织结构中，每个人"对内"向各自所承担的专业化工作负责，"对上"遵照上级的指示执行，没有哪一个人有资格对整个工作流程负责，结果使流程缺少整体的管理和控制，并导致企业协调运作成本的大量增加，降低了企业的应变能力，难以适应新经济环境下企业可持续发展的要求。而流程型结构则强调以完整、连贯的整合型业务流程代替那种被各职能部门划分的、难以管理协调的破碎型业务流程，每一个流程都有直接的"顾客"——内部顾客和外部顾客，为顾客提供最直接的服务。基于公司再造理论而确立的新流程观念就是直接面对"顾客"的、具有高度经营决策权的完整业务流程，其优势在于提高企业的经营效率和响应市场速度，使企业获得快速发展。

（2）流程关系不是行政关系而是市场关系。海尔业务流程再造的切入点是"市场链"即把市场经济中的利益调节机制引入企业内部，在集团的宏观调控下，把企业内部的上下流程、上下工序和岗位之间的业务关系由原来的单纯行政制（即纵向依靠自上而下的计划安排和行政指令，横向依靠会议调度和上级命令协调；下级只服从上级，只对上级负责）转变成平等的买卖关系，服务关系和契约关系。通过这些关系把外部市场订单转变成一系列内部市场订单，形成以"订单"为中心、上下工序和岗位之间相互咬合、自行调节运行的业务链。在这条业务链中，每一个流程都有直接的"顾客"（外部顾客和内部顾客。内部顾客指部门之间、工序之间、岗位之间互为顾客）。按照这一模式，海尔集团对原来的组织结构进行了重新设计和整合。

（3）以企业文化和OEC管理为平台，价值分配市场化。OEC管理贯穿于企业整个内部市场链，流程之间的内部"订单"履行以OEC管理为保障，通过索酬、索赔和跳闸手段，在规定的时间、地点和条件下迅速完成订单的各项内容，再造后所有的业务流程与岗位的收益不再是"大锅饭"，而是全部由自己服务的"顾客"来支付，这是价值分配与激励机制领域的一次深刻革命。

总体来看，海尔的流程再造中贯穿着"管理创新"，这些创新体现在以下4个方面。

(1) 观念创新。观念创新之处在于索赔观念、跳闸观念和负债经营的观念。在海尔的市场链模式下，以市场和顾客作为价值评价和分配的标准，员工的报酬完全来源于市场，只有你的工作得到了市场的认可与接受，才能获得报酬；否则，不但拿不到报酬，还要被用户索赔。同时，通过负债经营观念的确立，把资产负债表落实到每一个岗位和流程，由利益相关的第三方(独立于当事者双方并与当事者利益相关的仲裁中心)制约并解决问题。

(2) 组织结构创新。在海尔的"市场唯一不变的法则就是永远在变"的观念下，其组织结构必然随着其战略目标的转移和市场环境的变化而不断创新。从实施海尔名牌战略的职能式结构，到适应海尔多元化扩张战略的事业本部制组织结构，再到实现海尔国际化战略目标的流程型网络结构，体现了海尔的组织结构创新之路，流程型网络结构实现了由传统的功能型组织向流程型组织的转变，是一种对传统组织结构彻底的创新，是"业务流程再造"的必然结果。

(3) 管理集成创新。从管理体系上看，把分属于不同业务流程的先进管理技术通过市场链集成起来，形成一个完整、系统的管理体系，把市场的压力通过相互咬合业务流程无差异地传递给每一个岗位，使信息的流动货币化，加快了信息沟通和反馈的速度，全面激活了流程的活力，进而在以OEC管理法为核心的管理基础平台上，把核心流程与支持流程集成起来，形成了一个最大限度的、共享企业资源的管理集成平台。

(4) 价值分配方式创新。海尔的价值分配机制是以用户满意为标准的价值分配方式，它既不是传统意义上的按劳分配方式，也不是按资分配方式，而是一种按结果分配方式，这种结果就是市场认可和用户满意。也就是在以市场交易规则为基础的平台上，以客户满意(索酬)与否(索赔)和以其投入获得最终市场评价结果为获得报酬的标准。

实验 13.4　电子商务失败案例

【实验目的】

- 了解优菜网的兴起与衰败的原因。
- 了解PPG(批批吉)的成功与失败的原因。

【实验条件】

- 个人计算机一台，基本配置：CPU Core2 以上，内存 2GB 以上，硬盘空间 20GB 以上，100 兆网卡。
- 个人计算机预装 Windows XP 操作系统和浏览器。
- 具有网络连接，可以连接 Internet 网络。

【实验内容和步骤】

1. 优菜网的兴起与衰败

1）优菜网简介

优菜网创始人丁景涛，他是西北工业大学导弹控制专业博士，16 年 IT 领域从业经验。曾任用友软件工程西安分公司总经理、北京波神凯线科技有限公司总经理、用友软件工程 IT 应用研究院院长助理等职。他在用友软件工程 IT 应用研究院期间，主要研究电子商务，创新性地提出了“像送牛奶一样送菜”的新电子商务模式，有感于中国蔬菜行业的诸多乱现象，发愿通过先进的 IT 手段，让广大市民能低价格地吃上健康的蔬菜，于 2010 年 8 月创办了优菜网。

优菜网是“像送牛奶一样送菜”模式的创造者，是以经营新鲜绿色有机果蔬为主，包括肉蛋奶、油盐酱醋、日用品等快速消费品为主的网上大型超市。通过在每个客户门口放置一个购物箱的方式，解决了生鲜电子商务的诸多难题。通过预定、定时配送和集中配送等低成本运作方式，让低客单价的生鲜电子商务成为可能。让广大白领，能在上班时间买菜，下班时，菜已经放在家门口了，大大方便了人们的生活。

公司产品包括新鲜果蔬类、粮油主食类、调味品类、肉蛋奶类、有机蔬菜类、包装食品类、饮料类、进口食品类、居家日用品（卧室、厨房、卫生间、文体用品、团购会议用品、商务礼品等）。

公司占地一千平米，加工中心进行蔬菜、水果包装加工，网上商超发货流水作业。物流配送部拥有装备齐全的仓储物流车、以及遍布社区的专业社区配送队伍。

2011 年 6 月，公司正式签约北京市海淀区社区服务中心，成为北京社区服务中心 96156 品牌服务商，并成为北京市海淀区社区居家养老服务的试点企业。随着公司进一步完善企业形象，建立起全市客户服务中心，全面提高客户服务质量，标志着公司已经建设成为一家在政府指导下规范经营的专业社区服务公司。

公司聘请专业生产管理人员，严格控制质量，建立了一套完善的生产、包装、配送服务标准体系。产品供应北京各大社区，及各高科技企业园区等，通过不断完善的产品结构来满足社区居民的购物需求。

2）优菜网的特色

优菜网是像送牛奶一样送菜的模式的创造者，丁景涛博士通过四年电子商务、人脉和本地化服务的研究，学习腾讯利用人们“聊天”的需求，建立了庞大的高粘性网上客户群，优菜网利用人们“吃”的需求，创建更加庞大的实体客户群，而互联网让这一切成为可能。优菜网在成立仅三个月就拿到了风险投资，受到资本市场的青睐。

成立两年来，优菜网解决了上千个生鲜电子商务的难题，通过加盟试点，并取得成功，终于可以在北京及全国试点城市全面铺开了。

3）优菜网的优势

（1）首先，优菜网的蔬菜是按订单进货的，都是当日最新鲜的蔬菜，这即保证了新鲜，又降低了损耗，大家去菜市场或者超市买菜，拿起来放下，几次以后，蔬菜就坏了，到晚上的时候剩菜就全部扔掉了，综合损失率在 30%以上，而优菜网的损失率低于 5%。

(2) 优菜网的场地等租金也比超市和菜市场便宜得多，不需要在繁华地段，虽然增加了运输成本，但是优菜网通过科学的物流，通过不见面和集中的配送形式，让物流成本大大降低，这也是优菜网低成本的法宝。

(3) 低成本还来自于科学的管理，优菜网通过流水线和标准化包装，大大降低了人工成本。

(4) 比超市方便而且成本更低，而且任何地方都可以送达，量大了以后还更具有议价权，所以，一定会在未来与超市的竞争中获得优势。

4) 优菜网的理念

公司依托北京特有的优势，联合中关村科技园区企业，建立软件开发基地，联合京郊绿色生态园，建立有机绿色生态园观光基地。公司物流配送中心地理环境优异，交通运输十分便捷。公司本着“团结敬业，优质服务"的宗旨。奉行“质量第一，信誉第一”的原则，为北京市各社区居民提供最优质的服务。以人才、信息、质量、效率竭力满足社区服务行业日新月异的发展需要。公司将继续发扬“开拓、进取”的创业精神，在各行各业，各界朋友的热忱支持下取得更大的成就。

5) 优菜网失败的原因

(1) 由于融资困难，创始人丁景涛最终决定将公司转让。“现在小额融资还是能融到的，大额比较困难。”丁景涛说。他表示，融资困难直接导致公司的规模无法拓展。

(2) 没有体现出优菜网本身的“优”来。优菜网一开始的时候做的是有机蔬菜，取得了一定的成果。可是做了一段时间之后，发现很多所谓的有机蔬菜都是假的，于是又转做普通蔬菜。这样一来就背离了其本身“优菜”的宗旨，再加上普通蔬菜的质量无法得到保证，使得客户的体验大打折扣，也直接导致了很多客户的流失。

(3) “会员制”购物门槛过高。首次在优菜网买菜，必须先注册账号并在账号中充入200元钱才行。对于大多数人来讲，是不愿意在没有了解商品质量的情况下就掏钱的，这样一来无形中就把很多潜在客户挡在了门外。

(4) 支付方式不够灵活。优菜网只有在线支付和网站账户支付两种支付方式，也就是说必须先交钱后送货。抛开很多老年人不会用网银和支付宝这一客观事实不讲，但就退货这一环节，就够客户麻烦的。如果能够推出货到付款方式。这样一来就方便多了，很多不会用网银的人也可以下订单。一旦出现客户对货物不满意的情况，直接拒收就可以了，免去了退货、退款的麻烦。

(5) 不能提供比菜市场更好的购物体验。去菜市场买菜，可以挑选自己爱吃的，比如苹果，同样的红富士，口味非常多。而在网上购买，送到家的苹果可能千滋百味。

(6) 物流成本过高。丁景涛表示：“现在第三方物流一般都不接生鲜类的生意，所以物流大家都是自己在做。”这样不但增加了公司运作的环节，也加大了公司的运营成本。马云曾说过“电商最大的考验是物流”，生鲜电商最难的也正是物流。

(7) 盲目扩大经营范围。为了增加效益，优菜网选择扩大经营范围，从原来的蔬菜、水果逐步增加了油盐酱醋，最后甚至连日用品也纳入到了经营范围。卖菜的捎带手买点儿油盐酱醋也就算了，连卫生巾都摆到货架上，明显给人一种不专业的感觉，客户流失也就顺理成章了。

(8) 企业运营环节太多。进货、仓储、装配、物流、网站维护、客户发展等等牵扯了太多精力，花费了太多成本。

(9) 信息不对称，劣币驱逐良币。比如黄瓜，客户认为的好黄瓜和优菜网认为的好黄瓜有巨大差异，客户认为颜色浅且鲜艳，外观直且顶花带刺的才是好黄瓜，其实这是劣币。但是客户思想很难改变，如果没有一个权威的信息对称，很容易出现退货的情况。

(10) 盲目扩张。优菜网在初期获得成功后，对外发布了加盟信息，以期迅速扩大覆盖范围。虽然覆盖范围扩大了，但是麻烦也接踵而至。加盟商的水平参差不齐，使服务质量和客户满意度都受到了影响。城里很多地方都禁止货车通行，很多客户订了菜却被告知无法送达，直接导致了网站信誉度的下降，很多客户也就流失了。

(11) 最后说说优菜网的菜箱子。这本来是个非常好的创意，真正把“像送牛奶一样送菜”的理念落实到了行动上可是这样做的弊端也有很多。首先，对于小区住户家门口突然冒出来的大箱子，很多物业都表示无法接受，有的甚至给拆了。和报纸桶和牛奶箱相比，菜箱子一时之间还让人无法接受。其次，这些箱子都是需要成本的，安装费用不提，单材料费据说就要50～60块钱。优菜网一共装了几千个箱子，这是一笔不菲的开支。

现在想想之前提到的首冲200块钱才能买菜的规定，还是有一定的道理的。再有，箱子看着是挺正规的，送货员把菜直接放箱子里可以有效避免等客户回家浪费时间。但是，人算不如天算，什么都想到了却没想到保温问题，前些日子北京气温骤降，好多菜放在箱子里都冻了。芹菜冻得跟铁条一样，萝卜个个能当板儿砖用了，这样的品质谁还敢买？

经过两年多的打拼，优菜网还是倒下了，但是丁景涛表示仍旧看好生鲜电商。和丁景涛一样，很多接触过生鲜电商的人也深深体会到了生鲜电商的服务给自己生活带来的便捷。北京还有鲜直达、沱沱等运营不错的生鲜网站，虽然“生鲜B2C模式在中国没有任何先例可循，目前见到的京东、淘宝、当当、凡客等电模式，用在生鲜上统统不管用。这个有着巨大市场空间，无限美好未来的行业，在中国究竟应该采用什么模式才是真正符合中国国情，才能最终走向成功？我们会继续关注。

2. PPG(批批吉)的成功与失败

1) PPG的商业模式

PPG运用创新化商业模型，结合了资本、管理、技术与国际、国内优质合作伙伴等优势，致力于成为中国以及全球领先的服装品牌厂商。PPG成立于2005年10月。目前以男式系列服装为核心产品，通过将现代电子商务模式与传统零售业进行创新性融合，以现代化网络平台和呼叫中心为服务核心，以先进的直效营销理念，配合卓越的供应链管理的方式及高效完善的配送系统，为消费者提供高品质的服装产品与服务保障。

PPG，这家通过网络方式售卖男士衬衫的新兴公司，号称衬衫行业里的戴尔，恰如一叶轻舟，在时兴的B2C业务中一夜成名，迅速建立起市场领导者的地位。但转眼之间，PPG开辟出来的这一种“轻模式”就有了“轻模式”优衫网、VANCL(凡客诚品)等30多家模仿者、追随者。PPG不但很快丢掉了老大的地位，而且，一时间投诉频繁、官司缠身、高管流散，在业务经营和公众宣传方面，很快淡出了消费者的视线。但重新审视一下这个公司，用两年的时间走完了其他服装品牌需要二十年才能走出的路程，确实有它的成功之处。

PPG没有一家实体店，没有厂房和流水线，只有两个小仓库和一小栋办公楼；员工不到600人，其中还包括近300席呼叫中心的工作人员；没有一家实体店。但这家看起来很小的公司，仅凭呼叫中心和互联网，在短短1年多的时间里迅速跻身国内衬衫市场前三甲，冲击着国内市场占有率第一的雅戈尔，这在服装行业意味着什么？与传统服装企业90天的库存周期相比，PPG的库存成本可以降到很低，并且能够规避经营的风险。尽管也存在积压或者缺货的情况，但是基本能够做到及时调整，几乎不会影响正常的销售。

以7天为周期快速响应市场需求，这完全取决于PPG对供应链的控制能力。目前PPG有7家成衣供应商，距离其仓库不超过两小时车程。除此之外，服装设计、质量监控、物流配送也全部外包给第三方公司。而PPG的核心任务，则是通过呼叫中心和互联网收集市场信息，分析其中的变化和新需求，进而反馈给各供应商，制订出下阶段的市场计划。

这条敏捷的供应链整合了成衣制造商和布料供应商的资源，PPG将仓储、物流、采购和生产都用IT系统互联互通，信息在这个闭环的供应链里得以快速流转，一旦互通仓库发出缺货警报，信息通过IT系统传到PPG的采购部，采购部再根据市场部的预测数据以及库房缺货的数据，立即组织布料采购和生产。由于PPG对于布料的颜色、质地等方面的范围都进行了设定，而且对布料生产量的信息都是实时准确的，这样布料供应商在PPG采购部门发出生产指令之后，24小时之内就能直接将原料直接运送服装加工厂，同时每家服装加工厂都能做到在96小时之内批量加工，最后再将成衣运送到PPG的仓库等待打包发放。

2）PPG的B2C应用

另外比较特别的是，PPG有一个重要的渠道，即它的呼叫中心，也叫做直销热线服务中心。这是PPG向消费者提供产品的窗口。通过电话交流，PPG不但可以在电话中销售出自己的产品，还可以直接询问顾客的详细情况，包括地域、年龄、消费习惯、职业等信息，而这些都为PPG的市场部门进行分析预测，进而反馈到上游的生产采购提供了重要的后台支持。

PPG通过网络直销保证了产品低价。PPG用快速反应的供应链和创新的渠道将产品直接交到消费者手里，在给企业自身减轻了库存负担、形成了成本优势的同时，也把真正的实惠留给了消费者，即低价格的产品。同时，PPG还提供个性定制服务，这些都令消费者在感受到低价的同时也能享受到更适合自己的产品。

3）PPG注重品牌的建立

消费者已经比较认可的品牌商品，比如北斗手机网、当当网等都只是提供一个销售渠道给其他的一些自有品牌的公司。而PPG却恰恰相反，PPG出售的所有产品都是自主品牌，它的核心就是打造自有品牌，这将PPG与未来模仿PPG的竞争者区隔开来。又切合了凸显男士的PPG地位和品位的效果，PPG在电视媒体、平面媒体和网络媒体上大肆地投放广告，除了对品牌起到了一个广泛的宣传作用外，直接拉动了销售。由于广告上有产品的照片和编码，消费者可拨打免费电话或上网订货，当然也可以手机短信等方式索取目录，这样也就直接接触到了消费者，并且给消费者以便捷的品牌印象。

PPG采取了建立自身品牌的策略本着一种对自身产品承担责任的态度，减少了网络直销给顾客带来低价格所以低质量的感觉。消费者们更容易信任PPG公司的产品，从而达到网络直销的目的，也会让公司更加具有生命力。同时，PPG的广告创意、媒体选择都体现出较成熟的操作水平，它从广告上用最贴近消费者的方式去经营、与消费者进行真诚的沟通，带给消费者平易近人的品牌形象，拉近了PPG与消费者的距离。

4）PPG失败的原因

（1）失败基因的第一个P(Product)。产品既包括实物形态的衬衫产品，也包括PPG提供的顾客下订单过程中的各种服务，如订单处理、退货处理等。PPG在选择了将产品的生产外包后，就没把产品的质量放在心上。忽视产品质量的后果必然是招致消费者的极大不满，从而顾客的质量投诉成为PPG的一块心病。网络上对PPG衬衫本身质量的指责主要集中在三点，一是下摆短，衬衫袖口短，看上去特别不协调；二是下摆短，搭配西裤容易掉出来，有碍形象；三是版型宽，欧版的式样让身材偏瘦的人穿着特显肥松；最后是客服烦琐令人失望，退换货的程序难以接受。

一个简单案例：

4月7日，星期一，北京市西城区的白领崔先生收到了宅急送快递来的一个包裹，里面装着他四天前(4月3日)向PPG公司电话订购的一件衬衣。“除去此间清明节和周末的三天假期，PPG用了周四和周一两个工作日送达，基本上兑现了订货时的承诺。”崔先生告诉记者，“衬衣质量看上去还不错，遗憾的是颜色跟网站上的图片相比有差别。”客户不满意，如果需要退货，结果会怎样呢？

一位有购买PPG衬衣经历的朋友告诉记者，商场购买的衬衣如果在洗涤后发现缩水或掉色，还是可以退换的，但PPG的限制条款则不允许这样做；另有购买者在网上留言，声称退换货后无法正常收到货款；还有人表示，退换货时损失的往返快递费达到30元，每次打电话询问时都会遇到不同方式拒绝退换货的要求等等。事实上，记者本人在拨打PPG销售热线时，也被告知，非正价产品不可以退货，而这一点还不包括在PPG的退货规定条款内。

对产品质量以及购买全流程的服务质量的漠视或监管不力，让PPG饱受消费者诟病，这也导致了PPG虽然建立起了对第一批“俘获”的消费人群的数据库，却无法让他们成为活跃的回头客。

（2）失败基因的第二个P(Promotion)。在销售促进的诸多方面，PPG是血泪斑斑，教训累累。

① 广告投放操控不严。2007年，PPG在媒体大肆投放广告，一举烧掉了2.3亿元的广告费。对一家企业来说，这是一个惊人的数额。众多周知，目前的广告市场是一个买方市场，诸多血腥拼杀的媒体对广告是求之若渴。以PPG这么大的投放量，完全可以拿到很低的价格。但事实上，PPG的疯狂投放，操控不严，硬生生将一个“买方市场”做成了“卖方市场”。庞大额度的现金投入广告，事实上却是浪费惊人，这直接造成了后来的资金紧张，诸多纠纷诉讼也因此而起，极大地影响了PPG的声誉，也让公众怀疑其真实实力。这对PPG的形象声誉是沉重一击。

② 打折促销伤及立身之本。2007年12月17日，PPG突然推出了折价销售网站。在这里，PPG将原本售价高于99元的一系列衬衫和休闲裤以最低29元的价格出售，一时间引发诸多争议疑虑。顾客的直觉把“打折”和“清理库存”联系在一起。

PPG的“轻”身之本就是零库存。那么，又怎么会冒出将库存产品打折促销的这一出呢？事实上，PPG自以为聪明地使用了与原网站(ppg.cn)完全不同的另一个网址ppgsale.cn进行打折促销，却颇具“此地无银三百两”的嫌疑。而更加荒谬的是，这都是PPG一家公司的产品，既然ppgsales.cn上全部3折，那用户为什么还要去ppg.cn购买呢？

（3）失败基因的第三个G(Gamble)。PPG的短暂辉煌离不开其背后的“风险投资”。

但是，在面对“风险投资”的时候，人们往往只看到了“投资”两个字，而没有看到“风险”两个字。据PPG透露，著名国际风险投资公司TDF、JAFCO Asia在2006年向PPG进行投资后，又在2007年4月联合国际知名风投KPCB对PPG进行第二轮投资。两轮注资总额接近5000万美元。但知情人士透露，其实VC最后轮投资在2007年底就结束了，总共承诺投资不过5000万美金，而在投了3000万美金之后，就没有再继续。而且，PPG在第二轮融资时与风险投资者签下对赌协议，承诺2007年将达到7亿的销售额，否则，可能影响后续资金的进入，或双方将重新界定股权。

与风险投资间的对赌协议给PPG的正常运营造成了极大的压力。而重压之下，PPG无法走稳健发展之路，错漏百出，也是可以理解的，但也是非常令人痛惜的。

PPG的失败绝不是商业模式的失败，而是市场营销的失败。它强于2P，却忽视另外2P的做法让其付出了惨重的代价。现在的消费者已经和过去大为不同了。曾经，企业只要有1个P出色，就可以“一招鲜，吃遍天”了。现在的消费者，更为精明和挑剔，不但要求产品与众不同，而且还要价廉质优，表里如一。更何况，还有诸多的竞争者环伺一旁，虎视眈眈。只要任何一个环节有所纰漏，就会被撕开缺口。

5）PPG电子商务启示

（1）转变广告扩张模式。PPG的快速发展建立在铺天盖地的广告轰炸基础上。PPG将大量的钱砸向了平面媒体和电视媒体，但当广告投放量下降后，其销售额就会明显减少，而一旦停止投放广告，结果就更加可想而知了。广告投放成本每年都在增加，这种靠广告来拉动产品销售的模式，在未来必将承担更大的风险。而当这些新兴企业的资金链一旦出现问题，马上就会影响到广告的投放，而广告的投放下降以后，销售额立即随之下降，这就形成了一个恶性循环。其实，企业完全可以考虑开设实体店铺，毕竟卖服装“不靠门店，完全靠广告”的扩张模式在未来将越来越难以为继。

（2）增加对消费者的了解。以“红孩子”公司为例，其最早定位于“母婴用品平台”，但经过深入分析两年来的销售数据之后，其发现家庭中妈妈是购物的中心，所以，“红孩子”随之将定位转变为“家庭购物平台”，拥有母婴用品、化妆品、家居用品、健康用品、商务礼品等多条事业线，成为国内领先的互联网及目录销售公司。其他新兴企业同样可以通过增加对消费者的了解，从中发现更多的商机。

（3）提升消费者切身体验。对于新兴企业而言，开设实体店铺有众多好处，特别是开设实体店铺有众多好处，可以提升消费者的切身体验。实体店铺能够让消费者通过触摸、试穿、交流、退换货等过程来完善消费体验。开设实体店铺能够增强消费者对品牌的认知，而不只是停留在互联网的虚拟交易阶段，开设实体店铺更有利于培养消费者的品牌忠诚度。

从PPG的兴衰更替中，我们也可以认识到，传统的营销4P——产品（product）、价格（price）、渠道（place）、促销（promotion）并未过时，而且4P相互间的关联更为密切，影响更为深入，漠视、错用其中任何一个P，都可能牵一发而动全身。只有采取有所侧重地突破，兼顾相互均衡的4P策略才能保持常胜不败。

【相关知识】

通过以上成功和失败的电子商务案例分析可以看出，一个电子商务公司存活下来，不仅仅是基于自身的产品，而且还拥有一个有能力的管理团队、良好的售前服务、组织良好的商业结构、网络基础和一个安全的，设计良好的网站，这些因素包括：

(1) 足够的市场研究和分析。电子商务需要有可行的商业计划并遵守供需的基本原理。在电子商务领域的失败往往和其他商业领域的一样，缺乏对商业基本原则的领会。

(2) 一支出色的被信息技术策略武装起来的管理团队。一个公司的信息战略需要成为商业流程重组的一个部分。

(3) 为客户提供一个方便而且安全的方式进行交易。信用卡是最互联网上普遍的支付手段，大约90%的在线支付均使用信用卡的方式完成。在过去，加密的信用卡号码信息通过独立的第三方支付网关在顾客和商户之间传递，现在大部分小企业和个体企业还是如此。如今大部分规模稍大的公司直接在网站上通过与商业银行或是信用卡公司之间的协议处理信用卡交易。

(4) 提供高可靠性和安全性的交易。例如利用并行计算、硬件冗余、失败处理、信息加密和网络防火墙技术来达到这个需求。

(5) 提供360度视角的客户关系，即确保无论是公司的雇员、供应商还是伙伴均可以获得对客户完整和一致的视角，而不是被选择或者过滤的信息。因为，客户不会对在权威主义(老大哥)监视的感觉有好的评价。

(6) 构建一个商业模型。如果在2000年的教科书上有这么一段，很多".com"公司可能不会破产。

(7) 设计一个电子商务价值链，关注在数量有限的核心竞争力上，而不是一个一站购齐的解决方案。如果合适的编制程序，网络商店可以在专业或者通用的特性中获得其中一个。

(8) 运作最前沿或者尽可能地接近最前沿的技术，并且在紧紧跟随技术的变化。(但是需要记住，商业的基本规则和技术的基本规则有很大的区别，不要同样在商业模式上赶时髦)。

(9) 建立一个足够敏感和敏捷的组织，及时应对在经济、社会和环境上发生的任何变化。

(10) 提供一个有足够吸引力的网站。有品位地使用颜色、图片、动画、照片、字体和足够的留白空间可以达到这一目标。

(11) 流畅的商业流程，可以通过流程再造和信息技术来获得。

(12) 提供能完全理解商品和服务的信息，不仅仅包括全部产品信息还有可靠的顾问建议和挑选建议。

(13) 自然，电子商务供应商行业需要履行普世的原则，例如保证提供的商品的质量和可用性、物流的可靠性，并且及时有效地处理客户的投诉。在网络环境下，有一个独一无二的特点，客户可以获得远多于传统的"砖块＋水泥"地商业环境下关于商家的信息。

一个成功的电子商务机构必须提供一个既满意而又具意义的经验给顾客。都由各种顾客为先因素构成，包括以下。

(1) 提供额外的利益给顾客。电子销售商如要做到这一点，可提供产品或其产品系列，以一个较低的价格吸引潜在的客户、如传统商贸一样。

(2) 提供优质服务。提供一个互动及易于使用的购买经验及场所，亦如传统零售商一样，都有助于在某程度上达至上述目标。为鼓励顾客再回来购买。可利用赠品或促销礼券、优惠及折扣等。还可以互相连接其他相关网站和广告联盟等。

（3）提供个人服务。提供个人化的网站、购买建议、个人及特别优惠的方式，有助于增加互动、人性化来代替传统的销售方式。

（4）提供社区意识。可以聊天室、讨论板以及一些忠诚顾客计划（亦称亲和力计划）都对提供社区意识有一定的帮助。

（5）令顾客拥有全面性的体验。提供电子个人化服务，根据顾客的喜好，提供个别服务，使顾客感受与众不同的体验，便可成为公司独特的卖点及品牌。

（6）自助方式。提供自助式服务网站、易用及无须协助的环境，都有一定的帮助。包括所有的产品资料，交叉推销信息、咨询产品补替、用品及配件选择等。

（7）提供各种资讯。如个人电子通讯录、网上购物等。透过比较的丰富资料及良好的搜索设备，提供信息和构件安全、健康的评论给顾客。可协助个人电子服务来确定更多潜在顾客。

习题

1. 简要说明物流系统化、网络化的新趋。
2. 我国网上商店面临的物流问题主要有哪些？
3. 戴尔成功经验主要为我们提供了什么启示？
4. 海尔物流管理的“一流三网”指的是什么？
5. 优菜网失败的原因是什么？
6. PPG 失败的原因有哪些？

参 考 文 献

[1] 黄骁.电子商务实践入门——从网上购物到开店.北京：清华大学出版社，2009.

[2] 汤云.电子商务实践教程.北京：人民邮电出版社，2011.

[3] 袁毅.陆建平.电子商务概论.北京：机械工业出版社，2013.

[4] 石彤.电子商务综合实践教程.北京：北京交通大学出版社，2011.

[5] 曹海生.电子商务支付实验教程.北京：清华大学出版社，2010.

[6] 李洪心.电子商务案例.北京：机械工业出版社，2010.

[7] 施志君.电子商务案例分析.北京：化学工业出版社，2014.

[8] 李健.电子商务基础与实验.北京：水利水电出版社，2005.

[9] 刘培刚.电子商务实验教程.天津：天津大学出版社，2009.

[10] (美)鲍尔索克斯等著.马士华等译.供应链物流管理.北京：机械工业出版社，2014.

[11] 李伟舵，付晓燕.C to C网店经营.北京：中国财政经济出版社，2010.

[12] [美]拜瑞·斯瓦斯丁著.陈蔚朱，段盛华译.B TO B营销.北京：中国三峡出版社，2001.

[13] 杨立钒.互联网环境下企业网络营销渠道选择研究.上海：复旦大学出版社，2012.

[14] 徐康宁.网络环境下的企业兼并与营销研究.南京：南京大学出版社，2005.

[15] 张晓飞.区域品牌营销——基于网络环境的研究.北京：经济科学出版社，2013.

[16] 刘向晖.网络营销导论.北京：清华大学出版社，2014.

[17] 昝辉.网络营销实战密码：策略、技巧、案例.北京：电子工业出版社，2013.

[18] 江礼坤.网络营销推广实战宝典.北京：电子工业出版社，2012.

[19] 斯特劳斯，弗罗斯特.网络营销.北京：中国人民大学出版社，2010.

[20] 徐茂权.网络营销决胜武器——软文营销实战方法、案例、问题.北京：电子工业出版社，2013.

[21] 刘杰克.网络营销实战——传统企业如何借网络营销实现战略突围.北京：电子工业出版社，2014.

[22] 翟东胜.网络营销那些事儿.北京：电子工业出版社，2015.

[23] 李雪萍，刘丽彦.网络广告策划、设计与制作.北京：化学工业出版社，2012.

[24] 宋安.转化率——网络广告方法、流程和案例.厦门：厦门大学出版社，2011.

[25] 周洁.网络广告设计与制作.上海：上海人民美术出版社，2014.

[26] 杨英梅.网络广告设计.北京：机械工业出版社，2011.

[27] 林升梁.网络广告原理与实务.厦门：厦门大学出版社，2007.

[28] 魏超.网络广告.北京：中国轻工业出版社，2014.

[29] 祝玉华.网络广告.郑州：郑州大学出版社，2008.

图书资源支持

感谢您一直以来对清华版图书的支持和爱护。为了配合本书的使用，本书提供配套的资源，有需求的读者请扫描下方的“书圈”微信公众号二维码，在图书专区下载，也可以拨打电话或发送电子邮件咨询。

如果您在使用本书的过程中遇到了什么问题，或者有相关图书出版计划，也请您发邮件告诉我们，以便我们更好地为您服务。

我们的联系方式：

地　　址：北京市海淀区双清路学研大厦 A 座 714

邮　　编：100084

电　　话：010-83470236　010-83470237

客服邮箱：2301891038@qq.com

QQ：2301891038（请写明您的单位和姓名）

资源下载：关注公众号“书圈”下载配套资源。

书圈

获取最新书目

观看课程直播